Esta colecção
tem como objectivo proporcionar
textos que sejam acessíveis
e de indiscutível seriedade e rigor,
que retratem episódios
e momentos marcantes da História,
seus protagonistas,
a construção das nações
e as suas dinâmicas

1 – HISTÓRIA DOS ESTADOS UNIDOS DESDE 1865
Pierre Melandri
2 – A GRANDE GUERRA 1914-1918
Marc Ferro
3 – HISTÓRIA DE ROMA
Indro Montanelli
4 – HISTÓRIA NARRATIVA DA II GUERRA MUNDIAL
John Ray
5 – HITLER - PERFIL DE UM DITADOR
David Welch
6 – A VIDA DE MAOMÉ
Virgil Gheorghiu

A Vida de Maomé

Título original:
La Vie de Mahomet

© Editions du Rocher, 1970

Tradução: Marcelino Amaral

Revisão de tradução: Ruy Oliveira

Capa de Madalena Duarte

Depósito Legal n.º 187374/02

ISBN 972-44-1169-9

Direitos reservados para todos os países de língua portuguesa
por Edições 70, Lda., Lisboa – Portugal

EDIÇÕES 70, LDA.
Rua Luciano Cordeiro, 123 - 2.º Esq.º – 1069-157 LISBOA / Portugal
Telef.: 213 190 240
Fax: 213 190 249
E-mail: edi.70@mail.telepac.pt

www.edicoes70.pt

Esta obra está protegida pela lei. Não pode ser reproduzida
no todo ou em parte, qualquer que seja o modo utilizado,
incluindo fotocópia e xerocópia, sem prévia autorização do Editor.
Qualquer transgressão à Lei dos Direitos do Autor será passível de
procedimento judicial.

Virgil Gheorghiu
A Vida de Maomé

NOTA

Ao longo da obra, sempre que se transcrevem passagens do *Alcorão*, utiliza-se a tradução que Américo de Carvalho fez para as Publicações Europa-América.

Os que buscam ao Senhor
entendem tudo.

(Provérbios 28:5)

I

MORRER QUEIMADO VIVO PELO SEU DEUS

Abd-al-Muttalib, que será o avô de Maomé, é um dos dez oligarcas de Meca.

Homem de grande estatura, maior do que são os árabes em geral, tez dourada; para além disso, coisa invulgar, pinta a barba e o cabelo com uma tintura oferecida por um príncipe iemenita por ocasião de uma viagem à Arábia meridional. Homem rico, elegante, Abd-al-Muttalib tem mais de cinquenta anos. O destino deu-lhe o necessário para fazer dele um homem feliz. E apesar disso a sua vida é um drama. Quando fala com amigos ou outros negociantes nem por um instante consegue disfarçar a preocupação que o atormenta...

Todavia hoje, pela primeira vez, ouve falar de um infortúnio superior ao seu.

Enquanto dura o relato, esquece a sua própria dor. O narrador é Al--Harith-ibn-Muad, chefe da tribo dos Jurumitas de Meca. Relata uma perseguição, um massacre, perpetrado em Nadjran, oásis da Arábia meridional.

Eis os factos relatados por Al-Harith, ocorridos uns anos antes, por volta do ano 530 da era cristã. A Arábia é um território imenso, de mais de três milhões de quilómetros quadrados; mas nove décimos destes são estéreis, cobertos de areia, de pedra vermelha e lava. Só a décima parte é fértil, composta pelas regiões situadas sobretudo a sul, especialmente no Iémen. Iémen significa "o país da direita" ou o país feliz. Os Romanos chamavam-lhe *Arabia Felix*. Foi lá que viveu nos tempos bíblicos a rainha de Sabá, contemporânea de Salomão. O sul da Arábia foi cristinianizado várias vezes, depois descristianizado, e a seguir cristianizado de novo. O primeiro a trazer a palavra dos Evangelhos a esta região foi – segundo a tradição – um dos doze apóstolos de Jesus Cristo, S. Bartolomeu Evangelizou o Iémen antes de franquear o estreito de Babelmandebe e passar à Abissínia (actual Etiópia).

O reino himarita, no sul da Arábia, tem por rei Dhu Nuwas, cujo nome significa "o senhor dos aneis". De religião judaica decidiu, como era hábito, que todos os súbditos deviam adorar o mesmo deus que ele. Os súbditos submeteram-se. Os que não se submetessem ao seu rei deixariam de ser súbditos. Mas Dhu Nuwas não estava satisfeito. Desejava que todos os povos vizinhos se convertessem também ao judaísmo. Ora os vizinhos mais próximos do rei Dhu Nuwas, ao norte, são os árabes do oásis de Nedjran. Nedjran é uma faixa de terra mais ou menos fértil com cerca de 100 quilómetros, no meio do deserto de areia e de pedra. Esta faixa de terra encontra-se na orla do terrível deserto de Rub'hal Khali, que cobre de areia vermelha e pedra 800.000 quilómetros quadrados, que se prolonga a Norte por um outro deserto chamado Dhana, com 600 quilómetros de comprimento, para acabar mais a norte num imenso deserto designado Nefude – quer dizer "as dunas", ou Bakr-Billa-Ma, ou "mar sem água".

Dhu Nuwas, "o senhor dos aneis", fez saber aos árabes cristãos de Nedjran que os convidava a adorar o mesmo deus que ele. Os árabes de Nedjran são menos pobres do que os outros árabes. Em primeiro lugar o seu oásis situa-se na rota das caravanas que vão de norte a sul e de leste a oeste. Todas as caravanas que atravessam a Arábia cruzam-se em Nedjran. Além disso, são tecelões, e trabalham os metais. Ao convite do rei Dhu Nuwas, os árabes de Nedjran responderam cortezmente, tal como se responde a um rei, mas dizendo com firmeza que amavam demasiado o seu Deus e que não tinham qualquer intenção em abandoná-lo. Queriam continuar fieis ao seu bom Jesus.

A fé em Deus, ao contrário das plantas, enraiza mais fácil e mais profundamente no deserto do que nas terras férteis.

No deserto, não existe obra humana ou natural que prenda a atenção, o pensamento ou o desejo dos homens. Nada pode distraír o homem da contemplação e da eternidade. O homem está permanentemente em contacto com o infinito, que começa mesmo a seus pés. Quando o homem encontra Deus no deserto, fica-lhe fiel. Como acontecia nesse momento entre os árabes cristãos de Nedjran.

Para punir esta recusa, que não tardou a aparecer, o rei himarita procurou um pretexto. Os pretextos são como as manchas do sol: descobre-las quem as quer ver.

MORRER QUEIMADO VIVO PELO SEU DEUS

Enquanto Dhu Nuwas preparava a sua vingança, os cidadãos de Nedjran continuavam a rezar a Jesus Cristo, como lhes ensinara o Santo Apóstolo Bartolomeu e outros missionários que tinham passado pelo oásis perdido na imensidade da areia escaldante. Os cristãos de Nedjran guardavam a lembrança de um bispo chamado Panthenaeus que tinha cristianizado uma região vizinha do Iémen, e de um padre missionário de Tiro, chamado Frumentius. Este último não era apenas missionário mas também um experiente administrador; e o rei Sanaa tinha-lhe pedido para ser seu ministro das Finanças e tesoureiro. Os cristãos de Nedjran guardavam esta recordação com piedade e fidelidade.

Bem depressa surgiu o pretexto procurado pelo "senhor dos aneis". Duas crianças judias tinham sido mortas por desconhecidos no interior da cidade de Nedjran. O pai das crianças queixou-se ao rei Dhu Nuwas. O rei dirigiu-se de novo aos cristãos de Nedjran e disse-lhes que perdoaria os assassinos se os árabes abraçassem a religião judaica. A mensagem de Dhu Nuwas dizia categoricamente que para eles não havia outra esperança de obter o perdão.

O crime tinha sido cometido por um criminoso desconhecido. Mas mesmo que o assassino tivesse sido capturado, o assunto não ficaria resolvido. Nesse tempo reinava a lei do clã; o indivíduo não era responsável nem pelo bem nem pelo mal que fazia. O indivíduo não existia sob o ponto de vista penal. O clã respondia pelos crimes e pelas dívidas cometidas por todos os indivíduos que lhe pertenciam. Toda a colectividade de Nedjran era culpada do crime. Devia ser julgada e punida. Na vida do deserto, os nómadas têm de enfrentar tão grandes carências que o indivíduo, ainda que fosse super-homem, não poderia por si só assegurar a própria vida. O ser humano é uma força infíma. Tão infíma que não pode existir no deserto enquanto indivíduo. É o clã que, desde sempre, se substitui ao indivíduo – o clã, isto é, toda a comunidade à qual ele pretence.

Juridicamente – segundo os códigos do deserto – era justo que a acusação atingisse a colectividade. O que não era justo, da parte do rei Nuwas, era o preço exigido pelo sangue derramado. *Diya*, "o preço do sangue", era fixado com exactidão. Sabia-se então – exactamente como hoje conhecemos as cotações da Bolsa – qual era no deserto o preço real da vida humana. Geralmente, aplica-se a lei de Talião: morte por morte. Homem por homem. Criança por criança. O preço exigido por Dhu Nuwas era aberrante. Os cristãos de Nedjran recusavam-se a pagá-lo. Dhu Nuwas ficou encantado com esta recusa. Levou um exército e penetrou traiçoeiramente em Nedjran. A cidade foi cercada. O povo juntou-se na *marbad*, a praça central da cidade, onde paravam as caravanas. Estavam todos lá

– as crianças, as mulheres, os velhos, os senhores e os escravos. Tudo o que no oásis tinha um sopro de vida.

Dhu Nuwas perguntou-lhes se eles queriam tornar-se judeus ou morrer: todos responderam que queriam continuar fiéis ao seu Deus. Fiéis até ao fim das suas vidas. E, mesmo, com o preço das suas vidas.

Então o senhor dos anéis ordenou que na *marbad*, na grande praça, fossem cavados vários fossos profundos. Cavados estes, acenderam enormes fogueiras. Quando as chamas brilharam, altas como palmeiras, o rei Dhu Nuwas perguntou de novo aos cidadãos de Nedjran se queriam mudar de deus; se não, seriam queimados vivos.

Os homens – mais do que trair o Deus que veneravam – preferiram ser queimados vivos. Começaram a lançá-los ao fogo que ardia no fundo das valas. Um após outro. Paulo de Nedjran, o bispo da cidade, morrera muito antes do massacre. Os seus ossos foram exumados e queimados, e as cinzas lançadas ao vento. Pois os mortos deviam também ser castigados. Aretha "o número um da cidade" foi decapitado em frente da família e dos seus concidadãos e a seguir atirado para o fundo do fosso, para aí também ele ser queimado no *ukhdud*, onde eram queimados os outros habitantes. Rhuma, a mulher de Aretha, sofreu ainda maiores torturas, antes de ser lançada ao braseiro. Disseram-lhe que se não mudasse de deus os filhos seriam decapitados. Ela tinha duas filhas, muito belas. Rhuma não mudou de deus. As filhas foram decapitadas, à sua vista. Depois obrigaram Rhuma a beber o sangue que jorrava dos pescoços das filhas decapitadas. A seguir cortaram-lhe a cabeça e lançaram-na também no *ukhdud*, o fosso do imenso braseiro onde ardeu com os outros.

Os cronistas da época estimaram que 4400 a 20.000 pessoas aceitaram mais depressa ser queimadas vivas do que serem infiéis ao seu Deus. A cidade onde ocorreu este massacre chama-se desde então Madinat-al--Ukhdud, ou "cidade dos fossos".

Foram estes os factos contados pelo chefe da tribo dos Jurumitas de Meca a Abd-al-Muttalib. Várias testemunhas do massacre chegaram à corte do Imperador de Bizâncio, Justiniano I, e relataram o que viram.

O Imperador respondeu: «O meu país está longe do vosso; tudo o que posso fazer é escrever uma carta em vosso favor ao Négus, que é vosso vizinho, e também é cristão». Outras testemunhas dirigiram-se directamente ao Négus.

O Imperador da Abissínia – por seu lado – escreveu ao Imperador de Bizâncio, enviando folhas queimadas dos Evangelhos, pedindo ajuda material, e sobretudo navios, que lhe permitiriam passar para a Arábia com o seu exército.

MORRER QUEIMADO VIVO PELO SEU DEUS

Entre a Abissínia e a Arábia exite o estreito de Baabelmandebe, que os árabes chamam "a porta das lamentações", porque numerosos navios se afundaram ou foram destruídos neste estreito.

Os Abissínios enviaram um exército de 700.000 homens e Bizâncio 700 barcos. O amigo de Abd-al-Muttalib, o chefe Jurumita, mais tarde, partirá também para combater o tirano que massacrou e queimou a população de Nedjran. Veio a descobrir-se o túmulo onde ele está enterrado. Morreu em Ispaham no Irão e no seu túmulo tem escrito: «Eu sou Al--Harith-ibn-Muad' que vingou as gentes dos fossos».

Cem anos após o massacre, Maomé, o neto de Abd-al-Muttalib, manterá viva a imagem do massacre. Está escrito no *Alcorão* (LXXXV: 8, 9, 10):

«Vingaram-se deles porque eles acreditavam em Deus, o Poderoso, o honrado, a quem pertence o reino dos Céus e da Terra. E Deus, acima de todas as coisas, é testemunha. Com efeito, os que hajam afligido os crentes e as crentes e logo não se hajam arrependido, esses terão o tormento do fogo.»

Nos nossos dias, o massacre dos fossos é memorizado por uma igreja situada em Nedjran, onde está também o cemitério dos mártires. Nedjran situa-se agora na Arábia Saudita. Em 1949 soube-se que no lugar onde se encontravam os fossos são ainda hoje recolhidas cinzas que se utilizam como adubo. Mas assim que o rei Ibn Saud tomou conhecimento desta profanação, proibiu-a, pois a memória dos mártires de Nedjran é honrada pelo próprio *Alcorão*.

Abd-al-Muttalib ouviu, pois, o relato do massacre. Fica perturbado, tal como todos os árabes perante a narrativa desta perseguição aos cristãos. Não é a hecatombe em si que tanto impressiona Abd-al-Muttalib. A devoção é rara – por vezes mesmo desconhecida – nos habitantes do deserto. A terrífica impressão experimentada por Abd-al-Muttalib é provocada sobretudo pela grandeza deste Deus, pelo qual vinte mil pessoas – homens, mulheres e crianças – se deixaram queimar vivos em vez de o renegarem. Este Deus devia ser infinitamente grande. Ninguém é fiel a um soberano insignificante. Ninguém se deixa queimar, nem assiste à decapitação dos próprios filhos se o soberano a quem se é fiel não for infinitamente grande, rico e forte.

Só um tal soberano é capaz de suscitar tal fidelidade. Os que se deixaram queimar por Ele conheciam-no.

Antes de se deixarem queimar vivos, os homens contactaram com este Deus e tomaram conhecimento do seu poder infinito. Abd-al-Muttalib acredita apenas nas histórias pelas quais as testemunhas se deixaram

A VIDA DE MAOMÉ

decapitar. A grandeza deste Deus foi atestada por 20.000 pessoas que se deixaram queimar vivas. Os árabes cristãos tinham então uma confiança absoluta no seu Deus. Em árabe, confiança absoluta diz-se *tawakhu*. Abd--al-Muttalib também queria ter um Deus assim. No qual pudesse ter confiança absoluta. Um Deus poderoso, como aquele pelo qual morreram os de Nedjran, poderia libertar Abd-al-Muttalib do tormento que o assolava. O tormento consistia no facto de este árabe rico ser *abtar*, ou seja, um homem sem descendência. Um homem que não tem filhos.

Para um árabe ser *abtar* é ainda mais medonho do que ser maneta ou estropiado. E não há nenhum exagero nisto. É normal que os beduínos sintam assim. Os nómadas vivem entre dois infinitos desertos. O infinito da areia a seus pés e sobre si o infinito azul do céu. O ser humano é demasiado frágil para sobreviver entre estes dois fogos. No deserto é impossível ao indivíduo existir isolado. Tão impossível como o átomo existir na natureza de forma independente. O átomo só existe no Universo, de forma natural, junto dos outros, sempre em moléculas. Nunca só. Os nómadas – do mesmo modo – sobrevivem no deserto, apenas unidos em famílias, em clãs, que se comportam e agem como se se tratasse de um único organismo. O único capital que um clã possui é o número dos seus homens. O primeiro dever que comanda o instinto de conservação – não só da espécie, mas também do indivíduo – é a procriação. A segunda lei é a *Asabia*, a solidariedade do sangue, que liga os membros do clã entre si, como se fossem partes do mesmo corpo. Estas são as duas primeiras leis de ferro da vida nómada no deserto. O que não as respeitar morre. Ele e o seu clã.

Abd-al-Muttalib, embora rico, belo, respeitado, é mais infeliz do que o último dos escravos. Ele é *abtar*. Não tem filhos. No entanto já experimentou tudo. No Iémen, onde lhe tinham dito existirem elixires para o seu caso, encontrou a tinta para o cabelo. E continua *abtar*. Agora quando ouve falar da existência de um Deus pelo qual 20.000 pessoas se deixaram queimar vivas, como tochas, Muttalib sente-se tomado pelo respeito e admiração infinitos por este Deus. É um Deus forte, poderoso, invencível. Abd-al-Muttalib dirige-se então à *Caaba*. Essa coluna imensa, de pedra negra, é o primeiro santuário que o homem construiu em honra do Criador. A *Caaba* foi construída por Adão, reconstruída por Abraão e por Ismael, filho de Abraão e pai de todos os árabes. À volta do santuário há idolos de todas as espécies. Mas nada como na *Caaba*, onde há centenas deles. O árabe aceita todos os deuses, venham de onde vierem. Mas sem qualquer paixão.

«É inútil falar de culto privado, de deuses *lares* ou domésticos. O árabe da pré-hégira nunca pressentiu que o culto público, cujas manifes-

MORRER QUEIMADO VIVO PELO SEU DEUS

tações são raras, era suficiente para esgotar a sua curta devoção.» Mas desta vez Abd-al-Muttalib reza com fervor ao Deus Todo-Poderoso pelo qual 20.000 pessoas se deixaram queimar vivas. É a este Deus poderoso e amado, e que ele não conhece, que Abd-al-Muttalib pede filhos. E promete, em sinal de reconhecimento sacrificar-Lhe um – o último – como um carneiro, se Deus lhe der dez filhos do sexo masculino.

Depois deste juramento, Abd-al-Muttalib deixa o santuário da *Caaba* e espera. Sem grande esperança. Deus é demasiado grande e o homem demasiado pequeno. Não pode existir qualquer tipo de relação entre eles. Uma desproporção separa-os. Como diz Job: «Deus não é um homem como eu, para que lhe responda, para que nos comparemos em justiça. Não há entre nós um árbitro que ponha a mão sobre ambos».

Abd-al-Muttalib dirigiu-se a este Deus – do qual nada sabe, a não ser que é grande e muito adorado – como alguém faz, depois de ter esgotado todas as vias humanas de julgamento, ao soberano supremo, ao imperador. Mas sem grande esperança de que o imperador alguma vez atenda esta súplica. Quando estão perdidas todas as esperanças, apenas resta ao homem tentar coisas inúteis.

II

PACTO COM UM DEUS DESCONHECIDO

O impossível realizou-se, mesmo quando toda a esperança estava perdida. Depois da súplica dirigida ao Deus desconhecido, no pátio do santuário da *Caaba*, e depois do pacto proposto – a saber, se este Deus lhe der dez rapazes, sacrificar um deles – Abd-al-Muttalib foi pai. Pouco tempo após o pacto com o Senhor, nasce-lhe um filho. Depois um segundo. Um terceiro. E eis Abd-al-Muttalib no auge da felicidade. Tudo prospera em casa, com o nascimento dos seus filhos.

Abd-al-Muttalib é uma personagem extremamente importante em Meca. E Meca é uma cidade com a qual nenhuma outra cidade do mundo pode rivalizar. Ainda que existam no mundo cidades maiores e mais ricas. Meca é *munaware*, isto é, "gloriosa".

Meca é *oum-el kora*, isto é "a mãe das cidades". Meca é *el-moherek*, ou seja "a nobre". Em Meca, há – e não é a coisa mais importante – *hadchat-el-asoud*, a "pedra de Deus", a *Caaba*, o santuário.

Abd-al-Muttalib mora muito perto do santuário, num bairro chamado *batha*.

Mas nada de válido pode ser dito sobre Abd-al-Muttalib se não se falar primeiro dos seus antepassados. É um árabe. E não se pode falar de um árabe se não se falar primeiro do clã a que ele pertence. O árabe não pode existir – enquanto indivíduo – no universo; assim como, no mundo, um ramo de árvore não pode existir isolado. Pertence a uma família ou clã assim como um ramo está ligado à árvore.

Por consequência, Abd-al-Muttalib não existe sozinho em Meca. Existe sim com as suas raízes. Como uma árvore. As suas raízes são os seus antepassados. Conhece-os através das narrativas tradicionais, como

conhece o seu próprio corpo. Os primeiros antepassados de Abd-al-
-Muttalib são Adão e Eva. Na tradição árabe, a história de Adão e Eva é
a mesma que nas narrativas dos outros povos. Instigados pelo Diabo
comeram o fruto proibido, e como castigo foram expulsos do Paraíso.
Eva foi enviada para a Arábia, Adão para as Índias. Se acreditarmos nas
poesias de Adi-ben-Zaaid, Adão ganhava a vida exercendo a profissão
de ferreiro.

O diabo, isto é, *Iblis*, exilou-se em Djedda, um porto do Mar Vermelho,
que se situa a um dia de marcha – montado num camelo – de Meca.

Adão deslocou-se a Meca e, com uma pedra trazida do Paraíso, construiu o santuário que ainda hoje existe e perto do qual mora Muttalib,
futuro avô de Maomé. O santuário chama-se *Caaba*. O nome *Caaba* ad-
vém da forma do edifício, que lembra um dado; na realidade, é rectangu-
lar com cerca de dez metros por doze e com quinze metros de altura. Ao
mesmo tempo que Adão trouxe do Paraíso a pedra da *Caaba*, também
trouxe para Meca a pedra conhecida por *maqam-ibrahim*, que ainda hoje
se encontra perto do santuário. Durante uma peregrinação a Meca, Adão
encontrou Eva – ou *Hawa*, como lhe chamam os árabes. O encontro
deu-se numa montanha chamada Arafa, nos arredores de Meca. Em árabe
ta'arafa significa: "Reconheceram-se". Pois o milagre não reside no facto
de Adão e Eva se terem reencontrado mas no facto de se terem reconhecido: a separação tinha durado cem anos, e ambos tinham envelhecido e
mudado. Pois a vida terrena é dura. Mas ainda que mudados até quase
serem irreconhecíveis, amaram-se de novo tanto como no primeiro dia
em que se tinham visto. Tiveram filhos. Uns bons, outros maus. Foi o
caso de Caim que seguiu a profissão do pai tornando-se ferreiro (Caim
significa ferreiro) e que matou o seu irmão Abel. O crime ocorreu perto
de Damasco.

Depois deste crime na família, Adão deu-se conta que a humanidade
estava no mau caminho, que os pecados dos homens tornar-se-iam cada
vez maiores e que Deus seria obrigado a puni-los matando-os. Adão
sentiu que o dilúvio era inevitável. Construiu – próximo de Meca – no
monte Hira – o mesmo onde Maomé terá as revelações – um abrigo no
qual contava colocar a pedra do santuário, a *Caaba*, no dia em que reben-
tariam as águas do dilúvio que tudo iriam tragar. O dilúvio chegou –
Adão tinha-o previsto – no dia em que os pecados dos homens tinham
ultrapassado todos os limites e não podiam mais ser tolerados.

A tradição popular árabe considera a chuva como "um sinal dos anjos".
A chuva é extremamente rara. Em todo este imenso paralelogramo de
três milhões de quilómetros quadrados, a única chuva que cai – a não ser

em certas regiões costeiras – vem do Mediterrâneo através do corredor aéreo que passa sobre a Palestina. No entanto os árabes apesar da sua grande imaginação não podiam apresentar o dilúvio como uma verdadeira chuva, ou simplesmente "um sinal dos anjos". Por consequência, a água do dilúvio não caiu do céu. No deserto, isso parece impossível. A água do dilúvio inundou o deserto de areia, ao mesmo tempo que o resto do planeta, jorrando das profundezas, das entranhas da terra, por um buraco feito na crosta terrestre. Como por uma boca de incêndio – ou como por uma conduta de água rebentada. No *Alcorão*, este buraco na crosta terrestre do qual jorrava a água que provocou o dilúvio, chama-se *tufan* ou *tannur*, e situa-se em Kufa, no local onde agora está a mesquita.

A tradição árabe menciona apesar de tudo os detalhes omitidos pela tradição correspondente das outras civilizações. Noé embarcou na arca tudo o que estava prescrito. A arca começava a vogar sobre as águas terríveis do dilúvio. Antes de se pôr ao largo, e seguindo o conselho do anjo Gabriel, que tinha vindo colocar a pedra do santuário de Meca no abrigo construído por Adão no Monte Hira. Noé deu sete voltas com a arca – sete *circum ambulationes* – à volta do santuário. A estes trajectos circulares que Noé descreveu à volta da *Caaba*, dá-se o nome de *tawaf*; e ainda hoje os fiéis que vão a Meca fazem estas voltas. A tradição diz também que a mulher de Noé, em especial, tal como um dos seus filhos, eram grandes pecadores, pecadores insensíveis. Não foram admitidos na arca. Noé rezou ao Senhor para lhe deixar levar mesmo assim a mulher e aquele filho perdido, mas o Senhor foi inflexível a esse respeito. A mulher de Noé e o filho pereceram nas ondas. As orações de outrém não são de grande ajuda quando se trata dos vossos próprios pecados.

Terminado o dilúvio, a arca de Noé parou na Arábia, no Monte Djudi.

Entre outros lugares históricos, menciona-se o túmulo de Adão, situado em Meca e que, segundo algumas tradições, marca o centro do mundo. Eva está enterrada em Djedda, junto ao Mar Vermelho. O túmulo de Noé encontra-se em Krak-Nuh, perto de Balbek.

E com estes acontecimentos universais termina a história dos antepassados de Abd-al-Muttalib. A segunda cadeia de antepassados começa com Abraão. O patriarca era *abtar*. Não tinha filhos. Encontrava-se na mesma situação desesperada de Abd-al-Muttalib antes do seu pacto com o Senhor. Conta a Bíblia que «Sara, mulher de Abraão, não lhe tinha dado filhos. Sara tinha uma criada egípcia chamada Agar. Sara diz a Abraão, seu marido: "Deus fez-me estéril. Peço-te que durmas com a minha criada; talvez eu, através dela possa ter filhos"». Agar deu à luz um filho, tal como o anjo lhe tinha anunciado. «Tu estás grávida e darás à

PACTO COM UM DEUS DESCONHECIDO

luz um filho a quem chamarás Ismael. Esse homem será teimoso como um asno. Estará contra todos, e todos contra ele, e habitará na presença de todos os seus irmãos.»

Depois do nascimento de Ismael, Agar, a criada, foi despedida da casa de Abraão, porque Sara a mulher legítima do patriarca, deu também à luz um filho; não tinha pois mais necessidade de ter a criança fruto da ligação do marido com a criada. Agar e Ismael foram abandonados no deserto. Passaram vários dias, sem que a mãe ou o filho tivessem uma gota de água. Ismael estava moribundo nos braços da mãe. Desesperada, Agar deitou o filho na areia e começou a implorar aos céus, com as mãos erguidas sobre a cabeça, correndo em todas as direcções, como fazem as pessoas desesperadas. O local deste zig-zag desesperado e suplicante por água situa-se nas colinas de Safa e Marwa, não longe de Meca. Agar correu – gritando, implorando, fazendo o trajecto entre as colinas, três vezes numa direcção e quatro na direcção oposta. Este trajecto, entre Marwa e Safa, é percorrido hoje ainda por todos os fiéis – tal como Agar o percorreu na primeira vez – procurando água e rezando. A este rito chama-se *sa'y*.

O anjo Gabriel desceu do céu, por ordem do Senhor, para salvar Ismael da morte. Fez um buraco no chão de onde a água brotou. A água da fonte que surgiu na areia fazia um borbotar característico, como todas as outras: "zam-zam". Era o marulhar das ondas. A onomatopeia da fonte manteve-se até aos nossos dias. A fonte está situada perto do santuário e todos os peregrinos que vêm a Meca bebem água da fonte Zam-Zam, criada pelo anjo Gabriel para Ismael e Agar. Graças a esta água, Ismael sobreviveu e dirigiu-se com a mãe para Meca. Neste lugar vivia, nessa altura, a tribo jurumita. Depois de adulto Ismael casou com uma rapariga jurumita. Os seus descendentes são todos os árabes que vivem hoje no mundo.

Uma das numerosas tribos que descende de Ismael chamava-se *Qoraïch*, palavra que significa "os pequenos tubarões". O clã coraixita, comandado pelo chefe Kosay, conquista Meca. Homens coraixitas casam com raparigas jurumitas. Nesse tempo os habitantes de Meca viviam em tendas. Kosay manda construir casas. Casa-se com uma filha do chefe Khuza'ah da tribo que guardava o santuário da *Caaba*. A seguir empreende uma série de reformas municipais; constroi fontenários, introduz o imposto chamado *rifadah*, constroi a Dar-an-Nadwa, a casa de reunião. Um dos filhos deste fundador da moderna Meca chamava-se Abd-Manaf. Era um destacado negociante que enviava caravanas para a Pérsia e Bizâncio. Um filho de Abd-Manaf chamado Hachim era, tal como os seus antepassados, um rico negociante, possuidor de inúmeras caravanas, que atravessavam o deserto de lés a lés... Hachim morreu durante uma viagem a Gaza onde está enterrado.

Hachim era casado com uma bela mulher de Iatrib ou Medina. O seu castelo ainda existe e é feito de uma pedra branca prateada. O filho de Hachim – o negociante morto em Gaza – e da bela medinense, é Abd-al--Muttalib. O mesmo que fez o pacto com um Deus desconhecido, pedindo--lhe dez filhos e prometendo-lhe a vida de um deles, sacrificando-o como um carneiro, em sinal de gratidão.

Abd-al-Muttalib tem todos os motivos para estar orgulhoso dos seus antepassados. Mais tarde o neto de Abd-al-Muttalib, o futuro profeta do islão, Maomé, dirá também com orgulho: «Alá colocou-me na melhor das metades da terra, no melhor terço dessa metade e ainda entre os melhores homens desse terço: árabes, coraixitas, Hachim, Abd-al-Muttalib.

Isto não é um orgulho desmedido. Todos os árabes têm orgulho nos seus antepassados. Os seus mais belos poemas são os *fakhr* – ou a apologia dos antepassados. Os nómadas não têm nenhum ponto fixo à superfície da terra. Os antepassados são tão vitais para eles como o são as raízes para as árvores.

O deserto não permite ao homem fixar-se. Como não podem ter raízes na terra, os nómadas fixam-se no passado, na sua árvore geneológica. Os nómadas comportam-se como as orquídeas das florestas tropicais, que como não podem atingir a terra com as raízes, fixam-nas no ar, por cima delas.

Mas Abd-al-Muttalib não se orgulha só do passado. Tem também um presente glorioso. O clã dos coraixitas, os senhores de Meca, compõe--se de dez famílias: Hachim, Umaiyah, Naufal, Abd-Dar, Taïm, Makhzum, Adj, Jumah, e Sahm.

Abd-al-Muttalib é o chefe da tribo Hachim. É uma coisa importante. Porque um clã ou um subclã é independente, livre, soberano e autocéfalo como um Estado. Ninguém se intromete nos assuntos internos do clã, nas leis e na sua aplicação; salvo – eventualmente – Deus.

As dez famílias de Meca são dez Estados que vivem uns ao lado dos outros. Não têm política ou justiça comum. Têm relações de boa vizinhança, tal como fazem os clãs que se encontram e que instalam as tendas perto uma das outras, decididos a viver em boa união.

Além do título de "chefe da tribo Hachim", que equivale ao de monarca, Abd-al-Muttalib exerce em Meca a função de *siqaya*, ou "aquele que dá de beber aos peregrinos". A fonte Zam-Zam, criada pelo anjo Gabriel no recinto do santuário da *Caaba*, para salvar da morte Ismael, pai de todos os árabes, é recriada por Abd-al-Muttalib, pois o poço do

PACTO COM UM DEUS DESCONHECIDO

pátio do santuário desaparecera com o tempo. A tribo dos jurumitas, vencida numa batalha, fora expulsa de Meca. Antes de partir, os chefes dos jurumitas lançaram o seu tesouro na fonte Zam-Zam, tapando-a em seguida.

Os vencedores não encontraram a fonte. No entanto ela estava escondida num pedaço de terra que Abd-al-Muttalib herda do tio Al-Muttalib, irmão de Hachim.

Uma noite, um anjo apareceu em sonhos a Abd-al-Muttalib e indicou--lhe o local onde se encontrava a fonte Zam-Zam. No dia seguinte ele cavou no sítio indicado e descobriu-a. Lá dentro estava o tesouro, bem como alguns valiosos sabres, mas os mais belos objectos eram duas gazelas de ouro com olhos de rubis. Estas gazelas tinham sido oferecidas à cidade de Meca pelo fundador da dinastia persa dos Sassanidas. São de madeira recobertas com ouro maciço. Os corpos estão cravejados de pedras preciosas, em especial os pescoços e orelhas. O tesouro estava escondido num saco de couro. Os cidadãos de Meca pertenderam que o tesouro, embora descoberto por Abd-al-Muttalib na sua propriedade, pretencesse à cidade. Para resolver este conflito recorreram a um juiz que deu razão a Abd-al-Muttalib. Como homem piedoso, colocou as duas gazelas de ouro nas portas do santuário da *Caaba*, para as ornamentar.

Muttalib é um homem favorecido pela sorte. Sobretudo agora que o Senhor lhe deu dez rapazes.

No dia em que nasceu Abdallah, o décimo filho – que virá a ser o pai do profeta Maomé – Abd-al-Muttalib perdeu a tranquilidade. Com o décimo filho chega o fim do pacto. O rico árabe terá de manter a palavra. Exactamente como o fizera o Deus desconhecido, que dera a Muttalib dez filhos. Muttalib teria de sacrificar o último, Abdallah, tal como prometera.

Abd-al-Muttalib encontra-se perante um dilema. Algumas vezes, depois do nascimento de Abdallah – o seu décimo filho –, pergunta-se se não será mais fácil para um homem não ter filhos do que ter dez e ser obrigado a matar um com as próprias mãos.

III

O SACRIFÍCIO DE ABD-AL-MUTTALIB

Abd-al-Muttalib cumprirá o sacrifício. Pertence a uma sociedade cujos ideais morais são: a paciência na adversidade, a tenacidade na vingança, o desafio frente aos mais fortes e a defesa dos que são oprimidos. Este é o código moral do beduíno nómada no deserto. Este código chama-se *muruwah*, e é sinónimo da palavra "virilidade".

O Deus com o qual Abd-al-Muttalib fez o pacto é um Senhor poderoso. Receá-lo é indispensável. É tanto mais temível quanto desconhecido. Abd-al-Muttalib nada sabe deste Deus, a não ser que é poderoso, mas que não lhe falta generosidade, uma vez que atendeu o pedido de um mortal.

No deserto, o princípio geral é que não se deve contrariar Deus. Pois esse Deus é o proprietário de todas as vidas. O homem apenas dispõe do usufruto da sua vida, dentro de certos limites e condições. Tal como diz o poeta Tarafa: «Os seres vivos comparam-se às cabras presas a uma corda, que lhes permite pastar, mas cuja ponta está na mão do dono».

O homem não é consultado quando a vida lhe é oferecida. Se tivessem sido consultados, a maioria dos homens teria recusado essa vida. O *adjal*, ou o fim da vida, a hora da morte, está também nas mãos de Deus. A felicidade ou infelicidade, ao longo da vida terrena, não depende da sagacidade nem da razão do homem. O nosso sexo é-nos imposto; não é escolhido por nós. O *rizo*, ou os meios de existência no deserto, são uma questão de mero acaso. A água e a comida dependem da seca ou da ausência de seca, quer dizer de Deus. A aventura de Job, que perde tudo e recebe o dobro no dia seguinte, é uma aventura quotidiana no deserto.

O SACRIFÍCIO DE ABD-AL-MUTTALIB

As intenções e decisões de Deus no que respeita à nossa existência, a existência de cada um de nós, são secretas. Apesar de tudo os árabes esforçam-se por descobrir estes segredos. As informações sobre a divindade, são geralmente procuradas na casa de Deus, na *Caaba*. Esta fica próxima da casa de Abd-al-Muttalib que daí contempla o imenso dado de pedra, a *Caaba*. Quando Abraão construiu o santuário de Meca, a pedra era branca. Os homens vieram em peregrinação, fizeram o *tawaf*, quer dizer a volta ritual, depois beijaram a pedra. Em cada beijo, a pedra de Meca que era branca como espuma de leite, enegrecia.

Hoje, por causa dos pecados humanos, tornou-se negra como fuligem. No dia do Juízo Final, a *Caaba* será de novo branca como era quando Adão a trouxe do Paraíso. O *maqam* de Ibraim ou Abraão, a pedra à qual subiu o profeta quando reconstruiu o santuário, é também negra. No *maqam*, vê-se ainda a marca do pé de Abraão.

A contemplação interrogativa do santuário não ajuda em nada Abd-al-Muttalib na solução do problema que o atormenta: o sacrifício do seu filho Abdallah. Pelo contrário, ao olhar para o *maqam* com a marca do pé de Abraão, Abd-al-Muttalib aumenta o seu sofrimento. Por sua vez, Abd-al-Muttalib está na mesma situação que Abraão, construtor do santuário e pai dos árabes. Abraão foi também *abtar* – sem filhos. Quando teve filhos, o Senhor ordenou-lhe que sacrificasse um deles. Tal qual como Abd-al-Muttalib devia fazer agora. O drama é o mesmo.

Deus pôs à prova Abraão e disse-lhe: «Toma o teu filho, Isaac, a quem amas, e vai ao deserto de Moriá» – que significa o "deserto onde o homem pode encontrar Deus face a face" – «e oferece-o aí em holocausto na montanha que te indicarei». O sacrifício é mais duro para Abd-al-Muttalib do que para Abraão. O Deus a quem Abraão sacrificava o filho era o seu próprio Deus, enquanto que o Deus pelo qual Abdallah seria imolado, era um Deus estrangeiro e desconhecido. Abd-al-Muttalib perguntou ao sacerdote do templo de Hubal na *Caaba* onde seria preferível cumprir o sacrifício. Este responde-lhe que o local ideal para imolar o filho seria entre as colinas de Safa e Marwa.

Hubal é uma imagem gigantesca. A tribo Khuza'ah, que venceu os jurumitas e que tomou o poder em Meca, tinha um chefe chamado Rabi'ah, devoto de ídolos que da Palestina, da terra dos amalecitas de Mab, trouxe Hubal para Meca. Próximo do de Hubal erguem-se os ídolos Isaf e Naila, dois jovens jurumitas que foram surpreendidos pelo Deus, quando nus, à noite, faziam amor próximo do santuário. Como castigo foram transformados em estátuas de pedra. Os três principais ídolos da região são os três *Garaniq*: Al-Lat, Al-Ozza e Manat. A região de Meca

A VIDA DE MAOMÉ

está repleta de deuses e de ídolos. Só na *Caaba* há mais de trezentos e sessenta. De todas as nacionalidades e de todas as épocas. O número trezentos e sessenta é dado por todos os árabes – com todo o cuidado – para que seja igual ao número de dias do ano; mas na realidade existem muitos mais ídolos. Inúmeras religiões têm um santuário – mesmo as mais modestas – na *Caaba*. Mesmo os cristãos tem aí um local para as suas devoções, uma vez que aí existe uma imagem da Virgem Maria transportando Jesus nos braços.

Os cidadãos de Meca são bastante tolerantes em matéria de fé. Meca é uma cidade onde não cresce uma única erva. À sua volta estende-se o deserto. A cidade situada na rota das grandes caravanas vive unicamente do comércio. Como bons comerciantes oferecem aos viajantes até a possibilidade de orar. Reuniram ídolos e ícones, como num museu, para que cada estrangeiro aí encontre o seu e para que Meca seja reconhecida como cidade santa por todos os homens.

Além dos motivos comerciais, trata-se também de medo. Os homens do deserto têm medo de Deus, de todos os espíritos e de todas as forças sobrenaturais. E porque querem que eles lhes sejam favoráveis ou neutros, respeitam-nos. A todos, para não desagradar a nenhum.

A existência do nómada nesta região é dura e solitária, e subordinada ao destino. Ele procura sem cessar uma protecção no deserto azul e infinito que se estende sobre ele, para poder enfrentar o deserto que se estende a seus pés. Para que o destino se condoa dele e se torne favorável, o homem procura uma protecção ou um interlocutor junto de todos os espíritos ou ídolos. Tal como faz Abd-al-Muttalib neste momento. Quer saber como reagirá Deus, no caso de não cumprir a promessa de imolar o filho como havia prometido.

Para sondar e conhecer o destino ou *abdar* – e também a vontade de Deus – existem especialistas: há o *kakin*, o adivinho em geral. Há o *sahin* ou feiticeiro. O *azlam* ou *qidah* que prediz o futuro através de setas. Há o *tatrg*, revelação do futuro através de pequenas pedras. O *giyfa,* ou adivinhação do futuro através das ondulações da areia. Também há o *tabib*, ou curandeiro; e até o *cha'ir*, o poeta, que é um homem que passa por ser conhecedor dos caprichos do destino.

Para cada problema, há um especialista apto a encontrar a resposta. No caso de Abd-al-Muttalib, nenhum destes adivinhos está qualificado. Muttalib quer saber se Deus se zangaria e tomaria medidas contra ele se recusasse sacrificar o filho ou se demorasse a fazê-lo.

Abd-al-Muttalib é um homem de palavra. Paga sempre as suas dívidas. Mas pode acontecer que Deus, tão poderoso e rico, não exija o cumpri-

O SACRIFÍCIO DE ABD-AL-MUTTALIB

mento do preço acordado quando do estabelecimento do pacto. Há credores que perdoam as dívidas que consideram demasiado insignificantes. Que não consideram importante receberem ou não a quantia da dívida. Poderia acontecer que Deus estivesse disposto a apagar o registo da dívida de Abd-al-Muttalib. Contudo Muttalib não quer provocar a cólera divina. Tem de informar-se primeiro.

Para saber as intenções de Deus, há uma categoria especial de adivinhos, chamados *arraf*, aquele que sabe. Ocupam-se exclusivamente de problemas relativos ao céu, aos anjos e às divindades.

Os árabes sabem que, ao longo da sua vida, todo o homem é acompanhado por um espírito, um *djinn*, que pertence apenas a ele e que se chama *karin*. Alguns *karin* têm o dom da poesia. O homem cujo *karin* é poeta, também é poeta. Porque os seus poemas são-lhe ditados pelo seu *djinn* pessoal. Outros *djinns* são especializados em prescrutar a abóbada celeste. Os homens que possuem este *djinn* sabem o que se passa no céu; são os *arrafes*.

No universo árabe como no universo de Dante, há sete céus. Mesmo o *Alcorão* reconhece esta arquitectura celeste: «Ele criou sete céus e suspendeu no firmamento a Lua para reflectir a luz e o Sol para a produzir.» No céu mais alto – o sétimo – habita Deus. No mais baixo – o céu da Lua e das estrelas – vivem os anjos. O céu da Lua é uma espécie de posto militar dos anjos. Estes são chamados pelo Senhor para receberem ordens. Antes de as executar – ou depois – os anjos discutem-nas entre si. Tal como se passa em qualquer posto militar. Fala-se de "serviço".

No interior, os *djinns* que espiam, as orelhas coladas à cúpula azul do céu, através de pedaços de frases ou palavras pronunciadas no interior pelos anjos, conseguem tomar conhecimento de quais são os planos de Deus. Há *djinns* que passam os seus dias e noites de ouvidos encostados à janela do céu. Por vezes, a sua paciência é recompensada e escutam algum desígnio importante de interesse para todo o universo.

Então eles avançam e comunicam o segredo ao seu *arraf*.

Os anjos sabem que são espiados. Saindo de vez em quando do céu, atiram pedras aos *djinns*, para os afastar das imediações da cúpula. As pedras atiradas pelos anjos caem na terra sob a forma de estrelas cadentes. Os beduínos procuram os astros caídos; e do ferro delas extraído fabricam espadas. São as melhores espadas do mundo. «Têm uma voz que tanto pode ser o canto de uma fonte como um silvo de serpente.»

Embora afastados à pedrada, os *djinns* voltam constantemente aos seus postos de escuta, a orelha colada ao céu. A espionagem é um exercício apaixonante. Um vício.

A VIDA DE MAOMÉ

O sacerdote adivinho da *Caaba*, depois de indicar a Muttalib o local mais conveniente para o sacrifício do filho, aconselha-o a ir a Iatrib e aí consultar um *arraf*. Este destacará os seus *djinns* para espiar a cúpula celeste, e estes dar-lhe-ão a conhecer se Deus se zangará ou não, no caso de Muttalib se esquecer de imolar o filho.

Abd-al-Muttalib parte logo para Iatrib. É uma cidade situada a norte de Meca e que hoje se chama Medina, a mais de 400 quilómetros de distância. A viagem dura onze dias viajando de camelo... É uma longa viagem. Mas a vantagem de saber se o Senhor o libertará da obrigação de imolar o filho vale bem o sacrifício. Muttalib dirige-se para Iatrib com o coração cheio de esperança. Um pai faz o que for preciso para salvar a vida dos seus filhos. No deserto, os filhos garantem a existência terrena do indivíduo e do clã.

IV

O PREÇO DO SANGUE

Dentro de algumas horas, Abd-al-Muttalib irá saber se deve ou não imolar o filho sobre a pedra do sacrifício. Está decidido a seguir o conselho dado pelo *arraf.*

A entrada em Medina – ou Iatrib – foi comovente para o viajante, pois esta era a cidade da sua mãe (que se chamava Salma). A atmosfera de Iatrib não é, como a de Meca, seca e sufocante. A cidade está situada num oásis, ladeado a norte e a sul por montanhas. A terra é fértil e a água abundante. Em Iatrib há setenta e dois castelos ou *atams.* Quando há perigo, homens e rebanhos refugiam-se nos castelos e aí se entrincheiram: Meca não possui nem castelos nem muralhas.

Um destes castelos, situado no *jauf* – o vale – chama-se *Dihyan.* Abd--al-Muttalib tem uma certa ternura por ele pois o edíficio pertence a sua mãe. À volta há apenas parentes de Muttalib. Estão lá todos os membros do clã *banu-najjar.* Mesmo quando se tornam sedentários – ou *ahl-al--madar,* habitantes de casas – os beduínos conservam os mesmos hábitos e leis dos *ahl-al-vabar,* ou habitantes de tendas. Isso vê-se à primeira vista. Os nómadas colocam a tenda do chefe ao centro, e as tendas dos outros membros do clã distribuem-se geometricamente à volta dela.

As tendas de quem não pertence ao clã estão à parte. As casas, mesmo os castelos, são construídos segundo o mesmo plano e com a mesma ordem das tendas no deserto. Assim Iatrib apresenta menos o aspecto de uma cidade do que o aspecto de um grupo de tendas geométrico. Cada clã habita o seu espaço. Os homens têm os mesmos direitos e os mesmos deveres que teriam se vivessem no deserto. Ninguém se mete nos assuntos do clã vizinho; entre os clãs, as únicas coisas em comum são o ar que respiram e o céu que os cobre.

Abd-al-Muttalib consulta o *arraf.* Este manda os *djinns* espiar a cúpula celeste e informarem-se das intenções de Deus neste assunto. Nessa noite,

A VIDA DE MAOMÉ

são numerosas as estrelas cadentes no céu de Medina. São certamente as pedras que os anjos atiram aos *djinns* que espiam o céu por conta de Muttalib. Seguindo o curso das estrelas cadentes, os olhos de Muttalib encontram a Via Láctea.

A tradição popular explica desta forma a Via Láctea: um dia, um árabe muito pobre recebeu a visita de um viajante. Não tinha nada para comer em casa. Por isso, nada podia oferecer ao hóspede, o que é uma coisa inconcebível para um beduíno: deixar um hóspede com fome. Com o coração oprimido, o árabe decidiu apunhalar o seu único filho, para preparar a refeição do estranho viajante.

Do alto do céu, Deus ao ver o crime que se preparava ordenou ao anjo Gabriel para apanhar um carneiro branco e levá-lo sem demora ao árabe poupando assim a vida da criança.

Gabriel executou a ordem. Enquanto o anjo voava no céu com o carneiro nos braços, viu o árabe em frente à tenda com uma faca levantada sobre a criança, pronto a sacrificá-la. Para não chegar tarde demais Gabriel redobrou a velocidade. Num segundo chegou ao pé do árabe, retira a criança e substitui-a pelo carneiro. O filho tinha sido salvo. Mas como Gabriel tinha voado a uma velocidade extraordinária, na corrida pelos ares, o carneiro que levava perdeu toda a lã. Esta ficou suspensa no céu. É a Via Láctea. O Senhor não a quis apagar. Deixou-a no firmamento como um testemunho.

Olhando a Via Láctea, Muttalib ganha coragem. A Via Láctea é uma prova de que Deus salva as crianças votadas ao sacrifício. Talvez Deus também salve o jovem Abdallah como salvou o filho do árabe desprovido de tudo.

Entretanto, os *djinns* voltam do céu com informações precisas. O Senhor aceita que Abd-al-Muttalib não sacrifique o filho – mas ele deve liquidar a *diya*, ou o preço do sangue.

Uma vez mais Deus mostra-se generoso para Abd-al-Muttalib. Em vez de uma vida humana Deus aceita camelos. Porque na Arábia o preço do sangue é pago em camelos.

No princípio do mundo, o sangue pagava-se exclusivamente com sangue, segundo a lei de Talião. Esta lei esteve e está em vigor em todas as sociedades fundadas com base no parentesco sanguíneo. Se num grupo um homem for morto, pede-se o preço do sangue, isto é exige-se que um homem seja morto no clã do assassino. Isso, unicamente para conservar o equilíbrio de forças. Pois a vida de um homem é um bem material. Um valor económico e militar. O clã que enfraqueceu a força do vizinho furtando-lhe uma vida, deve ver diminuída também de uma vida a sua

O PREÇO DO SANGUE

própria força, para manter o equilíbrio material. É a mais positiva lei humana, pois ignora completamente o lado moral do assassínio. O pecado é desconhecido. Nunca se pede a morte do assassino, mas de um homem, pouco importa qual. Se uma criança for morta, o clã da vítima não exige a morte do assassino, mas de uma criança do outro clã. As vidas humanas não têm valor moral mas apenas material. Por esse motivo apenas se pode substituir uma vida por outra, como se substitui um objecto por outro. Por um olho, pedia-se o olho de um adversário, sem ser importante qual o membro do clã responsável.

Ao longo dos tempos, a lei foi modificada; no lugar de uma vida humana, pede-se como reparação uma soma em dinheiro ou um certo número de animais. Na Arábia, o valor de uma vida humana conta-se em camelos. O número de camelos que representa uma vida humana é variável. Certos clãs avaliam a vida de um homem em vários camelos, e outros em menos. Não só a vida humana pode ser avaliada em camelos, mas também algumas partes do corpo humano. Na época pré-muçulmana, um dente valia, na Arábia, cinco camelos. Um olho, um braço, uma perna, custavam no deserto cinquenta camelos. O *arraf* não sabe quantos camelos pedirá Deus, contra a vida de Abdallah, filho de Abd-al-Muttalib. Uma vez que se trata de uma transacção, começa-se por oferecer ao Senhor o menor número possível de camelos. De início, o *arraf* diz ao Senhor que lhe oferece dez camelos pela vida de Abdallah. Dez camelos é o preço de dois dentes. O *arraf* lança os dados para ver se o Senhor aceita o preço. A resposta é negativa. Deus quer mais. Oferecem-lhe vinte camelos. Deita-se os dados. Deus quer mais ainda... Aumenta-se de dez em dez e de cada vez a resposta divina é negativa. Quando chegaram aos cem camelos, os dados deram uma resposta afirmativa. A transacção está concluída.

Abd-al-Muttalib deixa Iatrib, satisfeito. Chegado a Meca, sacrifica cem camelos. Em seu lugar obtém a vida do seu décimo filho, Abdallah, cujo nome significa em árabe "escravo do Senhor".

Este Abdallah pelo qual se pagou a Deus uma *diya* de cem camelos, no ano de 544, é o pai de Maomé, profeta do islamismo. No seu derradeiro discurso antes de deixar a vida terrena, o profeta Maomé, fixará também ele, o preço que foi pago pela vida de seu pai:

«E o assassínio intencional será punido por Talião, e o assassínio quase intencional – quando for efectuado por pau ou pedra – custará cem camelos, como preço do sangue. Todo aquele que exigir mais será um homem da *djahi liyah*, que significa: "dos tempos da ignorância".»

V

ABDALLAH O ESCRAVO DE DEUS
E PAI DO PROFETA

Passaram vinte e seis anos desde a viagem de Abd-al-Muttalib a Iatrib. Estamos em 570. O velho Muttalib tem agora mais de cem anos. Mas continua sempre activo. A vida tomou um outro rumo desde que os 20.000 cristãos de Nedjran foram queimados vivos, e depois do pacto feito com um Deus desconhecido, que lhe deu dez filhos. Depois destes acontecimentos Abd-al-Muttalib procura um novo encontro com Deus. Desta vez não lhe quer pedir nada. Quer apenas encontrar-se com ele.

Para facilitar este segundo encontro pratica actos de justiça e generosidade. Sabe que isso agrada ao Criador. Em breve esgota toda a sua sabedoria. A procura de Deus, tanto como a procura de minas de ouro, pode levar à perda de todos os bens materiais.

Um dia um pobre cidadão de Meca foi feito prisioneiro pela tribo dos Jurumitas do Norte. Muttalib abre a bolsa e paga a fiança do prisioneiro, sem outro motivo que não seja agradar a Deus. Outro dia, um judeu do Sul é assassinado em Meca. Muttalib não hesita em partir para a Abissínia, onde pede a intervenção do Négus. Por fim é feita justiça. Assim como alguns se arruinam com o jogo, Muttalib delapida a sua fortuna praticando actos que agradam a Deus.

Em Meca há árabes que procuram o verdadeiro Deus, o Criador do Céu e da Terra. Cada um o procura segundo o que dita a sua cabeça e o seu coração. Os que procuram Deus de uma forma empírica chamam-se *hanif*. A sua religião é uma espécie de monoteísmo siro-árabe, e alguns pretendem mesmo que também Abraão foi um *hanif*. Entre os *hanif* contemporâneos de Abd-al-Muttalib, embora mais jovens do que ele,

cita-se Waraka-ibn-Naufal, Ubdaidallah-ibn-Jahsh, Uthmann-ibn-
-Huwarith e Zeïd-ibn-Amr. As biografias destes *hanif* demonstram que
não ficaram contentes com o que encontraram e procuraram Deus até à
morte, como o fizera Abd-al-Muttalib. Um deles, Waraka, tornou-se cristão. Um outro, Ubdaidallah, que casará com a filha de Abu-Sufian, um
grande comerciante, tornar-se-á muçulmano, emigrará para a Abissínia
por causa das perseguições religiosas e aí abandonará o islamismo para
se tornar cristão. Uthman será também cristão morrendo na corte do
imperador de Bizâncio. O quarto *hanif*, Zeïd-ibn-Amr, não se torna nem
judeu, nem cristão nem muçulmano. Procurá sempre Deus, até à morte.

Ele diz, com desespero: «Senhor grande e todo poderoso, se eu sou-
besse sob que forma tu queres ser adorado, eu escolheria essa forma e
cantaria em teu louvor. Mas não conheço as preces de que gostas». Ao
dizer estas palavras Zeïd cai de joelhos. Desde há muito tempo que tinha
deixado de adorar ídolos, comer carne de animais sacrificados, e de
participar em festas pagãs.

Abd-al-Muttalib está quase na mesma situação de Zeïd. Nenhuma
das religiões conhecidas o satisfaz. Apesar de tudo, não rompe com o
passado. Nunca renegará a religião dos seus antepassados. Em certa
medida, no entanto, em privado, «renunciou ao culto dos ídolos e acredita
num único Deus».

Uma noite, Abd-al-Muttalib sonha que do seu corpo se ergue uma
árvore gigante que estende os ramos sobre todo o planeta, de um extremo
ao outro do universo e até ao céu. Este sonho dá-lhe esperança. Acredita
que é um sinal de que ele vai encontrar Deus. Mas morrerá sem se
encontrar com o Criador.

Na altura deste sonho, o último filho de Abd-al-Muttalib, Abdallah
casou com uma rapariga, de nome Amina-bint-Wahb, o que significa
Amina filha de Wahb, do clã Zuh-rah. Este filho de Muttalib é incon-
testavelmente o mais belo homem de Meca. Será o pai de Maomé, profeta
do Islão. Todas as jovens de Meca queriam desposar Abdallah. Conta a
tradição popular que quando Abdallah e Amina se casaram cerca de
duzentas virgens morreram de desgosto, pois estavam apaixonadas por
ele e ele casou com outra.

Para além da beleza, as jovens estavam apaixonadas por Abdallah
porque todas elas teriam desejado trazer no ventre Maomé, o profeta dos
árabes. Um profeta, um santo, são portadores de um eflúvio sagrado a
que os árabes chamam *baraka.*

«O portador de *baraka*, traz prosperidade, felicidade e todos os bens
do mundo. Pode espalhar estas dádivas mesmo do outro mundo, pela sua

A VIDA DE MAOMÉ

intercessão junto de Deus. Não é necessário que a vontade do santo se manifeste para que a *baraka* seja eficaz: a sua presença e o seu contacto são suficientes. Desta forma o eflúvio benfazejo espalha-se e transmite-se por intermédio dos servidores do santo. Emana do corpo do santo durante a vida e mantém-se depois da sua morte.

Será uma criança, dotada de *baraka*, que irá nascer do casal Abdallah e Amina. É natural que todas as mulheres tenham querido estar no lugar de Amina, para ter um filho assim. Pois as mulheres, à semelhança dos aparelhos de radar, pressentem os acontecimentos do futuro, através dos obstáculos do tempo.

No entanto Abdallah, filho de Abd-al-Muttalib, escravo de Deus, e pai do profeta Maomé, não terá a sorte de ver o filho. Morreu algumas semanas antes do nascimento de Maomé. Os cronistas são lacónicos: «Partiu para uma viagem comercial, com o objectivo de visitar os tios maternos em Medina, e aí Abdallah adoeceu e morreu.»

Abdallah, pai do profeta era muito pobre. Quando morreu deixou como herança à mulher e ao filho que ia nascer, não mais do que cinco camelos e uma velha escrava. Ele que tinha custado cem camelos, apenas possuía cinco.

VI

A GUERRA ENTRE ANDORINHAS E ELEFANTES

A morte de Abdallah causa uma grande dor à família. Abd-al-Muttalib, embora arruinado, toma a seu cargo Amina, viúva do filho. E promete cuidar do filho que irá nascer, Maomé.

Estamos em 570. Ao longo deste ano ocorrerão acontecimentos inesquecíveis.

Dhu Nuwas, "o senhor dos aneis", autor do massacre de Nedjran, morre de morte violenta. Como todos os assassinos. Vencido em combate, odiado pelo povo, é lançado ao mar do alto de um rochedo.

O imperador da Abissínia, o Négus (ou *najachi,* como lhe chamam os árabes) ocupou o país onde reinava o tirano dos aneis. O Négus nomeou um vice-rei para governar a Arábia do Sul. Enviou padres para consolar os cristãos sobreviventes do massacre. Construíu igrejas. Em especial construiu um gigantesco sistema de irrigação para que os homens pudessem cultivar a terra e não sofrerem mais com a fome.

O mais célebre dos vice-reis da Arábia do Sul foi o coronel abissínio Abraha. O seu nome está gravado em inúmeros diques e igrejas. Foi um grande construtor. Além disso, era possuidor de títulos sonantes. Em cada inscrição que descobrem, os arqueólogos podem ler ao lado do nome de Abraha:

«Pelo Poder, Clemência e Misericórdia de Deus Todo-Poderoso, do seu Messias e do seu Espírito Santo, esta inscrição é gravada por Abraha, delegado do rei Ge'estite Ramich Zubainian, Rei de Sabá e de Dhu Raidan, de Hadramaut e de Yamat e dos árabes de Tihamar e de Nadjd.»

Abraha tomara o poder pela violência. Tinha morto o vice-rei anterior. O Négus tinha de escolher entre duas alternativas: ou punir Abraha por assassínio e rebelião ou confirmá-lo nas funções de que estava in-

A VIDA DE MAOMÉ

vestido. O Négus optou pela segunda. Abraha ficou sendo vice-rei. Tinha a paixão da construção e da administração e era um cristão militante. Por ocasião de uma visita ao norte Abraha foi ao santuário da *Caaba*, e ficou muito chocado. Meca é uma cidade onde não cresce um pedaço de erva, uma planta ou um legume. Fica situada num deserto estéril de clima sufocante. No entanto Meca é próspera. Subsiste através do comércio, mas este não é possível sem o santuário. É certo que Meca se situa na linha das caravanas que fazem o trajecto norte-sul. Mas isso só não chega. As caravanas podem circular e parar em Meca, pois existem os quatro meses de Trégua de Deus – durante os quais cessam todas as guerras e a agressão e a violência são abolidas. Os mercadores podem vir a Meca com toda a tranquilidade. Além disso, o território da cidade e os arredores são declarados *haram*, isto é sagrados. Pondo a religião ao serviço do comércio, Meca tornou-se a mais próspera cidade árabe.

Abraha decidiu então construir em Sanaa – capital da Arábia do Sul – um santuário cristão que rivalizaria com o de Meca. Abraha diz: «Senhor, eu vos construirei uma casa mais bela do que o santuário dos pagãos de Meca».

A construção da catedral de Sanaa começou imediatamente. A maior parte dos arquitectos e mestres de obras vieram de Bizâncio. Entre eles encontrava-se um padre italiano de Alexandria, chamado Gregentius. A catedral foi construída em mármore branco, verde, vermelho e preto. As portas desta catedral – *qalis*, que em árabe significa igreja – eram de ouro maciço, incrustado de pedras preciosas e de pérolas. As paredes interiores da famosa *qalis* que devia maravilhar os árabes, eram revestidas a oca na qual se tinha misturado almíscar para as perfumar. No altar ardiam as mais caras essências, incensos e perfumes.

Abraha estava convencido que perante tanto esplendor, os beduínos do deserto abandonariam o paganismo e se tornariam cristãos. Automaticamente abandonariam as peregrinações a Meca e viriam rezar a Sanaa.

Os cidadãos de Meca compreenderam o perigo que os ameaçava. Não podiam transformar o santuário da *Caaba*. Abraha tinha maiores possibilidades em matéria de arquitectura. Toda a decoração e materiais do lendário palácio da rainha de Sába tinham sido utilizados na construção da catedral de Sanaa, assim como o requinte dos arquitectos, mestres de obras e decoradores de Bizâncio. Como era impossível a concorrência, os árabes de Meca decidiram incendiar a catedral de Abraha. Formaram um grupo de combate que enviaram para Sanaa, com a missão de reduzir a cinzas a bela *qalis*, a igreja. O comando da equipa de incendiários foi confiado ao chefe da tribo *taminite* de Meca. Era um dos *nasi* – um dos

A GUERRA ENTRE ANDORINHAS E ELEFANTES

altos funcionários que, em Meca, estão encarregados de regular o calendário. Por consequência, não se tratava de um grupo de criminosos contratados. O incêndio da igreja de Sanaa deveria ser obra de personalidades oficiais. Porque em Meca o calendário é mais importante do que a função de *syqaya* ("o que refresca os peregrinos"): função de Abd-al--Muttalib. A guerra e a paz depende do funcionário "encarregado do calendário". Os árabes têm dois calendários: um lunar e outro solar. Todos os três anos é introduzido no calendário um décimo terceiro mês, chamado "mês vazio" ou *safar*. Este décimo terceiro mês que aparece de três em três anos é um mês profano intercalado entre o décimo segundo do ano que acaba e o primeiro do que começa. Este mês profano está assim escondido entre os dois primeiros meses da Trégua de Deus e, deste modo, interrompe-a. Podem pois começar as guerras. Os crimes e os assassinatos deixam de ser proíbidos. É um mês profano. Os árabes esperam pelo dia e hora exactos desta interrupção da Trégua para poderem atacar. Desta forma a função de *nasi* equivale à de uma varinha mágica, que pode travar a violência ou desencadeá-la.

Um *nasi* foi encarregado de incendiar a *qalis* catedral de Sanaa. O plano foi estudado em detalhe. Sabia-se que o tecto da catedral estava suspenso por duas enormes colunas de plátano. Era aí que o fogo devia ser ateado. Os incendiários passaram a noite na igreja de Sanaa, mas não conseguiram realizar a tarefa. A catedral não foi queimada. Havia demasiado mármore e demasiada pedra. Os conjurados apenas conseguiram profanar o santuário. De madrugada foram apanhados. Confessaram que foram enviados por Meca para incendiarem a catedral. Abraha, decide punir Meca. Dirige-se para norte à frente de um grande exército. Segue pela célebre "estrada do incenso". Na Antiguidade, o incenso que ardia nos templos do Egipto e do Médio Oriente vinha da Arábia do Sul, através desta estrada que hoje é percorrida por Abraha. Os condutores de caravanas que transportavam no dorso dos camelos os barris de incenso e de aromas ficavam doentes por causa dos perfumes, e perdiam o conhecimento. Para os reanimar, queimava-se sob o nariz dos doentes alcatrão, resina e excrementos de cavalo. Foi este, durante séculos, o único remédio para curar "o mal dos perfumes".

O poeta Abdallah-ibn-az-Zibbara afirma que o exército de Abraha era composto por 60.000 soldados.

Não é a perspectiva de ver Meca ocupada ou de um imenso exército penetrar no santuário que causa sensação no deserto. O que parece extraordinário para os beduínos, e que eles guardam na memória, é que o vice-rei se fazia transportar no dorso de um elefante. A primeira coisa que os árabes fizeram foi dar um nome a este animal. Chamaram-lhe *mahmud*. O caminho percorrido pelo exército invasor, conserva hoje ainda o nome de Darb-al-fil, ou "estrada do elefante".

Todas as fontes onde o elefante de Abraha bebeu serão chamadas "poços do elefante". E como se isto não bastasse, o ano em que se deu o ataque a Meca, 570, chama-se o ano do elefante. Neste ano nascerá Maomé, o fundador do islamismo. Abraha tem um guia chamado Naufal, da tribo de *Kathan*. Em troca dos seus serviços este guia será libertado. Em breve, Abraha chega a Taïf. É uma cidade cercada de muralhas, cujo nome significa mesmo muralha, situada a 2600 metros de altitude. A distância entre Taïf e Meca é de um dia montado num burro, e dois montado em camelo. Os habitantes de Taïf consideram-se superiores aos outros árabes porque comem pão, o que é um facto extremamente raro no deserto. Na sua região podem cultivar cereais.

Apesar das suas muralhas, os habitantes de Taïf não se opõem a Abraha. Pelo contrário estão encantados de ver um elefante atravessar a sua cidade. Um dos oligarcas da cidade, de nome Masud-ibn-Muattib, discursa solenemente para Abraha e deseja-lhe os maiores sucessos nesta guerra. Taïf oferece aos abissínios um guia chamado Abu-Righal e fazem-lhes um único pedido: não tocarem nos ídolos da cidade, na estátua de Al-Lat. Abraha aceita.

Ao chegar às portas de Meca Abraha agradece ao guia de Taïf, manda-o embora e dá-lhe – como recompensa – duas barras de ouro. Mais tarde, os cidadãos de Meca profanarão o túmulo de Righal, que guiou os invasores à cidade santa, e encontrarão aí as duas barras de ouro, preço da traição. Em Meca, o exército abissínio não encontra um único homem. Fugiram todos. Os coraixitas, senhores de Meca, fizeram o seguinte raciocínio: «Meca é um vale sem culturas. A única coisa valiosa nesta cidade é o santuário, a *Caaba*. Mas é a casa de Deus. Deus guarda-la-à sozinho, pois o Senhor é Todo Poderoso; e para defender a sua casa não precisa de auxílio dos homens.» Cada cidadão pegou nos seus rebanhos e fugiu para as colinas circundantes. Abd-al-Muttalib não partiu. O futuro avô de Maomé tinha mantido sempre boas relações com os abissínios. Não tem nenhum motivo para fugir deles. Os soldados encontram os rebanhos de Abd-al-Muttalib e confiscam-nos. Foram os únicos rebanhos que encontraram. O avô de Maomé zanga-se. Apresenta-se a Abraha e reclama os seus carneiros e camelos confiscados pelos soldados.

«Os camelos pertencem-me e eu reclamo-os. Quanto à cidade, ela tem o seu dono que é Deus, e Ele ocupar-se-à do assunto. Abraha restitui os camelos e os carneiros a Abd-al-Muttalib. Depois dirige-se para o

A GUERRA ENTRE ANDORINHAS E ELEFANTES

santuário. Mas logo que o elefante de Abraha pisou o território *haram* – ou sagrado – ajoelha-se e recusa-se a avançar.

Nesse momento, inúmeras andorinhas – *ababil* – surgem no céu, por cima de Meca, em formação de ataque. Exactamente como esquadrilhas de bombardeiros. Cada andorinha traz três pequenas pedras: duas nas patas e uma no bico. Em cada pedra está escrito o nome de um soldado abissínio, de um camelo ou de um elefante do exército invasor. As andorinhas descem em voo picado e lançam sobre o inimigo as pedras milagrosas. Cada pedra atinge o objectivo que tem escrito. As pequenas pedras lançadas pelas andorinhas atravessam os capacetes dos soldados, o corpo dos homens, dos camelos, dos cavalos e dos elefantes. Depois de dois ou três assaltos das esquadrilhas de andorinhas, todo o exército foi dizimado. Nada resta dele. Os elefantes ficam reduzidos a estilhas. Ao mesmo tempo que o ataque, ocorre uma tempestade de areia trazida por um vento mais ardente do que chamas e que calcina o rosto e os corpos de homens e animais. A água das fontes começa subitamente a ferver, jorrando pela terra onde se evapora. Como para coroar este cataclismo, ao mesmo tempo que o vento de fogo consome tudo, os germes de uma terrível epidemia de peste abatem-se sobre os abissínios moribundos. Abraha consegue fugir com alguns cortesãos. Mas após esta fuga morrerá de uma morte atroz: todos os seus membros cairão feitos em pedaços; os braços, as pernas, o nariz e as orelhas. Os músculos e a pele separar-se-ão do esqueleto, como a carne cozida se separa do osso. Os cidadãos de Meca que, das colinas circundantes, tinham assistido ao combate entre andorinhas e elefantes, voltaram à cidade quando tudo terminou.

Abd-al-Muttalib contará ao neto Maomé o que viu com os seus próprios olhos. Eis o que está escrito no *Alcorão* (CV: 1-5), sobre esta terrível batalha:

«Não viste, ó Apóstolo, como o teu Senhor procedeu com os donos do elefante?

«Como destruiu os seus intentos e os reduziu a nada?

«E enviou contra eles enormes bandos de pássaros, que os atacaram com pedras-pomes e os deixou desfeitos em pó?»

Pouco depois deste extraordinário acontecimento, Amina-bint-Wahb, viúva de Abdallah, dá à luz um rapaz. Será chamado Maomé. É o fundador e o profeta do islão. Nascido em Meca no ano 570; ou, mais precisamente, no ano dos elefantes.

VII

O NASCIMENTO DO PROFETA MAOMÉ

Sobre o nascimento de Maomé diz o poeta árabe Hassan-ibn Thabit: «Eu era criança, tinha então sete ou oito anos. Ouvi os judeus de Medina que estavam reunidos e falavam alto na rua. Um deles subiu a um telhado e chamou os correligionários, exortando-os a juntarem-se. Quando todos se encontravam já na rua, o que tinha subido ao telhado anunciou:

«Esta noite, apareceu no céu a estrela que anuncia o nascimento de Ahmad. Ahmad nasceu!»

O nascimento de Maomé (cujo outro nome é Ahmad), tal como está escrito no *Alcorão*, foi anunciado por todos os anteriores profetas e mesmo por Jesus Cristo. O *Alcorão* diz: «Recorda-te de quando Jesus, filho de Maria, disse: "Filhos de Israel! Eu sou o Enviado que Deus vos mandou para confirmar o Pentateuco, que Me precedeu, e anunciar um Enviado que virá depois de Mim. O seu nome será Ahmad».

No Evangelho segundo S.João, Jesus anuncia aos seus díscipulos que vai morrer, mas que enviará um Paracleto, quer dizer um consolador. «Se me amardes guardareis os meus mandamentos; e eu rogarei ao Pai, e Ele dar-vos-à um outro consolador para que fique convosco para todo o sempre... Não vos deixarei orfãos».

A palavra grega *paracleto* é traduzida por consolador, defensor, advogado, conselheiro, assistente. Jesus anuncia assim aos discípulos que lhes enviará um *paracleto* que ficará com eles e com os fieis para todo o sempre. Este *paracleto*, intercessor dos homens junto de Deus, este consolador que aparecerá depois da crucificação de Jesus Cristo e da sua subida ao Céu, é o Espírito Santo. Esta é a interpretação cristã. O Espírito Santo desceu sobre os fieis – tal como Cristo tinha prometido – cinquenta dias depois da ressurreição.

Os muçulmanos não leram *paracleto*, mas *periclito* – palavra que significa exactamente: Ahmad ou Maomé. Maomé ou "o mais louvado" é o superlativo da palavra *ahmad* – "louvado", que em grego se diz *periclito*.

O NASCIMENTO DO PROFETA MAOMÉ

Se também os judeus de Medina tivessem lido *periclito*, nos cinco primeiros livros da Bíblia ou Pentateuco, tinham razão para anunciar o nascimento de Maomé ou Ahmad. Nessa noite, em Meca, nasceu Maomé, filho de Abdallah e de Amina e neto de Abd-al-Muttalib. O nascimento do profeta não foi conhecido somente pelos judeus. Amina foi avisada disso várias vezes. De início não sentiu o peso da gravidez. Um dia, ouviu uma voz que lhe dizia: «A criança que vais dar à luz será um profeta e um dirigente do povo árabe. Protege-te da agressividade e do desejo dos homens. Sobretudo dos judeus. Procura refúgio em Deus.»

Amina contou aos amigos, conhecidos e vizinhos o que lhe tinha acontecido. As mulheres de Meca aconselharam-na a usar pesados braceletes de ferro. O que ela fez. Mas desde a primeira noite, todos os braceletes se partiram enquanto Amina dormia.

No momento do nascimento de Maomé, uma luz deslumbrante inunda o planeta, e Amina viu silhuetas de camelos de Bosra a mil quilómetros de distância e as ruas de comércio, os *souks*, de Damasco, como se ela lá estivesse. As palmeiras de Iatrib iluminaram-se como se tivessem apontados sobre elas potentes projectores. O fogo sagrado dos templos de Zoroastro – na Pérsia – apaga-se.

Iblis – o demónio – que, tal como as mulheres, pressente os acontecimentos extraordinários, em qualquer parte que eles se dêem, pôs-se a farejar a terra. Os anjos saem do céu e lançam pedras aos *djinns*, que espiavam através da cúpula azul do céu, para saberem o que se ia passar no universo. As pedras lançadas pelos anjos enchem o ar de cometas e estrelas cadentes, que caem sobre a Arábia.

As mais numerosas caem sobre a cidade de Taïf. As pessoas saem para a rua e olham apavoradas o céu iluminado.

Logo a seguir ao nascimento, Maomé agarra um punhado de terra. Depois olha o céu. Nasceu circuncidado. A parteira não tem necessidade de lhe cortar o cordão umbilical, pois a criança nasceu com o cordão cortado. Os anjos descem dos céus em grande número e lavam o recém-nascido. Quando as mulheres o querem lavar, já ele está limpo como cristal.

Tal como tinha prometido, Abd-al-Muttalib toma a seu cargo o recém--nascido e a mãe.

Apesar de todos os extraordinários efeitos de encenação manifestados no nascimento de Maomé, e ainda que o acontecimento seja conhecido, a existência dos cidadãos de Meca e dos árabes do deserto que deles tiveram conhecimento, não mudou em nada.

O nascimento de um profeta – mesmo na Arábia – é certamente um facto importante, mas não invulgar. Um oficial inglês que viveu e combateu ao lado de árabes escreveu: «Os árabes pretendem ter dado ao mundo quarenta mil profetas. Possuímos testemunhos históricos relativos a algumas centenas deles pelo menos.»

Um erudito francês – consultando os textos – verificará que os árabes têm cento e vinte e quatro mil profetas, ou *nabis*, e ainda trezentos e treze profetas enviados especiais.

Por consequência, em Meca trata-se apenas de mais um profeta. A Arábia forneceu ao universo o judaísmo, o cristianismo, o islamismo e uma infinidade de outras religiões. Algumas delas tiveram a sorte de se expandir para lá das fronteiras, no resto do planeta. Apesar desta produção massiva, os árabes continuam a fabricar religiões e profetas e a provocar encontros entre homens e Deus. Hoje como há vinte séculos, quem quer deliberadamente encontrar Deus vai ao deserto árabe.

A Arábia com os seus três milhões de quilómetros quadrados de areia que se estendem sob o azul infinito e ardente do céu, é o lugar onde se vê o esqueleto do planeta.

Aqui, tal como num estaleiro onde os trabalhos estão em curso, todos os homens, todos os operários podem encontrar Deus – o grande mestre da obra, o arquitecto chefe.

Na Arábia – entre dois infinitos desertos, um sobre a cabeça e outro sobre os pés – o Criador e a criatura têm inúmeras ocasiões de se encontrarem face a face. Não é como no resto do planeta onde o homem tem o seu lugar, o diabo o dele e os anjos o seu.

O resto do planeta é como uma construção acabada, onde há portas, paredes, andares, escadas principais, de serviço e passagens proíbidas. Os locatários, proprietários, arquitectos e engenheiros nunca se encontram. Cada um vive no seu sector e no andar que lhe está destinado; não vê mais nada para além das suas próprias paredes. É pois natural que durante os anos que se vão seguir, nenhum privilégio seja oferecido a Maomé, embora a família e os concidadãos saibam que ele nasceu profeta. Não é certo que cada um cumpra a sua missão ou seja um ser de excepção mesmo quando nasce profeta.

Maomé foi pois submetido ao mesmo regime que todas as crianças coraixitas de Meca.

Nascer profeta é seguramente um facto importante. Mas o que é verdadeiramente importante para ele é cumprir a sua missão como profeta. É neste facto que reside a grandeza. É isso que é excepcional. Será por isso que a última palavra de Maomé antes de morrer será *balaghtu* que significa: «Terei cumprido bem?»

VIII

MILAGRES DO DESERTO

Todos os árabes, num dado momento, vieram do Sul, da *Arabia Felix*. A seca, a guerra, a rotura dos diques, os cataclismos, mas sobretudo a falta de espaço vital, levaram o excedente de homens para fora das fronteiras, exactamente como um rio que empurra as ondas para dar lugar às que se seguem. Do Sul, apenas se pode ir para Norte. O Norte é o deserto. Os sedentários que chegam ao deserto devem tornar-se nómadas se quiserem sobreviver. É a única forma de sociedade possível no deserto. É a mais severa experiência social que um homem pode tentar sobre a Terra. No deserto, os nómadas abrigam-se por momentos nos raros oásis existentes, mas são logo lançados no deserto. Cada vez mais longe. O deserto – apesar de se poder caminhar nele durante dias, semanas e por vezes meses sem encontrar vivalma – está sempre superpovoado. O espaço vital, isto é o território estritamente necessário a um ser humano no deserto, não se mede em quilómetros quadrados. E porque os nómadas já não têm lugar no deserto superpovoado avançam para o Norte. Aí deixam de ser nómadas. Diz o ditado que o Sul é o berço dos árabes e o Norte – o Iraque e a Pérsia – o seu túmulo. Mas o árabe que atravessou o deserto e que viveu no seio da mais dura sociedade que alguma vez já existiu, a sociedade nómada, fica purificado e torna-se superior ao resto da humanidade. Os judeus tornaram-se um povo novo depois dos quarenta anos de permanência no deserto. Porque, no deserto, «a feroz luta pela vida» conduz a uma selecção, baseada não só nas aptidões físicas, mas também nas qualidades morais. É preciso, para conseguir viver no deserto, um elevado grau de solidariedade, aliado a um elevado grau de respeito da personalidade e da apreciação do valor dos homens. «Na fornalha do deserto, as escórias dos actos e das atitudes de baixo nível eram eliminadas

A VIDA DE MAOMÉ

e só ficava o ouro puro de uma moral elevada, um código e uma elevada tradição das relações entre os homens e um alto grau de mérito... A grandeza do islão é devida em grande parte à fusão deste elemento com certas concepções teísticas judaico-cristãs.»

Os nómadas não cultivam, não plantam nem possuem nada, além dos rebanhos e das tendas. Com está escrito na Bíblia: «Jamais bebereis vinho, vós e os vossos filhos. E nunca construireis casas. Não semeareis vinhas e não possuireis nada. Mas habitareis sob tendas durante *toda a vossa existência, para que possais viver muitos dias sobre a terra onde sois como estrangeiros.*»

Um nómada é, em primeiro lugar, um homem que passa fome e sede toda a sua vida. Uma das peças de vestuário importantes num nómada é o cinto (*hagou* nos homens, *berim* nas mulheres) que aperta o estômago, a fim de diminuir os acessos de fome. Por vezes o cinto não chega; para que o estômago fique ainda mais pressionado – até tocar a coluna, até que deixe de existir – entala-se uma pedra entre o estômago e a cintura. Desta forma a pressão atinge o máximo. O árabe consola-se da fome e da sede ao encontrar prazer na força da resistência e na paciência. O poeta Chanfara escreve: «Eu sei enganar a fome ou reduzi-la ao silêncio e prefiro comer terra, do que pão de um anfitrião avarento. Eu sei desviar a fome nos caminhos das minhas entranhas, como um sapateiro torce o fio para o enrolar num fuso.»

No deserto, homens e animais aguentam a fome até limites inimagináveis para os habitantes de outras regiões do planeta. Um testemunho diz, como se tratasse de uma coisa normal, que aqui os camelos – por causa da fome – comeram os seus próprios pelos até ficarem sem um único pelo sobre o corpo.

A alimentação do nómada é composta de leite de camela, de tâmaras, de *debb (purane)* (gerbos), que é uma espécie de rato do deserto. Por vezes, na época em que os anjos cospem sobre o deserto escaldante – quer dizer quando chove – cresce um pouco de erva, época de abundância chamada *rebi*, estação que dura em média três semanas por ano, e é a euforia no deserto. Os nómadas encontram na areia os *faga* ou *tarfas* – uma espécie de batata ou de trufa. No que respeita a caça, os beduínos encontram por vezes avestruzes, gazelas, antílopes e algumas *gata* – uma variedade de perdizes. Apesar de tudo, os nómadas consideram a caça, tal como o trabalho, uma actividade inferior, que um homem preocupado com a sua dignidade deve evitar.

Os nómadas classificam-se e diferenciam-se pelo número de animais que possuem. Mas aquilo que todos os nómadas têm em comum é um

MILAGRES DO DESERTO

desprezo soberano e total pelos sedentários. Mesmo quando um nómada se torna também sedentário, o seu desprezo pelos *ahl-al-madhar* (habitantes das casas) é total.

Conta a lenda que quando Deus criou o mundo chamou o vento e deste criou o beduíno. Depois agarrou na flecha do beduíno e dela criou um cavalo. Deus criou em seguida o burro e dos excrementos deste criou o sedentário, o habitante de casas, de cidades e de aldeias.

A palavra beduíno vem de *bayda* que significa estepe. Um verdadeiro beduíno é aquele que apenas possui camelos. Os beduínos têm enormes tendas cinzentas. A principal preocupação destes grandes condutores de camelos é a *mobilidade*. Nunca se devem encher de objectos pesados, que lhes dificultem os movimentos. Os condutores de camelos são os únicos homens livres, os *horr*. Vivem como desejaria viver o poeta:

«*Gostaria de nunca me deitar onde acordei.*»

Os grandes condutores de camelos são verdadeiros nómadas descritos pela Bíblia: «Com perigo das nossas vidas, trazemos o nosso pão, por causa da espada do deserto. Nossa pele emagreceu como um forno, por causa do ardor da fome... A nossa água, por dinheiro a bebemos.»

A sua vida resume-se à procura de poços, de pastagens e regiões um pouco menos estéreis. A partir do momento em que os grandes condutores de camelos começam a possuir também carneiros, descem um escalão na hierarquia social do deserto. Tornam-se menos móveis. Por consequência menos livres. Menos nobres. O criador de carneiros – o *chawaya* – é um nómada de segunda categoria. No dia em que, além dos carneiros, o nómada começa a criar gado vacum ou burros, então torna-se um pária do deserto. É um nómada de uma classe totalmente baixa. Sem nenhuma nobreza. Embora não passe fome nem sede, apesar de rico, o seu sonho é voltar ao deserto e voltar a ser um grande condutor de camelos. Além do camelo, o beduíno ama o cavalo. Mas este amor é impossível. O cavalo é um objecto de luxo. Necessita de água e de forragem. O cavalo não é como o beduíno e o camelo; morre se não come e se não bebe. Na falta de água e aveia dão-lhe leite. Mas num período de seca o leite das camelas não é suficiente. Então renuncia-se aos cavalos.

Os beduínos contentam-se com as camelas brancas, que são extremamente rápidas e são tratadas como princesas por crianças e adultos. Servem unicamente para paradas e corridas. Só as camelas são utilizadas para corridas de velocidade. Os machos são criaturas pesadas e são utilizados para transportes de mercadorias nas caravanas, *latimah*.

Os grandes condutores de camelos recebem sempre um salário anual – em cereais ou tâmaras – pago pelos sedentários das margens do deserto.

A VIDA DE MAOMÉ

Este salário chama-se *khwa* ou "imposto de fraternidade". Em troca deste tributo, os nómadas comprometem-se a não pilhar os sedentários, e eventualmente protegê-los quando eles atravessam o deserto em negócios.

O nómada divide o seu desprezo entre o sedentário e o burro. Ninguém verá nunca um verdadeiro beduíno com um burro.

Pouco depois do nascimento de Maomé, um grupo de nómadas montados em burros apareceu no *marbad*, a praça de Meca onde param as caravanas. Eram nómadas inferiores. Aliás, na região de Hedjaz – a faixa de 1500 quilómetros de comprimento e de 270 de largo que se estende do deserto sírio do Norte até ao Iémen, ao longo do Mar Vermelho – os árabes criam e utilizam burros.

Em Hedjaz há também os mais belos cavalos árabes.

O grupo de nómadas que entrou na cidade pertencia à tribo *banou sa'd*, que é uma subdivisão da grande tribo *hawazin*. Eles percorrem o deserto desde o sul de Meca até ao Iémen, e a leste até Nedjd. Tribo sem nobreza na hierarquia do deserto, porque viajam com burros. Mas os *banou sa'd* e os *kathan* são – de todos os árabes da antiguidade – os únicos a terem sobrevivido. Na caravana dos nómadas *banou sa'd*, há essencialmente mulheres, que trazem nos braços os filhos recém-nascidos.

Maomé mora com a sua mãe Amina na casa do avô Abd-al-Muttalib, próximo do santuário, no bairro dos oligarcas (*batha*). Tem a cabeça rapada como todos os recém-nascidos. Os cabelos de Maomé foram postos no prato de uma balança e pesados. O seu peso em ouro foi dado aos pobres. Não havia muito ouro. Os cabelos de um recém-nascido não pesam muito. Mas é um costume sacrificar a cabeleira, *aqiqa*, e este costume sobreviveu em todas as religiões do mundo.

Depois desta cerimónia, Maomé foi confiado a uma ama de leite. É também uma tradição. Desta forma, a tribo prospera. A criança é tanto mais rica quantos mais irmãos tiver. Os irmãos de leite, isto é aqueles que mamaram na mesma ama de leite, são iguais aos irmãos de sangue.

A primeira ama de leite de Maomé chamava-se Tuwaibah. Era uma escrava de Abu Lahab, tio de Maomé. Os primeiros irmãos de leite do profeta foram Dj'Afar e Hamza, dois tios, que serão mais tarde companheiros de luta na fundação do islão.

Mais tarde, quando for poderoso, Maomé libertará a escrava Tuwaibah – porque foi sua ama de leite, embora a detestasse tanto como o dono. Maomé dirá um dia que a sua ama de leite foi a mais infame das mulheres e que arderá para todo o sempre nas chamas do inferno, onde não terá, para mitigar a sua sede, mais do que o pouco leite que lhe deu nas primeiras semanas de vida.

MILAGRES DO DESERTO

As crianças dos oligarcas de Meca nunca são alimentadas na cidade. O ar é demasiado malsão para os bebés. Sucedem-se as epidemias. É grande a mortalidade infantil. As crianças são enviadas para as tribos do deserto para serem alimentadas. Além dos motivos de saúde, há os de ordem social: a criança torna-se assim irmão de uma outra tribo. As mulheres dos beduínos muito pobres, que ainda hoje vêm a Meca, procuram alimentar os filhos das personagens mais ricas. Melhoram assim também a sua existência. Não tanto pelo dinheiro que auferem por alimentar estas crianças, mas pelas relações que criam com esses filhos de leite que, quando adultos, serão grandes figuras em Meca.

No espaço de algumas horas, todas as mulheres dos *banou sa'd* encontram crianças que levam para o deserto para alimentar. Todas, salvo uma: Halima-bint-Abu-Dhu'ayb. Não encontrou um bebé rico para amamentar. Em Meca, bebés pobres há tantos como caldeirões! Mas amamentar uma criança pobre não tem qualquer sentido. Os pobres são o lixo do mundo. Maomé é um pobre orfão. Foi proposto a todas as beduínas. Todas recusaram. Halima começou por recusar, mas por fim aceitou amamentar Maomé.

Halima-bint-Abu-Dhu'ayb tinha o hábito de contar como é que ela, o marido e o filho que ela amamentava, tinham partido da sua terra com outras mulheres do clã, à procura de crianças para amamentar.

«Era um ano de seca» – dizia ela – «em que não tinha nada. Parti em cima de uma burra nova que tinha, e seguia-nos uma camela que – santo Deus! – não nos dava uma gota de leite. Nenhum de nós dormiu de noite, porque a criança chorava com fome. Não tinha leite suficiente para lhe dar de mamar, e a camela não tinha nada dentro das mamas... Esperávamos a chuva e o fim da nossa miséria.

«Assim, parti em cima da burra. Ela já não tinha força, estava tão magra e andava tão devagar que causava problemas aos outros.

«Por fim, chegámos a Meca em busca de alimentos. A uma de nós propuseram Maomé mas quando ela soube que era orfão, recusou. Pensávamos todas no presente que teríamos do pai. Exclamavamos: "Um orfão! O que é que a mãe e o pai poderiam fazer por ele!" Não o queríamos. E todas as mulheres do grupo encontraram uma criança, menos eu.

«No entanto quando nos preparávamos para voltar para a nossa terra, eu disse ao meu marido: Oh Deus! eu vou a casa daquele orfão e vou levá-lo comigo. Não quero voltar com as outras sem ter uma criança. Ele não te vai dar preocupações, diz ele. Talvez Deus nos beneficie por causa dele.»

Maomé parte com os beduínos para o deserto, em cima da burra amarela. Os que o tomaram a cargo por piedade são os proletários do deserto.

43

A VIDA DE MAOMÉ

Mas para eles, não foi assim um negócio tão mau, uma vez que o orfão Maomé era um coraixitas, um dos oligarcas de Meca.

Quanto mais se afastam da cidade, mais se internam no deserto, maior é a diferença entre Maomé, o coraixita, e Mesrouth seu irmão de leite, filho de Halima.

Os nómadas sonham – como é normal que sonhem os pobres e os esfomeados – que um dia a criança orfã (mas nobre, uma vez que ele é um coraixita de Meca) será adulto. Então ele será um dos dez oligarcas a quem pertencem todas as caravanas de milhares e milhares de camelos que sem parar atravessam o deserto, carregadas de todos os tesouros do mundo. Pois os coraixitas são os senhores e os capitalistas do deserto.

Nestes momentos de ilusão, os nómadas pobres sonham com as recompensas futuras. Os pobres são sempre recompensados no futuro; só os ricos são recompensados no presente. Neste momento de sonho começam os milagres. Toda uma série de milagres...

Conta Halima:

«Quando o fui buscar, parti com ele, para me ir juntar à nossa caravana. Coloquei-o junto ao peito e dei-lhe o seio, para que ele bebesse todo o leite que quisesse. Bebeu até se fartar e o irmão bebeu também. Depois de saciados os dois adormeceram; antes nunca tínhamos conseguido dormir com a criança a chorar. O meu marido levantou-se e foi junto da camela, e com grande surpresa encontrou-a cheia de leite. Mugiu-a. Ele e eu bebemos até estarmos saciados, e depois passámos uma excelente noite. De manhã o meu marido disse: "Por Deus, Halima! Agora sabes que te confiaram uma criatura bendita". Ao que eu respondi: "Assim o espero". Partimos, montei na burra com a criança; a burra caminhava tão bem que nenhuma das outras a conseguia seguir. Tão bem, que as minhas companheiras disseram:

«– Leva-te o diabo, Bint-Abu-Dhu'ayb, espera por nós! Não digas que é a mesma burra que tinhas à ida.

«– É a mesma, pois – respondi eu.

«– Por Deus! Aconteceu-lhe qualquer coisa.

«Chegámos ao nosso acampamento do clã *banou sa'd*. Não conhecia nada de tão seco em toda a face da terra. Pois a partir do momento em que lá chegámos, os animais regressavam a casa satisfeitos e cheios de leite. Mugíamo-los e bebíamos o leite. No entanto, mais ninguém retirava uma gota sequer das tetas dos seus animais. Embora os da nossa tribo dissessem aos pastores: "O diabo vos leve, ponham o gado a pastar onde Bint-Abu-Dhu'ayb anda com o rebanho dele". Mas, à noite, os animais deles voltavam com fome e sem dar uma gota de leite, ao passo que os

MILAGRES DO DESERTO

meus não tinham fome e estavam cheios de leite. Assim continuamos a ter as bençãos de Deus, até que a criança atingiu dois anos e deixou de mamar. Era mais vigoroso do que qualquer outra criança. Tínhamo-lo separado da mãe, mas esperávamos acima de tudo poder ficar com ele, pelos benefícios que nos tinha trazido. Falámos com a mãe e eu disse-lhe: "Talvez pudesse deixar-me a criança até que ela cresça. Receio que em Meca ele apanhe a peste".

«Insistimos com ela, até que ela decidiu deixá-lo ir connosco.»

Segundo o que diz Halima, Maomé voltou para Meca dois anos mais tarde, mas retornou ao deserto. A fim de manter a prosperidade dos seus pais de leite, os nómadas proletários. Porque uma criança que tem a *baraka* – o eflúvio sagrado – é mais valioso do que um terreno fértil. Cada tribo faz tudo o que está ao seu alcance para atrair para o seu seio um profeta, um poeta, um *arraf*, isto é alguém que estabeleça o contacto entre o deserto de areia escaldante que se estende aos seus pés e o deserto azul suspenso sobre as suas cabeças. Ou para que ele lhes dê a ilusão desse contacto. A ilusão de beber leite quando se tem fome e sede vale tanto como o leite verdadeiro. A ilusão alimenta e dessedenta. Halima tem esta ilusão, e os benefícios trazidos pela presença de Maomé sob a sua tenda são autênticos. Conhece-se em Meca a história de um homem perseguido, chamado Abu-Dharr, que durante trinta dias não tomou qualquer alimento, salvo, durante a noite, a água da fonte Zam-Zam da *Caaba* e que apesar disso engordou vários quilos.

IX

O CORAÇÃO E O PESO DO PROFETA

Um profeta tem de ter – antes de mais – o coração puro. De outro modo não pode cumprir a sua missão. Mas um profeta é um homem. Um homem escolhido por Deus, certamente. Mas apesar de tudo um homem. E os homens, desde a sua expulsão do Paraíso, têm no seu coração uma mancha negra: é o pecado original. É um "coágulo de sangue" grande como um grão de pimenta, no rubro puro do coração humano. É *marmaz--ach-chaitan*, a pincelada do diabo. Um dia Maomé encontrava-se em frente da tenda com outras crianças da tribo *banou sa'd*. Estava também Mesrouth – seu irmão de leite – que assistiu ao milagre.

Conta Halima:

«Maomé estava no meio dos cordeiros e das ovelhas, nas nossas tendas, quando Mesrouth correu para nós para dizer: "Dois homens vestidos de branco vieram buscar o meu irmão coraixita. Deitaram-no ao chão, abriram-no e estão a mexer dentro dele com as mãos.

«O pai e eu corremos para ele. Encontrámo-lo de pé e muito pálido. Apertei-o contra mim. O pai fez o mesmo. E dissemos-lhe:

"– Quem te fez mal meu filho?

"– Foram dois homens vestidos de branco – diz Maomé – que chegaram, abriram-me o corpo e procuraram alguma coisa que eu não sei o que era".»

Halima e o marido – de cujo nome não reza a história – tiveram medo.

Maomé irá falar mais tarde deste acontecimento e dirá:

«Primeiro fui criado no clã *sa'd-ben-bakr*. Lá, um dia, estava eu com o meu irmão debaixo da tenda, guardando os cordeiros, quando dois homens vestidos de branco se dirigiram a mim com uma bacia de ouro cheia de neve. Agarraram-me e abriram-me o corpo, tiraram-me o coração,

O CORAÇÃO E O PESO DO PROFETA

abriram-no e tiraram dele um coágulo negro que deitaram fora. Depois lavaram-me o coração e o corpo com neve, até os purificarem.»

Depois de lhe terem purificado o coração, os anjos vestidos de branco marcaram Maomé com "o sinal da profecia". Esta marca é feita nas costas entre as espáduas. Ninguém descreveu com exactidão o aspecto do sinal que os profetas têm no corpo. Alguns dizem que se assemelha à "marca de uma ventosa". Outros dizem que o sinal da profecia tem a forma de um "ovo de pomba". Depois de terminada a operação de purificação um dos anjos diz ao seu companheiro: «Pesa-o, contra dez do seu povo.»

Maomé diz que os anjos pesaram-no: «Pesaram-me contra dez, e eu pesava mais do que eles.»

«– Pesa-o contra cem do seu povo – diz o anjo.

«Pesou-me contra cem e eu pesava mais do que eles.

«– Pesa-o contra mil do seu povo – diz o anjo.

«E o outro pesou-me contra mil. E eu pesava sempre mais do que eles. Então o anjo diz ao seu companheiro:

«– Agora deixa-o. Se o pesares contra todo o seu povo, pesará sempre mais do que eles.»

Maomé tinha seis anos quando lhe purificaram o coração e o pesaram. O facto de uma criança pesar mais do que mil árabes adultos, e eventualmente mais que todo um povo de adultos, é normal. O coração é como os diamantes; quanto mais puro mais pesado é. Um coração absolutamente puro – se existisse – pesaria mais do que todo o planeta terrestre.

*

* *

No dia seguinte a estas miraculosas aventuras, Halima foi à feira de Ukaz. Mostra Maomé a um adivinho da tribo *hudhail*. Este afirma que Maomé destruirá os ídolos quando for adulto. Halima e o marido ficam com medo. Já tinham ficado apavorados ao saber que lhe tinham aberto o peito e que lho tinham lavado com neve, lá, em pleno deserto escaldante como um forno crematório. O casal de beduínos faz o inventário de todos os milagres passados. Há algum tempo que Maomé conta que, quando à noite sai da tenda, a Lua desce do céu e saúda-o. Como se tinha passado com José, tal como diz o *Alcorão* (XII: 4): «Meu pai! Vi em sonho onze astros, o Sol e a Lua. Vi-os prostrados diante de mim.»

Durante os grandes calores, uma nuvem desce do infinito céu azul e protege Maomé, abrigando-o como um guarda-sol.

Os camaradas de brincadeira (e mesmo uma rapariga, irmã de leite chamada Chima, a quem ele um dia mordeu o ombro a brincar, e que não

47

gosta dele, por causa disso) declaram ter visto crescer erva onde Maomé pisava. Não pode haver maior milagre que nascer erva na areia escaldante do deserto, onde caminha uma criança.

Todos os episódios, que eles recordam, aumentam o medo dos nómadas. Decidem não mais abrigar Maomé sob a sua tenda. Ele está possuído por espíritos demasiado grandes para a sua vida tão pequena. Montam a criança numa burra amarela e levam-no para a casa da mãe em Meca.

O marido da ama diz-lhe: «Halima tenho medo que alguma coisa aconteça a esta criança. Leva-o depressa para junto da família, antes que se diga seja o que for.»

Halima conclui:

«Assim conduzimos Maomé junto da mãe.

«– Porque é que vieram? – pergunta ela. – Estavam tão desejosos de o ter convosco!

«– Deus fê-lo crescer – respondi eu. – A minha tarefa está terminada. Além disso tenho medo que tenha um acidente. Assim trago-o como era vosso desejo.

«–Não é isso que vos atormenta – diz a mãe. – Digam-me a verdade.

«Não me deixou enquanto não lhe contei a história.

«– Receiam que isto seja um acto do demónio? – perguntou a mãe.

«– Sim – respondi eu.

«– Não, por Deus! – replicou ela. – O demónio não tem poder sobre ele. O meu filho está prestes a tornar-se alguém muito importante. Será que vos devo dizer?

«– Sim – disse eu.

«– Quando estava grávida dele, uma luz saiu de mim e iluminou o palácio de Bosra, na Síria. Eu nunca tinha imaginado uma gravidez tão leve e tão fácil como aquela. Quando nasceu, pôs as mãos sobre a terra e virou a cabeça para o céu. Agora, deixem-me. Boa viagem.»

Maomé fica com a mãe em Meca. Os *banou sa'd* voltam para o deserto. São pobres beduínos. Os pobres apenas querem pequenas coisas. Nunca grandes. Desejam, sim, milagres; mas pequenos milagres. Os de Maomé são demasiado grandes para a sua pequena vida. E eles tem medo disso.

Então, desembaraçaram-se dele.

X

A MORTE DE AMINA, MÃE DO PROFETA

Maomé tem seis anos. Vive em Meca, regressado do deserto. Abd-al-Muttalib fez cento e oito anos mas continua a viajar. Parte – como representante de Meca – para as cerimónias de coroação do rei Saïf-ibn-Dhi-Yazan, em Sanaa.

Depois da morte do rei assassino Dhu Nuwas, teve lugar a ocupação abissínia. Mas esta acabou, pouco tempo depois do exército abissínio ter sido exterminado pelas andorinhas de Meca. Presentemente, o sul da Arábia está ocupado pelos Persas. O rei Yazan, do qual Abd-al-Muttalib será hóspede durante trinta dias, sobe ao trono com a ajuda do exército persa.

Durante a ausência do ancião, Maomé está só com a mãe na casa de Abd-al-Muttalib. Amina está só, jovem e infeliz. Procura consolar-se, escrevendo versos. Muitas mulheres árabes são poetisas. Dizem que os versos de Amina são muito belos. Mas a sua miséria é demasiado grande. Um dia ela reúne tudo o que tem: cinco camelos, uma escrava chamada Umm Aiman e Maomé, e vai para casa da família em Medina. Instala-se na casa de Nabighah, da tribo *banou nadjdja*. Partiu com a mãe, com a idade de seis anos, fugido de Meca por causa da fome.

Maomé guardará até à morte a lembrança de um acontecimento extraordinário que viveu em Medina, com a idade de seis anos: tinha-se despido e completamente nú entrou na água. Todo o seu corpo ficou como que submerso.

A Arábia é um país onde não existe qualquer curso de água permanente ou qualquer floresta. Os homens ignoram o prazer de tirar as roupas, de ficarem nús e em seguida lançar-se à água, afundar-se nela, enquanto o sol escaldante parece cair sobre eles como uma espada. Ora existia em

Medina, nesse tempo, um pouco de água, um espécie de lago, que nunca secava e no qual as crianças podiam banhar-se durante vários meses. Este lago, formado pelas águas da chuva, situa-se ao norte de Ohud e chama-se Aqul.

Em Medina, para uma criança de seis anos vinda de Meca, há uma multidão de coisas para descobrir. Para começar, as pessoas têm mais que comer do que em Meca. Medina situa-se num oásis. Há árvores e plantas. No entanto, os cidadãos de Medina ignoram a existência da cama. Mas a vida aí é bem mais fácil. Até os camelos provenientes de Medina são admirados pelos garotos esfomeados de outras regiões: nos seus excrementos há caroços de tâmaras! Todos os olham maravilhados, e sabe-se logo que vieram de Medina.

A tradição popular diz-nos que Deus não tinha intenção de fazer da Arábia um deserto. Quando criou o planeta, Deus fez tudo com perfeição. O balanço quotidiano da actividade divina, termina no *Génesis* com a frase: «E Deus viu que isso era bom.» Logo, no começo, mesmo o país dos árabes era bom.

Num último relance para o universo que acabara de criar, Deus reparou todavia na ausência de um detalhe: faltava areia ao universo. Nenhum arquitecto teria notado este defeito; mas um universo onde falta areia é um universo imperfeito. As obras de Deus são perfeitas. A areia parecia ser uma coisa sem importância. Contudo a ausência de areia teria sido uma grave imperfeição. Os homens, ao saírem do mar e dos rios depois do banho, não teriam a areia quente para se estenderem. Os camelos do deserto não teriam, à noite, a areia mole como um colchão para repousarem fatigados da viagem e das cargas.Todos os rios teriam águas turvas, pois apenas a areia do fundo mantém limpa como lágrimas a água dos rios, fontes e nascentes. Um fundo do mar que é o habitáculo permanente de peixes, criaturas divinas, seria muito desconfortável se não tivesse areia. Os imperadores, reis e os presidentes de câmara das cidades, não teriam com que guarnecer as alamedas dos parques se Deus se tivesse esquecido de criar a areia. Mas Deus nunca se esquece de nada.

E – ao criar a areia – ordenou ao anjo Gabriel que enchesse um saco e a distribuisse em toda a superfície do globo onde a areia fosse precisa: no fundo do mar, no fundo das fontes e nas praias. O diabo voou atrás do anjo Gabriel e roubou o saco. Quase toda a areia que devia ser repartida por todo o universo caiu sobre o país onde hoje vivem os árabes. Desde então, este país é um deserto sem fim.

Deus reparou o mal causado pelo diabo. Chamou o árabe e deu-lhe alguns presentes, que lhe iriam facilitar a vida nesse paralelograma coberto

A MORTE DE AMINA, MÃE DO PROFETA

de areia. Deus deu ao árabe um turbante, um cavalo, um camelo, assegurando-lhe que este último seria o mais resistente dos animais; deu-lhe uma espada, uma tenda e o dom da poesia. Assim os árabes tentaram viver na areia. Maomé sendo árabe vive também na areia.

Pouco tempo depois da sua chegada a Medina, Amina, mãe do profeta, morre. Foi enterrada numa localidade chamada Abwa.

Nesse momento Maomé ficou orfão de pai e de mãe. Não há nada de mais doloroso para um árabe do que morrer longe da sua tribo. Amina morreu longe dos seus. Na presença do filho e antes da morte, as mulheres e os amigos rodearam Amina e falaram com ela. É um costume árabe, falar aos moribundos até que eles fechem os olhos, para que não sintam a terrível e inimaginável solidão que espera o ser humano, quando abandona a terra e a vida. Depois as mulheres despiram a morta e lavaram-na para que ela esteja limpa e bela quando se apresentar perante Deus. Os assassinos e malfeitores são enterrados com as vestes e as mãos sujas de sangue, para que Deus possa ver o que eles fizeram na terra.

No deserto, a madeira é quase inexistente. Nenhum árabe é enterrado dentro de um caixão. Amina foi embrulhada num lençol e colocada num túmulo orientado para Meca. A cabeça de Amina – segundo a tradição – ficou virada para a direita, para que pudesse tocar a terra com a face e a têmpora direitas. A face esquerda e o resto do corpo foram cobertos com um lençol. Depois deitaram areia sobre o corpo. Sobre o túmulo foi colocado um ramo de tamareira. Dentro de pouco tempo, o cadáver terá desaparecido completamente. O deserto não guarda cadáveres. Não há ossadas no deserto. Nem velhos cemitérios. Tudo aí é macerado e – como num forno crematório – transformado em pó.

O escravo Umn Aiman leva Maomé a Meca, para casa de Abd-al-Muttalib. O ancião assume a responsabilidade da educação da criança. O avô de Maomé tem cerca de cento e dez anos. Não encontrou Deus. Mas é presentemente inseparável do profeta de Deus, o seu neto Maomé. O velho de cento e dez anos e a criança de sete enternecem Meca pela sua amizade. Têm confiança um no outro, como um cego tem fé num paralítico. Um é demasiado jovem e outro demasiado velho. E os dois completam-se. Abd-al-Muttalib apresenta-se ao Dar-an-nadwa, na sala do conselho de Meca – onde apenas são aceites os oligarcas do clã coraixita com mais de quarenta anos – acompanhado de Maomé, que tem sete. Abd-al-Muttalib convida então o neto a tomar lugar junto dos adultos, dos notáveis, e consulta-o no decorrer dos debates, pedindo-lhe conselhos. Os oligarcas criticam Abd-al-Muttalib de vir acompanhado pelo neto para um lugar oficial reservado a adultos notáveis.

A VIDA DE MAOMÉ

«Ele julga-se uma pessoa importante, e se eu o levar para o meio de pessoas idosas – diz Muttalib – pode ser que venha a ser alguém de nomeada. Um grande homem.»

Num dia de grande seca, quando todos sofriam em Meca, Abd-al--Muttalib na *Caaba*, na presença de todos os concidadãos, reza a Deus, em nome de Maomé, para fazer chover. No fim da oração, começa a chover.

Maomé sofre dos olhos. A poeira do deserto fere os olhos dos homens. Abd-al-Muttalib leva o neto junto dos monges cristãos de Ukaz, perto de Meca, e estes curam-no. Mas a maior surpresa de Abd-al-Muttalib foi descobrir que o pé do seu neto deixava a mesma marca que o pé de Abraão tinha deixado no *maqam-ibrahim* do santuário da *Caaba*.

Esta descoberta, que todos podem verificar, provoca uma grande agitação entre os adivinhos e servidores do santuário. Um adivinho afirma solenemente que Maomé, quando crescer, destruirá os ídolos árabes e seria melhor matá-lo sem demora.

As massas estão de acordo que se mate a criança. As massas tentam sempre matar – desde a infância – os profetas e os poetas, porque estes falam em nome da eternidade e isso perturba a vida das pessoas insignificantes desta terra.

Semanas após esta descoberta morre Abd-al-Muttalib. Ultrapassou cento e dez anos.

Maomé, orfão de pai antes de nascer, orfão de mãe com seis anos, perde agora com oito anos o avô. Este avô, Abd-al-Muttalib, era um dos árabes mais importantes do seu tempo.

Maomé está só. Fica a cargo de um tio chamado Abd-Manaf ou Abu--Talib. Os árabes amam de tal forma os filhos que, quando um homem tem um rapaz, abandonam o seu próprio nome para usarem o do filho, precedido de "Kunya-abu" – que significa pai.

O próprio Maomé usará durante anos o nome do seu primeiro filho, e todos o conhecerão em Meca com o sobrenome ou *kunya* de Abu-Qasim, isto é "pai de Qasim".

O novo tutor de Maomé, Abu-Talib, é um homem extremamente valoroso. Mas tem uma família numerosa e é também extremamente pobre. Maomé é pois obrigado a viver pobremente. É o destino que está reservado a todos os orfãos do mundo. Mas a nova família ama Maomé. Abu-Talib leva Maomé nas suas grandes viagens de caravanas através do deserto. Aos doze anos Maomé é já um caravaneiro. Um orfão é obrigado a ser precoce.

XI

TERRAS SEM ERVAS DANINHAS

Há terras sem ervas daninhas – por exemplo, as regiões virgens dos Trópicos. Aí cada erva desabrocha em flores perfumadas, multicores, como as que, nos climas temperados, são produzidos pelas plantas de espécies superiores. Uma erva daninha, que os jardineiros arrancam e queimam com as raízes uma vez que são inúteis e prejudiciais, pode por ironia do destino, quando plantada nos Trópicos – em terra fértil e num ambiente com humidade, luz e calor – tornar-se de repente uma planta rara. As margaridas dos climas temperados são, nos Trópicos, altas como damasqueiros e o miosótis transforma-se num arbusto. A erva mais vulgar, aí plantada, dá flores como uma roseira. Nos Trópicos não há ervas daninhas, pois cada uma é uma flor.

No deserto passa-se o mesmo com as religiões. No deserto não há heresia, tal como não há ervas daninhas nos Trópicos. No deserto, todo o tipo de crença é como uma trepadeira que nasce no coração dos homens e se eleva até ao céu para chegar a Deus. Sabe-se que as religiões, ao contrário das plantas, crescem e florescem no deserto. Uma crença pode ser uma heresia, mas só depois de ter deixado o deserto. No deserto, todas as religiões são verdadeiras. Na superfície da Terra, a maioria dos homens reza ao Deus que os profetas encontraram neste paralelogramo de areia escaldante que é a península arábica. Aí, o homem encontra o Deus dos cristãos, dos judeus e dos muçulmanos.

Aos doze anos, Maomé incitado pelo tio Abu-Talib, parte numa caravana para a Síria. Nos arredores de Bosra, a caravana descansa. Perto daí, existe a gruta de um monge cristão que se chama Bohaïra ou Bahira, palavra que em siríaco, significa "O Eleito". Diz o cronista:

«A caravana acabava de acampar em Bosra, na Siría. Aí havia um monge chamado Bohaïra, que vivia numa cela e que era versado em toda a ciência cristã.

«Muitas vezes a caravana tinha parado neste local. Nunca o ermitão

A VIDA DE MAOMÉ

saía para falar com os caravaneiros. Nem sequer para os saudar. Desta vez, não só Bohaïra vem ao acampamento dos árabes de Meca, como os convida para almoçar; e diz-lhes que os esperava pois tinha sido prevenido da sua chegada por intermédio de um sonho.»

Nesse tempo existia no deserto da Arábia uma infinidade de seitas cristãs e judaicas. A maioria nascera da areia ardente e subira em direcção ao céu, como lianas multicores e perfumadas; depois desaparecem no deserto, sem deixar rasto, como desaparecem as lianas. Perdidas, tal como milhares de religiões que as tinham precedido...

No tempo em que Maomé, aos doze anos, viaja, existem algumas dúzias de seitas, entre as quais algumas prometem, se as circunstâncias forem favoráveis, virem a ser religiões universais.

Por exemplo há o sabelianismo, criada por um padre líbio, Sabélio, que sustenta que a Trindade é uma só entidade, com três nomes. Há o arianismo, cujo criador é Arius de Alexandria, que sustenta que o Pai e o Filho não são da mesma substância. Há o nestorianismo, criada por Nestorius de Constantinopla, que argumenta que Jesus Cristo é duas pessoas, uma divina e outra humana e que a Virgem Maria é a mãe de Jesus homem e não de Jesus-Deus. Há também o monofisismo, que defende que em Jesus a natureza humana e a divina estão de tal maneira ligadas entre si que não são mais do que uma só natureza. Há também os eutiquianos, os jacobitas, os marianitas, que substituem na Santíssima Trindade o Espírito Santo pela Virgem Maria. Há os ebionitas, os earcionitas, os docetistas e os seguidores de Carpócrates, de Basilides e de Valentim. Estes três últimos sustentam que Jesus Cristo recebeu a natureza divina ao mesmo tempo que recebeu o baptismo dado por S. João no rio Jordão. Existem numerosas seitas. Por vezes uma religião apenas tem um adepto, um só homem que inventou uma crença, para seu uso pessoal e de acordo com as suas exigências. Tal como o *hanif* Zaïd-ibn-Amr, o amigo de Abd-al-Muttalib, do qual diz Maomé: «No dia do juízo final, Zaïd representará uma comunidade composta por ele mesmo.»

Certos fundadores de religiões ou seitas dão a sua vida pela sua fé e morrem mártires, de forma sublime; mesmo aqueles cuja religião não ficou na história. Um destes mártires é Manés, que a história conhece sobretudo pelos ataques virulentos de Santo Agostinho. Manés morreu em 276, crucificado às portas da cidade de Gundeshapur pelo rei persa Barham.

O monge cristão de Bosra, o eremita solitário chamado Bohaïra que acolhe os árabes e a caravana onde se encontra Maomé, não é um cristão conformista – a julgar pela discussão que se travou entre ele e os pagãos.

TERRAS SEM ERVAS DANINHAS

Se a sua religião tivesse sido do tipo corrente e oficial, não encontraríamos este homem numa gruta do deserto escaldante da Arábia, mas sim como bispo ou metropolita e habitante da cidade. Bohaïra aceita esta solidão e esta independência – correndo o risco de cair no erro, e com a esperança de subir directamente para a direita de Deus. Os fiéis que se contentam com a disciplina e com o conformismo não vivem em grutas – mas nunca acabam nem santos nem condenados às penas do inferno.

Segundo a sua discussão com os árabes, Bohaïra parece maniqueísta. Não tenta converter os caravaneiros coraixitas. Pelo contrário exorta-os a esperar a vinda de um profeta árabe e que fale a língua árabe. E que seria também um enviado de Deus, como Moisés, Buda ou Zoroastro. Existem uma dúzia de seitas idênticas à de Manés. Há por exemplo as seitas de Ebion e de Elcésaï, que sustentam também que Deus, criador do universo fala a todos os povos na sua língua, por intermédio dos seus profetas, pois Deus não deu o monopólio das suas revelações e da verdade exclusivamente aos judeus e aos cristãos. Deus não é propriedade exclusiva de um só povo, de uma só raça. Não existe povo eleito, como pretende a Bíblia. Não é obrigatório ser judeu para ir para o Paraíso. Deus fala outras linguas além da hebraica.

«Manés não limita as suas revelações ao grupo dos povos bíblicos. Da ideia que se encontra em S. Justino e entre os setianos, elaborou uma das ideias fundamentais relativas às revelações: a mensagem chegou em épocas diferentes e a povos diferentes. As grandes religiões do Oeste, da Índia e da Pérsia, incluem uma parte do mesmo conhecimento divino. Estes fundadores são todos enviados de Deus. Manés considera ser sua vocação particular o facto de pôr em evidência o elemento comum que se encontra no cristianismo, no mazdeísmo e no budismo.»

Estas crenças caem como um bálsamo no coração ferido dos árabes, dos *hanifs* que, tal como Abd-al-Muttalib procuram Deus por toda a parte. Mas quando eles se aproximam dos judeus, estes respondem com arrogância, que a divindade não é do domínio dos árabes. Que Deus apenas está em contacto com os judeus, o povo eleito. Tal como está escrito na Bíblia. E que os outros povos apenas têm acesso a Deus por intermédio dos judeus. O coração altivo dos beduínos está ferido. Para amar e adorar Deus, deveriam submeter-se a uma religião estrangeira e a um povo estrangeiro. A um livro de revelações estrangeiro!

O anacoreta – o Eleito ou Bohaïra – explica aos árabes que a revelação divina também lhes pode ser oferecida como foi aos cristãos, aos judeus e aos budistas. Mesmo uma das pessoas presentes – neste caso Maomé –

A VIDA DE MAOMÉ

pode ser o eleito de Deus. É normal que seja Maomé o escolhido entre os presentes. É uma criança. E sempre que se trata de uma missão divina, escolhem-se os mais puros. O principal é dizer aos árabes que podem falar com Deus em arábico que não se é obrigado a aprender hebraico para se falar com Deus e que não existe povo eleito nem raça eleita, como diz a Bíblia. Todos os homens são iguais.

Os homens compreeenderam das palavras do Bohaïra o que quiseram compreender. Conta o cronista: «Bohaïra tinha visto em sonhos uma caravana aproximar-se da sua gruta. Um dos membros da caravana trazia uma auréola e uma nuvem esvoaçava sobre ele como um guarda-sol, protegendo-o dos fortes raios do astro. Bohaïra foi assim informado que, na caravana que devia chegar no dia seguinte, havia um profeta. Um eleito. O eremita preparou a refeição e esperou. A primeira caravana a aparecer foi a de Abu-Talib e o monge convidou todos os caravaneiros para almoçar. Mas o seu aspecto era de homens comuns. O monge não podia adivinhar qual deles era o profeta. Eram caras feias, como em geral têm os homens, feitas em série. O profeta devia ter um rosto bonito, reflectir a iluminação do espírito. O monge pergunta se por acaso não faltaria um caravaneiro. Responderam-lhe que estavam lá todos, à excepção de um miúdo chamado Maomé que estava no exterior a guardar os camelos. Maomé também foi convidado e a partir desse momento e durante toda a refeição, as atenções do monge foram todas para ele. Maomé tem doze anos, possui a pureza da infância. E pureza é meia fé. O mais indicado entre os caravaneiros para ser o profeta – tal como o monge tinha visto em sonhos – só podia ser o pequeno Maomé.

Bohaïra faz perguntas sobre a família de Maomé. Ao saber que é órfão de pai e de mãe, enternece-se ainda mais. Os árabes compreendem que Bohaïra viu em Maomé o futuro profeta dos árabes. Também examinou o sinal da profecia, grande como um ovo de pomba, que Maomé tem entre os ombros.

No momento da partida, o monge recomenda aos árabes de cuidarem bem daquela criança. Diz a Abu-Talib: «Volta com este rapaz para o seu país; protege-o dos judeus, pois eles vêem e reconhecem nele o mesmo que eu, e querem-lhe mal por isso. Eles matá-lo-ão. Parte depressa, pois grande surpresa espera o teu sobrinho».

O conselho relativo à protecção de Maomé contra os judeus era devido ao facto de nessa época circular um boato de que entre os árabes iria nascer um profeta. E os judeus do deserto tinham um enorme pavor de ver o sinal de profecia passar da tribo de Israel – isto é dos judeus – para a tribo de Ismael, ou seja dos árabes.

TERRAS SEM ERVAS DANINHAS

O cronista termina dizendo: «Abu-Talib assim que terminou os seus negócios na Síria, partiu sem demora. Chegaram a Meca.»

Bohaïra deu um conselho errado a Abu-Talib, dizendo-lhe para defender Maomé dos judeus. É impossível que os judeus matem Maomé. Os profetas sempre foram e serão lapidados pelo seu próprio povo, família ou clã. Nunca por estrangeiros. É do clã coraixita de Meca que é preciso defender Maomé, e não dos judeus. Os judeus matarão os seus próprios profetas, e não os profetas dos vizinhos. A morte dos profetas é uma tarefa nacional. Cada povo, cada nação, assassina os seus profetas: não dão tempo aos estrangeiros para o fazerem.

XII

O OURO DOS ÁRABES

Os primeiros contactos de Maomé com a vida foram dolorosos. Nasceu orfão de pai. Criado por uma tribo de beduínos, no deserto, como um princípe, porque é coraixita, isto é um oligarca de Meca. Ao voltar para Meca verifica que, embora coraixita, é pobre e proletário. Perseguido pela pobreza e miséria, refugia-se com a mãe em Medina, onde tinha família. Mas a mãe morre. E ei-lo assim orfão de pais. Só lhe resta um ascendente em linha directa: um avô com mais de cem anos, Abd-al--Muttalib; este toma-o sob a sua protecção, mas morre pouco depois. Maomé é orfão e não tem mais parentes em linha directa. Abu-Talib, um tio pobre toma-o a seu cargo. Trabalha para ganhar não só o pão mas as tâmaras diárias. Neste momento tem doze anos, e de volta a Borsah, está contente porque tem uma casa, a casa do tio. Quando não serve nas caravanas, vai pastar carneiros, como os escravos, nos pedregosos desertos dos arredores de Meca. Está reconhecido aos que lhe dão guarida. Por ocasião da morte da mulher de Abu-Talib, Maomé dirá chorando: «Quando, orfão, estava em sua casa, ela deixava os filhos com fome para me dar comida. Era como a minha mãe.»

Ao tornar-se adulto e rico, Maomé mostrará aos seus companheiros o pedregoso deserto à volta de Meca, onde ele pastava os carneiros e onde se abrigava do sol tórrido que cai sobre os árabes como chumbo derretido.

Durante esses anos, passou muita fome. Comia frutos selvagens, que ninguém comia. Mais tarde aconselhá-los-á aos esfomeados, dizendo--lhes que não fazem mal: «Comam os frutos da árvore espinhosa *arrak* quando estiverem negros. Eu comia-os, quando era pastor.»

O OURO DOS ÁRABES

Um facto importante: durante a infância, adolescência e juventude, Maomé recusava-se a participar nos jogos e divertimentos dos companheiros da sua idade. É a timidez dos pobres e dos orfãos que o mantém afastado dos locais de diversão. No tempo em que guardava rebanhos e era criado de caravana, Maomé ia à feira de Ukaz, a mais famosa feira da Arábia. Neste país onde nada cresce, havia quem tirasse do comércio a sua subsistência. Os locais onde se negoceia, são as feiras. Realizam-se durante as peregrinações a Meca, nos meses da Trégua de Deus. Porque durante esses meses as estradas estão livres. Ninguém ousa atacar os viajantes. O facto de irem a Meca em peregrinação, ou à feira, defende-os dos ataques como uma armadura.

«Ibn-al-Kalbi relata, sobre a autoridade do seu pai, que quando saíam de casa na qualidade de *hadj* – peregrino – ou como *dadj* – mercador – durante os meses da Trégua de Deus, *conduziam-se os animais de sacrifício, que eram marcados com os sinais habituais: colares e ferimentos manifestos do animal.*

«Ele próprio vestia roupas de peregrino. Isso garantia-lhe a segurança, perante a Trégua de Deus.

«Se o *hadj* estava sozinho, temendo pela sua vida, e não encontrava os animais do sacrifício ritual, *marcava-se a si próprio com os sinais do animal de sacrifício: punha um colar feito de corda de pêlos de cabra ou de camelo e marcava-se com lã (sufah). Isso tornava-o inviolável. E* quando queria entrar em Meca, trazia um colar de casca das árvores do território sagrado (*haram*).

«Se um *dadj* – isto é um comerciante – ou qualquer outra pessoa ia a Meca, sem conhecer estes costumes ou sem usar as roupas de peregrino, arriscava-se a ser roubado pelos profanadores da Trégua de Deus.

«Os nobres que aí se deslocavam usavam véus para manterem o anonimato. Isto com receio de serem surpreendidos um dia, e feitos prisioneiros por salteadores profissionais, que pediriam pesados resgates.»

Na feira de Ukaz – cidade da região de Meca, mas cujo local não se sabe ao certo – Maomé fez uma descoberta sensacional: existe no mundo algo mais importante do que o ouro – é a palavra. Como diz o poeta Ka'b ibn Zuhaïr: «o homem vale apenas pela sua língua e pelo coração. O resto é apenas um desprezível edifício de carne regado de sangue».

Para um orfão pobre, humilde, esta descoberta é de uma importância capital. Todos os árabes a tinham feito antes de Maomé, pois a palavra é o ouro dos árabes. Se eles não possuissem este ouro – a palavra – isto é os tesouros da poesia e da prosa, não seria possível a existência dos árabes no deserto. Nove décimos da superfície da Arábia são estéreis e cobertos de areia. A areia destinada ao mundo inteiro foi despejada na Arábia. Em troca, Deus ofereceu, aos que estavam condenados a viver na areia estéril e escaldante, um céu cheio de estrelas como não existe em qualquer outro lugar. Para que eles ao olharem para cima não vejam o deserto que se estende a seus pés. Deu-lhes o turbante, que, sob o sol do deserto, será mais precioso do que uma coroa imperial. Deu-lhes a tenda que no deserto será mais valiosa do que um castelo. Deu-lhes a espada que é mais lesta do que o vento. Mas a dádiva mais importante é a da palavra: os tesouros da poesia, dos cânticos e dos contos. O árabe recebeu o dom de modelar, no verbo e para o verbo, tudo o que os outros modelam com pedra, metal, mármore, seda ou cor. O árabe está condenado a não possuir qualquer arte. Não pode construir palácios, cidades ou catedrais, pondo areia sobre areia. Está condenado a viver sem arquitectura. Não pode esculpir a areia. E além dela não possui outros materiais. Está pois condenado a não ter escultura. Não se pode pintar com areia. Não há pintura. A palavra deve ocupar o lugar de todas as artes. O árabe criou todas as artes, unicamente com as palavras e nas palavras.

A poesia é o único tesouro nacional que os árabes possuem. É o seu ouro, a sua história, todas as artes numa só. «Não se podem conhecer as genealogias, as histórias, as batalhas, e os acontecimentos relativos aos árabes, a não ser compilando os seus poemas.»

Com efeito, a poesia é o registo dos seus conhecimentos, dos seus costumes e o receptáculo da sua ciência.

O poeta, entre os árabes, não é uma pessoa qualquer. Nunca. O poeta – o *cha'ir* – é um padre, um curandeiro, um juiz, um sábio e um chefe.

O poeta conhece a arte de envenenar as palavras; pode matar o inimigo com elas, como com flechas envenenadas. Durante uma batalha, Maomé nunca se dirige nem aos archeiros nem aos cavaleiros, mas ao poeta Hassam-ibn-Thabit, e ordena-lhe que esmague o inimigo: «Lança-lhes invectivas. E, por Deus, a tua invectiva contra eles será mais forte do que a chuva de flechas no escuro da noite! Lança invectivas contra o inimigo, e Gabriel, o Espírito de Santidade, estará contigo.»

O poeta é todo poderoso; pode matar por intermédio da palavra. Pode curar pela palavra. Pode, com os seus versos, trazer alegria ou tristeza; pode desencadear a cólera, a vingança e a guerra. O poeta pode suscitar a tranquilidade de espírito, a amizade, o amor e a paz. O poeta pode entusiasmar, como pode desmoralizar. O poeta é uma personagem sagrada.

Para cada estado de espírito, os árabes tem a poesia e o poeta mais apropriado porque, na vida de um árabe, a poesia faz parte do seu quotidiano e é tão indispensável como o ar e a luz. «Entre eles, bastam quatro:

O OURO DOS ÁRABES

Zubaïr quando está enternecido, Nabigha quando tem medo, A'cha quando se irrita e Antara quando se entusiasma.»

Não é poeta quem quer. A poesia é um dom e uma maldição. O poeta Immaya-ben-Abu's-salt – coraixita de Meca, como Maomé, mas que, para ser um *hanif*, recusou as religiões pagãs, cristãs, judaica e islâmica, e procurou livremente Deus – afirma que uma águia lhe rasgou o peito com as garras e introduziu-lhe dentro o dom da poesia. E foi assim que se tornou poeta.

O poeta Qadama afirma: «Eu e todos os poetas do género humano temos demónios dentro de nós. Nenhum poeta me vê sem se esconder, tal como fazem as estrelas quando vêem a Lua.»

Os poetas árabes são – em geral – os "duros" da nação, personagens indomáveis. Procurando o absoluto, chocam-se com as rígidas leis da tribo e da sociedade nómada. Rompem assim todos os laços com a sua própria tribo. E encontram-se sós no deserto. A maioria dos poetas árabes deambulou, separados do seu clã, solitários no deserto, pobres, levando a vida das feras e dos ladrões de estrada. Mas a sua liberdade foi total; o seu orgulho, infinito. «Viviam separados das suas próprias tribos, deslocando-se no deserto com plena liberdade, conseguindo subsistir com roubos e assaltos a acampamentos, como fazem hoje os que, entre as populações de Chammar e do Hedjaz setentrional, são conhecidos por *bawwaq*. Entre os fora-da-lei, os *sa'alik*, embora levando uma vida selvagem, florescem os poetas, sendo os mais conhecidos Thabit-ibn-Jabir-al-Fahmi de sobrenome Ta'Abbata Sharran, e Chanfara-al-Azdi que viveram no século VI.»

Ao ouvir uma poesia de Ka'b-ibn Zuhaïr, Maomé tira o próprio manto e oferece-o ao poeta em sinal de admiração.

Os chefes de tribo têm todos – para poderem exercer a autoridade – o dom da eloquência. *Saïd, amir, qaïl*, palavras que significam chefe, significam ao mesmo tempo "aquele que fala".

Em Ukah realizava-se uma feira especial onde se defrontavam, num combate leal, todos os poetas árabes. Os vencedores destas competições pan-arábicas de poesia eram venerados. Os seus poemas eram transcritos para seda negra, em letras de ouro, e suspensos na entrada do santuário durante um ano, para que todos conhecessem esses versos. Os poemas vencedores são os *mou'allarat*, os "suspensos".

Muhammed Hamidullah descreve assim os concursos de poesia:

«Em Ukaz, havia algumas particularidades que não se encontrava em mais nenhuma feira da Arábia. Por exemplo, um rei do Iémen enviava para lá uma espada ou um manto de grande qualidade, ou mesmo um cavalo puro sangue, e proclamava-se: «Será o mais nobre dos árabes que o comprará».

«Rapidamente montava-se um estrado e os compradores apresentavam-se. E explicavam – geralmente em verso – porque motivo se consideravam os mais bravos, os mais nobres e os mais dignos de entre os árabes, tendo assim o direito de comprar o objecto em venda destinado ao primeiro entre os árabes.

«Habitualmente, é o poeta da tribo que faz o elogio dos antepassados, do clã e da personagem. O segundo concorrente, o terceiro e cada um dos restantes, por sua vez, elogiam as suas qualidades, combatem os adversários, reclamando o direito de possuir o título de o mais nobre entre os árabes.

«A multidão apaixonada julgava. Ganhava habitualmente a tribo que tinha o melhor poeta.

«Esta competição, esta luta poética pela glória, chamada *mufakhara*, tinha outros objectivos. Os inimigos eram aí atacados violentamente. Por vezes dois ou três clãs batiam-se furiosamente, numa luta de vida ou de morte, mas só com golpes de palavras. Durante a Trégua de Deus, era proibida a utilização de armas ou da força. Os vencedores eram pois aqueles que tinham a arte de matar através da palavra.

«Havia também ajustes de contas, que não podiam ser feitos por via das armas. O caso era exposto à multidão, que o julgava.

«Se alguém traísse um outro, ia-se a Ukaz, içava-se a bandeira da traição, e dizia-se: "Atenção, fulano de tal é um traidor! Aprendam a conhecê-lo. Não façam com ele nem acordos nem casamento. Não se sentem junto dele. Não lhe falem". Se o que tivesse sido difamado tivesse um poeta hábil no seu clã, este subia ao estrado, e apagava a desonra, restabelecia a reputação e por consequência tornava possível as transações comerciais.

«Uma vez, em Ukaz, um árabe, pai de várias filhas muito feias, de tal maneira que não conseguia casá-las, suplicou a um poeta para em público cantar as qualidades das suas filhas. Estas estavam presentes. Feias. O poeta fez o seu elogio de tal maneira que, de repente, todos os presentes as consideraram soberbas. Choveram os pedidos de casamento, para cada filha. Todos estavam convencidos, graças ao poeta, que as raparigas eram verdadeiros tesouros femininos, que não deviam ser perdidos! Todos as queriam ter por esposas.»

As vendas ocorriam quando o comerciante fazia o elogio da mercadoria. Deste elogio dependia a venda. No momento em que o comprador estava convencido, lançava um pedra sobre a mercadoria, tal qual como

O OURO DOS ÁRABES

se levanta a mão num leilão.É nesta feira de Ukaz que Maomé ouve os primeiros sermões religiosos. Têm sobre ele uma extrema influência. O conferencista que do estrado fala de Deus à multidão, e que se segue aos poetas, é o bispo Quss-ibn-Sadiya, chefe religioso da cidade de Nedjran, onde vinte mil cristãos foram queimados vivos por não quererem abdicar da sua fé. Nedjran está de novo povoada e cristã. O bispo viera a Ukaz para fazer o elogio de Jesus Cristo. Quss, boca de ouro do deserto, exprime-se em prosa ritmada e rimada. A assistência está encantada e centenas de pessoas convertem-se ao cristianismo, graças ao bispo-poeta.

Para Maomé, a visita à feira de Ukaz é uma importante lição. Alguns adquirem o gosto de ganhar dinheiro; Maomé volta com a convicção de que o ouro dos árabes é a palavra.

Continua a trabalhar como criado de caravana e pastor. Mas de agora em diante está plenamente convencido de que «quem não faz mais do que os seus deveres é como se não os cumprisse. Mas nada se pode acrescentar, enquanto não os tivermos cumprido integralmente.»

Maomé cumpre os seus deveres quotidianos, minuciosa e perfeitamente, a fim de poder – depois disso – fazer ainda qualquer coisa importante. Mas os seus deveres quotidianos são esgotantes. Os pobres e os orfãos têm, na vida, mil vezes mais deveres do que os ricos. Maomé cumpre-os, com a paciência do árabe.

XIII

PARA QUE A JUSTIÇA NÃO MORRA...

«Perder os bens não é vergonha. Mas é vergonhoso perder a paciência e a coragem quando se é infeliz.»

«Os que fizerem da paciência uma lei serão os únicos a salvar-se.» (*Alcorão* 103:3)

«Contempla bem a tua infelicidade: no deserto acabarás por descobrir um oásis.»

São estas as divisas dos árabes. Logo as divisas de Maomé, que respeita, na sua adolescência, a lei primordial dos pobres e dos nómadas: sofrer e ser paciente...

Até ao fim da vida Maomé dará prova de uma paciência que ultrapassa as capacidades do ser humano. A sua segunda qualidade é a fidelidade.

Nessa época, os que o conheciam chamavam-lhe El-Amin "o fiel". Um dos interlocutores de Maomé, em negócios, marca um encontro, mas esquece-se de ir.

Passados três dias, passa por acaso pelo local do encontro: Maomé estava lá.

Um patrão de Maomé chamado Quïs-ibn-as-Zaïd, fica espantado com o desapêgo manifestado pelo futuro profeta. Quando lhe pedem um serviço, Maomé deixa os seus próprios assuntos e cumpre o que prometeu. «Em contrapartida, os meus clientes quando me confiam qualquer missão, perguntam-me sempre, quando regresso, notícias dos seus próprios assuntos. Maomé, pergunta-me apenas pela minha saúde e pelo meu bem estar.»

A existência de Maomé decorre, anónima, entre os ricos negociantes de Meca. Ele acompanha o tio generoso mas pobre, Abu-Talib, na guerra da profanação ou *fijar*, que ocorre entre os coraixitas e uma tribo do Sul que quebrou a Trégua de Deus. Os cronistas contam que, por ser adoles-

PARA QUE A JUSTIÇA NÃO MORRA...

cente, o papel de Maomé, nesta guerra da profanação, é transportar o carcaz de flechas do tio. Outros cronistas dizem que Maomé tomou parte activa no combate e fere em combate o chefe do clã profanador, chamado Abu Bara Mula ibn-al-Assinah.

Mais tarde, Maomé orgulhar-se-à de ter participado nesta guerra. Sem os meses de Trégua de Deus, durante os quais ninguém ataca ou é atacado, seria inimaginável a existência de Meca. Não haveria nem feiras, nem peregrinações. Meca existe unicamente graças a este pacto sagrado. Diz o *Alcorão* (106:1-4):

«Graças a este pacto, a viagem das caravanas foi possível durante o Verão; e no Inverno podem então adorar o Senhor nesta casa – a Caaba.

«O senhor que os alimentou e preservou da fome, e que os defende do medo.»

Maomé dirá mais tarde: «Não gostaria de não ter participado nesta guerra contra os profanadores da Trégua de Deus.»

É a sede de justiça que o faz alistar numa legião de cavaleiros justiceiros – espécie de cavaleiros errantes – legião chamada *hilf-al-fudul.*

Nessa época, não se concebia a justiça sob um plano individual. Se um indivíduo fosse espoliado ou morto, todo o clã se considerava espoliado e vítima, e não só o indivíduo que sofreu o revés.

O culpado ou o assassino, não é – também ele – um indivíduo, mas o clã ao qual pertence.

Esta ligação do indivíduo com o seu clã ou – para ser mais preciso – esta substituição da pessoa pela colectividade, é a primeira lei à qual se deve submeter o indivíduo desde o momento em que se torna nómada. Perante a espada do deserto, a pessoa humana só tem hipótese de resistir enquanto membro de uma célula social.

Os inconvenientes desta lei aparecem quando os nómadas se tornam sedentários. A lei do deserto torna-se subitamente uma anomalia. Ela significa a abolição pura e simples da justiça.

Por exemplo, um árabe vindo do Sul, da tribo *Kathan*, vem a Meca em negócios. Está acompanhado – entre outros – da filha. Um negociante de Meca chamado Nubaih-ibn-al-Hadjdj, rapta a filha do estrangeiro do Sul. O pai da jovem não tem qualquer possibilidade de agir. Em Meca não há polícia, nem há tribunal. Cada clã pratica a sua própria justiça. Por outro lado a culpabilidade do *indivíduo* não se concebe, mas apenas a culpabilidade do *clã*.

Ao pai da jovem, resta apenas uma solução: voltar para o Sul, convencer a sua tribo a vir em armas atacar a tribo coraixita, à qual pertence o raptor. É impossível. *Kathan*, a tribo do pai é pequena. Nunca levantará as armas contra Meca. Além disso, o final da viagem e os preparativos coincidiriam com a libertação da jovem, pois o raptor apenas a tinha levado para se divertir, e iria libertá-la em seguida.

Exortar uma tribo a pegar em armas contra outra tribo é possível no deserto, entre nómadas. No caso presente, as duas tribos são sedentárias, têm casas e cidades. Não têm mobilidade, nem são vizinhas. O rapto ficaria então impune – como ficam milhares de crimes.

Por esta altura, para que a justiça não morra totalmente e para que não desapareça da face da terra, forma-se em Meca uma liga de cavaleiros justiceiros, que defenderão os espoliados e os ofendidos. Fazem parte deste clube de cavaleiros errantes, homens das tribos Xachim, Muttalib, Asad, Zurnah, Taim e al Harith ben Fhr.

Os cavaleiros defensores da justiça reunem-se à volta do santuário da *Caaba* e prestam o seguinte juramento: «Por Deus, seremos todos como uma só mão pelo oprimido e contra o opressor, até que este último lhe dê o que é devido. E isto durante todo o tempo em que o mar for capaz de molhar uma concha ou os Montes Hira e Thabir ficarem onde estão. E faremos isso com uma perfeita imparcialidade, sem levar em consideração se o oprimido é rico ou pobre.»

Para selar este juramento, pronunciado frente ao santuário, os cavaleiros justiceiros da organização *Hilf al fudul* lavam a pedra negra do santuário da *Caaba* com água da fonte Zam-Zam.Depois um a um, bebem a água sagrada, como na comunhão.

Depois de terem prestado juramento, com o mistério e a poesia a rigor, os defensores põem-se em campo para cumprir a sua missão. Em primeiro lugar cercam a casa de Nubaih-ibn-al-Hadjdj e intimam-no a libertar imediatamente a *batul*, quer dizer a virgem cativa para que seja entregue ao pai. O raptor pede um prazo de uma noite, pelo menos. Mas é obrigado a renunciar à sua prisioneira, de imediato. A justiça não está completamente morta. O pai e a filha não acreditam, mas aprendem deste modo que existe uma justiça aplicável aos indivíduos.

Um outro caso termina também pouco tempo depois deste. Abu-Jahl, um tio de Maomé que os cronistas descrevem como uma figura do inferno entre os homens, comprou uma mercadoria a um negociante da tribo *arach*, mas recusou-se a pagar.

A vítima não tem outro meio, para pedir justiça, senão vir com a sua tribo – em armas – combater a tribo de Abu-Jahl. Na práctica isso é irrealizável. O *Hilf al fudul* toma conhecimento do assunto. Maomé apresenta-se em casa do tio e, em nome da justiça eterna – e da *Hilf-al-fudul* – pede que seja paga a soma em dívida.

PARA QUE A JUSTIÇA NÃO MORRA...

Esta forma de agir provoca surpresa. E suscita medo. Abu-Jahl paga. Ninguém é capaz de se opor à *Hulf-al-fudul*.

Maomé está orgulhoso por pertencer a este grupo de cavaleiros que defendem os oprimidos e espoliados. Afirmará mais tarde que não cederia a honra de ter pertencido à organização *Hilf-al-fudul*, nem por uma manada de camelos vermelhos.

Por pertencer a este grupo, Maomé dá o primeiro passo para subir dentro do clã e da família. É um pequeno passo, mas importante, pois os ricos e poderosos da terra julgam-se invioláveis e intocáveis. *Hilf-al--fudul* lembra-lhes que laboram num erro. Que a injustiça é feita para todos os seres, tal como o ar e a luz do sol.

XIV

O CASAMENTO DO PROFETA

Maomé é muito pobre, tem vinte e cinco anos e continua a viver em casa do tio Abu-Talib.

Abu-Talib diz a Maomé: «Há vários anos que a miséria é um pesado fardo para nós.

«Vai a casa de Cadija, que conhece bem a tua honestidade, e diz-lhe para ela te contratar, como já contratou outros, para que possas viajar com a caravana que vai partir para a Síria. Poderás assim ganhar algum dinheiro.» Cadija, que é conhecida em Meca por *tajirah* – a comerciante – é uma mulher de quarenta anos, muito rica que dirige sozinha os seus negócios. Nasceu em Khuwailid e pertence à tribo *asad*. *Cadija* foi casada duas vezes. Do primeiro marido, tem um filho chamado Hind, e uma filha, do segundo, que se chama também Hind.

Além de *tajirah*, "a comerciante", também lhe chamam *tabinah* "a honesta". Vive numa das mais belas casas de Meca e as suas caravanas estão entre as mais importantes.

Maomé apresenta-se em casa da *tajirah* e é contratado para a caravana que vai partir para a Síria. Ele é um homem de confiança. Ele é *el-amin* – o fiel. Acompanham-no na viagem o sobrinho de Cadija, chamado Cuzaimath, e um escravo da patroa, Maïsarath.

A caravana atravessa de novo Bosra. O monge cristão Bohaïra morrera. Na sua cela vive um outro monge, Nestorius. Seja ele maniqueísta ou não, Nestorius explica a Maomé, tal como o seu predecessor, que Deus não é propriedade exclusiva de uma raça ou de um povo, como pretendem os judeus, e que Deus se mostra aos homens santos de todas as nacionalidades e de todas as latitudes. Os homens podem aceder à santidade,

O CASAMENTO DO PROFETA

mesmo não sendo judeus, ou cristãos, de raça amarela, vermelha ou negra, japoneses ou indianos. Diz-lhe que mesmo os árabes podem escutar Deus. E que, mesmo entre os árabes pode aparecer um profeta.

Pela viagem, Maomé recebeu um camelo a título de salário. Não é um grande salário. Um camelo valia, nesse tempo, quatrocentos *dirhams*. Um escravo, entre duzentos e oitocentos *dirhams*. Um carneiro quarenta, uma lança quatro; e um palanquim, para colocar sobre o camelo, custa treze *dirhams*. Maomé está contente com o seu salário; e a *tajirah*, a comerciante, está contente com os serviços de *El-Amin*. Maomé é enviado mais uma vez com as caravanas seguintes, que vão a outras feiras.

Maomé é um homem belo. Em primeiro lugar, tem uns belos olhos, grandes, negros, inteligentes. A sua visão é tão boa que pode contar "doze estrelas da constelação da Pleiade". Ele gosta dos seus olhos; tem orgulho neles e trata-os, orlando-os com *kohol* e aplicando-lhes colírio com antimónio.

De estatura média, tem cabelos negros, abundantes, lisos, caindo-lhe sobre os ombros e a barba forte, negra e cerrada. Trata com particulares cuidados os cabelos e a barba, perfumando-os segundo o costume da época. «O suor do rosto caía-lhe em pérolas, cujo perfume era mais suave do que almíscar. Os seus cabelos são longos, como os de Jesus, mas Maomé usa-os separados por um risco, à maneira árabe. A sua tez é branca e sua boca tem dentes brilhantes como pérolas numa caixa de rubis.» A cabeça é poderosa, a fronte alta e o nariz aquilino. «Tinha a palma das mãos lisas, e a planta dos pés planas deixavam na terra uma marca uniforme.»

De onde se depreende que Maomé andava habitualmente descalço, como os outros árabes pobres. A sua voz era clara e suave. Falava «tão lentamente que se podia contar as letras das palavras que pronunciava.» Tem o tronco demasiado alto relativamente ao resto do corpo, de modo que parece muito mais alto do que os outros homens quando está sentado à mesa com eles. Maomé caminha depressa, como se descesse uma encosta. «Era belo como a Lua da décima quarta noite.»

Cadija, a comerciante viúva, sua patroa, ao vê-lo da varanda da sua bela casa, acha-o a seu gosto e decide desposá-lo. Se ela o conseguir, Maomé livrar-se-á da pobreza. Na sua vida terá abundância. Terá o *rebi*, como dizem os beduínos nómadas quando a chuva cai e faz crescer um pouco de erva no deserto, depois da terrível seca e da fome.

A VIDA DE MAOMÉ

*
* *

Todavia o casamento entre Cadija e Maomé não é uma coisa simples. Entre eles só há diferenças. Em primeiro lugar a diferença de idades: ela tem quarenta anos e ele vinte e cinco. Depois há a diferença social: Cadija é muito rica e Maomé é muito pobre. O clã de Cadija opor-se-à vigorosamente ao casamento. Além do mais, apesar de todas as tentativas feitas pela viúva rica, Maomé não compreende que Cadija o deseja para marido.

O primeiro a falar a Maomé deste casamento é o escravo Maïsarath, seu companheiro de caravana que lhe pergunta o que pensa ele de um eventual casamento com Cadija. Maomé ri-se, tomando a pergunta por uma brincadeira. Não há nada em comum entre a patroa e o empregado. Além disso não teria Cadija já sido pedida em casamento, quase diariamente, por ricos negociantes de Meca? Nem os avanços de Cadija nem as perguntas de Maïsarath servem de nada, pois Maomé não compreende.

A comerciante envia então a Maomé uma criada de nome Nufaïsah, com a missão de lhe dizer explicitamente que a patroa o quer para marido. Nufaïsah é uma *muwalladah*, quer dizer uma mulher cujos pais não são árabes. Permite-se pois desempenhar tarefas que uma mulher filha de árabes não faria. É uma *maulath*, uma estrangeira. É uma *kahinah*, uma bruxa. Com a liberdade que lhe confere esta ausência de estado civil, Nufaïsah aborda Maomé, na rua, e fala-lhe claramente. Chama-lhe a atenção para o facto de ele ser belo e honesto. Trabalhador e jovem. Vantagens e méritos que podem incitar qualquer mulher a apaixonar-se por ele. Pergunta a Maomé por que é que não se casa. Ele responde que é demasiado pobre para se casar. O pouco que ganha, destina-se a Abu-Talib e à família, que o criaram desde os oito anos e que se encontram na miséria. Nufaïsah pronuncia o nome de Cadija. Ela diz que, se Maomé estiver de acordo, Cadija casará com ele imediatamente. Maomé não acredita e consulta a patroa. Esta confirma o que disse Nufaïsah. Marca-se a data do casamento. Mas a lei árabe exige, além do consentimento dos noivos, também o dos clãs a que eles pertencem.

O pai de Cadija morreu na guerra da profanação, a *Fijar*. O chefe da família Asad chama-se Amr ibn Asad. O seu consentimento parece uma formalidade, uma vez que Cadija é uma mulher de idade madura. Mas não se pode ultrapassar esta formalidade. O consentimento deverá ser obtido oficialmente e perante testemunhas. Como o velho Amr, chefe do clã de Cadija, recusa dar consentimento a este casamento, recorre-se a um estratagema. As duas famílias, a de Maomé e de Cadija, reúnem-se

O CASAMENTO DO PROFETA

numa festa. A família de Maomé é representada por Hamza e por Abu-Talib. No decorrer da refeição, embebedam o velho Amr ibn Asad. Quando ele já está completamente embriagado, pedem-lhe e ele dá o consentimento para o casamento. Quando fica sóbrio, já o casamento se realizou. O velho protesta. Mas é demasiado tarde.

Amr viu que Cadija não queria ceder em nada. Achou que era melhor calar-se e deixar o marido levar a mulher com ele.

O noivo é obrigado a pagar à noiva um dote, chamado *mahr*. Maomé paga a Cadija segundo as suas fracas posses, a quantia de quinhentos *dirhams*. Com esta quantia – doze onças de prata ou quinhentos *dirhams* – não se podia comprar nem dois camelos. Por isso, os historiadores aumentaram o dote dado pelo profeta para vinte camelos. Entre outros convidados do casamento estava Halima, ama de Maomé, que o tinha amamentado no deserto. Ela recebeu de Cadija, como presente, vários camelos. Halima virá a Meca sempre que estiver na miséria. Entre os presentes que receberá do seu filho de leite, contam-se quarenta carneiros e um camelo, que ela leva para o deserto, onde criou Maomé.

A generosidade e a fidelidade para com aqueles que o ajudaram na adversidade são características essenciais de Maomé. Nunca ficou devedor a ninguém que lhe tenha estendido a mão quando ele estava na miséria. Pouco tempo depois do casamento adopta Ali, filho de Abu-Talib. Liberta um jovem escravo que Cadija lhe tinha dado e que se chama Zaïd-ibn-Haritah. E não só dá a liberdade a este escravo, que é um cristão da Síria, como o adopta. Quando os pais de Zaïd souberam da sua libertação, vieram a Meca, mas Zaïd recusa-se a voltar para a família; fica com Maomé. E explica ao pai porquê: «Vi no meu patrão – em Maomé – alguma coisa que me faz preferi-lo a vós, para sempre. Graças a Cadija, Maomé saíu da miséria. Mas também quer ajudar os outros a saírem. Tal como Deus fez com ele».

Porventura não te encontrou orfão e te amparou? Não te encontrou extraviado e te guiou? Não te encontrou pobre e te enriqueceu". (*Alcorão,* 93: 6, 7, 8).

XV

MAOMÉ EM FAMÍLIA

Maomé casa-se em 595. A sua vida familiar é um exemplo de pureza e de ascese.

A ascese é uma recusa do repouso e dos prazeres carnais que não são estritamente necessários à vida. Todos os árabes normais, no tempo de Maomé, levam uma vida pura e ascética. Os contemporâneos de Maomé não fazem qualquer tipo de esforço para recusar os prazeres supérfluos: esses prazeres não existem! Os árabes desse tempo encontram-se na mesma situação que os profetas do Antigo Testamento. Sara, mulher de Abraão, escolhe uma escrava jovem e virgem e mete-a na cama do seu marido. Noé embriaga-se e despe-se em público, e mostra-se nú aos filhos. No entanto nem Noé nem Abraão são debochados. São seres puros. Tal como as crianças, que não podem ser debochadas.

O talmudista explica: «Devemos ainda, a propósito da ascese, referir a distância considerável que nos separa do grau em que se encontravam os nossos pais: Abraão, Isac, Jacob e os seus iguais que tinham um espírito puro. As suas paixões eram fracas e a sua alma era guiada pela razão. Alguns mandamentos são suficientes para os guiar na senda do culto divino: eram fiéis ao Senhor e não tinham necessidade de uma ascese que ultrapassasse a norma fixada na Lei. Quando os seus descendentes se instalaram no Egipto (no tempo de José) as paixões frutificaram, os apetites aumentaram e o instinto subjugou a razão. A paixão desencadeada exige uma ascese tão estrita quanto poderosa. Deus impõe-lhes deveres, conhecidos através da tradição, cujo rigor aumenta consoante a fraqueza... (os bens terrenos afastaram o homem do seu destino celeste...) Pela força

MAOMÉ EM FAMÍLIA

da sua razão e pela pureza das suas almas, os antigos podiam por si só cultivar uma sem prejudicar a outra, como se diz: "O teu pai come e bebe, e pratica a justiça e o direito, e isso fá-lo bom".»

Para compreender a vida de Maomé, devemos encará-lo na mesma perspectiva que o talmudista encara Abraão, Jacob e Noé.

Em Meca a vida é austera. Como a vida dos primeiros profetas da Bíblia. Não existe, então, em toda a Arábia mais do que algumas camas; e estas estão em Meca. Em geral, dorme-se no chão, em cima de uma esteira. Não há mesas. Come-se também sobre uma esteira tecida com folhas de tamareira. É evidente que se come com as mãos. Os utensílios podem contar-se pelos dedos de uma mão: um copo para beber, um baú, uma tijela... É tudo. Aixa, segunda mulher de Maomé, informa-nos que no seu tempo não tinha ainda sido inventada a peneira; e para peneirar a farinha, as mulheres passavam os cereais – que tinham pilado num pilão de madeira – de uma mão para a outra, soprando o farelo e as cascas com os lábios. Todos os cronistas da época mencionam como um luxo e sinal de grandeza o facto de Maomé possuir uma toalha para enxugar as mãos e o rosto.

Maomé come o que lhe dão. Se a refeição é de tâmaras, já não come pão; as duas coisas seria demasiado. O seu prato preferido é *tharid* – sopa de cereais, na qual por vezes se acrescenta carne. Mas os árabes apenas comem carne uma vez por ano.

Nesse tempo, os homens gostavam de perfumes. O pecado – se é que se pode considerar um pecado – é menor. Até perfumavam a água que bebiam. O *Alcorão* anuncia que no Paraíso a água será perfumada com néctar e cânfora. (*Alcorão* 76: 5; 83: 26)

Nesta sociedade a ascese é automática e endémica. Não há necessidade de leis especiais para reduzir os prazeres carnais: no deserto, eles não existem.

Maomé viaja. Conhece a Arábia e todas as tribos. Cadija dá-lhe três filhos: Qasim, Menaf e Attakhir, que morrem de tenra idade. Depois, quatro filhas: Ruqaya, Zaïnab, Umm Kulthum e Fátima. Só Fátima terá descendentes. Aos membros da família falta juntar Ali, filho de Abu--Talib, adoptado por Maomé, e Zaïd-ben-Haritah, o jovem escravo cristão da Síria que foi libertado e adoptado por Maomé.

Um facto de extrema importância é que, pelo casamento, Maomé entra no clã de Cadija, do qual fazem parte os homens mais notáveis sob o ponto de vista cultural. Na família de Cadija, encontram-se os homens mais eruditos de Meca, os *hanif*. Warakah-ibn-Naufal, primo de Cadija, tornar-se-à cristão, e provavelmente padre.

A VIDA DE MAOMÉ

Ubaïdallah-ibn-Jahsh, filho de uma filha de Abd-al-Muttalib, mudará duas vezes de religião, para morrer cristão. Uthman-ibn-Hwarith, tornar--se-à cristão e morrerá em Bizâncio. E por último também o *hanif* Zeid--ibn-Amr. Uma irmã de Warakah lê a Bíblia.

Todos estes *hanifs*, que presentemente se tornaram parentes e amigos de Maomé, romperam praticamente com o paganismo e já não adoram deuses e procuram, para ir para o céu, uma outra via que não a dos ídolos.

Cadija será, apesar da diferença de idade, classe social e de clã, a esposa ideal. Maomé faz um elogio à sua mulher como nenhuma mulher, alguma vez recebeu. Diz que no Paraíso, Adão ao falar da vida familiar de Maomé e Cadija exclama com tristeza:

«Uma das vantagens que Alá concedeu a Maomé, foi que a mulher dele Cadija o ajudou a cumprir a vontade de Deus, ao passo que Eva, a minha mulher, me ajudou a desobedecer».

XVI

MAOMÉ ENTRE OS SEUS CONCIDADÃOS DE MECA

Maomé aparece pela primeira vez no meio dos seus concidadãos de Meca em 605. É uma curta e fortuita aparição. Tem trinta e cinco anos e está casado com Cadija já há dez anos.

O santuário da *Caaba* incendiou-se. O incêndio foi extinto, mas há estragos. Logo a seguir ao fogo há uma inundação. A água penetrou no interior do santuário calcinado. Os oligarcas da cidade decidiram fazer uma colecta para reparar os prejuízos. Todos deviam participar. Uma vez que se tratava de um local sagrado, foi decidido aceitar mesmo os fundos vindos da prostituição. «O resto do dinheiro era santo». Enquanto era recolhido o dinheiro para reparar a casa do Senhor, um navio bizantino naufragou em Chu'Aibach ou Gidá, porto que serve Meca, no Mar Vermelho. Deus mostra assim aos árabes – uma vez mais – que ele era suficientemente poderoso e rico para defender sozinho a Sua Casa, como Ele fez quando da invasão do exército dos elefantes, e que pode reparar os estragos provocados pelo incêndio e pela inundação sem pedir dinheiro aos homens. No navio naufragado havia apenas material destinado à construção de uma igreja católica no Iémen. Mas esses materiais deveriam ser utilizados para a reconstrução do santuário da *Caaba*. O navio afundou-se junto à costa. Não consegue continuar viagem. Nos porões do barco naufragado há mármore, madeira, mosaicos, metal e ornamentos. No barco viaja também um mestre de obras de santuários, chamado Baqm.

O construtor enviado por Deus com os materiais – ainda que cristão – foi convidado para reconstruir o santuário da *Caaba*. O mestre bizantino

A VIDA DE MAOMÉ

– embora originário da Abissínia – aceita. Começa a demolir o antigo santuário, para construir um maior e mais belo. Quando vêem um homem destruir a Casa do Senhor – sejam quais forem as intenções que o move – os cidadãos de Meca entram em pânico. É uma profanação. O mestre explica que nada se pode construir sem demolir primeiro. Os coraixitas não podem suportar ver a mão humana destruir o santuário. Mesmo para construir um mais belo. Os trabalhos foram então interrompidos. Espera-se por uma decisão celeste.

Num dos poços próximos do santuário, desde há muitos anos que se esconde um dragão.

De vez em quando, sai do poço, criando o pânico em toda a cidade. É impossível matá-lo. Logo após a interrupção dos trabalhos de demolição, o dragão, espécie de réptil gigante e aterrador, sai do poço para se aquecer ao sol, tal como costuma fazer. Mas assim que o dragão sai do poço, uma águia gigante voa a pique sobre o satúrio e, levando nas garras o dragão grande como um crocodilo, eleva-se no ar! Meca está livre do monstro. Os coraixitas, com o auxílio de adivinhos, interpretam este sinal como uma permissão dada aos homens para destruirem o santuário. O mestre bizantino retoma os trabalhos e todos o olham com terror ao vê-lo demolir a Casa do Senhor. Quando chega às fundações, à pedra colocada por Abraão dizem-lhe para parar. Ninguém tem o direito de tocar na pedra trazida do Paraíso.

Constroi-se pois ao lado da pedra de Abraão. Concluído o novo edifício, surge uma outra dificuldade. A pedra de Abraão devia ser colocada no novo santuário. Todos estão de acordo. Mas não se está de acordo sobre a pessoa que irá deslocar a pedra. Todos pretendem ter essa honra. Desta vez é impossível haver acordo. Cada clã traz tijelas de sangue, e cada um jura – à maneira pré-islâmica, bebendo o sangue – que até à morte opor-se-à a que qualquer outro clã tenha a honra de deslocar a pedra. Está declarada a guerra entre os coraixitas. Mas surge uma ideia para a resolução. «Aceitemos a solução dada pela primeira pessoa que chegar ao recinto da *Caaba*.»

A primeira pessoa a aparecer é Maomé, que de repente se torna juíz entre os cidadãos de Meca.

Maomé dá a primeira prova pública da sua habilidade política. Propõe que se estenda um pano de tenda e se coloque lá a pedra do santuário, que em seguida será transportada para o interior do edifício por todos os homens coraixitas. A proposta é acolhida com entusiasmo. Colocada a pedra sobre o pano de tenda, os homens dos dez clãs levantam-na em conjunto e transportam-na para o seu lugar. O prestígio de Maomé cresce

MAOMÉ ENTRE OS SEUS CONCIDADÃOS DE MECA

vertigiosamente. Ele próprio parece muito satisfeito. Tira a roupa e, em tronco nú, ajuda a levantar a carga. Mas o sol da Arábia não permite que se esteja em tronco nú, é como uma espada. Maomé sente-se mal e é socorrido por Abbas, seu tio.

Depois da reconstrução do novo santuário colocaram-se aí os ídolos, as imagens e os objectos sagrados, como num museu. Pois todas as religiões da terra tem o seu lugar na *Caaba*. Contudo apesar do santuário ser internacional, e de aí se encontrarem lado a lado Abraão, Jesus, Moisés e Hubal, os árabes adoram exclusivamente Alá, "o Senhor desta casa". Alá (*Allah*, em arábico) é o termo para designar Deus.

Allah é uma contracção da *Al-Illah* que, como *ho-theos* dos gregos, significa "O Deus", mas a palavra tornou-se comum com o sentido de Deus supremo ou Deus. Depois da sua aparição na *Caaba*, não encontraremos mais Maomé antes do ano 610, isto é cinco anos mais tarde. Desta vez virá junto dos concidadãos de Meca para lhes anunciar que encontrou Deus.

Porque é que Deus escolheu Maomé, e nenhum outro, de entre todos os homens de Meca, para lhe falar e para o encarregar de ser o seu enviado na Terra? Existem em Meca homens mais ricos, em melhor posição e mais cultos. Alguns homens de Meca procuraram Deus toda a sua vida, desejando ouvi-lo, vê-lo, descobri-lo, nem que fosse por um momento. Eles dariam a vida por um encontro breve com a divindade. No entanto não o conseguiam. O encontro com Deus foi reservado a Maomé.

XVII

O ENCONTRO DE MAOMÉ COM DEUS

Maomé tem quarenta anos quando encontra Deus pela primeira vez. É, certamente, um acontecimento; mas um acontecimento que não surpreende ninguém em Meca.

A multidão apressa-se a ouvir Maomé narrar as circunstâncias do seu encontro com Deus; mas esta multidão admira-se e excita-se muito menos do que quando chega uma caravana estrangeira. O encontro com Deus não é uma coisa extraordinária, para os árabes.

Em nenhum ponto da Terra se registaram tantos encontros destes como na península arábica, neste paralelogramo onde nove décimos da superfície estão cobertos de areia. Moisés, Abraão, Noé, Job e toda a série de patriarcas e de profetas falaram com o Senhor como um pastor fala com o vizinho. Até mesmo Jesus Cristo, filho de Deus, quando desceu à terra e viveu nestes locais da península arábica.

Os ascetas de todos os países, quando desejam encontrar Deus vêm ao deserto da Arábia.

Aí não existe criação natural ou humana que possa separar Deus do homem. O deserto do céu confunde-se com o deserto de areia; encontram-se no horizonte, à volta do homem, para formar um deserto único e infinito. Os homens encontram-se de repente no Céu; os anjos e o Criador no deserto em baixo. O céu e a terra confundem-se.

O primeiro encontro de Maomé com Deus teve lugar no ano de 610, da forma seguinte: Maomé estava casado com Cadija desde há quinze anos. Levava uma vida obscura, isenta de preocupações materiais. A partir de uma certa idade os homens de Meca retiram-se para uma das colinas em redor, não longe das suas casas. À volta de Meca há uma quantidade de colinas e de cavas. Maomé faz como todos os outros.

O ENCONTRO DE MAOMÉ COM DEUS

«Maomé faz todos os anos um retiro de um mês no monte Hira.»

Abd-al-Muttalib fazia também um retiro de um mês, em cada ano, na mesma cava. Este retiro era acompanhado de meditação e de orações. Chama-se *tahannut*.

«Durante o mês de retiro do profeta, alimentava os pobres que vinham junto dele. Quando terminava o retiro e antes de voltar a casa, dava sete ou mais voltas à *Caaba*. Depois disto ia para casa.»

Diz uma outra narração: «Mais tarde, o Profeta interessa-se vivamente pelo retiro. Retira-se para a cava de Hira, onde se dedica ao *tahannut*, isto é à prática de actos de adoração, consecutivamente durante algumas noites, sem vir a casa. Munia-se nesta altura de alguns alimentos.

«Voltava a casa e levava as provisões necessárias para um novo retiro. Isso durou até que a verdade lhe chegasse a essa cava de Hira.»

Joseph Pitt, um viajante inglês do século XVII, fala assim das colinas de Meca onde se realizavam os retiros: «Meca está situada numa terra desértica, no fundo de um vale, ou melhor, entre numerosas colinas... A cidade está rodeada por pequenos montes, muito próximos uns dos outros. Subi ao cimo de um deles, e não consegui vislumbrar o mais distante... São constituídos por rochas escuras; vistos à distância parecem medas de feno.»

Um viajante da época, Hamidullah, fala assim do monte Hira, onde Maomé encontrou Deus: «Visitei a cava de Hira, que se encontra no cume do *jabal al-nur*, "a Montanha da Luz", situada apenas a um quiló-metro da casa de Maomé. O monte Nur tem um aspecto muito especial. Aliás isso percebe-se, mesmo de longe, por entre as numerosas montanhas que o circundam. A cava de Hira está construída com rochas que desmo-ronaram e ficaram amontoadas formando as três paredes e a abóbada.

«É suficientemente alta para permitir a uma pessoa andar de pé, sem que a cabeça toque no tecto, e suficientemente comprida para que se possa deitar. Por um curioso acaso, o prolongamento desta cavidade vai na direcção da *Caaba*. O chão de rocha é plano permitindo montar uma cama. A entrada é constituída por uma pequena abertura situada bastante alta, o que obriga a subir diversos degraus, cavados na rocha, antes de entrar.

«A tradição popular diz que esta cava do monte de Hira foi feita pelo diabo, com um golpe de espada no flanco da rocha.»

Maomé começa de imediato os seus retiros anuais. Estes efectuam-se habitualmente depois dos quarenta anos. O retiro tem lugar durante o Ramadão, que é um mês de jejum e penitência. Há uma noite neste mês, onde tudo é possível. É a Noite do Poder (*Kadir*). Nesta noite os milagres

A VIDA DE MAOMÉ

podem acontecer, a todos. Nesta noite a natureza adormece, os rios não correm, o vento pára, silencioso. Os maus espíritos esquecem-se de observar os fenómenos do mundo e pode-se ouvir a erva a crescer e os astros a falar. Erguem-se ninfas dos rios adormecidos. A areia do deserto é tomada de um profundo torpor. Os homens que testemunharam as noites de *Kadir* tornaram-se sábios e santos, pois nesta noite viram o universo através dos dedos de Deus.

O problema é que nenhum dos mortais sabe qual, entre as trinta noites do mês do Ramadão, é a Noite do Poder, em que é preciso estar alerta.

Quando esta noite chega, todos os homens dormem. Poucos são os mortais que têm o privilégio de estar acordados e de ver o universo através dos dedos de Deus. São santos e sábios até ao fim dos seus dias terrenos. «Quando os Orientais falam de uma graça do Todo Poderoso, e do homem que recebeu essa graça, eles dizem que essas coisas apenas são possíveis na Noite do Poder, a noite dos milagres.»

É numa dessas noites miraculosas de *Kadir* que Maomé tem o seu primeiro encontro com Deus. Diz o *Alcorão*:

«Sabei que o revelámos [o Alcorão] na Noite do Poder
Como poderás tu distinguir a Noite do Poder?
A Noite do Poder vale mais do que mil meses
Nela descem os Anjos e o Espírito [anjo Gabriel] com a permissão
    do teu Senhor
Para executarem todas as suas ordens
Nela há paz até ao romper da aurora» (*Alcorão* XCVII: 1-5)

O grande acontecimento deu-se da seguinte forma: Maomé estava deitado, enrolado numa manta, a *bourda*. De repente, uma criatura vestida de branco e envolta numa nuvem de luz acorda Maomé, estende-lhe um pano prateado, sobre o qual está escrito um texto com letras de ouro, e ordena-lhe: *"ikra"*. Lê, recita. Maomé responde que não sabe ler. O anjo agarra Maomé pelos ombros, aperta-o e ordena-lhe pela segunda vez que leia: *"ikra"*. A violência da ordem, acompanhada de mais um apertão, torna-se mais forte: *"ikra"*, ordena o anjo. Maomé pergunta: «O que é que é preciso ler?» O anjo, que tinha apertado tanto Maomé, que este pensava que ia morrer, liberta-o do abraço e recita.

Maomé repete depois do anjo:

«Lê em nome do Senhor que tudo cri-ou... e que ensinou pela pena,
aquilo que o homem não sabia...» (*Alcorão* XCVI, 1-5).

Enquanto Maomé recita, parece que as letras de ouro se gravam no seu corpo. «Estava de pé» - declarou Maomé - «mas caí de joelhos... Depois deitei-me com os ombros a tremer.»

O ENCONTRO DE MAOMÉ COM DEUS

O anjo parte e Maomé fica só. Vai para casa, mas já não é livre. Após ter dado um passo, uma voz chama por ele. «Quando cheguei ao meio da montanha ouvi uma voz vinda do céu que me dizia: *"Oh Maomé, tu és o apóstolo de Alá e eu o anjo Gabriel"*.

«Parei, olhando-o sem poder avançar ou recuar. Dei por mim a percorrer com os olhos todo o horizonte. Mas o anjo Gabriel estava em todos os cantos do céu e com a mesma atitude... Fiquei assim, de pé, sem andar para a frente nem para trás.»

O anjo afasta-se, e Maomé entra penosamente em casa. A divindade tem qualquer coisa de devastador. Sempre. O homem é demasiado fraco para poder suportar Deus. Por causa disso Maomé sente uma sensação de constrangimento, de compressão e opressão. Só a presença do anjo pesa sobre um homem como se ele estivesse debaixo de uma pedra de mó ou sob toneladas de chumbo. Tudo que é sobre-humano é esmagador. Mesmo o dom da poesia é esmagador.

O poeta Hassan-ibn-Tabit conta que um dia passeava nas ruas de Medina, a sua cidade Natal. Uma diaba – uma *goule*, uma *dhul*, quer dizer um *djinn* feminino – ataca-o, deita-o por terra, o joelho em cima do peito e pergunta-lhe: «És tu o homem que o povo espera que seja poeta?»

Sem esperar resposta, a diaba, sempre com o joelho sobre o peito do poeta, obriga-o a recitar versos. Até esse dia nunca Tabit tinha composto poemas. Sob as ordens da musa, recita. E os seus versos são belos. A musa possui-o tanto real como figuradamente. Ele era poeta. Foi também assim, violentado pelo anjo Gabriel, que Maomé se tornou profeta. Pois sem violência ninguém se eleva acima da condição humana.

XVIII

O MEDO DO DIABO

Maomé chega a casa, esgotado. Conta a Cadija o que acaba de lhe acontecer. A questão dramática e terrível que tortura Maomé é saber se a voz que ouviu é a voz do diabo ou do anjo.

Todos os místicos se extenuaram para descobrir se era Deus ou diabo que lhe falou. Escreve Santa Teresa D'Ávila:

«As palavras, a força e segurança que transmitiam, persuadiam de imediato a alma que vinham de Deus. Esse momento, entretanto, passou e surge agora uma dúvida, uma interrogação para saber se as frases vinham do demónio ou da imaginação, se bem que ao ouvi-las, não se sentia qualquer dúvida sobre a sua veracidade, pela qual se desejaria morrer.»

Maomé declara: «Fui ter com Cadija e disse-lhe: "Estou cheio de angústia". E contei-lhe a minha aventura. Ela diz-me: "Alegra-te, Deus nunca poderá causar-te problemas. Tu lidas bem com os teus. Tu és resistente. Tu tratas bem os teus hóspedes. Tu ajudas aqueles que estão na verdade".»

Maomé não consegue recuperar a paz de espírito. Tem medo. Tem um medo terrível de ser talvez um instrumento do demónio. Suplicando, diz a Cadija: «Esconde-me.» Ela enrola-o num *dathar*, um manto. Mas a voz do anjo ressoa nos ouvidos de Maomé: «Oh tu que estás envolto num manto, levanta-te e informa! Glorifica o Teu Senhor.»

E a narração de Maomé continua:

«Sempre que estou só, oiço uma voz que me chama: Maomé! Maomé! Não é durante o sono, é só quando estou acordado, que vejo uma luz celeste. Por Deus, a coisa que mais detesto são os ídolos e os *kahins* – os bruxos – que pretendem conhecer as coisas invisíveis e o futuro! Será que eu me tornei um *kahin*, um bruxo? Será o diabo que me chama?»

A luz celeste persegue Maomé por toda a parte.

O MEDO DO DIABO

Cadija, a mulher que Maomé nunca esquecerá e que nunca poderá comparar com outra mulher – ainda que fosse bela, jovem e inteligente – ajuda-o, com os meios de que dispõe, meios de uma espantosa lógica feminina, infalíveis.

Cadija diz a Maomé para a chamar logo que o anjo apareça. Maomé chama-a. O anjo está junto deles – luminoso – e fala-lhe. Cadija pede ao marido para se sentar sobre o seu joelho direito. Ele senta-se no joelho da mulher.

– Ainda vês o anjo? – pergunta Cadija.

– Vejo sim – responde Maomé.

Ela pede-lhe então para trocar de joelho.

– Senta-te sobre o meu joelho esquerdo – e pergunta-lhe: Continuas a ver o anjo?

– Vejo – responde Maomé.

Cadija despe-se e fica completamente nua. Pede a Maomé que faça o mesmo. Depois pede-lhe para a abraçar o mais fortemente possível. Maomé obedece e Cadija pergunta:

– Continuas a ver o anjo?

– Não – responde Maomé. – O anjo foi-se embora.

Cadija veste-se e diz ao marido:

«Aquele que te fala, é o anjo. Não é o demónio.» E explica a Maomé que o diabo não ficaria nada chocado ao ver uma mulher nua abraçada ao marido. Mas o anjo é uma criatura púdica. Despida de perversidade. O facto de ter desaparecido, discreto e envergonhado, significa que é mesmo um anjo. Não um demónio. Estava feita a demonstração.

Cadija leva Maomé a casa de um primo dela – o velho e sábio *hanif* Warakah-ben-Naufal ben Asad. Warakah e a irmã lêem os Evangelhos. Ele é especialista em matéria de religião, de anjos e demónios. Ouve atentamente a descrição de Maomé.

«Contei-lhe a aventura», diz Maomé. Warakah diz: «É o *namus*, que antes desceu sobre Moisés» *(Namus* ou *nomos* designa as leis divinas tal como foram reveladas aos homens).

Warakah repete: «É o *namus*. Que eu não seja jovem! Que eu não esteja vivo, no dia em que a tribo te expulsar!»

«Eles vão-me expulsar?» – pergunta Maomé, ao que Warakah responde: «Nenhum homem anuncia o que tu anuncias sem ser considerado inimigo. Se a luz que te tocou me tivesse tocado, ajudar-te-ia com toda a minha força.»

Nesse momento, Maomé sabe o que o espera. Ser expulso da sua tribo, é a maior infelicidade que pode acontecer a um indivíduo numa sociedade tribal. Um indivíduo sem clã não existe, uma vez que não há leis que visem o indivíduo. É um desconhecido. Qualquer um o pode vender ou matar sem ter de prestar contas a ninguém. Um homem sem clã, um *sa'luk*, nem sequer é um homem perseguido: não existe. Não é mais do que um edifício de carne inundado de sangue, como diz o poeta. É isso que vai ser Maomé. Cadija sabe-o, mas não tem medo. Ele também não tem medo.

Todos estes factos se passam no fim do mês do Ramadão, no ano 610, em Meca. Começou a fundação do islão.

XIX

A FUNDAÇÃO DO ISLÃO

Depois do encontro com o anjo na cava de Hira, na Jabal-al-Nur – a Montanha de Luz –, Maomé fica abandonado. «Houve, durante muito tempo, um *fatrah* – um hiato – na revelação do Profeta; e estava muito triste.

«Partia cedo para o cume da montanha, com a intenção de se atirar dela abaixo. Mas cada vez que lá chegava, o anjo Gabriel aparecia-lhe e dizia: "Maomé tu és o profeta de Deus." Então a sua inquietação acabava e Maomé voltava a si.»

O anjo Gabriel dá coragem a Maomé durante três anos – o tempo que durará o *fatrah*, ou seja, o hiato nas revelações. O anjo diz a Maomé:

«Logo te agraciará o teu Senhor, e de modo que te satisfaça.
Porventura não te encontrou orfão, e te amparou?
Não te encontrou extraviado e te guiou?
Não te encontrou pobre e te enriqueceu?
Portanto, não maltrates o orfão,
nem afastes de ti o pobre.
Explica a generosidade do teu Senhor.» (Alcorão XCIII, 5-11)

O *fatrah* chega ao fim.

«Então Deus ordenou ao seu Profeta, três anos após estas instruções, que declarasse publicamente o que lhe tinha acontecido para que o povo recebesse a palavra de Deus e não a esquecesse.»

Este período de três anos que se seguiu à primeira revelação chama-se *nubuwah*, ou a vocação de *nabi*, isto é de profeta. Agora Maomé é um profeta. Com ordem para pregar em público. Começa assim uma nova época, a de *risalah*, que significa que recebeu ordem de se tornar *rasul*, enviado de Deus. Há uma grande diferença entre *rasul* e *nabi*. *Nabi*, o profeta, é aquele que avisa; enquanto que *rasul*, o enviado de Deus é aquele que leva à humanidade uma lei escrita.

Maomé começa a cumprir a sua missão de profeta.

A VIDA DE MAOMÉ

Sabe-se que «*não existiu uma comunidade sem que nela tenha havido um admoestador*» (*Alcorão* XXXV-24). «*Cada comunidade terá o seu Enviado*» (*Alcorão* X-47). «*Cada grupo de gente tem um guia*» (*Alcorão* XIII, 7). «*Mandámos a cada comunidade um Enviado, dizendo: "Adorai a Deus! Ponde de lado os que reduzem"*» (*Alcorão* XVI, 36). «*Demos aos membros de cada comunidade um rito que eles seguem*» (*Alcorão* XXII, 67). «*Instituimos para cada um de vós uma norma, uma lei e um caminho*» (*Alcorão* V: 48).

Maomé convida os árabes a conhecerem-se a si próprios. A revelação que lhe é feita é ao mesmo tempo um convite para emancipar os povos que tinham recebido anteriormente leis escritas.

Maomé mostra ao seu povo que os árabes podem entrar no Paraíso sem serem vassalos dos judeus ou dos cristãos. «*Dizem-vos: "– Sede judeus ou cristãos: estareis no bom caminho". Respondam-lhes: – "Não. Seguimos a doutrina de Abraão, o monoteísta, que não estava entre os idólatras"*» (*Alcorão* II: 135-136).

Maomé não se insurge contra qualquer das religiões do passado. É monoteísta. É contra a idolatria, mas considera-se como fazendo parte da grande corrente de profetas que Deus enviou, portadores de mensagens, aos diversos povos, ao longo dos séculos. Respeita todos os profetas do Antigo e do Novo Testamento e considera-os como seus predecessores. Vem para corrigir os erros cometidos pelos homens na interpretação da mensagem divina, revelada aos profetas anteriores e para lançar um novo aviso.

Qual é a utilidade dos profetas na terra? São os porta-voz do Criador. Deus nunca fala directamente aos homens.

«*Deus não falou a nenhum mortal senão por inspiração, ou detrás de um véu, ou mandando um mensageiro. Assim se lhe inspira, com a Sua permissão, o que quer... Assim te inspiramos a Nossa Mensagem*» (*Alcorão* XLII: 51 e 52).

Maomé reconhece a verdade divina que foi revelada aos homens, por Adão, Noé, Abraão, Moisés e por outros. E diz:

«*Com efeito isto se encontra nas primeiras páginas, nas páginas de Abraão e Moisés*» (*Alcorão* LXXXVII: 18 e 19). Estas verdades foram alteradas pela mão do homem que as transmitiu. O *Alcorão*, ao contrário das leis promulgadas pelos profetas precedentes, não foi escrito pela mão do homem.

«O *Alcorão* é a expressão verbal de uma escritura traçada pelo poder divino numa matéria eterna, em letras de ouro, num tecido maravilhoso, que foi mostrada a Maomé pelo anjo Gabriel.»

A FUNDAÇÃO DO ISLÃO

O texto original do *Alcorão* está escrito pela mão do Senhor, no Céu, sobre A Tábua Intangível. Esta tábua é feita de um só bloco de uma pedra preciosa, branca como leite ou como a espuma do mar. Ninguém se pode aproximar desta Tábua, pelo que o texto original se mantém inalterável.

O *Alcorão* é composto de 114 capítulos (*suras*) e de 6616 *aiyas* ou versículos. Foi transmitido a Maomé durante vinte e cinco anos, isto é desde o ano 610, na Montanha da Luz, até ao dia da morte do Profeta.

«As revelações antigas foram feitas de uma só vez. O *Alcorão* tem origem em fragmentos, segundo uma ciência, a dos acontecimentos, pois o *Alcorão* é uma recolha, que reúne ao mesmo tempo princípios permanentes e respostas ocasionais às perguntas dos fiéis e de Maomé. Por causa disso é chamado *al-furqan,* o que significa "repartição".

«A palavra *qara'a* e *qur'an* pertence ao vocabulário religioso que o cristianismo introduziu na Arábia. *Qara'a* significa ler, ou recitar solenemente textos sagrados, enquanto que *qur'an* é o *qeryana* sírio, termo empregado para designar leitura ou a lição da santa escritura.»

A palavra *Alcorão* tanto no sentido como no som, é uma das mais belas palavras do vocabulário religioso. Ainda que Maomé rejeite com veemência ser poeta, a escolha deste título vem confirmar a veia poética dos árabes.

Islão, nome da religião fundada por Maomé, é também uma palavra plena de significado e de poesia. O fundador da fé islâmica é Abraão.

Abraão não era nem judeu nem cristão. Era *hanif,* adorador de um só Deus, isto é o contrário de um idólatra. Ao fundar o islão segundo a crença de Abraão, ou *millat Ibrahim,* Maomé sonha com a criação de uma religião universal que englobasse todos os monoteístas; até porque Abraão é anterior ao judaísmo e ao cristianismo e é venerado pelas duas religiões. Além disso, Abraão é o chefe tribal do povo árabe e o fundador do santuário da *Caaba.*

A palavra islão está também ligada a Abraão. Quando o Senhor, para pôr à prova a força de Abraão, lhe ordenou que imolasse o filho Isaac, Abraão cumpriu a ordem do Senhor. Ele e o filho foram *aslama,* isto é submetidos e entregues à vontade divina... *Islão* significa exactamente "entregue à vontade de Deus". *Muslim* é o particípio do mesmo verbo.

Certas religiões são baseadas no amor, outras na esperança. O islão é baseado na *tawakku,* a fé absoluta em Deus. Diz Maomé: «As minhas preces, vida e morte são consagradas ao Eterno. Ele é o Soberano do Universo. É inigualável. Prescreveu-me o islão. Sou o primeiro muçulmano.»

XX

OS PRIMEIROS MUÇULMANOS

Maomé espera durante três anos a reaparição do anjo. Está preparado para o receber a qualquer hora do dia ou da noite. Leva uma vida pura. Nada faz que possa desagradar ao anjo. Um dia, recusa os alimentos que lhe dão. Habitualmente come sem se importar com o que lhe servem. Mas desta vez, não toca no prato: «A comida tem alho e o anjo poderia ficar incomodado com o cheiro», diz Maomé desculpando-se. Quando enfim aparece, o anjo Gabriel dá a Maomé toda a espécie de conselhos: *«Não movas a tua língua ao revelar o Alcorão, para acelerar! A Nós in- cumbe-Nos a sua reunião e a sua pregação. Quando o pregamos segue a sua pregação! A Nós incumbe-Nos a sua explicação» (Alcorão LXXV: 16-20).*

O facto que mais intriga os cidadãos de Meca é Maomé receber as revelações a conta-gotas. Para um árabe, uma revelação é como um raio. É violenta, total ou então não existe. Destroi ou ilumina. O anjo diz a Maomé o que é que deve responder a estas acusações:

«Os que não crêem dizem: "Porque não se revelou o Alcorão em bloco, de uma só vez?" Responde: "Fizemo-lo assim para confortar com ele o teu coração, e to ditámos em versículos, gradualmente?» (*Alcorão XXV: 32*).

A doutrina pregada por Maomé tem o seu fundamento no monoteísmo e na luta contra os politeístas, "os associadores", como lhes chama o

OS PRIMEIROS MUÇULMANOS

Alcorão, pois eles associam Deus a outras criaturas. *La ilaha illa Allah – não há outro Deus senão Alá.* Maomé anuncia a vida futura e o Juízo Final, em que cada um será recompensado de acordo com os actos praticados nesta vida.

Afirma: «*Os homens formavam uma comunidade única...*» (*Alcorão* II: 213). Aconselha os fiéis: «Trabalhem para este mundo, como se fossem viver nele para sempre, e para o outro como se fossem morrer no dia seguinte.»

A primeira pessoa a acreditar nas profecias de Maomé e que abraça o islão, é Cadija, sua mulher.

A confiança dela será para o profeta de uma importância fundamental. Até à sua morte ele recordará esta mulher, com ternura, emoção e reconhecimento. «Não» – exclamará perante uma jovem muito bela – «nenhuma mulher no mundo é melhor do que Cadija. Ela acreditou em mim, quando mais ninguém o fazia. Ela considerava as minhas palavras como a expressão da verdade, ao passo que todos os outros as consideravam mentirosas.» O segundo muçulmano, depois de Cadija, é Ali – o filho de Abu- -Talib, adoptado por Maomé. O terceiro muçulmano é Zaïd-ben-Haritah, o jovem escravo sírio, libertado por Maomé, e que recusara voltar para junto da família preferindo ficar com Maomé. Agora tem fé no seu pai adoptivo. Durante três anos, de 610 a 613, Maomé tem apenas estes três seguidores. A seguir chega Abu-Becre, um rico negociante de Meca. Converte-se e torna-se o mais fiel companheiro do profeta.

Maomé tenta – em vão – conseguir outros adeptos. As gentes de Meca não são hostis ao islão. Ignoram-no. Os coraixitas ao verem Maomé pregar, passam junto a ele sem tomar qualquer tipo de atitude. São-lhe indiferentes. Alguns encolhem os ombros e dizem: «É um homem da tribo de Abu-al-Muttalib. Anuncia uma mensagem do céu.» E seguem o seu caminho.

Para um povo que teve cento e vinte e quatro mil profetas, haver mais um homem que fale do céu e de Deus, no meio da rua, não é caso para alguém parar.

Abu-Becre, o negociante rico que virá a ser o quarto muçulmano do mundo, tem uma filha durante este período. Nasce muçulmana. É a primeira criança que nasce muçulmana. Um *Hadith* diz: «Toda a criança que nasce obedece à natureza humana, isto é nasce monoteísta; são os pais que a tornam judia, cristã ou adepta dos magos.» A filha de Abu- -Becre chamada Aixa nasceu muçulmana porque, segundo este *Hadith*, todos os homens nascem monoteístas, logo muçulmanos; e além disso, o pai tornou-a muçulmana como ele.

A VIDA DE MAOMÉ

Nesse ano, Maomé recebe ordem de Gabriel para começar a acção pública. A ordem é a seguinte: «Anuncia estas verdades aos teus parentes mais próximos. Estende as asas sobre os fiéis que te seguirem.»

Apoiado pelo seu grupo de fiéis, formado por quatro adultos e um recém-nascido: Cadija, Ali, Zaïd, Abu-Becre e Aixa, Maomé começa a pregação em público. Tem de obedecer à ordem do anjo. É um muçulmano. Um executante da vontade divina.

«*Eu sou o primeiro dos submissos*» (*Alcorão* VI: 163).

XX

CONVITE AO ISLÃO

Maomé recebeu ordens do Senhor para converter ao islão «os seus parentes mais chegados.» Esses são os filhos de Abd-al-Muttalib. Esses filhos que o velho temia não ter e que o Criador lhe deu através de um pacto. O chefe do clã é Abu-Talib. Maomé sabe que será vã a sua exortação. Os filhos de Abd-al-Muttalib não acreditarão. O chefe do clã Abu-Talib é um homem pobre e fraco. Não tem a coragem de abandonar a religião dos seus antepassados. Nunca terá opinião própria. Maomé está convicto da honestidade do seu tio; mas dele, não pode esperar nem bom nem mau.

A segunda personagem do clã Muttalib é Abu-Lahab, irmão de Abu--Talib. É um homem muito rico. Os problemas religiosos só o interessam na medida em que possam constituir uma garantia para a prosperidade do comércio. Para Abu-Lahab como para a maior parte dos coraixitas – oligarcas de Meca – a religião é uma instituição que protege o comércio e os comerciantes. A religião ao instaurarar os quatro meses de Trégua de Deus, permite o desenvolvimento de feiras e caravanas.

Abu-Lahab é casado com uma mulher instruída e rica: Djamila, irmã de Abu-Sufian, o comerciante mais importante de Meca. Djamila é poetisa e a sua especialidade é a sátira: *hija*. Ela já escreveu uma série de versos verrinosos contra Maomé e contra a fé que ele prega. As sátiras de Djamila magoam porque, tal como está na Bíblia, «a língua é uma flecha destrutiva.» Dois filhos de Abu-Lahab e de Djamila casaram com duas filhas de Maomé e de Cadija. Mas este segundo laço de parentesco não altera nada.

Abu-Lahab e a mulher não acreditam no islão. O universo de Abu--Lahab é materialista e rigoroso. Como o comércio. Neste universo, não

A VIDA DE MAOMÉ

há sentimentos. Nem laços de parentesco. Nem sonho. Há negócios, bons ou maus, e é tudo.

O terceiro filho de Abu-al-Muttalib que Maomé tem ordem para converter ao islão, é Hamza. É um desportista, para quem a vida é uma competição. Uma ostentação da força física. As questões religiosas não fazem parte do seu universo. Ele acredita nas leis de honra do desportista e na justiça. É um cavaleiro.

Maomé recebeu ordem de o "convidar" também e de lhe falar de Deus. Não tem qualquer ilusão sobre o interesse que o campeão Hamza vai demonstrar sobre as questões religiosas. Mas Maomé executará a ordem do Senhor.

O quarto filho de Abd-al-Muttalib, é Abbas. Um banqueiro. Mais precisamente um usurário: um homem que tem negócios em Taif, Meca e Medina. Para ele o universo está dividido em credores e devedores. A sua finalidade é obter o maior lucro possível. Tudo o resto não tem qualquer importância.

O balanço? Hamza: um desportista; Abbas: um usurário; Abu-Lahab: um conservador reaccionário; Abu-Talib: um fraco. Nem um só tem estofo para abraçar uma nova religião. A religião para eles é uma simples manifestação exterior, puramente social, e os parentes por afinidade também não valem mais.

Maomé sabe que são inúteis todas as tentativas para falar de Deus a estes homens. Não é um romântico e sabe que está a iniciar uma acção votada ao fracasso. Maomé sabe que é mais fácil ir para o deserto e transformar leões em carneiros do que fazer dos membros da sua família – os coraixitas – pessoas piedosas e tementes a Deus. Adoece com o desgosto. Fica de cama durante um mês. Tem febre, emagrece. A família está inquieta. Ele explica a causa da sua doença: tem de executar a ordem recebida do anjo Gabriel, mas sabe que não vai obter bom resultado.

As tias de Maomé aconselham-no a iniciar no islão apenas os membros da família que não lhe são totalmente hostis. Mas este tipo de pessoas não existe. Além do mais, o anjo ordenou a Maomé que convertesse todos os parentes próximos. Deviam ser *aslama* – submetidos à vontade divina.

Depois de grandes hesitações, Maomé convida para sua casa quarenta pessoas, para lhes pregar e atrair ao islão. Convida toda a família – sem uma única excepção; todos os filhos e filhas de Abd-al-Muttalib.

Ali, filho de Maomé conta como decorreu a festividade, e a sessão que se seguiu em que foi lançada a primeira exortação pública para abraçar o islão: «Convidei, em seu nome, quarenta pessoas (mais ou menos);

CONVITE AO ISLÃO

entre as quais os seus tios paternos: Abu-Talib, Hamza, Abbas e Abu--Lahab. Quando todos estavam reunidos, ele disse-me para trazer a refeição que eu tinha preparado para eles. O que fiz. Quando acabei de servir, o Enviado de Deus agarrou num pedaço de carne, cortou-o em pedaços com os dentes e pô-los à beira do prato. "Tomem" – diz-lhes – "em nome de Alá". E todos comeram, até estarem saciados. Eu apenas via o sítio das mãos; mas juro pelo Deus que possui a alma de Ali, que cada homem tinha comido tanto quanto eu tinha trazido para todos.

«"Dá-lhes de beber" – diz-me. – Eu levei o jarro. E todos beberam até estarem saciados; e, por Alá, cada homem bebeu outro tanto sozinho. Quando o profeta se quis dirigir a eles, Abu-Lahab apressa-se a dizer: "O nosso camarada enfeitiçou-nos".

«E todos se foram embora sem que o Profeta lhes pudesse falar!»

Este foi o primeiro convite público ao Islão, lançado por Maomé, de acordo com a ordem recebida.

A família de Maomé – o clã de Abd-al-Muttalib – nem sequer lhe permitiu que falasse. Quando ele se levantou para lhes falar de Alá, partiram. O Profeta ficou boquiaberto, sozinho, entre os seus quatro discípulos: Cadija, Ali, Zaïd e Abu-Becre.

O ridículo é mais mortífero do que o veneno. Antes de tudo, um profeta tem de se imunizar contra o ridículo, como Mitridates VI se imunizou contra o veneno.

XXII

O SEGUNDO CONVITE AO ISLÃO

Depois do convite para o banquete, Maomé não conseguia reunir todos os membros da família Muttalib, para lhes pregar a submissão a Deus. Evitam-no, mas ele tem ordens para pregar-lhes. Recorre ao único estratagema que lhe resta para provocar uma nova reunião. Maomé anuncia os cidadãos de Meca que tem uma importante comunicação a fazer. E marca para local da reunião o monte Safa. Entre os cidadãos de Meca encontram-se, bem entendido, os membros da sua família. Eles virão com os outros e ele poderá falar-lhes, segundo as ordens que tem. Eis o que diz o cronista:

«O profeta subiu um dia ao monte Safa e lançou gritos de apelo: "Companheiros, vinde todos". A multidão e os coraixitas juntaram-se à volta dele, dizendo:

«"– O que é que tu tens para nos dizer?"

«"– O que é que pensariam se eu vos anunciasse que o inimigo vai chegar esta manhã ou esta noite?" – pergunta Maomé. "Vocês acreditar-me-iam?"

«"– Certamente" – respondereram os homens. "– Tu nunca nos mentiste. Nós acreditariamos."

«"– Pois bem, aviso-os que em breve vos espera um castigo terrível se não me ouvirem. Deus enviou-me para vos avisar."

«"– Vai para o diabo" – gritou seu tio Abu-Lahab. "– E foi por isso que tu nos incomodaste? Fizeste-nos perder o nosso tempo apenas para esta estúpida proclamação?"»

A multidão dispersa e ridiculariza Maomé que se volta para Deus e implora uma consolação. Um conselho. Reza, explicando ao céu que

O SEGUNDO CONVITE AO ISLÃO

não é possível realizar a missão proposta, que os coraixitas nunca acreditarão em Deus.

O anjo Gabriel consola Maomé e exorta-o a continuar a acção:

«Declara aquilo para que foste mandado, e afasta-te dos idólatras. Bastamos-te contra os que zombam. Que põem junto a Deus outros deuses, pois em breve saberão. Sabemos que o teu peito, perante o que dizem, se aperta.

«Entoa o louvor do teu Senhor e permanece entre os que se prosternam. E adora o teu Senhor até que te chegue a certeza» (*Alcorão* XV: 94-99).

Maomé suporta a zombaria. Abu-Lahab e Umm Djamila, sua mulher, apercebem-se contudo de que as suas palavras já não fazem sofrer Maomé. Arranjam então outras formas de o magoar. Todos os dias Djamila e o marido atiram pedras às janelas de Maomé. Embora surpreendidos por Cadija não param. Contratam escravos e vagabundos, a quem pagam para bombardear a casa de Maomé com pedras, todo o tipo de imundícies, animais mortos, que são atirados para o pátio durante a noite.

Maomé suporta. A ordem celeste, é para suportar. Umm Djamila atira espinhos para o caminho de Maomé. Este pica-se na planta dos pés, mas depois de arrancar os espinhos continua o seu caminho, rezando. Neste momento sabe porque aguenta. E quando se sabe porque se aguenta o sofrimento, ele deixa de o ser. Sempre que sai de casa, Maomé é perseguido por crianças, pagas por Abu-Lahab e Djamila. Insultam-no, atiram-lhe pedras e Maomé já não pára para as perseguir. Continua no seu caminho, tranquilamente, para o santuário da *Caaba*, sujo por todas as porcarias que lhe foram atiradas, várias vezes ferido e coberto de sangue, injuriado, mas sempre calmo. Como se nada fosse com ele.

Um dia. Maomé e Cadija viram chegar as filhas com as suas trouxas. Ambas eram casadas com filhos de Abu-Lahab. Disseram que os maridos as tinham repudiado. Tinham seguido os conselhos do pai e da mãe, que estão convencidos que não é conveniente para um cidadão ter por esposa a filha de um homem tão ridículo como Maomé.

Começa o martírio do profeta. Maomé procura apoio. Mas apenas tem quatro muçulmanos fiéis. Nem mais um.

Maomé é árabe e um árabe não é homem para ter muitas ideias. Mas quando um árabe tem uma ideia, acredita nela, e prefere morrer preso à sua ideia como a uma corda, do que abandoná-la. Não se desliga dela nem depois de morto. O caso do poeta Chanfara-al-Azdi é típico. Este poeta errante, de quem todos conhecem os versos de cor, foi um dia ofendido por um homem do clã Banou Salomon. Jurou vingar-se e, para

A VIDA DE MAOMÉ

lavar a sua honra, matar cem homens dessa tribo. Passou assim toda a vida a liquidar com o arco os homens do clã ofensivo. Uma noite, estava Chanfara numa ravina a beber água, quando foi atacado pelas costas por salteadores e morto. O cadáver de Chanfara ficou abandonado na areia escaldante, perto de um poço, para que as hienas pudessem comer o melhor, isto é o cérebro. A morte surpreendeu o poeta quando ele apenas tinha abatido noventa e nove inimigos. Ora ele tinha jurado matar cem. O seu crâneo despojado de carne e de pele ficou anos e anos na areia perto do poço. Um dia, os homens da tribo Banou-Salomon chegaram e pararam para beber água. Levado pelo vento, o crâneo do poeta rolou contra o adversário, e uma esquírola enterrou-se num pé de um homem da tribo Banou-Salomon. A ferida infectou, e o homem morreu. Assim o poeta Chanfara continuou a luta, e mesmo depois da sua morte manteve o juramento, ao matar o centésimo inimigo.

Chanfara é um exemplo para todos os árabes. Maomé é também um árabe. Não se quer deixar vencer. Tal como o poeta que nem a morte o venceu, ele está decidido a combater para além da morte. Até à vitória.

XXIII

TENTATIVAS DE ASSASSÍNIO

Passaram quatro anos desde a revelação feita a Maomé pelo anjo Gabriel, na Montanha da Luz. Diz o cronista que durante os três primeiros anos, os coraixitas contentaram-se em ignorar Maomé, ridicularizá-lo e ofendê-lo. Depois destes três anos, e de acordo com as ordens recebidas, Maomé empenha-se no combate contra os ídolos. Os coraixitas contra--atacam. Mas desta vez com violência. As relações entre o poeta e a tribo tornam-se cada vez mais tensas. O tempo dos desafios, e das ofensas menores já passou.

Continuam a fazer tais ofensas a Maomé, até ao dia em que começou a atacar os deuses que eles adoravam, e quando declarou que os seus antepassados que morreram descrentes estavam no inferno. Então dedicaram-se a odiar o profeta com um ódio implacável e a manifestar-lhe a sua animosidade.

Os coraixitas interrogam Maomé: «*Agora proíbes-nos que adoremos o que adoravam os nossos pais?*» (*Alcorão* XI: 62)

Maomé responde que foi por ordem do céu que se separou dos idólatras. Para obedecer a esta ordem ele tem de combater. Tem de mostrar--lhes o sofrimento que terão no mundo futuro se não o escutarem. «*Se estou apoiado numa prova proveniente do meu Senhor e me chegou, vinda d'Ele, a sua misericórdia, quem me auxiliaria diante de Deus se lhe desobedecesse?*» (*Alcorão* XI: 63)

Abu-Lahab, Abu-Jahr e Umm Djamila proibem Maomé de entrar no santuário da *Caaba*. Maomé não faz caso da proibição e continua a ir ao santuário.

Então, os inimigos decidem matá-lo.

A VIDA DE MAOMÉ

A primeira tentativa de assassinato é cometida por Abu-Jahl. Um assassinato coberto de ridículo. Maomé encontrava-se na *Caaba*, ajoelhado a rezar. Abu-Jahl aproxima-se por trás e põe-lhe em cima da cabeça – como um saco – o estômago de um camelo morto, cheio de sangue e excrementos. Maomé levanta-se, mas fica completamente envolvido pelo estômago do camelo. Abu-Jahl ata a abertura com os intestinos do animal, como se ata um saco cheio. Maomé está lá dentro, impotente e com falta de ar. Tenta libertar-se, mas não consegue. Os movimentos tornam-se cada vez mais fracos, pois está a sufocar. A multidão que se juntou à volta dele assiste a tudo isto. No princípio ria, depois assume um ar sério. No entanto ninguém ousa libertar o Profeta, para não se tornar inimigo de Abu-Jahl e dos seus companheiros, que são os senhores de Meca. Mas uma mulher corre a casa do Profeta e anuncia a Ruqaya que o seu pai está prestes a morrer sufocado no átrio do santuário, fechado no estômago de um camelo. Ruqaya é uma filha de Maomé que tinha sido repudiada por um filho de Abu-Lahab. Ela vem e liberta o pai; lívido, coberto de sangue e de imundícies, humilhado, Maomé, amparado pela filha, vai para casa.

No dia seguinte, como se nada se tivesse passado, Maomé reaparece no santuário da *Caaba* e, imperturbável, põe-se de joelhos a rezar.

É um árabe, um duro. Mas os seus perseguidores também são árabes. E uma vez que, na véspera, Abu-Jahl tinha falhado a sua tentativa de assassinato, no dia seguinte Uqbah-ibn-Abi-Mu'aït aproxima-se por trás com a manta ou *burda* e envolve o Profeta, desferindo-lhe um série de golpes, tapando-lhe a boca e o nariz para o sufocar. Desta vez, Maomé consegue libertar-se sozinho. Fica gravemente ferido. Coberto de sangue – como lhe acontece frequentemente nos últimos tempos – vai para casa, lava-se e reza. Em tem a *tawakhu*, a confiança absoluta em Alá. Nada muda na sua atitude nem na sua luta. Mas avisa Abu-Lahab e Djamila, sua esposa:

«As mãos de Abu-Lahab cairão inertes e todo o seu poder ruirá; nem a sua fortuna, nem todos os seus ganhos o salvarão e de nada se aproveitará. Ele será castigado pela sua conduta e a sua mulher, por não o ter chamado ao bom caminho, sofrerá também um castigo.» (*Alcorão* CXI: 1-4).

XXIV

OS NEGROS, OS ESCRAVOS E OS ESTRANGEIROS

Os árabes chamam à época pré-islâmica *djahilyia* ou "o tempo da ignorância". A moral desta época, é *muruwwa*: hospitalidade, protecção dos oprimidos, respeito pela lei tribal, espírito cavaleiroso, coragem no combate. A hospitalidade é indispensável no deserto, ou então a insegurança espreita a cada passo. Tal como a protecção. A hospitalidade dura três dias, mas pode prolongar-se até que «o sal da hospitalidade saia do ventre do hóspede.» A *djahilyia*, período heróico e cavaleiroso, teve sempre os seus admiradores.

Renan escreve: «Não sei se existe na história da civilização um quadro mais gracioso, mais amável, mais animado, que o da vida árabe antes do islamismo, como nos aparece no *Moallarat* (poesias laureadas da *djahilyia*) e sobretudo no tipo admirável de Antar: liberdade ilimitada, sentimento exaltado, vida nómada e cavaleirosa, fantasia, alegria, malícia, poesia ligeira e ímpia, refinamento de amor.»

Esta é a sociedade à qual Maomé vem falar de um só Deus, da vida eterna, do juízo final e da igualdade entre os homens. O carácter essencial desta sociedade é que ela ignora a piedade. Ignora o amor. Não descobriu ainda o horror do sangue derramado, da crueldade e do assassínio.

Todos teriam deixado morrer Maomé, que Abu-Jahl tentou matar ao envolvê-lo num estômago de camelo e atando-o com os intestinos do animal morto como se fossem correntes. Ele teria morrido, ali, na praça se a filha Ruqaya são o tivesse libertado. Ninguém teve piedade. É um sentimento desconhecido. A piedade não faz parte das leis *muruwwa*, as leis da cavalaria. Nesta sociedade heróica, protegem-se os oprimidos. Mas Maomé não é considerado um oprimido.

A VIDA DE MAOMÉ

Ainda que tenha escapado a duas tentativas de assassinato em público não é oprimido. O oprimido é aquele que o inimigo atormenta. Maomé é atormentado pelo seu próprio clã e pela sua família. Ninguém pode ser considerado oprimido pelo facto de ser torturado pelo seu clã ou pela sua família, que são as únicas autoridades reconhecidas. Na sociedade ninguém considera como assassino o juíz que ordena que seja cortada a cabeça dos seus semelhantes. E ninguém considera como vítima o homem que atravessa a cidade a caminho da guilhotina onde vai ser decapitado. A polícia, a justiça e o Estado nunca são criminosos. O código penal é categórico: não existe crime, nem delito quando o homicídio, os ferimentos os golpes forem ordenados pela lei e estabelecidos pela autoridade legítima. Na *djahilyia*, a autoridade é o clã. O que o clã faz com os seus membros é justo e legal. Ninguém é considerado vítima se for morto pela sua própria família. E ninguém tem piedade. Logo, Maomé não tem ninguém a quem pedir protecção. O indivíduo é propriedade da família. Se a família o mata, isso é justo.

Apenas os fieis de Maomé, têm piedade dele. Mas estes são só quatro: Cadija, Ali, Zaïd e Abu-Becre. Há também um bebé, Aixa.

Mas no decorrer do quarto ano após a revelação, o número de muçulmanos, desses que aceitam entregar-se a Deus, aumenta. Há certos homens na terra que precisam de Deus como do ar que respiram, pois estão na vida como se tivessem a cabeça debaixo de água e sufocassem. Estas pessoas ávidas de Deus, são os negros, os estrangeiros, os escravos e os fora-da-lei. Aproximam-se de Alá porque Maomé é favorável à sua liberdade e diz: «Deus não criou uma coisa de que mais gostasse do que a emancipação dos escravos.»

E os escravos aderem ao islão.

XXV

O *MUEZZIN* NEGRO

Durante estes quatro anos, Maomé não irá ter mais de quatro fieis, e no entanto continuará a incitar os homens ao islão... «E então os que quiseram de entre os jovens, responderam a Deus bem como os *dhu-an-nas*, quer dizer "os desprotegidos"; embora fossem numerosos os que acreditavam nele, os coraixitas incrédulos mantiveram-se reservados.»

Os "desprotegidos" foram e serão sempre a maioria dos homens. São grande parte da população da Terra... Têm como guarda avançada os escravos, os negros, os estrangeiros e os pobres. Entre eles encontram-se os primeiros que responderam "presente" ao convite de Maomé. Pois o islão ensina que «os homens formavam uma comunidade única». Se os homens são diferentes na cor, na forma do rosto e do corpo, é unicamente para se distinguirem uns dos outros. Deus «criou o homem de argila, como a cerâmica» (*Alcorão* LV:14), exactamente como contam as tradições de outros povos.

Contudo os árabes dizem que o anjo Gabriel, enviado pelo Senhor à terra para levar a argila necessária para a confecção do homem, não levou quantidade suficiente.

O senhor então enviou o anjo Miguel, mas também este não levou argila suficiente do planeta Terra. Então, o senhor enviou um terceiro anjo – o anjo da morte – que levou finalmente a argila necessária para poder modelar o homem.

Deus tinha pois três espécies de argila, trazida por três anjos diferentes. por isso os homens não podiam ser parecidos. Uns eram de argila negra, outros de argila vermelha e outros de argila clara como o caulino de que é feita a porcelana.

A VIDA DE MAOMÉ

Mas não há só diferença de cor. As qualidades não são as mesmas. Há a argila salgada da beira mar, a argila fértil, a argila amarga e a argila doce. E assim uma humanidade variada saiu das diferentes matérias-primas. Mas o homem saiu das mãos do mesmo escultor e foi criado a partir da mesma imagem.

Os escravos, os estrangeiros, os negros, os pobres e os oprimidos sentem-se consolados ao saberem que têm a mesma constituição e o mesmo escultor que os ricos e os princípes. E aderem ao islão.

O primeiro escravo que se tornou muçulmano chama-se Bilal-ben-Rabah. Escravo, estrangeiro e negro, possui as três marcas da infelicidade. Bilal era escravo da família Umaiyah, a mais rica entre os oligarcas de Meca. Os proprietários de Bilal ordenam-lhe que se afaste de Maomé e da nova religião. Bilal recusa, pois já é muçulmano. Os donos Umaiyah ameaçam-no de tortura, e porque o escravo negro e estrangeiro não quer renunciar ao islão despojam-no das suas roupas; prendem-lhe as mãos e os pés com cadeias; depois é crucificado nú, no deserto, à entrada de Meca, sobre a areia ardente, virado para o sol que lhe cai em cima como metal fundido. «Ficarás aqui até que morras ou abandones o islão» – diz-lhe o dono. E deixa o escravo Bilal nú, crucificado sobre a areia.

O negro prefere morrer. No entanto será salvo, por milagre. O quarto muçulmano, predecessor de Bilal, chama-se Abd-Allah-ben-Othman, e é conhecido pelo sobrenome *kunya* de Abu-Becre, o "pai da virgem". Ao contrário de Bilal, é um comerciante rico. Tem mais três anos do que Maomé. É um amigo do profeta e um homem de grande fé. Abu-Becre apresenta-se em casa de Umaiyah e pede-lhe para lhe vender o escravo condenado à morte. Oferece um preço excepcionalmente elevado. Como Bilal está moribundo, Umaiyah aceita vendê-lo.

Abu-Becre liberta o negro Bilal logo depois de o ter comprado. Maomé chama Bilal de primeiro *muezzin* do Islão. (*Muezzin* é o particípio do verbo que significa "fazer, excutar".) O *muezzin* – no islão – é aquele que chama os fieis para a oração. Nesse momento é um negro que convida ao islão o que, da parte do Profeta, é um acto de coragem. Maomé diz: «Escutem e obedeçam, mesmo quando um negro, cuja cabeça é como um bago de uva seco, esteja carregado de autoridade.»

O facto de um escravo, um negro, um estrangeiro, um oprimido e um pobre, ser encarregue de chamar os homens ao islão dá coragem aos que estão sem voz. Nos primeiros dias que se seguiram à crucificação do negro, duas mulheres escravas tornaram-se muçulmanas. Chamavam-se Zitnira e Lubaina. Ambas eram escravas de Omar. Homem justo e sem crueldade, não recorreu à crucificação, nem à morte. Pensa sim que uma

O *MUEZZIN* NEGRO

boa sova irá dissuadir as duas mulheres da nova religião. Mas Omar enganou-se. As escravas resistem, apesar de serem sovadas até ficarem a sangrar. Mas parece ser as pessoas que passam na rua e que assistem que sofrem mais do que elas. Elas acreditam em Deus, e quem acredita pode deixar-se queimar vivo. Como fizeram os cristãos de Nedjram, sem sentirem o sofrimento do fogo. Além disso as duas escravas advertiram Omar que mais depressa morreriam do que negariam o islão.

Mais uma vez ainda, Abu-Becre apresenta-se em casa de Omar e oferece-se para comprar as duas escravas. Omar vende-as. Abu-Becre liberta-as de imediato. Assim aumenta o número de muçulmanos. Já há três mulheres.

A quarta que abraça o islão é Ghuzaiyah. Não é um escrava mas uma beduína, quer dizer tudo o que há de mais livre. Quando se torna muçulmana, começa a propaganda religiosa em Meca, entre as outras mulheres. As mulheres beduínas não conhecem o medo. Ghuzaiyah – sem se esconder – prega em público a nova religião.

Para se desembaraçarem dela, os inimigos do profeta raptam Ghuzaiyah e mandam-na numa caravana que, justamente, deixa Meca. Ghuzaiyah é atada – estendida como um crucificado – sobre o dorso de um camelo da caravana que partia. Não lhe dão nem água nem comida. Os caravaneiros têm ordem para depois da sua morte atirar o cadáver para a areia, para as hienas do deserto.

Abu-Becre foi prevenido tarde demais. Não pôde libertar a mulher crucificada sobre o dorso de um camelo no coração do deserto.

Conta Ghuzaiyah: «Depois de três dias e três noites, perdi a consciência, meia morta de fadiga e de fome. Eles não tinham nenhuma piedade de mim. Depois chegou a noite, e parámos... De repente, senti qualquer coisa sobre o meu rosto. Mexendo a mão, encontrei água. Bebi até ficar satisfeita, e deitei também água sobre o rosto e sobre o corpo. De manhã, vendo-me restabelecida, os caravaneiros inquietaram-se. Mas eu ainda estava atada com cordas e os odres da caravana sempre fechados e bem longe de mim. Interrogaram-me e eu contei a verdade. Não tinham nenhuma razão para duvidar de mim. Arrependeram-se de seguida e abraçaram o islão.»

Para grande indignação de Abu-Jahl, principal inimigo de Maomé, uma das suas escravas, Sumayah, converte-se também.

Os muçulmanos chamam a Abu-Jahl, o pai da loucura. Tinha um ódio desmesurado a Maomé. Ao saber que a escrava Sumayah se tinha tornado muçulmana, expondo-se à tortura, Abu-Becre vai procurar Abu-Jahl e oferece-se para lhe comprar a escrava. Para tentar o perseguidor,

A VIDA DE MAOMÉ

Abu-Becre acabará por dispender toda a sua fortuna ao serviço do islão. Para ele o dinheiro não conta, logo que se trate de fé. Mas Abu-Jahl recusa vender a escrava muçulmana. E, para confirmar esta recusa, conduz Sumayah frente à multidão e mata-a com as suas próprias mãos trespassando-a com uma lança. Sumayah morre mártir, recusando abjurar da sua fé. É a primeira mulher mártir do islão.

Depois desta morte, Abu-Jahl, Abu-Sufian, Abu-Lahab e a mulher Umm Djamila, fazem saber que ninguém em Meca tem autorização para vender escravos a Abu-Becre. Desta forma opõem-se ao crescimento do número de muçulmanos.

Até ao momento, o amigo de Maomé tinha comprado seis escravos. Dois homens – Bilal-Ben-Rabah e Amir-ibn-Fuhairan – quatro mulheres: Umm Ubais, Zinnirah, Lubainah e Nahdain.

Entre as pessoas que abraçam o Islão nesta época de perseguições – sem serem escravos, estrangeiros ou proletários – conhecem-se os seguintes: Uthman-ben-Affan, sobrinho de Abd-al-Muttalib, que será mais tarde genro de Maomé; Az-Zubair-ben-al-Awan; Ar-Rahman-ben-Auf; Said--ben-Abiwaqqas, sobrinho de Amina, mãe de Maomé; Tallab-ben-Ubdaillah, e outros jovens da oligarquia de Meca: Said-ben-Zaid-ben-Amr, cujo pai é *hanif*, e Nu'aim-an-Naham, um dos chefes do clã *adi*.

Se o número de fiéis aumenta, não estando reduzido a quatro, como durante os quatro primeiros anos, a perseguição por seu lado atinge as formas mais cruéis. Antes de haver uma dúzia de muçulmanos, a escrava Sumayah morreu como mártir, atravessada por uma lança.

É interditado a Maomé o acesso ao santuário da *Caaba*. Quando aparece na rua, é agredido e perseguido por projécteis imundos.

Apesar de todos os riscos, Maomé continua a frequentar a *Caaba*. É seu dever como profeta prostrar-se no primeiro santuário que o homem criou na terra. Pois a *Caaba* foi construída por Adão e reconstruída por Abraão. E Noé, antes de se deixar levar pelas águas do dilúvio, deu à volta dela sete voltas – o *tawaf* – com a arca.

Mas, ao quererem penetrar no santuário, os primeiros muçulmanos arriscam-se a morrer. Um dia, enquanto rezam, os coraixitas atacam-nos pelas costas. Um dos muçulmanos morreu. Chamava-se Harith-ibn-Abi--Halah. É o primeiro homem a morrer martir pelo islão.

Este filho do primeiro casamento de Cadija, mulher de Maomé, morre em oração. «E eles mataram-nos de joelhos, quando nos encontrávamos prostrados.»

XXVI

O SANGUE NO CAMINHO DE DEUS

Deste modo, a *Caaba* está interdita aos muçulmanos. Maomé e os seus fiéis reúnem-se numa ravina, na orla de Meca, onde fazem duas orações públicas por dia. O islão não tem sacerdotes. O *muezzin* negro chama os fiéis à oração. Depois Maomé lê versículos do *Alcorão* e fala aos seguidores. Mas o ódio e os ataques dos coraixitas são cada vez mais violentos. Abu-Sufian, apesar de irmão de leite de Maomé é um dos campeões do anti-islão. A sua irmã Umm Djamila é mulher de Abu-Jahl. Até ao presente, este ódio terrível, violento que Meca tem a Maomé. não está ainda devidamente explicado. Há sim explicações parciais. A luta contra Maomé começa no momento em que o profeta ataca os ídolos. Os coraixitas não querem assim tanto aos ídolos, pois têm uma infinidade deles. Mas ao atacar os ídolos, Maomé está a atacar directamente os antepassados que os tinham adorado. E os antepassados são tabu. Os antepassados são sagrados. Nada é tão venerado, numa organização tribal. O género literário mais apreciado entre os árabes, é o *fakir*, poema de elogio aos antepassados, celebrando os actos gloriosos que eles, assim como o seu clã, praticaram.

O segundo motivo é de ordem económica. Os ídolos são inseparáveis do santuário de Meca, e dos quatro meses de trégua dos quais dependem o comércio, as peregrinações e a prosperidade.

A paixão desencadeada contra Maomé é demasiado grande para apenas ter estas duas explicações. Na realidade, a Meca desta época não era uma cidade devota. O paganismo árabe é muito tolerante. Qualquer um pode instalar os seus ídolos em Meca. Mas esta tolerância é um princípio de decadência. E o ódio contra Maomé apenas pode ser explicado justamente pela decadência religiosa do paganismo árabe. «O velho

A VIDA DE MAOMÉ

paganismo árabe encontrava-se nesta época numa fase de decadência tal que tinha degenerado numa rotina desprovida de sentido, puramente exterior, e que se podia abandonar, em qualquer momento, sem remorso. Mas, nas religiões populares, a forma exterior não é assim tão pouco importante. A força da religião popular reside, entre outras coisas, no facto de existir uma forma exterior de culto e na prática de ritos ancestrais. Assim tudo que vem dos antepassados é sagrado e respeitado. O ponto de vista e opinião individual em matéria de religião apenas tem uma importância secundária. Existe aqui uma grande dose de tolerância. *As religiões populares não são verdadeiramente sensíveis até ao instante em que atingem o culto exterior. A mínima mudança na rotina do rito toma proporções graves. Por causa disso, tornam-se extremamente intolerantes logo que os laços místicos e sagrados que unem os seus membros correm o risco de ser modificados.* Visto sob este ponto de vista, o conflito entre Maomé e os seus concidadãos de Meca é típico... Há outras explicações. É impossível contudo esquecer que, embora sedentária e vivendo em casas, a população de Meca continua organizada em clãs não tendo abolido nenhuma das leis do *nomadismo*, que são as suas únicas leis.

No *nomadismo* – sociedade móvel com disciplina de ferro – a fidelidade para com o clã é uma ligação entre membros do mesmo corpo vivo. Não é uma simples relação social. Os antepassados constituem a única lei e o único exemplo a seguir. Atacando os ídolos, Maomé ataca os antepassados. Desta forma podemos compreender porque é que esta população de Meca, materialista até ao paroxismo e sem nenhum sentimento religioso – uma vez que alberga como num museu todos os ídolos e todas as crenças – se levanta como se tratasse de um só homem para combater a religião de Maomé.

O resultado disso é que Maomé e os seus fiéis têm de esconder-se nas ravinas dos arredores de Meca para poderem rezar. Os muçulmanos são perseguidos e atacados mesmo nas ravinas. Eis o relato de um muçulmano da época: «Durante um ano, escondemos o islão. Só celebramos os ofícios em casas, à porta fechada, ou nos desfiladeiros das montanhas às portas da cidade... Um dia, fomos para o desfiladeiro de Abu-Oubb. Aí fizemos as abluções e celebrámos o ofício colectivo, tomando precauções para não sermos vistos por ninguém. Os coraixitas procuraram-nos. Abu-Sufian, Al Akhnas-ibn-Chariq e outros descobriram-nos. Injuriaram-nos. Primeiro com palavras e depois fisicamente. Encontrei um osso de camelo junto a mim, e bati a um dos pagãos ferindo-o gravemente. Fugiram. E eu fui o primeiro no islão a derramar o sangue no caminho de Deus.»

O SANGUE NO CAMINHO DE DEUS

Pergunta-se: Deus terá necessidade do sangue daqueles que não acreditam nele?

Certamente que não. Poderemos chegar a Deus sem derramamento de sangue? Certamente que sim. Só que os homens não descobriram aindo o caminho, que conduz ao céu sem derramar sangue. O filho de Deus, ele mesmo, derramou sangue no caminho de Deus. O seu próprio sangue; mas apesar de tudo, sangue.

O homem que feriu um pagão com um osso de camelo e que «foi o primeiro no islão a derramar sangue no caminho de Deus» chamava-se Sa'd-ben-Abiwaqqas. Era sobrinho de Amina, mãe de Maomé.

XXVII

O CÉU DO ASSASSINO

Os oligarcas de Meca, da tribo dos coraixitas, criticam Maomé por ser apoiado unicamente por proletários, escravos e vadios. As pessoas importantes, incrédulos, dizem: «És um vulgar homem como nós. A mais vil populaça seguiu-te sem pensar. Não possuis nenhum mérito que te torne superior a nós.»

Maomé como qualquer profeta, e como qualquer homem superior, não classifica os seus semelhantes segundo a fortuna que possuem ou pela função que ocupam na cidade. Nem mesmo pelo seu registo criminal. Uma grande quantidade de homens rotulados pela polícia como assassinos e condenados pela justiça subiram ao céu pela escada principal. A maioria dos santos consagrados no calendário foram pessoas mal vistas pela polícia e pelas autoridades. A santidade atribuída pela sociedade não coincide nunca com a santidade autêntica. Uma é válida na terra; outra na eternidade.

Na época em que os muçulmanos são escorraçados e perseguidos de todas as maneiras, chega a Meca um poderoso assassino e pede para ser aceite no islão. Chama-se Abu-Dharr. Não apenas o indivíduo Abu-Dharr é um assassino, como toda a sua tribo é uma tribo de assassinos. A tribo *ghifar*, à qual pertence Abu-Dharr, vive de banditismo e de crimes.

Esta tribo leva a vida nómada numa das regiões mais desoladoras do mundo, no deserto situado entre Medina e Iambu.

Um inglês, Sir Richard Burton, em 1850, viajou na região da tribo de assassinos *ghifar*, a norte de Meca. Atravessou «uma vasta planície pedregosa, semeada de urzes queimadas pelo sol, onde os gafanhotos são os únicos sobreviventes; a seguir às altas colinas, outras planícies escalvadas, de vales desoladores, de montanhas graníticas semeadas de

O CÉU DO ASSASSINO

grandes blocos, entrecortadas por grutas e fracturas. Por cima de tudo isto, um céu parecendo feito de aço azul polido. Uma luz amarelada, brilhante, sem o mais ligeiro traço de bruma. Nem pássaros nem quadrúpedes. À sua frente, picos abruptos.» Foi assim que, vindo da Iambu, Sir Richard Burton descreveu a Arábia. Nunca Burton tinha visto em parte alguma, como entre Medina e Suwairkiya, o esqueleto do planeta, tão nú, revelando uma enorme profusão de formações graníticas. «Era uma sucessão de baixas planícies, colinas ondulantes, cortadas por aldeias, cumes, planaltos de basalto e de rochas esverdeadas, por colinas abruptas de paredes verticais, rachadas, com enormes precipícios e cumes que pareciam coroados de castelos».

Esta é a região onde vive a tribo *ghifar*. Os árabes consideram a bravura como uma das principais virtudes no *ghaz* ou na *razzia*, que é uma expedição de pilhagem. Esta efectua-se como uma competição desportiva, com bravura e de acordo com as rigorosas leis do deserto. Uma expedição de Ghazou mostra a arte e a moral dos árabes nesta época *djahilyia*. O assunto é tratado em segredo. A tribo ou a caravana que se quer destroçar deve ser atacada de surpresa. A regra exige que a pilhagem seja cometida sem derramar uma gota de sangue e sem a mínima violência. Se forem feitos prisioneiros a única intenção é saqueá-los. Nunca se atacam os amigos. A maior humilhação que existe é deixar-se apanhar por aqueles a quem se roubou. Isso demonstra falta de habilidade e de velocidade. A nobreza e o código de honra são respeitados.

«Quando um campo é pilhado, de noite ou de dia, geralmente tratam-se as mulheres com respeito. Quer dizer que a sua honra é respeitada. Não chegou ao meu conhecimento qualquer exemplo em contrário. Por vezes, no entanto, quando existe uma hostilidade profunda entre os adversários, confiscam-se as joias às mulheres, e os saqueadores obrigam-nas a despir-se. Esta regra é invariavelmente respeitada... Eles ordenam às mulheres que se desembaracem das roupas e dos objectos de valor que possam trazer e durante o tempo que dura esta operação, ficam à distância e viram as costas às mulheres».

Os gestos cavalheirescos, onde quer que existam, derivam dos nómadas da Arábia. Mas os *ghifar* são ladrões. Isso significa que não respeitam as leis da honra e da cavalaria. É aí que reside o mais hediondo crime aos olhos dos árabes da época heroica.

Os nómadas são ladrões porque, no deserto de areia, não se pode ganhar a subsistência sem ser do comércio ou do roubo. O nómada é obrigado a roubar. Mas rouba segundo as leis do desporto e da cavalaria. Respeita as vidas humanas e os amigos, o pudor das mulheres, a fraqueza

A VIDA DE MAOMÉ

das crianças e dos peregrinos. Além disto respeita a Trégua de Deus. Quem não respeitar estas leis é expulso da sociedade árabe. Os indivíduos da tribo *ghifar* são ladrões. Atacam sobretudo os peregrinos que vão para Meca, durante o mês da Trégua de Deus. Por mais mal afamados que sejam, os nómadas não atacam nunca um homem com vestes de peregrino e durante os meses sagrados. Os *ghifar* não respeitam isso. Um homem pertencente a esta tribo, vem a casa de Maomé e pede-lhe para entrar para o islão. O profeta, que tem poucos fieis, não pode aceitar como quinto ou sexto muçulmano um ladrão de estrada, um ghifarita. Mas também não pode repeli-lo. Para além disso o caminho percorrido pelo assassino para chegar a Maomé tem qualquer coisa de patético.

Tal como os antepassados, agora os pais e toda a família de Abu-Darr vivem de roubar os peregrinos. Ainda que nascido num clã cujo crime faz parte do quotidiano, Abu-Darr tem remorsos. Os seus tormentos atingem o auge quando ataca uma caravana onde havia mulheres e crianças. Os peregrinos foram mortos. Abu-Darr que participara neste massacre, ficou consternado. Conta que os gritos das mulheres e das crianças ressoam sem cessar nos seus ouvidos. Leva consigo a mãe e o irmão mais novo, deixa a tribo e foge para o deserto. Um homem sem tribo é um homem perdido. Sobretudo um *ghifarita*, pois ninguém lhe dará protecção. Abu-Darr refugia-se primeiro junto da família da mãe. Mas não pode ficar lá. Tem sede de arrependimento e perdão. Inventa uma religião só para ele, monoteísta. Tal como a concebeu. Depois desafiando todos os perigos vem a Meca para encontrar Deus: «Rezei a Deus antes do islão, declara Abu-Darr. Rezei a Deus durante três anos antes do islão, da forma como Deus me sugeria então».

Em Meca, esconde-se na parte miserável da cidade. Ouve falar de Maomé e da nova religião. Informa-se. A nova religião interessa-o. Tem semelhanças com a que tinha inventado para seu uso pessoal. Como tem medo de sair do esconderijo, manda o seu irmão mais novo à cidade, para recolher informações mais completas sobre o islão e o novo profeta. O irmão obedece e de regresso conta: «Maomé é como tu. Adora um só Deus. Aconselha as pessoas a fazerem o bem. Por outro lado diz ser o Enviado de Deus. As gentes de Meca acusam-no de ele ser um *cha'ir*, isto é um poeta. Eu mesmo, que sou um poeta reconhecido, posso afirmar que Maomé não o é. Quanto à acusação de que é *kahin* – adivinho – eu que encontrei muitos adivinhos na minha vida, acho que Maomé não se parece nada com eles. Maomé é um homem sincero. Aconselha o bem e proíbe o mal.

O CÉU DO ASSASSINO

Abu-Darr sai do seu esconderijo e vai ao encontro do profeta. Sabe que ele e os seus seguidores são perseguidos. E tem logo ali a prova disso. Pergunta a um habitante onde é a casa de Maomé. O homem a quem ele perguntou, dá o alerta: «Coraixitas eis aqui um novo muçulmano».

As pessoas que passam lançam-se sobre Abu-Darr para o linchar. O assassino mesmo assim consegue salvar-se. E diz: «Quando recuperei a consciência, estava pintado de vermelho como um ídolo».

No dia seguinte, vê Maomé pela primeira vez e reconhece-o na rua. Abu-Darr aproxima-se e fala com o profeta. Maomé escuta a história do assassino *ghifarita*, e embaraçado leva a mão à cabeça sem saber o que responder.

Introduzir um assassino no islão?

O profeta pergunta a Abu-Darr há quanto tempo ele está em Meca. O bandido diz que está na cidade há trinta dias. Maomé pergunta-lhe como se tem alimentado. O homem responde: «Com a água da Zam-Zam. É o meu único alimento. Bebo durante a noite, e sem recorrer a outro alimento, durante estes trinta dias, engordei».

Abu-Becre convida o malfeitor para casa dele. Ensina-o no islão. Depois envia-o para a sua tribo, para que ele pregue a nova religião. Abu-Darr torna-se um dos muçulmanos mais fieis. Toda a sua tribo se converte ao islão e deixa de viver fora-da-lei.

XXVIII

O CÉU DO CAMPEÃO

O número de fieis continua a ser muito restrito. Maomé persiste em convidar as pessoas para o islão. Mas salvo raras excepções, os homens passam e não respondem ao apelo do profeta. No deserto que circunda a cidade, Maomé encontra o lutador de Meca. O que combate em todas as feiras. E que nunca foi vencido. Chama-se Rukanah. Guarda carneiros. É boçal e estúpido. Nunca o seu cérebro se preocupou com problemas religiosos. Maomé pára frente a esta imensa criatura de Deus e convida-o a seguir o islão. Como convida as outras pessoas. O campeão Rukanah escuta Maomé falar sobre o céu, o inferno e o juízo final.

Responde: «Maomé eu acreditaria em Alá, como tu me pedes, se fizesses andar estas árvores que estão à tua frente, a as aproximasses uma da outra, como dois homens».

O campeão escolhe duas árvores solitárias debaixo das quais pastam os carneiros.

«É simples» – responde Maomé –, «vai junto delas e diz-lhes que caminhem uma para a outra. Diz-lhes que é uma ordem de Maomé.»

O campeão hesita. De repente, tem medo. Abandonados no deserto de areia, sob o deserto brilhante do céu os árabes receiam a divindade. Da mesma forma que receiam os relâmpagos e os tremores de terra. Um milagre é exactamente como um incêndio. Os árabes cobrem a cara quando profetizam ou estão em presença da divindade. Pois a divindade é incandescente. É fogo. É preciso proteger-se.

Por causa disso, os que se encontraram face a face com a divindade estão marcados pelo seu esplendor e o seu rosto tem queimaduras de sol. Tal como está escrito na Bíblia acerca de Moisés: «Moisés não sabia que

O CÉU DO CAMPEÃO

a sua pele resplandecia enquanto falava com Deus... As crianças de Israel, ao verem que a pele de Moisés brilhava, recearam aproximar-se dele... Por essa razão, Moisés punha um véu na cara, até voltar a falar com o Eterno».

O campeão Rukanah muda subitamente de ideias; não quer ver o milagre. É demasiado perigoso.

Diz a Maomé: «Eu converto-me ao islão e passo a acreditar, se tu me venceres num combate».

Maomé aceita. Nunca ninguém vencera o campeão Rukanah. Mas um profeta deve ter em Deus uma confiança absoluta. Quando essa confiança existe, é normal que tudo se empreenda. Até mesmo vencer um combate com o mais forte dos árabes.

Maomé diz: «Se te vencer, não pedirei que te convertas, mas que me dês um terço do teu rebanho.»

O campeão aceita. O combate começa. Rukanah luta porque é a sua profissão, e para não perder os seus carneiros. Maomé luta com o desespero dos profetas que não são ouvidos.

Este combate é para ele o único meio de dar ao campeão uma prova do poder divino. Maomé ganha. O campeão vai três vezes ao chão. Banhado em suor, esgotado, Maomé sacode as roupas. Diz a Rukanah que fique com os carneiros e que não precisa de se converter ao islão. «Quis apenas mostrar-te que Alá é mais forte do que todos os campeões e do que o próprio Rukanah.» Maomé afasta-se. Rukanah vai no seu encalço e pede que o instrua no islão. Ele acredita.

Maomé sabe que um profeta deve ser mais do que um poliglota. Deve falar a cada um na sua própria língua. Pois está escrito: «Responde ao simples com simplicidade».

A um lutador é necessário falar com os rnúsculos, pois as palavras para ele não têm qualquer significado.

A linguagem do campeão é a linguagem dos músculos. Não podemos falar-lhe de outro modo mesmo quando se trata de Deus. E o profeta deve falar a todos.

XXIX

HAMZAH, O CAVALEIRO DO ISLÃO

O ódio contra Maomé atinge o paroxismo. Mas nessa altura os adversários do Islão hesitam em matar o profeta, pois este já conta com alguns fiéis importantes. Os estranhos ao clã não o matam, pois receiam complicações e o "preço do sangue " que não deixarão de pedir-lhes. Os membros da família querem matá-lo, mas isso é difícil para eles. Matar um indivíduo do mesmo clã é amputar-se de um membro. Um pé, uma mão, uma orelha, que por pouca falta que façam hesita-se em cortar. Isso é difícil. É uma parte integrante do corpo. Se um dos membros for cortado, todo o corpo sofre. E o clã grita a Maomé: «Consideramos-te sem valor entre nós; e sem o teu clã, já te teríamos destruído, pois não tens qualquer poder entre nós».

De momento, está salva a vida de Maomé. Mas torna-se cada vez mais insuportável viver. Depois da morte de Halah no santuário, Maomé foi fortemente espancado na rua. Rolou na lama e foi espezinhado. No entanto isso não o surpreende, pois acontece-lhe com frequência desde que é profeta.

As crianças, em grupo, perseguem-no, por todas as ruas, atiram-lhe pedras, cobrem-no de imundícies e gritam-lhe palavras obscenas. Maomé também sabe que o ridículo faz parte da missão do profeta. À cabeça dos perseguidores encontra-se Abu-Jahl, de sobrenome "o pai da loucura".

Num dia em que Maomé tinha sido de novo atacado e espancado na rua, por um bando comandado por Abu-Jahl, um árabe vai a casa de Hamzah, tio de Maomé, e conta-lhe o sucedido. Hamzah é um cavaleiro, um grande desportista, correcto, que regressava da caça. Toma conhecimento como o seu sobrinho Maomé tinha sido espezinhado por vadios de Meca dirigidos por Abu-Jahl. As questões religiosas não interessavam a Hamzah. O desporto e os combates preenchem toda a sua vida. É contra as teorias religiosas de Maomé, pois diz-se que essas teorias prejudicam os antepassados. Logo são contrárias ao espírito de cavalaria. Mas bater no sobrinho é a mesma coisa que bater em Hamzah ou lhe cortarem um dedo. O que ofende um membro do clã faz sofrer o clã inteiro, com um sofrimento verdadeiramente físico. A reacção do beduíno, do homem do clã, para o qual a *asabiya*, solidariedade tribal, e a *achira*, solidariedade de sangue, são leis sagradas, não se fez esperar. Hamzah não consegue dominar-se e considera-se pessoalmente ofendido. Vai tal como está, armado, a casa do agressor Abu-Jahl e inflinge-lhe um castigo corporal, publicamente como é hábito. O correctivo aplicado é bastante severo, dado que ele é *barraz*, um cavaleiro especializado em duelos. É um verdadeiro lutador. No calor do combate, Hamzah, que se sente solidário com Maomé – porque ele é seu sobrinho, logo faz parte do seu próprio corpo – grita a Abu-Jahl: «Pensas que Maomé foi abandonado pelos seus? Escuta bem: a partir de hoje vou abraçar a sua religião, vou tornar--me muçulmano. Se tu, ou outro qualquer, tiverem a coragem de atacar o islão, terão de enfrentar-me».

A partir deste momento o islão conta com um cavaleiro nas suas fileiras, um *barraz*, que ao lado de Ali levará a glória de Alá a todos os campos de batalha, a todos os duelos de cavaleiros sem medo.

Hamzah abraça o islão por uma questão de solidariedade de clã. Por honra. Nessa altura a violência dos inimigos organiza-se e redobra. Intensificam-se os ataques contra o profeta, mas Maomé sabe que ser profeta implica viver em perigo.

XXX

OMAR, O HOMEM DE QUEM O DIABO TEM MEDO

Para evitarem as perseguições, Maomé e os seus fieis retiram-se para uma casa situada na colina de Safa, frente ao santuário da *Caaba*. Esta casa chama-se a casa de Arqam, nome do fiel que a pôs à disposição do islão. É aí que se celebra o culto público. É lá que têm lugar as reuniões. A casa ainda existe e actualmente está tranformada em escola.

Os muçulmanos fazem sentinela durante os ofícios, porque já foram muitas vezes atacados de surpresa quando estavam no interior. Os habitantes de Meca estão exasperados.

Maomé conta com mais de três dúzias de fieis declarados. O islão começa a tornar-se uma força. Reina uma disciplina de ferro. Maomé é escutado e obedecido como nunca o foi qualquer chefe de um clã. O perigo é grande para os coraixitas. Redobram a vigilância. Neste combate, assistimos a um comportamento tipicamente árabe dos dois lados. Um árabe não receia a morte. Sabe que tanto a *adjal* – o fim da vida terrestre, ou a morte – como o *rizq* – a pobreza e a riqueza, a felicidade ou a infelicidade na vida – não dependem da vontade nem da perspicácia do homem. Está nas mãos do Criador, que dispõe dele a seu belo prazer... Mas embora desprezando a morte, o árabe não a deseja. O poeta diz: «Desejar a morte abrevia a vida, desprezar a morte prolonga a vida». Em combate, o árabe não corre riscos inúteis. Não ataca de frente como o homem do Norte. Os cidadãos de Meca, em especial, são conhecidos pela sua fleuma, *hilm*, pela sua atitude razoável, reflectida e de sangue frio, perante a vida. Ao verificar que o islão se desenvolve, os coraixitas procuram metodicamente uma solução prática, perfeita e razoável para o problema em questão. Um dos principais oligarcas da cidade, Omar, da tribo *adi*, exasperado com as negociações e hesitações, decide pôr fim à situação e matar Maomé por suas próprias mãos. Quer acabar com o malfadado profeta de uma vez por todas. Omar está disposto a chamar a si todos os riscos que advêm da morte de Maomé. Todos os oligarcas de Meca desejam este desenlace; mas nenhum deles, à excepção de Omar, tem coragem para agir. As gentes de Meca desejam a morte de Maomé como desejariam a morte de um dragão que tivesse aparecido na cidade para os aterrorizar.

Omar é um homem diferente dos outros habitantes de Meca. Em primeiro lugar, pela estatura: é tão alto como Abd-al-Muttalib. Omar é tão alto que, mais tarde, quando da construção da mesquita de Medina, a sua cabeça tocará no tecto. Por natureza, impetuoso e orgulhoso das suas próprias qualidades... era um homem de uma determinação e de um orgulho indomáveis.

Omar decide então – em pleno dia, sem rodeios, sem conspiração, nem intriga – matar Maomé. Arma-se e põe-se a caminho, para cumprir a sua tarefa.

Maomé está em Dar-al-Arqam, na casa de Safa. Estamos em 614, ano oito antes da Hégira.

No caminho que conduz à casa Arqam, Omar encontra um amigo, Nu'aim-ibn-Abdallah-an-Nahham. Ao ver Omar armado e pronto para combater, Nu'aim pergunta-lhe onde vai.

Omar responde-lhe em voz alta, segundo era seu costume, que vai matar Maomé, e acrescenta: «Nunca sofremos ofensas parecidas com aquelas que nos faz Maomé. Ninguém ousou fazer o que ele faz. Ele insulta os antepassados, os dos coraixitas. Critica a nossa religião. Semeia a discórdia entre os cidadãos. Injúria os ídolos. Nunca os cidadãos de Meca suportaram tais coisas, da parte de nenhum homem até hoje».

Omar afasta-se para acabar o mais depressa possível com Maomé, para o matar. Mas Nu'aim tem medo. Há muito tempo que ele – no maior segredo – se converteu ao islão. Quer salvar o profeta. Mas Omar não é homem para ficar pelo caminho quando toma uma decisão. Ele apenas conhece um caminho na vida, aquele que é direito como o gume da espada. Omar é um homem simples, sóbrio, honesto e justo, mas implacável.

Diz-se que quando o Diabo encontrava Omar no seu caminho, tinha medo e escondia-se.

Conta a tradição popular que Omar encontrou realmente o Diabo e que este fugiu apavorado. Os factos passaram-se assim: no momento da Criação, quando Deus fez o homem de argila negra, vermelha e branca, para que a humanidade fosse variada e que os homens se pudessem reconhecer entre si, depois de ter terminado o homem, Deus chamou à sua presença todos os seres anteriormente criados, para que se prostrassem perante o homem e o reconhecessem como seu mestre. Todas as criaturas, – desde a mais insignificante à mais importante – se inclinaram perante o homem, numa profunda reverência, segundo as ordens recebidas... Só Iblis – o diabo – recusou inclinar-se perante Adão. Deus, descontente, pergunta ao Diabo porque é que ele se recusava a fazer reverência. «Porque é que tu não adoras o homem?» pergunta o Senhor. O Diabo responde: «Eu sou melhor do que ele. A mim, tu criaste-me do fogo; e ao homem, tu o criaste de argila fétida.»

O Senhor zangou-se e expulsou o Diabo do Paraíso. «Fora daqui» – gritou Deus. – «Serás repudiado para sempre.»

A partir desse dia o Diabo anda errante sobre a terra. Um dia, encontra Maomé e pergunta-lhe o que é que ele poderia fazer para obter o perdão do Senhor e ser de novo recebido no Paraíso. Maomé responde-lhe: «Vai ao túmulo de Adão, ajoelha-te e humilha-te tal como Deus te ordenou e presta-lhe homenagem. Depois deste acto de submissão talvez Ele te perdoe.»

O Diabo agradece a Maomé e vai beijar a terra que cobre o túmulo de Adão. O Diabo está contente. Perante ele abre-se uma perspectiva de perdão, de reabilitação.

Na estrada que leva ao cemitério onde se encontra o túmulo de Adão, eis que o Diabo encontra Omar. O Diabo quer esconder-se nos arbustos da beira da estrada, como costuma fazer. Mas é tarde demais. Omar viu-o e fez-lhe sinal para que se aproximasse. O Diabo vem a tremer. Omar pergunta-lhe onde é que ele vai. O Diabo diz a verdade. Ninguém tem coragem de mentir a Omar. Ao entender isso Omar lança ao Diabo um olhar de desprezo. E diz-lhe que é inútil tentar, Deus nunca lhe perdoará. Ajoelhar-se no túmulo de Adão e beijar a terra é um acto de cobardia e de baixeza. O Diabo devia ter-se prostrado perante o primeiro homem quando este era vivo, não agora depois da sua morte.

Omar cheio de desprezo deixa o Diabo.

Este perde a coragem de ir pedir perdão a Adão, no seu túmulo. A tradição afirma que se o Diabo não foi até hoje reabilitado, foi por culpa de Omar, que lhe meteu medo e que quer agora matar Maomé. Com a espada. Em geral Omar não necessita de espada. Diz a tradição que: «o mundo tremia mais perante o seu chicote do que frente aos iatagãs dos maiores tiranos.» Ele não tem intenção de castigar Maomé, mas de o matar. Foi por isso que levou uma espada e não um chicote.

OMAR, O HOMEM DE QUEM O DIABO TEM MEDO

Nu'aim corre atrás de Omar e diz-lhe «Se a nova religião te incomoda porque divide a cidade e se tu queres dar-lhe um pouco de ordem, seria mais razoável pôr em ordem primeiro a tua própria família, e só depois a cidade.»

Nu'aim diz a Omar que a sua própria irmã Fátima e o marido, Sa'id--ibn-Zaïd são muçulmanos fanáticos. Na própria casa de Omar ouvem--se todos os dias versículos do *Alcorão*.

Omar fica atordoado com esta notícia. Porque é um homem justo, compreende que o conselho é correcto: ele deve destruir primeiro o islão no seio da sua própria família, se esta está verdadeiramente contaminada e apenas depois destruir o islão na cidade.

Omar volta para casa, furioso. Fátima, o marido e um outro missionário muçulmano chamado Khabbâb preparam-se justamente para rezar, declamando em voz alta um versículo do *Alcorão*. Omar arranca as páginas do livro. Bate violentamente na irmã e no cunhado, e lança-se sobre o missionário. Durante a luta, Fátima grita ao irmão que ele pode matá-la, mas que ela não renegará o islão.

Omar pára. E pergunta a si próprio o que é que esta crença pode ter de tão fascinante que leve a irmã mais depressa a morrer do que a abandoná--la. Um Deus por quem os homens estejam dispostos a dar a sua vida deve ser um Deus muito poderoso.

Omar quer ler o versículo do *Alcorão* que as três pessoas recitavam no momento em que ele entrou em casa. Mas os outros não deixam. Ele é um pagão, um profanador. Omar não liga às injúrias, e quando acaba de ler exclama: «É fantástico. Extraordinário. Sublime.»

Omar abraça a irmã e o cunhado e pede-lhes perdão. E, assim que recupera a serenidade, declara bruscamente que quer tornar-se muçulmano. Mas rapidamente. Na companhia de Fátima, do cunhado e do missionário Khabbâb, Omar dirige-se para a casa Arqam para se converter. Os muçulmanos que estavam de guarda vêm chegar Omar armado e os três companheiros cobertos de sangue. Dão o alerta. Mas Omar já estava na soleira da porta. Grita que não o animam intenções belicosas, mas sim as de abraçar o islão. É convertido de imediato. Na casa de Arqam, Omar é o quadragésimo muçulmano do mundo.

Depois da conversão, Omar leva todos os fiéis que se encontravam na casa e, atravessando a cidade – provocante – dirige-se para o santuário da *Caaba* para a oração pública. Abu-Jahl, Abu-Sufian, Abu-Lahab e os outros fanáticos antimuçulmanos não ousam mostrar-se. Todos têm medo de Omar, homem de quem até o Diabo tem medo. Há muito que os muçulmanos não tinham a coragem de sair a público, como nesse dia. Depois da oração, Omar adverte pessoalmente todos os inimigos de Maomé, de que se tiverem qualquer coisa contra o islão, apenas têm de se dirigir a ele – que é muçulmano.

Os cidadãos de Meca certificam-se – em silêncio – desta conversão. Estão espantados. Mas são árabes. E um árabe nunca abandona a luta. A exemplo do poeta Chanfara, que nunca a tinha abandonado, e que mesmo depois da sua morte, tinha continuado a matar os seus inimigos com as esquírolas do seu crâneo. E isso, muito depois da sua morte. Os inimigos de Maomé cerram fileiras, decididos a vencer ou a morrer.

XXXI

TENTATIVAS DE RECONCILIAÇÃO

A vida e a morte de Maomé depende de Abu-Talib, o chefe do clã. Enquanto o profeta fizer parte do clã, todos os parentes lhe devem ajuda e protecção. Mesmo que não gostem dele. Se Maomé fosse expulso, tudo seria mais fácil para os seus adversários, que poderiam matar impunemente o profeta. Por isso os coraixitas enviaram emissários a Abu-Talib convidando-o a expulsar Maomé.

«Livra-nos de Maomé. Ele é incorrigível. Nós matá-lo-emos. Em troca dar-te-emos os mais bravos, os mais jovens homens de Meca. Poderás escolhê-los tu mesmo.»

Para a moral – *muruwwa* – dos nómadas, a morte de um homem não causa qualquer problema, nem metafísico nem sentimental. A morte de um homem é uma perda de capital; por conseguinte o empobrecimento da tribo, que perde uma vida. O clã torna-se menos forte, por perder uma unidade viva. A vida de um homem é um capital vivo, como um cavalo, um camelo ou um rebanho de carneiros. Desde o momento que essa perda seja reparada, graças à reposição do valor perdido por uma outra, ou graças à redução do clã adversário através da morte de um dos seus homens, o assunto fica regularizado. Estabelece-se o equilíbrio de forças. Se alguém abater o meu porco, desde o momento que me ofereça outro, está feita justiça. É a lei de Talião. Materialista. Todos os poetas da época *djahilya* deixaram os seus clãs, porque para eles, a morte de um adversário não bastava para pagar o preço do sangue. Na sua opinião, a vida de um amigo, de um irmão ou de um filho não podia ser paga pela morte de um outro homem pertencente ao clã do assassino, nem pela oferta de camelos, quer fossem cem ou duzentos. Mas, em Meca, não há poetas. Os corai-

A VIDA DE MAOMÉ

xitas são comerciantes. Visto sob este ponto de vista, a oferta dos emissários coraixitas a Abu-Talib, de trocar jovens pela vida de Maomé, é uma coisa normal. Uma transacção habitual.

Abu-Talib não é nem será muçulmano. Não se converteu. Morrerá com a fé dos seus antepassados. Contudo recusa abandonar Maomé, seu sobrinho.

Responde: «Será justo que mateis o meu filho (no caso o sobrinho) e que eu dê de comer ao vosso filho?»

Não obstante, Abu-Talib é pressionado por todas as maneiras pelos coraixitas. É intimado a expulsar Maomé do clã. Abu-Talib chama o sobrinho e expõe-lhe a situação.

Maomé responde: «Tio, queres abandonar-me? Juro-te por aquele que possui a minha alma: mesmo que me oferecessem de presente o Sol na mão direita e a Lua na mão esquerda, não renunciaria à minha fé e ao meu Deus. O Deus em que acredito é para mim um apoio suficiente, mesmo que tu me abandones. Faz o que quiseres. Eu fico com Deus».

Abu-Talib anuncia aos coraixitas, que esperam o resultado, que ele – Abu-Talib – será fiel à sua fé e aos seus antepassados e que nunca será muçulmano. Mas recusa-se a abandonar Maomé. Enquanto for vivo protegerá o seu sobrinho, de acordo com a lei do clã.

Os coraixitas partem, desiludidos. Mas não renunciam ao combate. Irão dirigir-se directamente a Maomé. A delegação que vai ao encontro de Maomé, para discutir uma eventual reconciliação, é chefiada por um cidadão conhecido pelo seu *hilm*, pelo seu sangue-frio, atitude razoável e realismo. Chama-se Utbah.

Diz a Maomé: «Maomé sabemos há muito que és um homem razoável, caridoso e amável. Nunca te vimos fazer mal a ninguém. Não preciso de te dizer a agitação e a desordem que a tua acção tem causado na cidade. Diz-me francamente qual é o objectivo de tudo isso? Queres dinheiro? Posso garantir-te que, para te satisfazer, a cidade arranjará todo o dinheiro que quiseres. Queres mulheres? Casa-te com as mais belas mulheres da cidade. Asseguro-te que todos estamos de acordo para te dar satisfação. Queres dirigir a cidade? Estamos prontos a escolher-te como chefe. Mas com uma condição: não nos firas mais no nosso amor próprio. Não digas mais que os nossos ídolos, assim como nós ou os nossos antepassados que os adoraram, estão destinados ao fogo eterno do inferno. Se estás doente, procuraremos os melhores médicos do corpo e do espírito. Não gostamos nem de discórdias nem de tumultos na cidade.»

Maomé escuta este razoável discurso com enorme tristeza, pois nada pode ser mais desolador no universo do que o razoável a qualquer preço.

TENTATIVAS DE RECONCILIAÇÃO

Responde: «Porque me perseguem?... Eu sou o Enviado do céu, junto de vós... Acreditem em Deus e no seu Enviado. Para vós essa é a estrada da felicidade. Se o soubessem, coraixitas! Adorai o Senhor desta casa, o Senhor que vos alimentou e que vos preserva da fome e que vos protege do medo...»

Maomé explica. Utbah não compreende, mas Maomé continua: «O Deus clemente enviou-me o *Alcorão*. É o receptáculo da verdadeira fé. Está escrito em arábico. Ele ensina os sábios, promete, ameaça, mas a maoria das pessoas afasta-se e nada quer compreender. Os nossos corações – dizem elas – estão fechados à tua voz. Um peso tapa os nossos ouvidos. Um véu ergue-se entre nós e tu... Segue os teus princípios, nós seguiremos os nossos... Responde-lhes: eu não sou mais do que um mortal como vós. O céu revelou-me que apenas existe um só Deus. Sejam justos perante Ele. Implorem a sua misericórdia.»

Maomé sabe antecipadamente qual será a resposta de Utbah. E recita: «Os profetas pregaram-lhes o culto por um Único Deus. Eles responderam: Se Deus tivesse querido iluminar-nos, ter-nos-ia enviado anjos. Nós negamos a vossa missão.»

Utbah volta para os que o enviaram – o clã dos oligarcas coraixitas – e diz-lhes: «Façam o que quiserem, sou impotente para resolver este assunto.»

*
* *

Maomé é mais penalizado do que os coraixitas pelo fracasso desta tentativa. Maomé ama o seu clã. Ama Meca. Ama os árabes. Quer a reconciliação. O desacordo entre ele e o clã doi-lhe, como todo o corpo doi quando um membro está partido.

Mas "os infiéis" dizem: «Nós não teremos fé em ti se tu não fizeres brotar da terra uma nascente... Ou ainda: até que tu, segundo as exigências, faças cair sobre nós o céu em farrapos... Ou então que tu nos tragas Alá com os seus anjos... ou até que tenhas uma casa toda ornamentada... ou que subas ao céu... Aliás não acreditaremos na tua ascenção enquanto não fizeres descer do céu um escrito...» Os infiéis queriam que Deus lhes enviasse do céu uma ordem escrita por sua mão.

Para acreditarem em Maomé, os comerciantes de Meca pedem-lhe que ele faça milagres: fazer aparecer uma casa em ouro maciço; fazer correr, no deserto que rodeia a cidade, rios azuis como os da Síria. Pedem ainda a Maomé para partir a Lua em duas como uma fatia de pão...

A VIDA DE MAOMÉ

Desolado com tanta incredulidade – sobretudo ao ouvir que lhe pedem que parta a Lua em duas, a ele simples mortal que não tem outra pretenção que anunciar uma verdade que lhe foi revelada – Maomé levanta os braços ao céu. Como o faz qualquer pessoa quando não consegue encontrar uma solução... No momento em que Maomé levanta os braços, a Lua que estava mesmo por cima da sua cabeça parte-se em duas, como se tivesse sido partida pelas mãos do profeta. Todos os assistentes ficaram petrificados, pois estava lá muita gente. Os dois pedaços de Lua ficaram separados tempo suficiente para poderem ser vistos por todos os indivíduos e depois aproximaram-se um do outro e a Lua ficou outra vez inteira. O milagre exigido pelos oligarcas produzira-se. Maomé, em público, cortara a Lua como uma fatia de pão. Contudo em vez de lhe darem a sua confiança, os seus inimigos acusam-no de magia. E a sua inimizade torna-se ainda mais persistente. O *Alcorão* fala desta divisão da Lua, que todos pediam, mas que os fez tornar ainda mais radicais.

«*Aproxima-se a hora, fende-se a Lua. Se vêem um sinal, afastam-se e dizem: "Bruxaria ininterrupta".*» (*Alcorão* LIV: 1 e 2).

Os *hadith*, quer dizer "os factos contados pelas testemunhas", relatam que o profeta estava terrivelmente triste por não conseguir reconciliar-se com o seu clã. «O enviado de Alá via as pessoas afastarem-se de si, e estava magoado pelo afastamento que lhe testemunhavam pelo que ele tinha recebido de Alá. Maomé desejava receber de Alá qualquer coisa que lhe permitisse aproximar-se do seu povo.»

Maomé vai à *Caaba*, roja-se e implora que Deus não o afaste completamente do seu clã, os coraixitas. Sem clã é como um olho sem rosto, como um braço sem corpo; porque os nómadas e os átomos não existem sozinhos na natureza; vivem em grupos de átomos chamados moléculas ou em grupos de nómadas chamados clãs. Maomé implora a Alá que lhe dê uma forma de se aproximar de novo dos seus, dos "pequenos tubarões" – os coraixitas. Diz rezando em voz alta:

> «*Vistes Al-Lat e Al-Uzza*
> *E Manauata, a outra, a terceira?*
> *São deusas sublimes,*
> *E a sua intercessão é concerteza necessária.*»
> (*Alcorão* LIII: 19, 20,20 bis e 20 tri).

No momento em que Maomé acaba a sua oração, o profeta prosterna-se, e os muçulmanos assim como os idólatras prosternam-se também.

Não é um milagre. Maomé acaba de referir os três principais ídolos dos coraixitas: Al-Lat, Al-Uzza e Manauata que podem ser considerados

TENTATIVAS DE RECONCILIAÇÃO

anjos-intermediários entre o homem e Deus. É uma concessão feita aos idólatras.

Está feita a reconciliação. Maomé ao referir os ídolos classificou-as de "deusas sublimes". Eram então conhecidas sob o nome comum de *gharaniq* – as gruas ou cisnes.

De repente Maomé dá-se conta de que é um instrumento do Diabo. Não foi o anjo Gabriel que lhe ditou esses dois versículos de elogio aos ídolos, mas o Diabo. É por isso que os *muchrikun*, os frequentadores, os pagãos, estão ajoelhados juntamente com os muçulmanos.

Maomé arrepende-se e anula de imediato os dois *ayates* ou versículos, que têm o número 20 *bis* e 20 *tri*, e que são conhecidos sob o nome de "versículos satânicos". No lugar destes *ayates* satânicos aparecem no *Alcorão* as palavras ditadas pelo anjo, segundo o texto original que se encontra na placa de pedra preciosa no Céu mais alto. As três deusas não são mais «*do que nomes, que vós e os vossos pais lhes haveis dado. Deus não fez descer sobre elas nenhum poder. Seguiram a conjuntura e o que as suas almas desejavam, enquanto, proveniente do seu Senhor, lhes tinha chegado a direcção.*» (*Alcorão* LIII: 23).

Depois disto, o anjo Gabriel vem a casa de Maomé e critica-o severamente por ele ter recitado outra coisa diferente do que lhe foi ditado. E «o profeta manifestou grande receio de Alá.»

Mas o Senhor, cheio de indulgência, dá a saber a Maomé que a aventura que ele acaba de viver aconteceu a todos os profetas que o precederam sobre a terra. Pois todos os profetas foram enganados, pelo menos uma vez, pelo Diabo.

«Nunca enviamos antes de ti um mensageiro ou profeta, sem que Satanás, sempre que desejava qualquer coisa, não lhe tenha feito exprimi--la. Alá apaga o que Satanás envia e repara os prejuízos.»

A partir desse momento, Maomé fica mais atento. Um profeta deve contar com um inimigo mais forte do que os coraixitas: o Diabo. E o profeta tem de estar extremamente atento.

Em todo o caso, a reconciliação com os coraixitas é impossível, pois não se pode agradar ao mesmo tempo a Deus e ao Diabo.

Maomé fica – moralmente – sem clã. Fica só entre dois infinitos desertos: o deserto da Arábia e o deserto escaldante do céu. Mais do que nunca está disposto a servir o Criador.

XXXII

A FUGA PARA A ABISSÍNIA

Maomé está decidido a lutar e morrer pela sua fé. Não se passa o mesmo com o pequeno grupo de muçulmanos. São pouco numerosos. Perante as pressões exercidas pelos coraixitas, as suas fileiras separam--se e diminuem. Maomé é obrigado a tomar medidas, pois se não o fizer o pequeno grupo de fiéis desaparecerá, derretido como manteiga ao sol.

«Os coraixitas viram contra Maomé os que lhe tinham obedecido. De tal modo que o povo afasta-se do profeta e abandona-o, com excepção dos que Deus protegeu, e esses eram bem poucos.»

E o cronista prossegue: «As coisas ficaram assim enquanto Deus quis. Então os chefes coraixitas reuniram-se em conselho para decidirem como afastar do caminho da religião aqueles que, entre os seus filhos, irmãos e membros do clã tinham seguido Maomé.

«Para o povo do islão que seguia o profeta, ocorreu um período de extrema tensão e agitação. Alguns deixaram-se seduzir. Mas Deus preservou aqueles que quis.»

O *Alcorão* menciona esta *fitnah* – «ou manobra insidiosa para seduzir e desviar» – esta rotura de harmonia nas fileiras muçulmanas. Submetidos a pressões exteriores, alguns não conseguem resistir e cedem. Abandonam o islão e dizem: «*Se contigo seguimos a Direcção, seremos arrancados da nossa terra.*» (*Alcorão* XXVIII: 57). As novas conversões são pouco numerosas. Os antigos estão em *fitnah*, "em discordância".

Maomé luta durante algum tempo, com todas as suas forças para manter este reduzido número de fiéis. Ele conhece os homens porque «os que procuram a Deus tudo sabem.» Sabe que se não encontrar de imediato uma nova solução, em breve não haverá um único muçulmano. Uns renegarão, outros serão expulsos da cidade e outros mortos.

A FUGA PARA A ABISSÍNIA

Maomé decide enviar todos os muçulmanos para o exílio, a fim de os poupar à destruição que os ameaçava em Meca. É uma decisão radical – a primeira tomada por Maomé como chefe de uma comunidade.

«Quando os muçulmanos tomam conhecimento, o profeta diz-lhes para partirem para o país dos abissínios.»

Os abissínios eram governados por um rei chamado Nadjachi, isto é Négus. No seu país, ninguém era molestado, a sua rectidão era louvada por todos. O mensageiro de Deus deu esta ordem e muitos muçulmanos obedeceram, quando foram oprimidos em Meca ou quando recearam as manobras insidiosas de sedução e desvio tomadas contra eles.

«Quanto ao próprio profeta, esse ficou e durante anos os coraixitas atormentaram aqueles que de entre eles se tornaram muçulmanos.»

O primeiro grupo de muçulmanos é enviado para a Abissínia em 615. No momento da partida, Maomé diz aos exilados: «A Abissínia é um país de verdade. Fiquem lá até que Deus facilite as coisas.» O grupo de exilados da Abissínia é conduzido por Ja'far, filho de Abu-Talib e primo do profeta. Quando casou, Maomé adoptou Ali, filho de Abu-Talib, que tinha grandes dificuldades materiais; e Abbas, tio do profeta adoptou Ja'far, irmão de Ali. Presentemente Ja'far é um homem na flor da idade. Casou com uma mulher de nome Asma, que depois da sua partida para o exílio recebeu o sobrenome de *Bahariyah*, o que quer dizer "Marinheira". Para passar da Arábia para a Abissínia, os muçulmanos tiveram de atravessar o Mar Vermelho; ora a viagem por mar é, nessa época, um privilégio reservado aos homens. É por causa disso que Asma recebe o sobrenome de Marinheira.

A segunda figura importante do grupo de exilados é Uthman – um oligarca de Meca, que casou com Ruqaya, filha do profeta, depois de esta ter sido repudiada pelo filho de Abu-Lahab.

O primeiro grupo de exilados é composto por cento e nove pessoas; setenta e cinco homens e nove mulheres coraixitas, e ainda vinte e cinco estrangeiros. Contudo o número de exilados aumenta à sua chegada à Abissínia: as nove mulheres coraixitas, todas dão à luz.

Asma, a Marinheira, mulher de Ja'far, dá à luz no mesmo dia que a mulher do Négus. Deste modo, o filho de Ja'far torna-se irmão de leite do príncipe. Logo parente do rei da Abissínia.

Um outro facto que atrai os abissínios é a beleza de Ruqaya. Chegam a lutar por causa dela. Os rivais quase se matam uns aos outros. Por acaso nesse momento eclode uma guerra; os admiradores da jovem e os fiéis de Maomé têm de deixar a capital e partir para os campos de batalha.

A VIDA DE MAOMÉ

Desencadeiam-se outros romances e intrigas amorosas, na altura do exílio, entre árabes e abissínios. Intrigas essas em que a mulher do Négus está directamente implicada.

Ja'far foi portador de uma carta para o Négus, escrita por Maomé, na qual o profeta pede àquele a protecção para os que foram obrigados a deixar o seu país apenas porque adoram um só Deus e repudiam a idolatria.

«De Maomé, enviado de Deus, a An-Nadjachi, rei dos abissínios.

Envio-te os louvores de Deus, o Soberano, o Santo, o Pacífico, o Protector, o Salvador para além do qual não há outro e atesto que Jesus, filho de Maria, é o Espírito de Deus, e o seu Verbo, que concebeu em Maria, a Virgem, a Virtuosa, a Imaculada, por inspiração divina, assim como tinha criado Adão com as suas mãos.»

Depois de ter afirmado que é o enviado de Deus, Maomé convida o Négus a abraçar o islão e continua: «Envio-te o meu primo Ja'far, acompanhado por um pequeno grupo de muçulmanos. Quando chegarem junto de ti, oferece-lhes a tua hospitalidade.» O Négus recebe muito bem os refugiados. O clã coraixita está alarmado. Meca designa dois embaixadores que atravessam o Mar Vermelho para pedirem ao Négus a extradição dos muçulmanos. Para tornar mais fácil a negociação, Meca envia ao rei da Abissínia uma grande quantidade de peles, à guisa de presente. Os embaixadores de Meca chamam-se Amr-ibn-As e Ammara-ben-al-Walid.

Os coraixitas apresentam-se na corte e solicitam a entrega dos muçulmanos dizendo: «São bandidos do nosso povo, que abandonaram a nossa religião e que pretendem que os nossos pais viviam no engano. Eles insultam os nossos deuses. Se deixarmos prosseguir as suas convicções não duvidamos que irão também corromper a tua fé.»

O segundo embaixador diz: «Eles abandonaram a religião do seu povo mas não abraçaram a tua. Os seus pais e familiares enviaram-nos para te pedir a sua extradição. Conhecemo-los melhor do que ninguém.»

O Négus hesita entre o seu dever de cristão perante uma nova religião monoteísta – que à primeira vista parece ser uma nova seita cristã – e as relações de boa vizinhança com os pagãos árabes de Meca. Delibera, assistido pelo metropolita da Abissínia e pelos conselheiros. Chama Ja'far e pede-lhe que explique e responda às acusações feitas contra ele.

«Oh, rei – diz Ja'far – nós eramos ignorantes, adorávamos ídolos, cometíamos pecados carnais, oprimíamos os fracos e fazíamos todo o tipo de coisas abomináveis, até ao dia em que Deus nos enviou o seu mensageiro, um de entre nós. Conhecíamo-lo perfeitamente. Sempre conhecemos a sua honestidade, o seu amor à verdade e as suas virtudes. Ensinou-nos a evitar o mal, a praticar o bem e a adorar um só Deus.»

A FUGA PARA A ABISSÍNIA

Apontando os dois embaixadores coraixitas que pediam a extradição dos muçulmanos, Ja'far acrescenta: «Essa gente segue a pior das religiões. Adoram pedras, visitam ídolos, rompem os laços de sangue, praticam injustiças e permitem coisas proíbidas. Deus enviou como profeta um dos mais nobres entre eles, pela posição, raça e coração e que, em nome de Deus, lhes ordenou que abandonassem o culto dos ídolos e que agissem de acordo com a justiça, com a verdade, e que adorassem um só Deus.»

O Négus fica convencido do bom fundamento da causa muçulmana. E exclama: «Vou mandar embora quem está sob a minha protecção, e que vivem em verdade, enquanto vocês vivem no obscurantismo?» Restitui aos coraixitas as peles que estes lhe tinham oferecido e diz-lhes que não lhes pode entregar os muçulmanos. Após a partida dos embaixadores pagãos, Ja'far recita ao Négus, e à restante assistência, a décima nona citação do *Alcorão*, na qual o Profeta afirma que acredita na Santa Virgem Maria e no Messias, que é o Verbo de Deus.

O Négus e a assistência cristã choram de emoção ao verem os árabes adorarem Jesus e a Santa Virgem Maria. O Négus diz aos muçulmanos: «A fonte desta luz (do islão) é a mesma da mensagem de Jesus Cristo. Vão em paz. Nunca vos entregarei aos pagãos.» As relações estabelecidas entre abissínios e muçulmanos continuarão a ser cordiais. Alguns anos mais tarde, por altura da morte do Négus, Maomé celebrará um ofício fúnebre muçulmano para o descanso da alma do monarca.

Se o exílio pôs os muçulmanos ao abrigo das perseguições de Meca, expô-los no entanto a outros perigos. Um muçulmano, Ubaidallah-ibn--Djach, emigrado com a mulher, Umm Habibah, filha do célebre negociante Abu-Sufian, de Meca, ficou de tal maneira impressionado com as igrejas abissínias que se converteu ao cristianismo. Como outros *hanifs* de Meca, passara a vida em busca de Deus. Parecia que o tinha encontrado no islão, mas agora tornou-se cristão, e escreve aos seus camaradas muçulmanos: «Nós, os cristãos, vemos claro, enquanto que vós estais privados da visão, tal como os cachorros recém-nascidos.» Ubaidallah é filho de uma filha de Abd-al-Muttalib. Diz a tradição muçulmana que ele se tornará alcoólico e que irá morrer afogado num rio da Abissínia.

O segundo muçulmano a tornar-se cristão é Sukran-ibn-Amr, marido de Saudah. Depois do marido se ter tornado cristão, esta volta para Meca e instala-se em casa de Maomé.

Todavia os coraixitas continuam a luta contra os muçulmanos, e novos grupos de refugiados trocam Meca pela Abissínia. Em pouco tempo o grupo de muçulmanos, protegido pelo Négus, ultrapassa as cento e trinta pessoas.

XXXIII

A FUGA DE ABU-BECRE

A perseguição dos muçulmanos em Meca acentua-se até se tornar insuportável para aqueles que não têm a vocação de mártir. A luta contra Maomé é dirigida por Abu-Jahl – o pai da Loucura – do qual diz o cronista: «Se ele ouvisse dizer que um homem rico e poderoso abraçara o islão, ia procurá-lo, censurava-o e insultava-o dizendo: "Tu abandonas a religião do teu pai que era melhor do que tu"... Se o convertido fosse um comerciante, ele dizia-lhe: "Por Deus, tudo faremos para que não tenhas mais clientes e para que os teus bens desapareçam". E se o convertido fosse pobre e sem defesa – um *dhu'afa an nas* – batia-lhe e instigava os outros a fazê-lo. Aos estrangeiros que se tornavam muçulmanos, nunca mais pagavam o que lhe deviam. Era o caso de Khabbab-ibn-al-Arrat, a quem ninguém em Meca queria pagar as dívidas pelo facto de ele se ter tornado muçulmano». O quarto muçulmano – depois de Cadija e dos dois filhos adoptivos Ali e Zaïd – foi Abu-Becre, de sobrenome As-Siddiq – o verdadeiro ou o muito fiel.

Quando se tornou muçulmano, Abu-Becre era um dos homens mais ricos de Meca. Deu ao islão tudo o que tinha. Os escravos que abraçaram o islão foram readquiridos por Abu-Becre e libertados. Até ao dia em que já não lhe quiseram vender mais escravos, os fiéis pobres eram sustentados por Abu-Becre. É ainda ele que financia o exílio na Abissínia.

Nos primeiros dez anos do islão, gastará todos os seus bens e em breve já nada possuirá. No entanto, Abu-Becre é um homem muito ponderado. Este bom comerciante possui o *hilm*, a frieza racional dos habitantes de Meca. Era um homem forte, mas as perseguições acabar-lhe-iam com a força. Abu-Becre não partiu para o exílio para não deixar Maomé

A FUGA DE ABU-BECRE

sozinho. Desde então manteve-se permanentemente perto do profeta, servindo-lhe de companheiro, tesoureiro, conselheiro e guarda-costas. Neste momento a vida de Abu-Becre está em perigo. Ele confia-se a Maomé. O Profeta aconselha-o a partir, a fugir de Meca. Não há dúvidas sobre a conspiração. Se não fugir os inimigos vão matá-lo.

Com o coração desfeito, Abu-Becre, que desde o dia da revelação na Montanha nunca deixara o profeta nem por uma hora, decide-se a deixá-lo só, para salvar a sua própria vida.

Abu-Becre deixa Meca clandestinamente e dirige-se para o sul da Arábia, o Iémen. Ao atravessar a região de Qarah, encontra Subai'ah-ibn-Rufal, chefe da tribo, ao qual dá a conhecer o motivo da sua viagem. O chefe Qarah não acredita no que ouve. Não acredita que Abu-Becre, o célebre comerciante coraixita de Meca, seja obrigado a fugir da sua própria cidade como um criminoso.

Subaï'ah oferece a Abu-Becre a sua protecção, o *djiwar*, e leva-o de volta a Meca. Aquele que daqui para a frente tocar na pessoa ou nos bens de Abu-Becre deverá dar disso contas à tribo Qarah, que possui uma importante força militar e que habita não muito longe de Meca.

Durante algum tempo os coraixitas deixam Abu-Becre tranquilo. Receiam uma guerra ou complicações com as tribos beduínas. Abu-Becre constroi, no pátio da sua casa de Meca, uma pequena mesquita, onde todas as noites recita em voz alta versículos do *Alcorão*.

A poesia é o ouro dos árabes. Possuem a tenda, o turbante, o cavalo, a areia e a poesia. É tudo o que Deus lhes deu para que eles se desenvolvam e possam viver num país em que nove décimos são um deserto de areia escaldante.

Mesmo os inimigos mais ferozes do islão, quando passam junto à casa de Abu-Becre, não conseguem continuar o seu caminho. A tentação é demasiado forte. Param e escutam o melhor amigo de Maomé que recita o *Alcorão*. Abu-Becre possui uma bela voz. O *Alcorão* é uma obra admiravelmente ritmada. E cada árabe tem no sangue o ritmo da poesia.

O primeiro ritmo da poesia árabe foi o do *hida*, o canto dos condutores de camelos, inventado durante as viagens das caravanas. «O balanço ritmado que faz dobrar em dois o corpo do cavaleiro e que provoca vertigens ou enjoos a quem não está habituado, incita os árabes a cantar. Repararam que apressando o rítmo da recitação, a longa fila de camelos voltava a cabeça para trás e acelerava a marcha. Este animal estúpido e vingativo é receptivo à música, ou pelo menos ao ritmo. Foi assim que foi inventado o *hida*. Os quatro passos do camelo fornece a medida e a alternância das sílabas curtas dá os tempos sucessivos desta medida.»

A VIDA DE MAOMÉ

Atribui-se a descoberta da métrica a um gramático árabe de Basra, chamado Al Khalil-ibn-Ahmad. Foi ao escutar o som feito pelo martelo sobre a bigorna, na rua dos pisoeiros, em Basra, que teve a ideia de fixar a quantidade para cada tipo de verso. Outros afirmam que a métrica da poesia surgiu pela imitação do som das gotas de água a cair dos beirais.

O facto é que os árabes não podem passar frente à casa de Abu-Becre sem parar. Por causa do ritmo poético do *Alcorão*. Todas as noites, simpatisantes e inimigos ferozes do islão se juntam para o escutar.

Ninguém pode fazer o que quer que seja contra Abu-Becre que está sobre o *djiwar* – a protecção – de Subaï'ah.

Os coraixitas enviam presentes à tribo *qarah* e pedem-lhes para que convidem Abu-Becre a não recitar mais o *Alcorão* em voz alta, pois ele atrai a multidão à sua casa e provoca assim grandes desordens na cidade.

Subaï'ah transmite o pedido, dizendo a Abu-Becre que isso é a condição *sine qua non* para manter o *djiwar.*

Abu-Becre recusa. Renuncia à protecção da tribo *qarah*. É um preço demasiado elevado para um árabe, renunciar à poesia e à religião. Outros podem pagar este preço, pois outros povos vivem toda a sua história na terra sem saberem da existência da poesia ou da religião. Mas para um árabe, elas são mais importantes do que o ar que se respira.

Assim Abu-Becre diz ao seu protector que renuncia à protecção. Vai contentar-se com a protecção de Alá. Ela basta-lhe. Continuará a rezar e a dizer pausadamente as suas orações.

XXXIV

MAOMÉ EXPULSO DE MECA

As palavras do velho *hanif* Waraqah-ben-Naufal, quando Maomé lhe anunciou o seu encontro com o anjo, foram: «Não quero estar vivo, no momento em que a tua tribo te expulsar!» Maomé ficara surpreendido: «Vão-me expulsar?» – perguntara o profeta.

Passaram já seis anos e confirmam-se as palavras de Waraqah. Maomé e todos os muçulmanos são expulsos de Meca. Waraqah morreu. Não vai poder mais encorajar Maomé, como o desejava. Ele sabia que a expulsão se daria, com a mesma precisão que uma estação se sucede à outra. Disse: «Nenhum homem traz o que tu trazes sem ser tratado como um inimigo pelo seu povo.»

Ao longo da história, os homens foram condenados ao ostracismo, expulsos, queimados vivos, linchados, se foram portadores de alguma coisa, mesmo que não fosse necessariamente uma nova religião. É o destino desses homens. O destino de todos os que trazem qualquer coisa.

Assim Maomé e os muçulmanos são expulsos de Meca. Estamos no ano 616. Exasperados pelo facto de o reino da Abissínia não entregar os muçulmanos, como Meca exige, os coraixitas decidem empregar grandes meios para extinguir o islão. A decisão de condenar Maomé ao ostracismo foi tema de um protocolo: afixa-se no santuário da *Caaba* uma *sahifa* – uma ordem que colocava todos os muçulmanos fora-da-lei. É proíbido a qualquer cidadão de Meca falar a um muçulmano. É proíbido sentar à mesma mesa com um muçulmano. São proíbidos os casamentos com homens e mulheres muçulmanos. É proíbido vender ou comprar o que quer que seja a um muçulmano. Estas ordens draconianas são válidas «até ao dia em que Maomé renuncie ao islão ou seja entregue pela sua tribo para ser morto.»

A VIDA DE MAOMÉ

Como resultado, as famílias Banu-Hachim e Banu-Muttalib solidarizam-se com os fora-da-lei. A *asabia* – a solidariedade do sangue – desencadeia-se automaticamente, mau grado os interesses materiais e sociais. Maomé está rodeado pelos seus irmãos de sangue e acompanhado por eles no exílio. Embora estes parentes não sejam todos muçulmanos. A atitude do velho Abu-Talib é tocante. É um idólatra, mas no entanto deixa Meca com o seu neto. De toda a família de Abd-al-Muttalib, o único que se mantém no clã contrário é Abu-Lahab. Os outros suportam voluntariamente o ostracismo, simplesmente porque um homem do seu sangue – Maomé – foi banido.

Os muçulmanos expulsos de Meca refugiam-se no *chi'b* de Abu-Talib. *Chi'b* significa textualmente gruta. De facto, o *chi'b* é um local fora das portas da cidade, um *gheto* onde habitam os estrangeiros, os fugitivos, os escravos e as pessoas sem clã: os *heimatlos*. Quando um fugitivo, ou um estrangeiro, pede a protecção de um clã, é geralmente aceite, mas nunca é admitido no seio do clã. É aceite à margem do clã. Ninguém pode ter os mesmos direitos que os membros do clã ligados entre si pelo mesmo sangue. Isso salta à vista através da ordem pela qual são colocadas as tendas dos nómadas. Esta ordem não é obra do acaso. Mostra de uma forma geométrica a estrutura do clã. Ao centro – sempre – a tenda do chefe; no caso a tenda de Abu-Talib. Em linha recta, à direita e à esquerda da tenda principal, encontram-se as tendas dos filhos e dos parentes mais próximos. A hierarquia do sangue no clã pode medir-se em metros, através da distância que separa uma tenda da tenda do chefe. Na areia escaldante do deserto, e vistas de cima, a tendas do clã desenham a figura geométrica do voo das cegonhas. Separadas desta figura, que na realidade é o desenho da árvore geneológica do parentesco do clã, encontram-se dois pontos negros: as tendas dos estrangeiros. Os que não fazem parte do clã não estão integrados na figura geométrica constituída pela tendas. Vivem fora dela, como pontos solitários.

Os nómadas – os *wabar*, isto é os homens que possuem tendas – quando se tornam *madar* – homens que possuem casas – conservam a mesma disposição. Em Meca os grupos de casas estão dispostos usando a mesma ordem linear que as tendas nas areias. Ao centro está a casa do chefe do clã, à volta as casas dos parentes de sangue, na ordem estrita do seu parentesco.

Os estrangeiros, aqueles que estão sob a protecção dos clãs de Meca, são também recebidos em casas, mas fora do círculo reservado aos parentes de sangue, aos membros de pleno direito, no bairro chamado *chi'b*. Cada clã tinha pois a sua gruta, nas proximidades de Meca. Abu-

MAOMÉ EXPULSO DE MECA

-Talib, tinha também uma. Um local para os estrangeiros, para os escravos, negros e fugitivos. É para aqui que vem morar Abu-Talib, com Maomé e Cadija, assim como todos os membros do clã de Abd-al-Muttalib. Entre os fora-da-lei.

A vida dos banidos é penosa. Os desfiladeiros de rochedos à volta de Meca, onde estão os *chi'b*, são locais sinistros. Todo o vale de Meca é assim. Como diz o poeta Haigatan: «Nem uma flor, nem uma ponta de erva. A rocha nua e selvagem que reflecte o calor tórrido do sol apanhado durante o dia, dando sempre à cidade um ar escaldante mesmo durante a noite... Tanto de Inverno como de Verão a desolação é a mesma. Nem um pássaro a voar. Nada floresce. O que é que prospera então? A vocação mais miserável de todas: o comércio... Se não fosse o comércio, Meca estaria desabitada.»

Mas para os muçulmanos expulsos de Meca, o comércio é proíbido, ninguém está autorizado a vender-lhes ou a comprar-lhes seja o que for. A *sahifa* ou bula de expulsão afixada na porta do santuário da *Caaba*, é bem clara e categórica. Por respeito para com o profeta os cronistas não descrevem as terríveis privações com as quais o profeta e os seus homens se debateram no fundo dessa gruta. Maomé sofreu neste gueto durante três anos.

Nesse tempo, os muçulmanos apenas se salvaram da morte por um único facto: a instituição da Trégua de Deus. Durante esses meses puderam deixar o gueto – a gruta – e vir a Meca comprar provisões. O resto do tempo, passaram fome. Conta um dos exilados que ficou extremamente contente: encontrou a pele de um animal acabado de matar e cozeu-a para todo o clã.

Um dia, um sobrinho de Cadija rompe a proibição e envia um caixote de alimentos aos exilados. O caixote é interceptado e os coraixitas tentam linchar o sobrinho de Cadija, que se salvou por milagre. Depois disto, ninguém mais teve coragem de enviar alimento aos muçulmanos. Estes aguentaram tudo com o estoicismo dos árabes.

Em três anos, Cadija perde todos os seus bens. Já nada lhe resta. A Abu-Becre apenas restam 5000 *dirhams* da sua fabulosa fortuna. Foi o único muçulmano que conseguiu salvar alguma coisa.

As famílias Utba e Chaiba de Meca começam uma campanha a favor dos muçulmanos. Os coraixitas são inflexíveis; para Maomé só há duas soluções: a renúncia ao islão ou a morte. Os muçulmanos estão decididos a morrer, mas não renunciarão ao seu Deus.

Enquanto isto, ocorre um milagre, que põe fim ao boicote. A *sahifa*, ordem de expulsão de Maomé e dos seus fieis, que está afixada há três

A VIDA DE MAOMÉ

anos na porta do santuário da *Caaba*, fora devorada pelas térmitas. Desse documento apenas restam as palavras «em Teu nome, Senhor...»

Ao verem isto, os coraixitas ficam amedrontados. O milagre impressiona e espanta os negociantes de Meca. Mandam dizer a Maomé que o exílio acabou. E suplicam-lhe que volte para a cidade, para junto deles.

Os muçulmanos voltam então a Meca. Deus ordenou que as térmitas devorassem o documento em que os muçulmanos eram banidos.

Três anos de sofrimento, fome e humilhação. Mas o caminho que conduz ao céu é sempre difícil. Ninguém percorreu o caminho para o Paraíso sem sangue, suor e lágrimas. É tão duro que, por vezes, os que se põem a caminho do céu ficam no ponto de partida, esmagados, desencorajados, e muito fracos para poderem continuar. As forças humanas são de uma forma geral insuficientes para uma tão longa caminhada. Mas Maomé não sai enfraquecido desta terrível prova. A sua fé aumentou. Contudo o destino não o poupa. Como Job, Deus envia a Maomé outros males. Cada vez maiores, para testar a sua resistência ao sofrimento e a força da sua fé.

XXXV

ORDEM PARA NÃO CHORAR

O ano 619, que põe termo ao exílio, é chamado *Am-el-Huzn*, ou Ano do Pesar. É o ano da morte de Cadija, mulher do profeta durante 25 anos. Quando se casaram ela tinha quarenta anos e ele vinte e cinco. Apesar da diferença de idades, ele foi – durante esta união que durou um quarto de século – de uma fidelidade absoluta. Até aos seus últimos momentos de vida na terra, cada vez que recordava Cadija, Maomé ficava com os olhos marejados de lágrimas.

Para um árabe, a mulher tem uma importância que não tem em mais outro lugar do mundo. O olhar de um árabe não consegue vislumbrar, durante toda a vida, mais do que areia e pedras. A única linha delicada que se assemelha às árvores de um pomar, que se desenha no deserto, é o contorno de um corpo feminino. No deserto não há flores: os olhos, os lábios, o sorriso de uma mulher são as únicas flores existentes. Sem qualquer tipo de concorrência.

No deserto não há frutos, nem trepadeiras, nem orquídeas, nem algas, nem plantas delicadas e flexíveis: só uma mulher com o seu corpo lembra essas coisas criadas na terra para deleitar a vista. O árabe apenas vê tudo isto no corpo de uma mulher.

No deserto, as mulheres substituem jardins, flores, frutos perfumados, rios azuis e sinuosos, as torrentes e o murmúrio das fontes. O papel da mulher no deserto é substituir todas as coisas belas e esplendorosas que existem na natureza e representá-las. Só ela o pode fazer. A mulher, no deserto, representa toda a beleza e esplendor do universo, concentrados num só corpo. Numa só criatura. Uma imagem parcial do papel que a mulher desempenha no deserto está presente no *Cântico dos Cânticos*, obra criada nestas paragens – no paralelogramo desértico dos árabes.

A VIDA DE MAOMÉ

«Quem é esta que sobe do deserto, como colunas de fumo, perfumada de mirra, de incenso e de toda a sorte de pós aromáticos?» (*Cantares de Salomão*, III: 6).

É a mulher. O homem ajoelha, perdido por tanta beleza e explendor. E grita: «A tua estatura é semelhante à palmeira e os teus peitos aos cachos de uvas...» (*Cantares de Salomão* VII: 8).

«O teu umbigo é como uma taça arredondada, a que não falta bebida, o teu ventre, como monte de trigo, cercado de lírios. Os teus dois peitos como dois filhos gémeos da gazela. O teu pescoço, como a torre de marfim: os teus olhos, como os viveiros de Hesbon, junto à porta de Bath-arabim» (*Cantares de Salomão* VII: 2-4).

Tudo o que há de bom na terra, só aparece no deserto na figura feminina. A mulher é o Paraíso. Antes e depois dela, não existe mais nada de belo neste universo de areia cinzenta, uniforme, infinito e pálido.

O amor de Maomé foi Cadija; mas ela não foi somente uma mulher, isto é a beleza na terra, que para os árabes é representada pela mulher. Cadija foi a conselheira, a companheira, a tesoureira, a confessora e mentora de consciência de Maomé. Ela acreditou nele. Foi a sua primeira seguidora. A primeira muçulmana do universo. Morreu por causa das perseguições, no *chi'b*, na gruta. Cadija morreu por causa da sua fé no profeta. Maomé que nunca esqueceu ninguém que lhe tivesse feito bem, conservou até à morte um reconhecimento sem limites por Cadija, a *Tajirah*, a comerciante e a *Tahinah*, a casta. Chamam-lhe a mãe dos muçulmanos. Segundo o *Alcorão*, o seu lugar é no Paraíso, no lugar mais alto do Céu a que uma mulher pode aceder, ao lado da Santa Virgem Maria, mãe do Senhor, ao lado de Kultum, da irmã de Moisés e de Asya, a mulher do Faraó.

A morte de Cadija lança Maomé na desolação. Não consegue conformar-se. Dois dias após a morte de Cadija, primeiro pilar do Islão, morre Abu-Talib. O segundo pilar desmorona-se. Ainda que não muçulmano, Abu-Talib, na sua qualidade de chefe do clã Abd-al-Muttalib, foi o porta estandarte da resistência durante as perseguições. Tomou Maomé sob a sua protecção. Recusou todas as ofertas, que lhe fizeram, para entregar o profeta. Preferiu a miséria, a perseguição e a morte, salvando desta forma uma religião que não era a sua. Foi de um altruísmo supremo: morrer por um Deus de outro, porque esse outro era seu sobrinho. Abu-Talib morreu em consequência das perseguições, no gueto onde viviam os muçulmanos expulsos de Meca. Na gruta aberta na rocha. Tinha oitenta e seis anos. Entre os árabes, os moribundos são rodeados pelos parentes e amigos, que falam até ao último momento ao que vai morrer. Para que o moribundo

ORDEM PARA NÃO CHORAR

não se sinta só. Não há maior solidão do que a dos últimos momentos, em que um homem deixa a terra e a vida do seu próprio corpo. Deve ser acompanhado por todos os seus.

Abu-Lahab, irmão de Abu-Talib, e inimigo principal do islão, pediu a Abu-Talib que jurasse que morria na fé dos seus antepassados. Abu-Talib jurou. Maomé estava presente. A morte do seu protector perturbou-o de tal forma, que ele rezou todo dia sem parar, pelo seu tio que o deixou neste ano de pesar.

À noite, após esta oração, o anjo Gabriel apareceu a Maomé criticando-o por ele ter rezado por Abu-Talib. «*O profeta e os que crêem não têm jurisdição para pedir a Deus pelos descrentes, ainda que estes sejam seus próximos, depois do que se lhe manifestou: eles serão hóspedes do inferno*» (*Alcorão* IX: 113).

Depois desta advertência, o anjo consola Maomé dizendo-lhe que nem Abraão teve o direito de rezar pelo seu pai idólatra: «*O pedido de perdão que Abraão fez para seu pai, foi apenas consequência de uma promessa feita a este quando teve a certeza de que o seu pai era um inimigo de Deus, desentendeu-se com ele. Realmente Abraão era compadecido, bondoso*» (*Alcorão IX*: 114).

Maomé cumpre a ordem de anjo. Não reza mais nem chora a morte de Abu-Talib. Maomé é um muçulmano. Quer dizer um *submisso*. Mas é-lhe bem difícil não rezar por Abu-Talib, que ele tanto amava e pelo qual tinha reconhecimento. Abu-Talib era a raíz que lhe tinha trazido protecção, força e coragem.

Mas *millat Ibrahim*, ou islão, é a submissão absoluta a Deus. Maomé submete-se e enxuga as lágrimas. Os árabes chamam à lágrima «a filha do olho ou *bint al aïn*». Maomé afastou do seu rosto as filhas dos olhos, as lágrimas de sobrinho pela morte do tio que o protegia: a ordem de não chorar tinha vindo de Deus.

XXXVI

A VIAGEM AO CÉU

Maomé está sem *djiwar*, sem protecção. É um fora-da-lei. Logo após a morte de Abu-Talib, o clã reuniu-se para eleger um novo chefe. Escolheram Abu-Lahab, o irmão do morto. É o mais encarniçado dos inimigos do islão.

Nos dias que se seguem à eleição, na qualidade de chefe, Abu-Lahab dá por terminadas as perseguições aos muçulmanos. Afirma que, na qualidade de cidadão de Meca, é seu dever combater a nova religião e exterminá-la, mas na qualidade de chefe do clã de Abd-al-Muttalib o seu dever é proteger Maomé, que é membro desse clã.

Abu-Lahab anuncia que protegerá o seu sobrinho Maomé até ao dia em que este cometa um crime contra o clã. Esse dia não tardará. Abu-Lahab convoca todos os membros da tribo e pergunta a Maomé – na presença de todos – onde está nesse momento Abd-al-Muttalib. Maomé responde, sem qualquer hesitação, que Abd-al-Muttalib está no inferno. Onde estão todos os idólatras.

Abu-Lahab enumera os antepassados falecidos e pergunta a Maomé onde se encontra cada um deles. Maomé responde que todos eles ardem no inferno. Entre os antepassados de Maomé, estão os fundadores de Meca, que descendem directamente de Adão, de Abraão e Ismael.

Para os árabes, os antepassados não são apenas as raízes de cada ser vivo, mas constituem a única lei existente e o único exemplo de conduta. Os antepassados são o *abd* – que significa textualmente "a coisa mais maravilhosa" e que engloba a totalidade das leis civis, morais e religiosas. Ao afirmar que os antepassados estão no inferno, Maomé anula inteiramente a lei árabe.

Violar uma das leis legadas pelos antepassados, é grave. Mudar a linha de conducta traçada pelos antepassados é também grave. Mas afirmar que tudo o que os antepassados fizeram está errado, que todos os

A VIAGEM AO CÉU

seus actos são culpados, e que eles estão no inferno, equivale à anulação da lei. Pois, para além do exemplo dos antepassados, não existe qualquer lei.

Abu-Lahab tem o direito de excluir Maomé do clã. E fá-lo. A partir deste instante, Maomé não pertence mais ao clã Abd-al-Muttalib. Tornou-se uma criatura ignorada pelas leis, pois a lei não conhece os indivíduos, mas os clãs. Qualquer um pode impunemente matar, vender, torturar Maomé que, como pessoa, deixa de existir. Não tem estado civil. Não pode mesmo ser julgado.

Ao suprimir a identidade terrena de Maomé, por expulsão do clã, Abu-Lahab esquece contudo que este é um profeta e que a sua verdadeira pátria é o céu. Maomé acredita na protecção divina. Chama o anjo Gabriel e suplica-lhe que estenda sobre si a sua asa. Pois ele não tem pátria nem identidade na terra.

E – em verdade – nestas horas de solidão, de medo e de terrível angústia Deus convida Maomé para o céu.

*

* *

A viagem de Maomé para o céu ocorreu na época em que o profeta tinha sido abandonado por tudo e todos.

O acontecimento deu-se no mês de *rajab* – o sétimo mês do ano, que coincide com a pequena peregrinação a Meca, com o *umrah*. É em pleno Verão (é neste mês que se colhem as tâmaras, em Medina). A partida do Profeta para o céu teve lugar no dia 27 do mês de *rajab*. A primeira parte da viagem – chamada *isra* – vai de Meca a Jerusalém.

Maomé dormia na casa de Umm Hani, situada nas imediações do santuário da *Caaba*.

Durante a noite «abriu-se uma fenda no telhado da minha casa» – conta Maomé. «Eu estava em Meca. Gabriel desceu por essa fenda para o quarto onde eu dormia. O anjo abriu-me o peito e lavou-o com água da fonte Zam-Zam. Depois trouxe um jarro em ouro cheio de *hikma*, quer dizer de sabedoria e fé, e despejou-o no meu peito. Depois fechou-o. A seguir levou-me pela mão e montou-me num *buraq* – um cavalo alado.»

No momento da partida, Maomé estava num estado intermédio «entre o sono e a vigília.» O *buraq* é uma montada «rápida como um raio», de tamanho médio, entre o cavalo e a mula, com cabeça de mulher.

A convite do anjo Gabriel, Maomé monta no *buraq* e parte. Faz uma primeira paragem em Hébron (localidade onde se encontra o túmulo de Abraão) e reza. A segunda paragem é Belém, cidade onde nasceu Cristo.

A VIDA DE MAOMÉ

Maomé, pára e reza. A terceira paragem é Jerusalém. É aqui que termina a primeira parte da viagem ou *isra*. Ela vai de Meca – centro da devoção terrena, local onde se encontra a Mesquita Santa – a Jerusalém – a *masdjid aqsa*, ou a Mesquita longínqua.

Em Jerusalém, ponto final da *isra*, viagem terrena, começa a *mi'raj*, ou viagem celeste.

Antes de deixar a terra, Maomé deixa a marca do seu pé na pedra de Gubbat as Sakhra, a cúpula do Rochedo, em Jerusalém, tal como Abraão tinha deixado a marca do pé no *maqam Ibrahim* em Meca.

A segunda etapa da viagem vai de Jerusalém até ao céu, até ao céu da Lua, que é o mais próximo dos sete céus. Esta segunda parte da viagem é feita também montado no *buraq*.

Do céu inferior, Maomé sobe até ao sétimo, atingindo o Sidrat-al--Muntaha, isto é a Árvore do Limite ou o Lótus do Limite. O Profeta está tão próximo de Deus que, do lugar onde se encontra, ouve o ruído da pena com a qual Deus escreve, sobre a tábua intangível, as leis e as ordens que regem a marcha do universo.

Apesar desta proximidade, Maomé não vê (nem por um instante) a figura do Senhor. Nenhum homem, mesmo um profeta, tem o privilégio de ver o rosto do Criador. Existem sete céus, como sete esferas, que Dante, mais tarde irá descrever em *A Divina Comédia*. O céu inferior ou o céu da Lua, é guardado por anjos que verificam a identidade daqueles que chegam ao céu, provenientes do planeta terrestre. No céu inferior, Maomé encontra Adão. O primeiro homem está entre dois grupos de homens chegados recentemente da terra. Alguns destes novos hóspedes estão à direita de Adão; estes subirão ao Paraíso. Os outros estão à esquerda: descerão ao inferno. Adão, apesar de ser o primeiro homem, é contudo um homem, e comporta-se como tal: chora quando olha os que estão à sua esquerda, os destinados ao inferno, e sorri quando olha os da direita, que irão para o Paraíso. Adão é o pai de todos os homens, tanto dos bons como dos maus. Por causa disso está com eles, como um pai, na alegria e na tristeza.

No segundo céu, Maomé encontra Jesus e São João. No terceiro está José; no quarto Idris; no quinto Aarão; no sexto céu, encontra-se Moisés e no sétimo – o mais alto – Abraão.

O patriarca está apoiado – como um pastor – na parede de Baït-al--Ma'mur, a casa dos anjos. Casa essa construída exactamente com a mesma traça do santuário da *Caaba*.

Mais alto do que a casa dos anjos, que é rodeada por um território sagrado ou *haram* tal como o santuário da *Caaba*, situa-se o Lótus do

A VIAGEM AO CÉU

Limite, o fim supremo. Tudo o que se encontra para além da Árvore do Limite é desconhecido.

O homem só pode aproximar-se de Deus a uma distância que não deve ser menor que "dois arcos". Não pode ouvir a voz de Deus. Para conversar com o Criador, o homem tem necessidade de um intermediário, um anjo.

Maomé aprende todas estas realidades celestes por ocasião deste *mi'raj*, ou viagem ao céu.

Deus sabe que Maomé foi excluído do clã dos coraixitas, e que está exposto a todos os perigos da terra. Deus consola-o contando-lhe os seus sofrimentos quase iguais aos que os antigos profetas sofreram. Deus lembra a Maomé que outros profetas sofreram ainda mais: alguns foram torturados e mortos.

Antes de deixar o céu, Maomé recebe *doze* mandamentos, que tem de transmitir aos muçulmanos. Tal como Moisés tinha recebido os seus *dez*.

Os doze mandamentos são:

«Adorar apenas um só Deus.
Amar e respeitar o seu pai e a sua mãe.
Amar o próximo e dar-lhe o que lhe é devido.
Proteger os fracos, os viajantes e os estrangeiros.
Não ser pródigo.
Não ser avarento.
Não cometer adultério.
Não matar.
Não tocar nos bens dos outros, e especialmente nos dos orfãos.
Não falsificar as medidas.
Não empreender coisas insensatas.
Não ser orgulhoso.»

Quanto às orações diárias que todos os muçulmanos são obrigados a fazer, o seu número foi fixado em cinco.

Deus fala a Maomé de Moisés e do Êxodo. Deus faz saber ao Profeta que, ele também – como Moisés – deve juntar-se aos seus fiéis e partir com eles para o exílio. O que irá exigir dele uma grande coragem e uma grande vontade. É para lhas dar que Deus o fez vir ao céu. Em verdade, a hora que se vai seguir será uma hora decisiva na fundação do islão.

Maomé descreverá mais tarde todas as pessoas que encontrou no céu. Em *A Divina Comédia*, Dante seguirá o mesmo plano narrativo. O *Alcorão* diz, por exemplo, que Abraão, se parece com Maomé. Moisés tem longos cabelos negros, nariz aquilino e é um belo homem.

*

* *

Em Meca, na manhã seguinte, todos sabem que Maomé fez uma visita ao céu. O Profeta não contou a ninguém o que lhe tinha acontecido. Mas o facto não pode ser mantido secreto. Ninguém quer acreditar na autenticidade desta *mi'raj*, na viagem celeste do Profeta. Todos troçam de Maomé. Apenas uma pessoa acredita, desde o primeiro instante e sem qualquer hesitação: é Abu-Becre, que desde logo será apelidado de *siddiq* ou o Verídico.

No céu, Maomé encontrou tudo o que a raça humana produziu de mais precioso e de mais elevado em qualidade. Presentemente está de novo no meio dos miseráveis de Meca, que o odeiam, perseguem e maltratam. Está de novo entre os coraixitas, "os pequenos tubarões". Está ameaçado de morte. Nesse momento encontram-se em Meca árabes vindos de todas as tribos da Arábia, por ocasião da pequena peregrinação – a *Umrah*. Os coraixitas procuram entre os estrangeiros um assassino a contratar, para assassinar Maomé. O Profeta sabe-o. Mas tem confiança em Deus. No entanto, um dia, Thumamah-ibn-Uthal – chefe da tribo Banu Hanifah – barra-lhe o caminho, tira a espada, e diz a Maomé que se ele abrir a boca o mata. Maomé não abre a boca. É uma provocação. Outras se seguirão, assim como tentativas de assassinato. Desta vez Maomé escapa. Contudo terá de arranjar um outro lugar para ficar. Em Meca, os coraixitas acabarão por assassiná-lo. Maomé pensa seriamente num lugar de refúgio, para si e para o seu grupo de fieis.

XXXVII

MAOMÉ EXPULSO À PEDRADA
DA CIDADE DE TA'IF

«Não fosse pelo teu clã já te teríamos maltratado.» (*Alcorão* XI: 93).
É a ameaça que Maomé ouve há anos. Agora, a velha ameaça acaba:
já não há clã. Os coraixitas, os seus compatriotas, podem matá-lo. Sem
se exporem a qualquer punição. Sem peso na consciência.

Maomé está consciente do perigo. Foge de Meca durante a noite.
Tem intenção de pedir protecção à sua família em Ta'if, cidade situada
ao sul de Meca, à distância de um dia de burro ou dois dias de camelo. A
cidade está situada a mil e seiscentos metros de altitude, num planalto
fértil, que em nada se parece com o infinito deserto que a circunda. A
população da cidade de Ta'if pertence à tribo Banou Thaqif. Todos os
ricos cidadãos de Meca possuem uma casa e um quintal em Ta'if, onde
tudo é verde, onde o ar é puro e onde parece que se está noutro continente,
e não no paralelogramo desértico dos árabes.

Os cidadãos de Ta'if são ricos. A sua ocupação principal são os empréstimos a juros. Em Ta'if, empresta-se dinheiro com juros de 100%.
Nunca menos. A segunda característica da cidade são os quintais. Culti-
vam-se legumes e cereais. O que torna os habitantes de Ta'if célebres
entre os beduínos, é o facto de eles comerem pão... O que no deserto é
um facto excepcional. Em Ta'if, os habitantes têm tempo e meios para se
ocuparem da arte, da ciência e das letras. O único médico conhecido, na
Arábia, nesse tempo, era de Ta'if: chamava-se Harith-ibn-Kaladah. Fez
os seus estudos no Irão. Quando Maomé nasceu, o céu estava cheio de
cometas e estrelas cadentes. O astrónomo mais célebre, a quem as pessoas
pediram explicações sobre esses fenómenos celestes, é o astrónomo de
Ta'if, de nome Amr-ibn-Umayah.

Todo o território da cidade, é *haram*, ou sagrado. Num rochedo da
muralha da cidade encontra-se a estátua de Al-Lat, uma das três *haraniq*
– as três deusas que estão na origem dos versículos satânicos do *Alcorão*.

A VIDA DE MAOMÉ

O território que envolve a estátua e o santuário é um lugar de refúgio... Em princípio, mesmo o pior dos assassinos não pode ser perseguido se aí penetrar. No território sagrado de Ta'if, não se pode matar nem animal nem pássaro, nem mesmo derrubar uma árvore.

A cidade de Ta'if é a única, em toda a Arábia, que é cercada por muralhas. Aliás Ta'if em árabe significa muralha. Perguntou-se a um habitante de Ta'if, que tinha prestado serviços ao imperador da Pérsia, o que queria como recompensa. Este respondeu que queria que um engenheiro construísse uma muralha de defesa à volta da cidade. Foi assim que foram construídas as fortificações que envolvem a cidade do planalto, que se chamava Wajj.

Não longe de Ta'if, todos os anos, realiza-se a célebre feira da Ukaz. Maomé entra na cidade das muralhas, no alto do planalto, e dirige-se à casa de Abd-Yalil – um primo pertencente ao clã de Abd-al-Muttalib. Yalil não só não quer receber Maomé em casa, como manda um bando de escravos e marginais apedrejar o profeta.

Maomé é atacado e apedrejado em todo o lado, nas ruas da cidade de Ta'if. Para salvar a vida, refugia-se num quintal escondendo-se entre as árvores. O dono do jardim, onde Maomé procura refúgio, é um cidadão de Meca. Não protege o profeta para não provocar inimizades com os seus concidadãos, mas tem pena do infeliz. Maomé está ferido, tem a cara em sangue. O proprietário ordena a um escravo que leve ao fora-da-lei, uns cachos de uvas. O escravo é um cristão de Nínive, chamado Addas. O escravo fica atónito, quando ouve Maomé antes de comer as uvas dizer: "Pela graça de Deus". Então o escravo pergunta ao profeta, se ele é cristão, pois a frase proferida era a mesma entre os cristãos.

Maomé responde negativamente e explica: «Eu sou um profeta, um enviado de Deus, como o teu compatriota Jonas.» É por ser profeta que lhe atiram pedras e que o ameaçam de morte. Estabeleceu-se de imediato uma amizade entre o escravo cristão e o profeta do islão. São irmãos pela fé. Ambos acreditam num só Deus criador do Céu e da Terra.

O escravo ajuda Maomé a sair de Ta'if sem se confrontar com os bandos que o procuram para o apedrejar.

À noite, Maomé parte para Meca. Não encontrou sítio para se refugiar. Deve voltar ao mesmo local de onde fugira. Pelo caminho, um pouco antes da meia-noite, pára cansado, ferido, esfomeado, desesperado e reza: «Oh meu Deus é para ti que eu trabalho, mas eu sou tão fraco, tão desprovido de forças! Queria continuar para não atrair sobre mim a tua cólera, mas suplico-te, ajuda-me!»

MAOMÉ EXPULSO À PEDRADA DA CIDADE DE TA'IF

Maomé está por terra, vencido. Mas um árabe sabe que, para um homem, não há maior vergonha do que perder a paciência. Maomé acalma--se, suporta a dor moral de ter sido apedrejado em Ta'if e a dor física das suas feridas, a fadiga e a fome. Prossegue o seu caminho de regresso a Meca.

Na região de Nakhla, frequentada por demónios e toda a espécie de espíritos – a mesma onde Abraão tinha sido vítima dos *djinns*, que lhe tinham atirado pedras – Maomé pára de novo e reza. Está de pé. Nunca até aqui a sua oração tinha sido tão fervorosa. É o ponto culminante da sua dor. Verifica que sobre a terra «não há fuga que o proteja», que o seu único refúgio é Deus. Enquanto Maomé chora lágrimas de sangue, um grupo de génios escuta a oração do Profeta e chora de pena. Em vez de torturarem Maomé, os génios vão-se embora e convertem-se ao islão. São sete os grupos de génios que assistiram à oração do Profeta no deserto de Nakhla e que se vão embora comovidos. Maomé continua o seu caminho para Meca. Chegado aos arredores da cidade, pára, pois se entrar na cidade, será morto. Envia um mensageiro para pedir a protecção, a *djiwar*, de Akhnas-ben-Chariq. Maomé espera a resposta. Está próximo do monte Hira, onde o anjo Gabriel lhe falara pela primeira vez, há dez anos atrás. Presentemente Maomé é outro homem. Ninguém reconheceria hoje o rico comerciante de há dez anos, que vinha fazer um retiro na Montanha da Luz. Agora Maomé é um proscrito, expulso à pedrada da cidade onde procurara abrigo. Está magro, sujo, coberto de sangue, ferido, tão acabrunhado pelo desgosto, que até os demónios choram com pena dele. Não tem coragem de entrar em Meca, receia ser morto. O emissário enviado pelo profeta, regressa. A resposta é negativa. Akhnas não pode dar protecção a Maomé. É um aliado dos coraixitas. Um aliado não pode dar livremente a sua protecção a outrém; não tem os mesmos direitos dos membros do clã de que depende.

Maomé pede então a protecção de Suhail-ben-Amr. Este não é um aliado. É um coraixita, mas também este lhe recusa protecção. As leis do clã são rigorosas, severas e precisas. Suhail é um coraixita que não descende do clã principal de *Kab*. Logo não pode dar a sua protecção contra os coraixitas. Maomé resigna-se pela segunda vez. Por último implora a *djiwar* de Mut'im-ibn-Adi, que lha concede e envia os seus próprios filhos armados para escoltarem o profeta até Meca. Mut'im faz parte da tribo Naufal. Dá-lhe protecção, mas sob certas condições. Maomé não poderá benificiar dela por muito tempo, pelo que procura um refúgio estável. E nada é mais estável do que a *djiwar*, a protecção de Deus.

XXXVIII

PODE UM PROFETA ESCOLHER ENTRE A VIDA E A MORTE?

«Desejar a morte é encurtar a vida. Desprezar a morte é prolongá-la», diz um poeta árabe. Maomé está perante esta alternativa. Não pode islamizar Meca e está consciente da inutilidade dos seus esforços. Deve morrer assassinado pelos perseguidores coraixitas, sua própria tribo, ou fugir?

Os profetas não fogem. Esperam – como uma libertação – a morte. Ficam felizes quando os perseguidores os metem a ferros e os conduzem ao suplício. Todos os profetas têm vocação de mártir.

Mas Maomé é um árabe, e um árabe sabe que não tem escolha, sobretudo quando sabe que se trata da vida ou da morte do homem. Ninguém foi consultado antes de vir ao mundo. Se fossem consultados, a maioria dos homens recusaria nascer. Mas recebem a vida sem o seu consentimento, como uma dádiva divina. Não há escolha entre ser ou não ser. A hora da morte – o fim da vida ou *adjal*, como se diz em árabe – está, ela também, longe da vontade e da escolha do homem. Para o árabe, a vida é um bem que Deus oferece ao homem quando quer e que lhe retira também quando quer. O homem tem a liberdade do usufruto, pois não é proprietário. A sua vida é uma propriedade alheia, pertence ao Criador. «Os povos menos mórbidos aceitaram a vida como um axioma incontestável. A existência é, a seu ver, um usufruto imposto ao homem e que um destino fora do nosso controle concede ou retoma a seu belo prazer. Assim, o suicídio é inimaginável e a morte deixa de ser um mal.»

Maomé é um árabe e, ainda mais, um muçulmano, ou seja, um homem totalmente submisso à vontade divina. A sua vida e morte são questões que não lhe dizem pessoalmente respeito: são um assunto de Deus. Nem

PODE UM PROFETA ESCOLHER ENTRE A VIDA E A MORTE?

sequer se imagina que ele pudesse escolher. Seria uma impiedade. Se Deus quer que Maomé morra mártir, morto pelos coraixitas, Maomé morrerá, da forma mais vulgar que é possível. A morte não é um mal.

Esperando a decisão divina, Maomé age como qualquer beduíno expulso da sua tribo: procura uma outra tribo. No deserto ninguém quer viver sem tribo; tal como um átomo saído de uma molécula procura outros átomos para formar outra nova molécula. A natureza recusa aos beduínos e aos átomos a existência individual no universo.

Em Meca vive-se o sétimo mês do ano ou *radjab*, época da pequena peregrinação – o *umra*. Quase todas as tribos árabes têm aí os seus representantes. Maomé e os seus fiéis tomam contacto com os chefes das tribos estrangeiras e pedem protecção. Maomé recebe o não de quinze tribos. Apesar da sua oferta ser tentadora. Diz às tribos estrangeiras: «Protegei-me e escutai as minhas palavras, e em breve sereis senhores dos impérios vizinhos.» Os chefes das tribos escutam Maomé e riem a bom rir das suas promessas. Ninguém leva o profeta a sério. No Oriente, o exemplo dos ricos é seguido com fervor. A partir do momento em que os coraixitas – capitalistas do deserto – expulsam Maomé do seu seio, isto significa que Maomé não vale nada. Além disso Abu-Lahab, Abu--Sufian, Abu-Jahl e outros inimigos do islão fazem saber aos beduínos que Maomé é louco e perigoso; que não é aconselhável escutá-lo, que tudo o que ele diz é insensato. Os beduínos não tem qualquer motivo para duvidarem das pródigas afirmações dos grandes comerciantes de Meca; por conseguinte ultrajam Maomé. Mas Maomé não desiste nem perde a coragem. É um árabe e se os árabes perdessem a coragem não podiam ter atravessado o deserto de areia sem água, ao longo da história. A principal virtude de quem vive no deserto é a paciência; a segunda é a paciência e a terceira é ainda a paciência. As outras virtudes são secundárias.

«Não se deve ter consideração por um homem que não consegue suportar o sofrimento físico e moral.» A paciência de Job é moeda corrente no deserto. Quem não a tiver perde a vida. Sem a paciência de Job, a vida no deserto é inimaginável. Maomé não perde a coragem. Como diz o ditado: «Procura bem no deserto da tua infelicidade e acabarás por encontrar um oásis.»

A décima sexta tribo a quem Maomé se dirige para pedir protecção, escuta o profeta sem troçar dele. Aceita a proposta que ele lhes faz. É um grupo de seis homens de Medina ou Iatrib. Para discutir – calma e detalhadamente – a entrada do profeta no seu clã, os árabes de Medina encontram--se com Maomé no desfiladeiro chamado Acaba, nome que, em árabe,

A VIDA DE MAOMÉ

significa exactamente "desfiladeiro". O local situa-se a pequena distância de Meca.

A discussão entre Maomé e os seis árabes de Medina estabelece-se numa base extremamente séria: para as pessoas de Medina, Maomé não é um estrangeiro. O seu pai está enterrado perto de Medina, em Abwa. Abd-al-Muttalib, seu pai é filho de uma mulher de Medina. O castelo dessa mulher ainda existe, construído numa pedra branca como prata.

Os seis homens de Medina escutam atentamente Maomé. Abraçam sem hesitar o islão. Depois da peregrinação a Meca, voltam para casa e tratam com o clã da admissão do Profeta. Maomé, espera em Meca. Além dos laços de parentesco, há outros motivos pelos quais os seis homens que falaram em nome do clã dominante de Medina – o clã Khazraj – aceitaram Maomé. Há em Medina muitos judeus.

Os judeus falam sem parar, sobretudo desde há algum tempo, da chegada eminente de um Profeta ou de um Messias. Fazem mesmo os preparativos para o receberem em Medina. Os homens de Khazraj vêem em Maomé o profeta anunciado pelos judeus. Estão encantados por desta vez o enviado de Deus, ser um árabe e não um judeu. Além do mais, o novo profeta é um coraixita. Logo é um nobre. As gentes de Iatrib estão muito honradas por receber um nobre no seu clã, um homem que pode estabelecer o contacto entre o deserto infinito, que se estende aos seus pés, e o azul infinito do céu, que está sobre as suas cabeças.

Entretanto, Maomé continua a sua actividade. Suporta os golpes com mais coragem, porque entrevê um oásis, Medina, onde poderá refugiar-se.

Maomé desposa Saudah-bint-Zam'ah. É uma mulher divorciada de um muçulmano chamado Sukram, que emigrou para a Abissínia. Aí Sukram abjurou o islão e tornou-se cristão, ao mesmo tempo que um neto de Abd-al-Muttalib chamado Ubardallah-ibn-Djâch. Ambos tinham ficado impressionados pelo culto cristão, pelos ícones e igrejas que viram na Abissínia.

A mulher de Sukram continuou muçulmana, divorciou-se e voltou sozinha para Meca, instalando-se em casa do profeta. Saudah não é nem jovem nem bela. Maomé toma-a por esposa porque ela se manteve fiel ao islão, e porque ela voltou para Meca, preferindo divorciar-se a seguir o marido e tornar-se cristã como ele. É uma recompensa que o profeta concede a esta mulher, pela sua força e pela sua fé no islão. Mas apesar disso, Maomé está só. Ninguém ocupa nem ocupará, no seu coração, o lugar de Cadija. Mas «uma vez que a mãe deles morreu, os filhos de Cadija necessitam de outra mãe que os penteie.» Saudah, a nova esposa

PODE UM PROFETA ESCOLHER ENTRE A VIDA E A MORTE?

de Maomé é uma dona de casa já madura. Ela própria, ao tornar-se esposa de Maomé declara: «Não desejo mais do que as mulheres desejam ter, apenas estar entre as esposas do Profeta no dia da Reunião Suprema.»

Ao mesmo tempo o amigo mais fiel de Maomé, Abu-Becre, que sacrificou toda a sua fortuna pelo islão, pede ao Profeta que lhe dê a honra de ficar noivo da sua filha Aixa, a primeira criança a nascer muçulmana. Aixa tem sete anos. Virá a ser a mulher de Maomé quando atingir a adolescência. De momento, o pai Abu-Becre pede apenas a Maomé para se tornar noivo dela; assim Abu-Becre será parente do Profeta. Os laços de amizade serão cimentados pelo sangue. Ainda que nem o Profeta nem Abu-Becre conheçam o futuro, pressentem terríveis acontecimentos aos quais apenas podem fazer frente se estiverem unidos ainda mais do que estão: estamos no ano 620.

XXXIX

O JURAMENTO DAS MULHERES

Eis-nos no ano 621. Chegam a Meca, por ocasião da pequena peregrinação, doze muçulmanos de Medina. São os seis do ano anterior, com mais seis outros fieis. Dez deles pertencem à tribo Khazraj, e dois à tribo Aus. Estes dois importantes clãs de Medina estão de acordo em aceitar nas suas fileiras Maomé e os seus fieis.

«O nosso povo está demasiado dilacerado por querelas intestinas. Pode ser que Deus o liberte através de ti. Vamos todos trabalhar nesse sentido, vamos aceitar as tuas propostas e apresentá-las ao nosso povo.»

Este é o discurso do representante dos doze homens de Medina.

O encontro entre Maomé e os doze homens de Medina decorre mais uma vez em Acaba, o mesmo desfiladeiro onde se realizara o encontro de há um ano atrás.

Este desfiladeiro situa-se entre Meca e Mina. É um lugar frequentado por Satanás e por toda a espécie de espíritos e génios. Quando Abraão partiu para sacrificar o seu filho Isaac, para provar a Deus que ele era *muslim*, isto é submisso à vontade divina, foi perseguido pelo Diabo que o apanhou neste mesmo lugar, o desfiladeiro de Acaba. Abraão foi obrigado a atirar pedras ao Diabo para se ver livre dele. Este ritual de atirar pedras ao Diabo é seguido, até hoje, nas peregrinações.

Chegados a este lugar, os muçulmanos atiram pedras para os três *djarma*, ou montes de pedras, sete pedras que cada um tinha trazido de Moz Dalifa. É aí também que se apresentam os doze medinenses, que no futuro passarão a chamar-se *ansars* ou auxiliares de Maomé.

Os doze muçulmanos *ansars* que falam em nome de uma das cidades mais importantes da Arábia, não só querem dar a sua protecção a Maomé, como também jurar-lhe fidelidade e tratá-lo como se trata um enviado

O JURAMENTO DAS MULHERES

de Deus. Em Medina, é muito elevado o número de convertidos desde há um ano. Todos se perguntam que magia usa Maomé. Ele afirma que não faz milagres, mas aquele que assim consegue, pela eficácia do proselitismo, aos olhos dos árabes é o maior dos milagres.

Cada época e cada povo pede aos seus profetas milagres diferentes. Nesta época os árabes reclamavam ao seu profeta qualquer coisa escrita, como tinham os judeus e os cristãos. Mas qualquer coisa escrita em árabe. Maomé deu-lhes o *Alcorão*. Era o grande milagre que os árabes esperavam para saírem do estado de inferioridade em que se encontravam relativamente aos povos que possuíam os livros: os judeus e os cristãos. Recebendo o *Alcorão* eles vêem abrir-se a porta da emancipação árabe. Encontram-se assim em pé de igualdade com os possuidores do Evangelho e do Pentateuco. Para os muçulmanos, o *Alcorão* é o livro mais maravilhoso do mundo.

Sabe-se que cada profeta faz milagres para provar a autenticidade da sua missão. Contudo Deus escolhe o género de milagre, segundo as preferências manifestadas pelo povo e a época em que vive cada profeta. No tempo de Moisés, os homens tinham os mágicos na mais alta conta. Deus concedeu a Moisés poder de fazer milagres como os prestigiditadores. No tempo de Jesus, são as curas milagrosas e as ressureições que os povos mais apreciam. Jesus faz as duas coisas, sobretudo curas milagrosas, em grande escala. No tempo de Maomé, nada é mais apreciado pelos árabes do que a arte de se exprimir, com precisão, rigor e talento poético. Maomé faz o milagres, através do *Alcorão*.

Desde o início, nas discussões que trava com os *ansars*, fala como um chefe. Além do mais, Medina procurava desesperadamente um chefe. No preciso momento em que Maomé discute com os *ansars*, sobre a sua vinda de árbitro e de profeta, os joalheiros de Medina cinzelam a coroa para um eventual rei de Medina, pois a maioria dos cidadãos decidiu escolher um rei. O novo monarca é conhecido: chama-se Abdallah-ibn--Ubaïy-ibn-Salul. Os ourives tinham a medida da sua cabeça para cinzelarem a coroa real. Mas Ubaïy é um *khazrajite*, e as outras tribos não estão de acordo. Preferem que em vez do rei, Medina mande vir Maomé, que será profeta e árbitro. Um profeta é superior a um rei. Benificia da colaboração de Deus. A cidade só tem a ganhar.

Maomé diz aos doze *ansars*: «Exorto-os a protegerem-me, como protegeriam as vossas filhas e as vossas mulheres.»

É a fórmula clássica do juramento, para os que não tem clã, assim que são admitidos num outro clã. É o *bay'at-an-nisa*, ou o "juramento das mulheres".

A VIDA DE MAOMÉ

Os doze *ansars* juram. No momento em que pronunciam o juramento perante Maomé, o Diabo que rondava, tal como era seu hábito, no desfiladeiro *aqabah* começa a uivar. Os *ansars* não deram atenção aos terríveis rugidos do Diabo e continuaram a pronunciar a fórmula solene do juramento.

«Nós juramos escutar, obedecer, na saúde e na doença, no prazer e na tristeza. Terás a primazia mesmo sobre nós. Nunca contestaremos o comando de quem quer que o possua. Não temeremos, pela causa de Deus, a censura de nenhum não seguidor. Fica entendido que não associaremos a Deus o quer que seja. Que não roubaremos. Que não fornicaremos. Que nunca mataremos os nossos filhos. Que não propagaremos a calúnia entre nós e que não desobedeceremos em nenhuma acção.»

Maomé responde aos *ansars*: «Se cumprirem o vosso juramento, o Paraíso será a vossa recompensa; se o violardes seja no que for, competirá a Deus punir-vos ou perdoar-vos.»

Os doze *ansars* partem para a sua cidade como doze apóstolos. Estão acompanhados por um missionário, que deve ensinar-lhes o *Alcorão* e guiá-los no islão, quer dizer na entrega à vontade de Deus.

Este missionário, enviado especial do profeta, chama-se Mus'ab-ibn--Umair. É um homem grisalho com uma voz musical, que recita o *Alcorão* com arte, mas que é sobretudo um grande sedutor. Possui o dom da palavra e sabe fazer-se amar. Cumprirá a sua missão com habilidade e talento. Instala-se em Medina, em casa de As'ad-ibn-Zurarah, um dos seis convertidos ao islão. Nos finais do ano de 621, toda a população de Medina se terá tornado muçulmana, à excepção dos judeus. Estes, embora sem abandonarem o judaísmo, são favoráveis à vinda de Maomé na qualidade de árbitro.

No entanto Maomé espera em Meca. Está consciente da gravidade do seu acto. Todos os árabes estão conscientes disso. É uma *fitna*, uma rotura, coisa grave na sociedade árabe. Pois as raízes de todos os homens estão na árvore genealógica. Maomé separa-se das suas raízes. Por ordem sua os homens não estarão mais ligados pelo sangue mas sim pela fé. A nova sociedade que criou não será mais formada por homens que descendem dos mesmos antepassados, mas sim por homens que acreditam no mesmo Deus. A nova sociedade chama-se *ummah*, o que significa comunidade. O seu chefe supremo é Deus. O representante de Deus é o Profeta. Todos os membros desta comunidade são iguais entre si e perante Deus. Os ricos, os pobres, os negros, brancos e amarelos, as mulheres e os homens, são iguais. A *ummah* não está separada do resto dos homens – como o clã – pelo sangue, mas sim pela fé. «Todos os crentes formam

O JURAMENTO DAS MULHERES

uma e única *ummah* no exterior dos humanos.» Bem entendido que todos os homens – sem distinção de direitos – podem entrar nesta *ummah* se se entregarem à vontade divina e se se tornarem muçulmanos.

Está formada a sociedade islâmica.

É o acontecimento do ano 621. Ninguém dúvida, nem os *ansars*, nem o Profeta, que nessa noite acaba de ser criada em Acaba uma *ummah*, uma comunidade que irá sobreviver pelos séculos fora e que compreenderá centenas e centenas de milhões de homens.

Todavia, nessa noite, não estavam mais do que doze homens e o seu Profeta no desfiladeiro desolado de Acaba.

XL

O JURAMENTO DE GUERRA

No ano seguinte, 622, no dia a seguir ao *tachriq*, depois da peregrinação a Mina, Maomé encontra pela terceira vez – sempre à noite e sempre no desfiladeiro de Acaba – os muçulmanos de Medina. Além dos doze *ansars* que prestaram o "juramento das mulheres" um ano antes, há também outros. Ao todo setenta e três homens e duas mulheres. Deslizam no escuro desfiladeiro sem serem vistos, rápidos como pássaros. O encontro é estritamente secreto. São necessárias precauções. Nestes dias de peregrinação a multidão é numerosa. Desta vez não se trata apenas de um simples compromisso, de um "juramento das mulheres", à volta da protecção e da obediência; os setenta e cinco muçulmanos de Medina, juram a Maomé que combaterão por ele. É um *bay'at al harb*, "um juramento de guerra".

O cerimonial nocturno no desfiladeiro agreste, frequentado pelo demónio, é mais solene do que o do ano anterior. Maomé abre a sessão recitando lentamente, com a sua voz musical, versículos do *Alcorão*. Em seguida faz-se mais uma vez o *bay'at an nisa*, o juramento das mulheres, para os que não tinham estado presentes no ano anterior. Maomé: «Exorto-os a protegerem-me da mesma forma que protegem as vossas mulheres e filhos.»

Os setenta e cinco conspiradores – pela causa de Alá – respondem: «Sim, com certeza, juramos, por Aquele que te enviou munido da verdade, que te protegeremos como protegemos as nossas mulheres.» Maomé informa os setenta e três homens que poderão ser levados a pegar em armas por Alá. A fazer a guerra. Os *ansars* não recuam. Juram defender Maomé e a sua fé «todos contra o mundo.» É o juramento de guerra.

O JURAMENTO DE GUERRA

Aquele que pronuncia um tal juramento cumpre-o. Mas os *ansars* têm – também eles – uma questão a pôr: em caso de vitória, não os deixará Maomé para voltar para Meca? E argumentam: «Oh enviado de Deus, nós temos um pacto com os judeus da nossa região, e vamos traí-lo. Mas se assim o fizermos, e se mais tarde Deus te der a vitória, não nos abandorás para voltar para o teu povo?»

Por sua vez, Maomé jura fidelidade aos muçulmanos de Medina: «O vosso sangue é agora o meu sangue. A vossa remissão é a minha remissão. Eu partilho-vos e vós partilhais de mim. Combaterei quem vós combaterdes, e farei tréguas com quem as fizer convosco.»

Maomé pede aos doze *ansars* para escolherem doze chefes, um para cada um dos nove clãs *Kazrajitas* e dos três clãs *aus*. Os chefes eleitos recebem o nome de *naqib*. Maomé escolhe para chefe um dos doze *ansars*, na pessoa de As'ad-ibn-Zurarah. É o cidadão de Meca em casa do qual habitou e pregou o missionário Mus'ab-ibn-Umair.

Nessa altura, à excepção de três famílias pequenas, todos os cidadãos de Medina são muçulmanos.

Maomé diz aos doze *naqibs* que o irão representar em Medina: «Vós sereis, perante os vossos, o garante do que lhes diz respeito, como o foram os doze apóstolos de Jesus, Filho de Maria.»

A revolução que se deve dar está começada. O sangue é substituído pela fé. O clã continua; um clã onde os irmãos não são só aqueles que são filhos do mesmo pai e da mesma mãe, mas os que têm a mesma fé. «*Os crentes são irmãos.*» (*Alcorão* XLIX: 10) O clã está desmontado. «Deus dividiu os homens em clãs e em nações para que eles se pudessem reconhecer, não para que as nações e os clãs constituíssem uma barreira entre os homens.»

Maomé recomenda aos fiéis que pensem em Deus, como pensam nos seus próprios pais, e ainda com mais intensidade. O chefe tribal dos árabes é Abraão.

O local onde foram prestados o "juramento das mulheres" e o "juramento de guerra" está hoje assinalado por uma mesquita, uma *masjid*. Pois é neste local que se encontra a pedra da fundação do islão.

«Assim se inicia um novo período da vida de Maomé. Continuará sem dúvida a ser o transmissor fiel da Revelação e o Conselheiro espiritual dos Crentes, mas torna-se por outro lado o chefe responsável pela existência material de um certo número de homens. É com razão que o *Alcorão* daí para o futuro lhes propõe Moisés como modelo: tornou-se um chefe do povo.»

XLI

PARA CAPTURAR OS *ANSARS*

O vocabulário islâmico, a partir de agora, conta com duas novas palavras base: *ansars* que, textualmente, significa ajudar ou auxiliar, e que é o nome que terão todos os muçulmanos de Medina, e *muhadjirun*, que significa refugiado, e que será o nome de todos os cidadãos de Meca emigrados em Medina para se integrarem na *ummah*, a comunidade muçulmana.

Maomé declara: «Os que no mundo me são mais queridos são os *muhadjiruns* e os *ansars*».

Os *ansars* são os que tinham albergado e protegido Maomé no exílio, e os *muhadjiruns* são os que o seguiram no exílio. Tanto uns como outros sofreram muitíssimo pela sua fé.

Apesar do pacto militar, o *bay'at-al-harb* – "juramento de guerra" – do mês do *radjab* 622, em Acaba, ter sido rodeado de grande secretismo, os coraixitas foram informados de que algo de grave se passara.

Os *ansars* foram discretos. São hábeis. Chegaram à reunião, de noite, deslizando entre as rochas do desfiladeiro como se fossem *qata* – isto é pássaros. Apesar disso, "os pequenos tubarões", os coraixitas, souberam que tinha sido celebrado um pacto, e começaram um inquérito.

Os cidadãos de Medina que estavam em peregrinação e que foram interrogados, respondem sinceramente que não têm conhecimento de qualquer conspiração. Só setenta e três homens e duas mulheres sabem qualquer coisa, mas desapareceram de Meca. Crêem ter sido alarme falso. Mas alguns dias após o juramento de guerra, os coraixitas recebem informações precisas. Foi realmente urdida uma conspiração. Organizam uma caravana de camelos brancos – os mais rápidos – e de cavalos para

PARA CAPTURAR OS *ANSARS*

apanharem e capturarem os *ansars* que haviam partido no dia a seguir ao *bay'at-al-harb*. Estão a caminho. A viagem entre Meca e Medina demora onze dias. Há sempre caravanas ultra-rápidas que podem percorrer esta distância em quatro dias e quatro noites. É uma destas caravanas que os coraixitas organizaram para perseguir os *ansars* e assim descobrir qual a conspiração urdida por eles e pelos muçulmanos de Meca.

Os *ansars* já esperavam ser perseguidos pelos idólatras e por isso mudam de rota diariamente. Os coraixitas não os descobrem, mas apanham um negociante medinense que fez parte da caravana dos *ansars* e que – ao ficar para trás – se perdeu. O prisioneiro posto a ferros é levado para Meca e sujeito a um interrogatório cerrado. Declara que efectivamente fez uma parte do caminho com a caravana dos *ansars*, mas que nada sabe do pacto de Acaba. Apesar da tortura, os coraixitas nada conseguem arrancar ao negociante. Além disso não podem continuar por mais tempo o interrogatório do prisioneiro, pois este é muito rico e possui relações influentes em Meca. Os seus amigos libertam-no rapidamente.

Ainda que ignorando todos os detalhes, os coraixitas estão inquietos. Para eles uma coisa é bem clara: a conspiração de Maomé é dirigida contra eles. Mandam uma nova caravana e enviam espiões para Medina. Em Meca, a casa de Maomé está cercada e vigiada de noite e de dia. Pela primeira vez os coraixitas abandonam a ironia, o ultraje e a sátira nas suas relações com Maomé. Ele tornou-se para eles um perigo real.

Maomé, nesta época, está muito calmo, se bem que quase prisioneiro. Empenhou-se no grande combate para a vitória do islão, quando o anjo lhe ordenou:

«*Matai-os* [os *muchrikun*, isto é os idólatras] *até que a perseguição não exista e esteja no seu lugar a religião de Deus*». (*Alcorão* II: 193)

Está iniciada a luta que não pode acabar senão com a vitória total dos idólatras ou do islão. Pois «o tom visual dos árabes não tem meias tintas. Este povo vê o mundo a preto e branco... Conhecem apenas a verdade e a não-verdade, a crença e a descrença, sem hesitações nem matizes».

XLII

TERROR CONTRA OS *MUHADJIRUNS*

O *Alcorão* define assim os *muhadjiruns*: «*Os emigrados pobres que foram expulsos de suas casas, separados dos seus bens, por buscarem o favor e a satisfação de Deus e auxiliarem a Deus e ao Seu Enviado*» (*Alcorão* LIX: 8).

Logo após o pacto militar feito com os *ansars*, Maomé ordena aos seus fieis de Meca que se organizem em pequenos grupos, se integrem em caravanas e se refugiem em Medina. Desde a sua chegada a esta cidade, os *muhadjiruns* – refugiados pró-islão – foram tomados a cargo pelos *ansars*, seus irmãos em Alá.

O êxodo dos muçulmanos de Meca continua, dia após dia, mas quanto mais o tempo passa mais difícil se torna partir. Os coraixitas esforçam-se, desde o começo, para impedir a criação de um grupo de emigrantes hostis. Não recuam perante nada. A partida dos que se tornaram *muhadjiruns* faz-se em segredo. Mas não se pode guardar segredo absoluto. Três amigos muçulmanos decidiram partir juntos para o exílio. São eles Aïyach-ibn-Rabi'ah e os irmãos Umat e Hachim-ibn-As. Fazem os preparativos tão discretamente quanto possível. Na véspera da partida, um dos irmãos – Hachim – desaparece. Os outros partem sem ele.

No dia seguinte todos os cidadãos de Meca sabem do caso Hachim. Ao saberem que ele é muçulmano e que se quer exilar, os coraixitas prendem-no. Em Meca não há prisão. A primeira prisão árabe será construída em Kufah, uns anos depois da morte de Maomé, pelo seu filho adoptivo Ali. Nesse tempo, os presos – como o negro Bilal – eram

TERROR CONTRA OS *MUHADJIRUNS*

agrilhoados e abandonados nus no deserto, ou então crucificados sobre um camelo e ligados a uma caravana, ou então lançados para o fundo de um poço.

Hachim, despido, acorrentado, é fechado numa casa sem telhado, para que os raios do Sol o queimem e lhe rasguem as carnes até aos ossos.

Na tradição árabe o Sol é do género feminino. É representado por uma mulher velha e venenosa que faz mal ao Universo. Pelo contrário a Lua que trás a frescura da noite é, em árabe, do género masculino. A Lua é o marido do Sol; as manchas azuladas, negras, que vemos à noite na Lua são as nódoas negras que o Sol lhe faz, porque cada vez que o Sol encontra o marido, a Lua, bate-lhe até o ferir. E em cada noite o corpo da Lua – mártir conjugal – está coberto de feridas de nódoas negras. São as manchas da Lua.

Assim Hachim fica abandonado ao Sol, para que este lhe rasgue a carne e a pele. Os dois outros foram perseguidos mas não foram apanhados. Os emissários coraixitas, apresentam-se a Aïyach, em Medina, dizendo-lhe que a mãe está doente e lhe suplica que regresse. Aïyach sabe que se trata de uma armadilha. Mas prefere cair nela do que não responder ao apelo da mãe, uma vez que ela nunca o tinha chamado. Foi conduzido a Meca, fechado e acorrentado na mesma casa sem tecto, onde estava Hachim, para aí ser torturado pelo Sol – o maior carrasco do deserto.

Os dois muçulmanos não morreram sob a tortura; são libertados por um pequeno grupo de *ansars*, vindos especialmente de Medina.

As torturas inflingidas aos *muhadjiruns* não são só físicas. Também lhes são confiscados todos os bens. Abu-Sufian apodera-se da casa de Banu-Djâch. Um muçulmano chamado Suhaib-ar-Rumi, que possui uma grande fortuna, é capturado pelos coraixitas quando este se refugia em Medina com outros muçulmanos. Os coraixitas dizem-lhe: «Chegaste pobre à nossa cidade. Enriqueceste entre nós. Queres partir agora com a fortuna que ganhaste em Meca? Não o permitiremos...» Suhaib não hesita nem um segundo: renuncia à fortuna e parte para Medina, pobre mas cheio de fé. O *Alcorão* cita-o como exemplo e louva a sua atitude. Este facto é inconcebível no mundo materialista dos negociantes de Meca.

Os ricos de Meca possuem propriedades de férias em Taif. As tâmaras e os legumes cultivados nas residências de férias são vendidos nos mercados de Meca. Uma casa de veraneio é ainda mais agradável se trouxer algum lucro.

Conta-se em Meca com estupefacção, profunda emoção e mesmo com uma angústia mística, que um riquíssimo coraixita, possuidor de um grande quintal em Taif, se limitava a fazer dele um local de prazer e não de negócio. As mais sangrentas escaramuças entre os beduínos do deserto, não excitaram os grandes comerciantes de Meca tanto como esta notícia.

Numa sociedade deste tipo, onde o dinheiro é o mais precioso dos astros, abandonar toda a fortuna para seguir um profeta é um facto inacreditável. E no entanto, não podemos duvidar das dezenas, das centenas de homens que abraçaram o islão deixando para trás fortuna, casa, família e clã para seguirem Maomé no exílio. O número de *muhadjiruns* aumenta. Quanto mais aumenta o seu número, maior é a angústia dos coraixitas. Procuram uma solução. Mas ninguém pode impedir tal êxodo, tal como não se pode parar as águas de um rio quando sobem demasiado e saem do leito.

XLIII

NOVO PLANO PARA ASSASSINAR O PROFETA

Os coraixitas reúnem-se para gizarem um novo plano para assassinar Maomé, e aniquilar o islão. Os coraixitas abarcam dez famílias. Estão organizados de acordo com a sociedade nómada, segundo a qual o território da cidade e arredores são *haram*, isto é, sagrados. Este território, segundo a tradição popular, foi delimitado por Abraão. Mede cerca de duzentos quilómetros quadrados.

Cada família coraixita possui o seu próprio território, mais um anexo situado fora da cidade, o *chi'b*, onde estão instalados os seus protegidos, os estrangeiros e os escravos da tribo.

Além dos membros da família propriamente dita, cada um destes clãs engloba uma numerosa população. Há primeiro os *maula*, ou *protegidos*, que são os "irmãos contratuais". A segunda categoria chama-se *halif* e é composta de estrangeiros admitidos no clã. Em seguida vêm os *jar*, que significa os «irmãos contratuais temporários». Os escravos, embora muito numerosos, não pertencem a nenhuma destas categorias – mas sim à dos objectos e animais.

Cada clã tem o seu local de reunião, chamado *nadi*. Além disso, todos os clãs de Meca têm um local comum de reunião, o *dar-an-nadwah*. Nas sessões do *dar-an-nadwa* participam todos os chefes de *nadi*, e todos os coraixitas com mais de quarenta anos. Todavia há excepções. Abu-Jahi foi admitido nas sessões antes dos quarenta "devido à sua excepcional inteligência". A sala do conselho é geralmente utilizada para festas, especialmente para casamentos. Todas as mulheres aí se apresentam cobertas de joias, que não lhes pertencem, e que foram alugadas nos joalheiros de Kaibar.

A VIDA DE MAOMÉ

Assim os "pequenos tubarões", os coraixitas, reúnem-se para estudar o caso de Maomé e para tomar contra ele medidas urgentes. Todos sabiam que estava decidido assassiná-lo. É a medida mais fácil e radical. Antes de se decidirem pensam noutras soluções. Em primeiro lugar é proposta a detenção de Maomé, só que isso não será muito eficaz pois os seus partidários virão libertá-lo. Haverá derramento de sangue e o prisioneiro será libertado.

Elimina-se também a ideia de o exilar. Se Maomé for exilado, arranjará um exército e virá atacar Meca. Esta solução não só é eliminada, como fica decidido que Maomé deve ser impedido por todos os meios de deixar a cidade.

O assassinato foi por fim decidido e todos os coraixitas estão de acordo; é uma solução razoável para acabar com o profeta e com o islão.

Para a sociedade coraixita, o assassinato em si, não é de modo algum condenável sob o ponto de vista moral, religioso ou humano. A vida de um homem é um bem exclusivamente material. Se o homem é suprimido, pode ser substituído por um outro ou por camelos, carneiros ou dinheiro. O pecado de homicídio não é ainda conhecido. A este respeito, o assassinato de Maomé não apresenta qualquer problema. A sua vida pertence ao clã Abd-al-Mutalib. O chefe deste clã é Abu-Lahab. Ele excluiu Maomé do clã, por falta grave contra os antepassados. Por isso Abu-Lahab não pedirá contas aos assassinos de Maomé. Pelo contrário, tomará parte no assassinato do sobrinho. Desta forma, a morte de Maomé não terá qualquer inconveniente. A partir do momento em que a família não peça reparação em caso de morte, isso significa que a vida de Maomé não tem qualquer valor. Não vale nada.

O projecto de assassinato do profeta é aclamado por unanimidade. É aprovado até pelas famílias que se dizem amigas de Maomé.

Os coraixitas são comerciantes, por consequência, pessoas muito prudentes. Sabem que de momento não irão provocar qualquer complicação, e não se exporão a sanções se matarem Maomé. Mas tentam que este assassinato não tenha consequências desagradáveis no futuro. Mais tarde, um outro chefe do clã de Abd-al-Mutalib que possa vir a ser eleito, em vez de Abu-Lahab, poderá exigir aos assassinos o preço do sangue, pela vida do profeta. Para se poupar a qualquer tipo de contestação futura, que poderá ter lugar quer daí a dez ou a cem anos, e que será uma fonte de aborrecimentos para os descendentes dos assassinos, decide-se que a equipa de matadores será composta por representantes de todas as famílias coraixitas, assim como de todas as tribos associadas e de todas as categorias de protegidos e aliados. Desta forma o número de assassinos que

NOVO PLANO PARA ASSASSINAR O PROFETA

eventualmente poderia responder pelo crime seria tão elevado que desencorajaria qualquer tipo de reclamação. É necessário que o assassinato de Maomé seja anónimo. Esta morte deve acontecer como se fosse um linchamento.

Os negociantes coraixitas, depois de se porem de acordo sobre os diferentes pontos, organizam uma lista dos participantes no assassinato de Maomé. Ninguém deve ser esquecido, ninguém pode ficar inocente nesta morte. O número de culpados deve ser o maior possível. A culpabilidade em matéria do crime cresce em relação inversamente proporcional ao número de assassinos. Quando o plano estiver totalmente pronto deverá ser executado de imediato.

Os coraixitas, embora imbatíveis em matéria de comércio – meticulosos e prudentes – cometeram um erro: esqueceram que Maomé é o enviado de Alá e que por isso possui o *djiwar*, a protecção de Alá – um *djiwar* mais eficaz do que o dos coraixitas. Por causa deste erro, o plano para liquidar o profeta fracassa. Não ter em conta Alá, é um esquecimento fatal para os assassinos.

XLIV

A HÉGIRA

Todos querem saber se Maomé é capaz de escapar à morte, se é realmente um profeta, isto é um homem que pode fazer milagres. Maomé proclama: «*Pessoalmente não possuo proveito nem dano senão na medida que Deus quer. Se conhecesse o oculto, teria grandes bens e não me tocaria o mal. Eu não sou mais do que um admoestador e um recompensador para os que crêem.*» (*Alcorão* VII: 188)

Maomé é muçulmano, o que significa submisso à vontade divina. Espera a decisão de Deus. Deus decide salvar o profeta.

Uma tia de Maomé, chamada Ruqayah-bint-Abi-Saifi-ibn-Hachim, casada com um homem da tribo Zuhrah, sabe que os coraixitas decidiram matar o profeta, na noite seguinte, usando uma equipa de assassinos pertencentes a todos os clãs. Vai avisar Maomé. O profeta já o esperava, no entanto desconhecia que o assassínio estaria tão próximo. Cada vez que os homens enfrentam a morte ficam surpreendidos: parece-lhes sempre demasiado cedo. Maomé tem apenas dois amigos que o podem ajudar, nesse terrível momento: Deus, no céu e Abu-Becre na terra. Reza a Deus, deixa a sua casa e corre para a casa de Abu-Becre.

Negociante ponderado e prudente que possui o *hilm* de Meca, a fleuma árabe, Abu-Becre esperava a visita de Maomé. Preparou minuciosamente a fuga. Comprou dois camelos brancos, o que há de mais rápido no deserto, e escondeu-os à entrada de Meca, numa ravina, prontos a partir. Abu-Becre impede Maomé de voltar a casa. Leva-o para uma caverna no monte Thaur. Ali, filho adoptivo de Maomé, vem receber as últimas instruções do profeta. Para desviar as atenções dos guardas que rondam

A HÉGIRA

a casa de Maomé, Ali vestirá o manto do profeta e ficará junto à janela, dentro da casa, fazendo assim crer aos coraixitas que Maomé está lá dentro. Manter-se-á de costas para a rua e dormirá na cama do profeta.

Ali parte e executa as ordens. Durante todo o dia, os cidadãos de Meca prepraram a morte do profeta, e ficam encantados ao saberem que Maomé está em casa, despreocupado. Irão matá-lo na cama.

Enquanto isso, Maomé e Abu-Becre organizam a fuga. São ajudados por duas pessoas: um escravo libertado por Abu-Becre, de nome Abdallah-ibn-Arqath e um guia chamado Amir-ben-Fuhayrah. Ao anoitecer e por uma questão de segurança, Abu-Becre e Maomé deixam os dois ajudantes, camelos e bagagens e partem sozinhos, a pé; esconder-se-ão numa gruta o mais afastada possível de Meca.

Quando no dia seguinte, ao amanhecer, os coraixitas descobrirem a fuga de Maomé, irão organizar batidas por todo o deserto para o capturarem. Abu-Becre e Maomé permanecerão escondidos enquanto durarem as batidas. Arqath e Amir virão juntar-se a eles, dias mais tarde, com os camelos e bagagens, e partirão para Medina.

Este é o plano. Maomé e Abu-Becre vão a pé. Caminham quase a noite inteira. Querem afastar-se o mais possível de Meca. É uma estrada longa, de vários quilómetros. Na direcção norte o terreno é acidentado, cheio de pedras. Ele sabe que Deus o salvou. Deus não quis que o seu profeta morresse. Ele enviou Ruqayah para avisá-lo de que os coraixitas o queriam matar durante a noite. O *Alcorão* refere-se assim a esta fuga: «*Recorda-te de quando maquinaram contra ti os que não crêem, a fim de te apanharem, de te matarem ou de te expulsarem. Maquinavam enquanto Deus lhes desfez os planos, porque Deus tudo sabe.*» (*Alcorão* VIII: 30)

Maomé, é claro, está agradado por Alá o salvar da morte, ao dizer-lhe através de Ruqayah que fugisse da casa onde iria ser morto.

Mas, sofre. As únicas raízes da sociedade árabe, graças à qual os árabes puderam permanecer na terra, estão na *qwaw* – a tribo. É a árvore geneológica, os antepassados. A *qwaw* é para eles o que a terra é para os camponeses. Os antepassados e o clã são, para o nómada, o bilhete de identidade, o cartão de visita, a subsistência, o único bem terrestre, o único modelo. Maomé abriu uma brecha no clã, abateu a árvore que ligava o povo árabe à terra. Pois sem árvore genealógica, a vida dos árabes não seria possível entre os dois infinitos desertos: o de areia escaldante, que se estende a seus pés e o que lhes cobre a cabeça, o céu de fogo cor de opala. De momento, Maomé deixa o clã, para viver numa comunidade segundo a fé, na *ummah*. É muito difícil para ele, na sua

A VIDA DE MAOMÉ

qualidade de árabe. Foi talvez a coisa mais difícil que Deus lhe pediu. Mas quem encontra Deus, deve sacrificar-se. Deus enviou a Maomé o anjo Gabriel. Maomé deve fazer o que o anjo manda. O anjo é seu hóspede e um hóspede é sagrado. Diz o poeta árabe: «Repartirei o meu corpo para alimentar os hóspedes, e eu contentar-me-ei com água pura».

Dar é um grande prazer para os árabes. Dão mesmo a sua vida. Desta vez, Maomé sacrifica – efectivamente ao céu – a árvore de carne e sangue do seu clã. Para sempre. É mais doloroso que sacrificar o seu próprio corpo, pois a árvore genealógica é a única que cresce, resiste, protege o homem no desértico paralelogramo arábico, onde, numa extensão de três milhões de quilómetros quadrados, não cresce outra árvore. A árvore genealógica é o único bem concreto e estável do deserto.

Maomé avança ao lado de Abu-Becre, três anos mais velho do que ele, mas que caminha mais depressa, pois não lhe pesam tanto como ao profeta os pensamentos e as preocupações. Aparecem entretanto os primeiros raios da aurora. Os dois fugitivos procuram uma gruta para se esconderem durante o dia que começa.

Em Meca, os assassinos penetram na casa de Maomé, todos de faca em punho. Lançam-se sobre a cama do profeta, prontos a esfaqueá-lo. Do leito, vestido com o *burda*, manto do profeta, e com o turbante deste, levanta-se Ali, que é maltratado pelos assassinos. Procuram Maomé por toda a casa. Desvastam tudo. Por fim, chegam à conclusão que foram enganados. Maomé fugiu. Organiza-se desde logo a perseguição. Nunca Meca perseguiu um assassino usando tantos meios, como agora. Os negociantes, que são realistas, "os pequenos tubarões", os coraixitas têm a certeza de que, se não matarem Maomé agora, se ele lhes conseguir escapar, ele conquistará Meca.

Para já, os coraixitas mandam os *munadi* e os *muazzin* – os pregoeiros públicos – anunciar em todas as esquinas que aquele que disser o paradeiro de Maomé receberá como recompensa cem camelos. A cabeça do profeta é posta a prémio.

XLV

A GRUTA DAS SERPENTES

Ao chegar à caverna, o fiel Abu-Becre, entra em primeiro lugar, varre o chão e rasga o manto para tapar os buracos, com medo das serpentes. Depois chama o profeta.

Abu-Becre, homem mais velho e mais rico serve Maomé como se este fosse um príncipe. Entre os seus, Maomé goza de autoridade excepcional. Além do mais, absolutamente merecida. É um homem que encontrou Deus, o que o eleva acima da condição humana. Tem o rosto marcado, como Moisés, com manchas de luz, parecidas com queimaduras de sol.

Moisés não sabia, que o encontro que tivera com Deus, lhe tinha deixado marcas do sol no rosto. Se o rosto de Maomé não tivesse marcas de luz, depois da viagem ao céu, e da conversa com Deus, Abu-Becre, homem de quase sessenta anos e personalidade conhecida de todos os árabes, não se poria de joelhos para limpar a gruta; não teria preparado a cama de Maomé, como se ele fosse um príncipe das mil e uma noites.

Maomé nasceu e viveu na mesma cidade que Abu-Becre. Mas Maomé foi elevado acima da condição humana, depois do seu encontro com Deus.

Depois de ter feito a cama do profeta, Abu-Becre convida Maomé a entrar e a repousar. Os pés de Maomé sangram, está extenuado.

Cansado, o profeta põe a cabeça sobre os joelhos de Abu-Becre e adormece. A tradição diz que a *burda*, o manto, que Abu-Becre rasgou para tapar os buracos da caverna e impedir as serpentes de entrar, não foi suficiente; enquanto Maomé dorme, com a cabeça sobre os joelhos do amigo, Abu-Becre apercebe-se de que um buraco não estava tapado. Se

A VIDA DE MAOMÉ

uma serpente entrasse durante o sono do profeta, a vida deste estaria em perigo. Abu-Becre estende a perna e tapa o buraco com o calcanhar. Depois adormece, contente por ter tomado todas as medidas necessárias para proteger a vida do Enviado de Deus.

As precauções de Abu-Becre não foram inúteis: pelo buraco que não estava tapado, entra uma serpente, que morde o calcanhar de Abu-Becre. O companheiro de Maomé acorda, dilacerado pela dor; mas esforça-se por não gritar para não acordar o profeta. No entanto, a dor é demasiado forte. Sobre o rosto imóvel de Abu-Becre aparecem gotas de suor, que ao caírem sobre o rosto de Maomé o acordam. O profeta apercebe-se que uma serpente mordeu Abu-Becre. Suga o veneno. Os dois companheiros adormecem.

No dia seguinte, continuam as buscas. O deserto que rodeia Meca fervilha de espiões que procuram Maomé. Meca foi mobilizada, para apanhar o profeta vivo ou morto. As tribos de beduínos são alertadas. Todos sabem que aquele que entregar Maomé receberá cem camelos de recompensa.

Abu-Becre e Maomé dormem, sem se aperceberem de que os perseguidores já passaram várias vezes frente à gruta onde eles se escondem.

Na verdade os coraixitas não tem qualquer hipótese de descobrir o profeta. Mobilizaram centenas de homens e camelos rápidos para explorarem as estradas do deserto, as grutas e os desfiladeiros. Contam apenas com a sua força e habilidade. Ignoram que devem lutar também contra Deus. Não acreditam em Deus, mas Deus – uma vez mais – salvou o profeta. Quando o primeiro grupo de perseguidores chegou em frente à gruta, o Senhor enviou algumas aranhas que teceram apressadamente uma teia que tapou a entrada. Vendo intacta a teia de aranha os homens que procuravam o profeta, prosseguiram o seu caminho, convencidos que desde há muito que ninguém entrava naquela gruta.

O segundo grupo que chega, quer entrar na caverna, mas o Senhor envia um pássaro que faz o ninho e põe os ovos mesmo na entrada. De novo os perseguidores seguem o seu caminho. A terceira vez, são pedras que rolam e tapam a entrada. Ao acordar Abu-Becre está deprimido. A fadiga, a fuga, a mordedura da serpente, a fome, tudo lhe pesa. Maomé encoraja o companheiro. Diz-lhe que não se deixe abater. Eles não são só dois, são três, pois Deus está com eles. Diz o *Alcorão* (IX: 40):

«Auxiliai o Enviado, já que Deus o socorreu quando os que não crêem o expulsaram, assim como a Abu-Becre. Quando ambos estavam na gruta, eis o que dizia ao seu companheiro: "Não te entristeças! Deus está connosco." Deus fez descer a Sua presença sobre ele e auxiliou-o com

A GRUTA DAS SERPENTES

exércitos que não víeis, e pôs no lugar inferior a palavra dos que não crêem, pois a palavra de Deus está no lugar mais alto. Deus é poderoso, sábio.»

No momento de sair de gruta das serpentes, Maomé e Abu-Becre vêem a teia de aranha, o ninho com os ovos de pássaro e as pedras que obstruíam a entrada. Ficam, então, convencidos: Deus protege-os. Redobra a sua fé. Maomé e o seu companheiro passam três dias na gruta. É o milagre supremo.

As buscas param ao fim de três dias. Os coraixitas desistem. O guia Amin-ibn-Fuhaïraq e o escravo libertado Arqath chegam com os camelos e as provisões. Os fugitivos tomam o caminho de Medina.

Esta viagem demora normalmente doze dias. Mas a caravana dos quatro fugitivos faz inúmeros desvios para evitar todos os encontros pelo caminho.

Maomé e Abu-Becre estão andrajosos. Maomé, porque no momento em que Ruqayah o avisou da conspiração que se tramara contra ele, partiu tal como estava, com uma roupa velha; Abu-Becre porque rasgou o seu manto. Ao fim de algum tempo, os fugitivos não têm água nem alimentos. São obrigados a fazer mais desvios do que pensavam. Chegam a um acampamento de nómadas, onde encontram apenas uma mulher velha. Umm Ma'bad quer dar-lhes alguma coisa de comer, mas não tem nada. Só tem uma cabra estéril. Maomé diz-lhe para tentar mungi-la; a cabra talvez tenha leite. Céptica, a velha dirige-se para a cabra para a mungir e esta dá leite em quantidade suficiente para acalmar a sede e a fome, não só de quatro homens, mas também da mulher. É um dos milagres com que Deus bafeja o profeta de vez em quando.

Pouco tempo depois dá-se um novo milagre. Surge no caminho dos fugitivos uma caravana da Síria. São amigos e familiares de Maomé e transportam aquilo que faz falta aos fugitivos: roupa e comida. Maomé veste-se dos pés à cabeça. Tal como convém a um profeta, quando vai ser recebido por centenas de fieis com toda a pompa. Os caravaneiros ao darem aos fugitivos roupas e comida anunciam a Maomé que toda a população de Iatrib ou Medina, ao saberem da fuga do profeta lhe preparam uma triunfal recepção, como para um verdadeiro enviado de Deus à terra árabe.

Depois deste encontro que dá coragem aos fugitivos, eles viajam com menos preocupação e vigilância. É humano que isto aconteça. Maomé e os companheiros são descobertos e apanhados por homens a cavalo e armados até aos dentes. São homens da tribo Banu Mudly. São aliados dos coraixitas. Identificaram Maomé e querem capturá-lo para ganhar o prémio de cem camelos. Por três vezes, o chefe da tribo aproxima-se a galope da caravana do profeta, e das três vezes o cavalo escorrega e recua. Quando pela quarta vez o cavalo recusa aproximar-se do profeta, o cavaleiro – de nome Suraqah, que virá a ser um dos generais do islão – fica com medo. Está convencido de que foi o próprio Senhor que impediu o cavalo de se aproximar dos fugitivos. Desce do cavalo e pede desculpa a Maomé. Confessa que queria capturá-lo para obter os cem camelos de recompensa oferecidos pelos coraixitas. Suraqah oferece os seus préstimos a Maomé. É um dos mais célebres cavaleiros e guerreiros do mundo árabe. Promete a Maomé afastar todos os perseguidores.

Suraqah cumpre a sua palavra. Nenhum perseguidor de Meca, ou das tribos aliadas, conseguiu aproximar-se dos fugitivos. No entanto, ainda não estão fora de perigo. Outros o esperam mais longe, prontos a barrar-lhes o caminho. Entre eles estão uma dúzia de homens da tribo Aslam, conduzidos pelo seu chefe Buraidah. Atacam a caravana dos fugitivos. Maomé e os companheiros não tem outro remédio senão escapar através da palavra. Maomé fala aos que o cercam e se preparam para o fazer prisioneiro e o entregarem aos coraixitas, que o vão matar.

A príncipio os homens da tribo Aslam troçam da forma como Maomé tenta comovê-los e salvar-se através da palavra. Mas, quando ele começa a recitar os versículos do *Alcorão*, os assistentes recuam. Caem de joelhos e todos pedem para ser aceites no islão. Maomé converte-os. A tribo Aslam será totalmente muçulmana graças a este encontro. Irá constituir a força de base do exército muçulmano. Antes de morrer, Maomé dirá que ama os homens da tribo Aslam como se fossem *ansars* ou *muhadjiruns*.

«Aqueles que me são mais queridos são os *muhadjiruns*, os *ansars*, os *ghifars* e os *aslam*.» Os *ghifars* são vizinhos dos *aslam* e desordeiros convertidos. Por causa disso, diz Maomé jogando com as palavras: «*Aslam salamaha'illah, ghifar ghafaraha'illah*». (Que Deus salve os *aslam*, que Deus perdoe os *ghifars*.)

Mais longe, um outro aslamita, ao encontrar Maomé, oferece-lhe água e comida, e dá-lhe um escravo que o conduzirá a Medina. Este último aslamita chama-se Aus-ibn-Hajar.

Um guia, no deserto, não é só um homem que mostra o caminho. Um guia é um salvo conduto, um passaporte; além de representar uma segurança total contra os ataques e roubos, contra a falta de água e comida. Um guia, no deserto é um seguro contra todos os riscos. É um passaporte vivo. Chama-se em árabe *rafik* ou *rabia* – palavra que significa textualmente: "o homem que segue atrás de ti, montado num camelo"! De longe,

A GRUTA DAS SERPENTES

este guia interpela os viajantes e explica-lhes quem é, e quem são os que o enviaram. À voz deste homem abre-se o caminho como nos contos.

Chegado ao fim do território dos aslamitas, Mas'ud, o guia, volta para casa. Maomé, Abu-Becre e os dois homens que os acompanham, continuam a viagem sozinhos. Estamos no Verão do ano 622. Os quatro fugitivos atravessam a localidade de Thaniyat-al-Wada, vizinha da cidade de Iatrib ou Medina. A viagem chegou ao fim. Logo de seguida, ei-los na localidade de Quba. Maomé pára. Pede um favor a Abu-Becre: que lhe venda a camela na qual o profeta viajou até ali e sobre a qual vai entrar em Medina. Maomé deseja entrar na cidade montado numa camela mesmo sua. Abu-Becre aceita. Maomé dá-lhe 400 *dirhams*. Maomé está feliz por ter feito esta compra. A sua camela chamava-se Qaswa "a que tem um quarto de orelha cortada". Esta camela entrou na história. É a camela do profeta, sobre a qual ele fez esta célebre viagem, a fuga de Meca para Medina, chamada Hégira. Os muçulmanos contarão, daqui em diante, os anos a partir desta data. Como os cristãos os contam a partir do nascimento de Cristo. Pois a Hégira é o começo de uma era para o islão, para aqueles que se entregaram à vontade divina.

XLVI

MEDINA, A CIDADE DO PROFETA MAOMÉ

É no mês de Setembro do ano 622, que Maomé chega ao oásis onde está situada a cidade de Medina. Contudo o calendário muçulmano não começa no mês de Setembro, mas em 16 de Julho de 622. É a Hégira. Começa a era muçulmana.

Maomé entra na localidade de Quba, a sul de Medina, ao meio-dia, estando o Sol no zénite. Desde há alguns dias que a multidão o aguardava, para lhe fazer uma recepção triunfal.

Mas ao meio-dia, quando o Sol escaldante está na vertical, as pessoas recolhem a casa. Não há ninguém nas ruas. Maomé entra então em Quba, arredor de Medina, numa altura em que não se vê vivalma na rua. A cidade está deserta. Como que abandonada. Com uma única excepção: um judeu! Um só! Espera Maomé sob o Sol ardente do meio-dia. No momento em que vê o profeta, o judeu, exultando de felicidade, começa a correr pelas ruas gritando: "Hé! *banu qaïla*!" (Todos os judeus de Medina eram chamados *banu qaïla* – fosse qual fosse a tribo a que pertencessem.)

Os gritos do único homem que esperava o profeta enchiam a pequena localidade. «*Banu qaïla*, eis que chega a vossa oportunidade!»

Homens, mulheres e crianças saem em massa para a rua. Tudo o que mexe vem acolher o profeta, enviado aos árabes por Deus.

Maomé, acompanhado de Abu-Becre instala-se debaixo de uma tamareira. Curiosa, a multidão que os rodeia e aclama não sabe qual dos dois é o profeta. Para evitar a confusão, Abu-Becre tira discreta e elegantemente o manto, coloca-se atrás de Maomé e com o manto faz um guarda-sol e cobre com ele o profeta. Perante esta demonstração exterior de respeito e de adoração, todos compreendem quem é o profeta e quem é o seu companheiro, e aclamam-no.

Maomé é acolhido por um chefe muçulmano local, chamado Kulthum-ibn-al-Hidm. É uma casa modesta, para poder receber o profeta e os que o vêm saudar. Maomé escolhe também uma casa maior que pertence a

MEDINA, A CIDADE DO PROFETA MAOMÉ

Sa'd-ibn-Khaithaman. Na primeira instala-se e na segunda recebe. As várias dezenas de *muhadjiruns* – emigrantes de Meca – que já se encontravam em Medina, chegam a Quba para receber o profeta.

O primeiro acto de Maomé em Quba, é construir uma Mesquita. Todos os muçulmanos se deitam ao trabalho. Maomé à cabeça. Omar, "o homem de quem até o diabo tem medo", transporta as pedras. Abu-Becre transporta água. Trabalhando tal qual como os outros, Maomé preocupa-se em organizar uma nova comunidade. Os planos por ele anteriormente concebidos devem ser modificados segundo as circunstâncias e as dificuldades. A fim de conhecer melhor as dificuldades, Maomé prefere parar para começar neste subúrbio, às portas de Medina, e adiar a sua entrada na cidade. Antigamente, Iatrib ou Medina, chamava-se *Tabab taïbah*, o que significa "ela é agradável". O nome nada tem de exagerado. Para quem chega do deserto, depois de uma viagem no infinito estéril e tórrido, um oásis ou uma cidade, são tudo o que há de mais agradável: *Tabab taïbah*.

Mais tarde, a cidade "ela é agradável" foi chamada Iatrib, que significa "adoece" e na verdade Medina "faz adoecer". O clima do oásis é demasiado húmido para as pessoas que vêm do deserto. Os emigrantes que seguiram Maomé no exílio – os *muhadjiruns* – caíram todos doentes, depois de alguns dias de estadia em Iatrib "a cidade que faz adoecer". O clima é mau para os homens vindos de uma região onde a chuva é quase desconhecida.

Amir-ibn-Fuhaïrah, que acompanhou Maomé e Abu-Becre desde a gruta das serpentes até Quba, diz após alguns dias de estadia em Medina, onde ficou doente devido ao clima, «que aqui provou a morte antes de morrer». Abu-Becre fica também doente, e exclama: «Estou mais perto da morte do que das minhas sandálias».

Outro factor, para além do clima, contribuiu para fazer adoecer os *muhadjiruns*: o afastamento de Meca, do seu clã e da sua família.

Maomé, que conhece os homens, ordena que sejam feitos todos os esforços para trazer, de Meca para Medina, todas as famílias dos exilados.

Mais tarde, a cidade chamar-se-à Medina, que significa simplesmente "cidade", sem especificar se "ela faz adoecer" ou se "ela é agradável". A cidade que se estende por trinta quilómetros quadrados, possui cinquenta e quatro castelos pertencentes a judeus e treze a árabes, que são verdadeiras fortalezas, onde em caso de perigo cada família pode proteger pessoas, bens e rebanhos.

Situada no centro de um oásis (à distância de um dia de viagem em camelo, de norte a sul, ou de este a oeste), Medina encontra-se implantada entre duas montanhas, Thaur, ao norte e Aïr, ao sul e entre dois desertos de lava, chamados Harras, um a este e outro a oeste. Aí o clima é ameno. a terra fértil, a água fresca e abundante. Há mesmo um lago onde se junta a água das chuvas, lago que durante todo o ano não deixa de ter água. Foi nesse lago, chamado Aqul, que Maomé aprendeu a nadar, com a idade de seis anos, quando visitou Medina com a mãe, Amina. A população medinense está organizada em clãs. Os mais importantes são os clãs-irmãos: os Khazraji e os Aus. Estão sempre em conflito, como habitualmente acontece com os irmãos. A última guerra entre os Khazraji e os Aus chamou-se *hatrib*, ou "guerra pela terra". Nesta guerra, cujo ponto culminante foi a batalha de Bu'ath, em 617, estiveram envolvidas todas as tribos de Medina. Não houve, na luta pela terra, nem vencedores nem vencidos. Foram os neutros que saíram benificiados sob o comando de Abdallah-ibn-Ubaïy. Foi a ele que alguns cidadãos de Medina decidiram eleger rei, e foi com as medidas da sua cabeça que os ourives da cidade cinzelaram a coroa real. A chegada de Maomé na qualidade de profeta-árbitro demoliu os planos dos realistas.

Além dos árabes Aus e Khazraji, vindos do sul onde se situa o berço de todos os árabes, existe em Medina uma terceira tribo – os An Nadjar. Estas tribos árabes constituem só por si metade da população. A outra metade é formada por judeus. Há três tribos judias: Qaïnuqa, Nadir e Quraïzah, e uma pequena tribo chamada Uraïd. Os clãs árabes e judeus fizeram as suas alianças de tal modo que, em todos os combates, os árabes e judeus se encontravam em proporções iguais, tanto num campo como noutro. Nunca houve uma guerra entre árabes e judeus.

Os judeus de Medina ocupam-se do comércio e do artesanato; e uma das tribos, Nadir, que significa "verde", ocupa-se tal como o nome indica, das plantações, pois possui a mais importante cultura de tâmaras do oásis.

Os Qaïnuqa, são os ourives, tal como o nome indica. A terceira tribo judia – Quraïzah, palavra que significa "acácia" – é composta por curtidores. A acácia é usada na curtição. Estas tribos judias possuem a maior parte dos castelos, ou *atam*, de Medina, ou seja: cinquenta e quatro.

Tal como em Meca, não existe prisão em Medina, nem tribunal, nem polícia. Cada tribo faz a sua própria justiça e a sua polícia e assegura a administração no interior do clã. Em Medina, não há território sagrado como em Meca e Taïf.

Se um membro de um clã cometer um assassínio, ou um roubo, não tem individualmente qualquer culpa: é o clã que é julgado e que deve pagar os danos. O entendido que estabelece o montante chama-se *achnaq*.

MEDINA, A CIDADE DO PROFETA MAOMÉ

Em Meca era Abu-Becre que desempenhava essas funções. Em Medina, como em Meca, existe uma medida para cada acto. A vida de um homem custa geralmente cem camelos. Um dente paga-se por um dente. Um olho por cinquenta camelos. Cada tribo fixa, de acordo com o seu poderio militar e com a sua riqueza, o preço das vidas humanas que lhe pertencem. Os judeus não protestaram contra a vinda de Maomé na sua qualidade de árbitro. Deram o seu acordo e foram desde o início adeptos do profeta e do islão. Os judeus estão convencidos que graças ao monoteísmo e ao respeito declarado por Maomé pelo Antigo Testamento e por Moisés, ele não tardará a tornar-se um verdadeiro judeu, como aconteceu com todos os monoteístas árabes, sempre que estiveram em contacto com uma poderosa comunidade judaica.

Maomé é recebido fraternalmente pelos judeus de Medina, como um futuro correlegionário. Pois a absorção do islão pelo mosaismo era logicamente inevitável.

Os judeus de Medina não se enganaram. Logo que chega à cidade, o profeta desencadeia uma série de acções que se aproximam do judaísmo. A mesquita que Maomé manda construir em Quba está orientada para Jerusalém, para estar na mesma direcção que os locais de culto mosaico. Além disso, a mesquita é construída num local de abluções rituais judaicas, chamadas *murtasila*. A fonte próxima da Mesquita, chamada *Aris*, há muito que é usada para práticas de culto.

Maomé ordena aos muçulmanos que continuem as práticas anteriores, e ele mesmo, tal como os outros, cospe na água, lança aí o anel, e vai buscá-lo à nascente da fonte.

Ordena aos seus fiéis que façam a oração do meio-dia, a que os judeus chamam *zohr*. Aceita o jejum dos judeus, chamado *ashra* e *tigri* – a dez do mês *muharran*. O bairro Quba é habitado maioritariamante por judeus. Maomé está encantado com a vizinhança e com as relações que ela lhe proporciona. Deseja que o islão – do qual Abrãao é o tronco – agrade aos judeus e aos cristãos. Quer estar por cima. Mais ainda, quer que o islão seja a religião árabe. Maomé aceita ser interrogado pelos rabis, como se estivesse na escola. Responde, tal como os refugiados da Abissínia responderam ao Négus, isto é de forma a salientar a semelhança entre o islão e o judaísmo.

Os judeus mostram-se satisfeitos. No entanto, desde o ínicio, os rabis chamam à atenção de Maomé para o facto de eles não poderem considerá-lo como um profeta. Maomé é árabe. Para ser profeta, é preciso em primeiro lugar ser judeu. Deus só fala a um povo, ao povo judeu. Os outros povos que existem na Terra, são povos de segunda classe. É claro que

Deus fala a todos os homens e a todos os povos, mas unicamente por intermédio dos judeus.

Só eles são escolhidos, quando se trata de se sentarem à mesma mesa que Deus. Maomé não aceita esta teoria. Sabe que não há um povo eleito. Sabe que todos os povos e todos os homens são iguais perante Deus. Sabe que o encontro do homem com Deus, não está reservado apenas a uma raça, tal como os judeus querem fazer crer.

Devido a esta divergência, o céu de Medina começa a ensombrar-se.

XLVII

ADEUS À MESQUITA DAS DUAS QUIBLAS

Cinco dias após a chegada a Quba, Maomé celebra um ofício divino. É sexta-feira. Deste modo, Maomé, que tudo fez para se aproximar dos cristãos e dos judeus, sem obter outra recompensa que não fosse o desprezo, fixa a sexta-feira como o dia de oração para os muçulmanos. Para que se saiba que os muçulmanos são diferentes dos cristãos e dos judeus. Envia uma mensagem aos muçulmanos de Meca para os convidar a celebrar, daqui para a frente, a sexta-feira.

O ofício é celebrado na mesquita construída por Maomé, Omar, Hamzah, Abu-Becre e todo o grupo de fieis refugiados em Meca.

Quanto à fraternidade com os judeus, o optimismo de Maomé caíu por terra. Nada conseguirá no bairro judeu de Quba. Além do judeu Chalum, que subiu a um telhado para anunciar a chegada de Maomé, e que se tornou muçulmano desde a primeira hora, é nulo o número de judeus que abraçaram o islão.

O zelo de Chalum de Quba, é uma excepção. É citado pelo *Alcorão* como um exemplo dos judeus que procuram a verdade. Esta sexta-feira, Maomé, na mesquita, fala aos judeus para os convencer que são homens como os outros, que não foram eleitos para dominarem o universo e para terem o monopólio do contacto com o Céu.

Diz-lhes que não há raças superiores nem inferiores, que todos os homens e povos são iguais.

«Mortais, vós fostes criados a partir de um homem e de uma mulher, e divididos em povos e tribos, para que vos pudesseis distinguir uns dos outros.»

A VIDA DE MAOMÉ

Maomé explica aos judeus que o seu povo não foi criado para possuir sozinho a amizade e o amor de Deus.

«O mais importante aos olhos de Deus é aquele que mais o teme.»

Os judeus possuem o Antigo Testamento, a *Thora*, o *Talmud*, que lhes diz que eles são o povo eleito e o único a ter concluído um pacto ou aliança com Deus. Dizer-lhes algo diferente, é como falar no deserto.

É o primeiro ofício do profeta no exílio. Os judeus, vendo que os muçulmanos não são, como eles esperavam, uma seita judaica, começam a combatê-los. Espalham um boato em Medina, que diz que todas as mulheres muçulmanas serão atingidas pela esterilidade ordenada por Deus. Que toda a mulher que abraça o islão não será nunca mãe.

Esta notícia provoca um pânico terrível entre os muçulmanos. Os exilados estão todos doentes. Sofrem de malária, de nostalgia e sufocam na atmosfera húmida do oásis medinense. A notícia de que as mulheres muçulmanas foram punidas com a esterilidade, cai como ácido sobre uma ferida.

Maomé convida todos os presentes a serem generosos em palavras de encorajamento, em "boas palavras". E afirma que àquele que dirigir "uma boa palavra" a um infeliz, Deus dará em ouro o equivalente a essa palavra. «Quem quiser proteger-se do inferno, que o faça, mesmo dando um pedaço de tâmara. Quem nada possuir para dar, que diga uma boa palavra pois será recompensado setecentas vezes mais.»

Depois do ofício divino, Maomé contempla longamente a mesquita recém-construída. Está situada num local sagrado para os judeus e sobre *millat Ibrahim* – a fé de Abraão – na intenção de abrigar todos os que acreditam num só Deus, que fazem o bem e que combatem o mal.

Para que o islão se encontre na mesma via das duas religiões que o precederam, o judaísmo e o cristianismo, a *quibla* – ou direcção em que se colocam os crentes quando rezam, é a de Jerusalém, cidade santa para judeus e cristãos. Maomé, subitamente, pergunta-se se não cometeu um erro ao escolher essa direcção para as orações. Ele não quer ser confundido com aqueles que pretendem deter o monopólio exclusivo do amor de Deus. Pelo menos para já.

Maomé diz adeus a esta mesquita. Terá em breve uma outra *quibla*. Por causa disso será chamada a mesquita das duas *quiblas*. Não é só à mesquita que o profeta diz adeus, mas também ao bairro de Quba. Vai escolher um outro lugar para rezar e servir a Deus.

Seguido por todos os fiéis, dirige-se para norte.

XLVIII

A MESQUITA DE MEDINA

Maomé deixa Quba e entra em Medina, por Jauf, o vale. O profeta monta a camela "que tem um quarto de orelha cortada", a *qaswa*. Os muçulmanos de Medina estão todos na rua. Sabem que o profeta está a mudar-se e que procura outra casa. Todos desejam ter o profeta no seu bairro, perto das suas casas.

Os fiéis agarram-se às rédeas da camela, e cada um tenta levá-la para o seu bairro. Maomé diz: «Deixem a camela andar. Ela nos conduzirá onde mais aprouver a Deus».

Largam as rédeas da camela, e ela vai onde crê que o profeta estará melhor. Dirige-se para o bairro da tribo An-Nadjdjar. É a tribo dos antepassados de Maomé. A camela é seguida por uma multidão curiosa, interessada e entusiasta. Aparece-lhe à frente a torre Dihyan, construída em pedra branca. A torre brilha como prata. Neste *atam* – castelo – nasceu a bisavó de Maomé, a mãe de Abd-al-Muttalib. Aqui decorreu a infância do homem que fez um pacto com um Deus desconhecido. A bisavó de Maomé era viúva de Ubailah-ibn-al-Djulah. Desposou Hachim de Meca, e um dos seus filhos foi Abd-al-Muttalib, avô e protector do profeta.

A camela ladeia o castelo dos antepassados, branco como espuma do mar, mas não pára. Mais longe, no mesmo bairro, situa-se a casa de An-Nabigham. Todos olham atentamente para a camela. Irá ela parar à frente desta casa? Aí esteve Maomé com seis anos, quando visitou Medina com a mãe. A camela não para. Um pouco mais longe, está o túmulo de Abdallah, pai de Maomé; Amina, a mãe está sepultada fora de Medina. Neste mesmo bairro An-Nadjdjar, mora uma companheira de infância de Maomé, uma rapariga chamada Unaisah. Juntos aprenderam a nadar

A VIDA DE MAOMÉ

e a apanhar pássaros nos ninhos. Mas a camela não pára em nenhuma destas casas. Passa simplesmente à frente. Contudo não sai do território da tribo An-Nadjar, subdivisão do grande clã Khazraji e Aus. Esta tribo faz parte do ramo materno da árvore genealógica do Profeta. Maomé está comovido, é a sua árvore; a árvore genealógica de um árabe é a única que cresce no deserto. É apenas à sua sombra que um indivíduo pode ter tranquilidade e protecção, meios de subsistência e defesa, no infinito deserto de areia. A camela passeia no território dos An-Nadjar como sob a copa de uma árvore imensa. Não sente o calor do sol que cai como um sabre sobre a cabeça de pessoas ou animais. De repente, a camela pára num descampado. Ajoelha-se. Maomé obriga-a a levantar--se e a continuar o caminho, a camela recusa. Depois levanta-se dá meia volta e regressa ao local de onde tinha partido. O descampado é um local que está destinado para a secagem de tâmaras. A casa mais próxima, está a uma grande distância e pertence a Abu-Aiyub. A multidão aplaude a camela. Todos perguntam quem será o feliz proprietário do terreno onde parou a montada do profeta. Pois – sem dúvida – será ali que o profeta construirá a sua mesquita e a sua casa. Será ali que o islão terá o seu quartel general.

O terreno onde a camela parou, pertencia a dois orfãos. O seu tutor era Asad-ben-Zarara. Encontrava-se entre a multidão de curiosos que seguiam o profeta. Oferece logo o terreno. Maomé não aceita. Quer pagar, ainda mais porque se trata de um bem que é pertença dos orfãos. Maomé também foi orfão de pai e de mãe, e sabe quão amargo é o pão de quem não tem pais. Abu-Becre que está, como habitualmente, ao lado do profeta abre a bolsa e paga o terreno integralmente. Asad-ben-Zarara recebe dez *dinars*. É o primeiro terreno comprado pelo islão. Dez *dinars* é um soma importante. Nesta época, tanto Meca como Medina apenas possuíam moedas persas ou bizantinas. O *dinar* é de ouro e o *dirham* é de prata. A moeda chama-se *dirham kisrawan*, isto é, de *cósroe* ou *dinar hiraqli* (de Héracles) bizantino.

Maomé desmonta e todos o imitam. A camela fica deitada. A partir desse momento, ela está em casa. No dia seguinte começa a construção da mesquita de Medina, que vai demorar sete meses.

Todos os trabalhos são feitos em comum. Todos os muçulmanos trabalham com as suas próprias mãos, a começar por Maomé.

O profeta trabalha com as próprias mãos na construção da mesquita. Esta será uma fonte de inspiração para as mesquitas seguintes. Está assente numa base de pedra com dois metros de altura. É feita de tijolo, madeira de palmeira e de *ghargad*; está coberta com folhas de palmeira, *djarid*. É

A MESQUITA DE MEDINA

suficiente, pois já assim foi o abrigo de Moisés, *arich*. O nicho que indica a direcção, a *quibla*, está virada para Jerusalém. Perto da mesquita, serão construídas, em breve, as casas das duas mulheres do profeta, Saudah e Aixa. Maomé alberga provisoriamente os emigrados que não têm onde ficar. Deitados num estrado, serão as "gentes do estrado" – *al-as-soffah* – nome de que mais tarde se orgulharão.

Mais tarde, este *soffah* – esta divisão que à noite serve para os pobres dormirem e durante o dia serve de escola – será a primeira universidade muçulmana do mundo.

De momento, Maomé fica por aqui. Ele mesmo desarreia a camela e fica com a sela nas mãos; pergunta-se onde irá a seguir. Todos os pontos cardiais são pertença de Deus. Todos os pontos cardiais são direcções válidas, desde que a fé do homem seja forte.

«A Deus pertencem o Oriente e o Ocidente. Para onde quer que vos dirijais, ali está a Face de Deus.» (*Alcorão* II: 115)

Dois homens que habitam as casas mais próximas do terreno do islão, Abu Aiyub-ben-Zaid e o *naqib* – o chefe muçulmano do bairro – seguram, o primeiro a sela e o segundo as rédeas da camela. Cada um deles quer ter o profeta em sua casa. As pessoas estão de novo curiosas para ver para onde se dirigirá o profeta. Maomé hesita um instante, depois exclama: «O homem vai com a sua sela!» Segue Aïyub, e viverá em casa deste durante os sete meses que durará a construção da mesquita e das casas adjacentes.

Durante a construção da mesquita, Maomé preocupa-se em organizar a nova comunidade – a *ummah*. O anjo Gabriel diz-lhe: «*Os que crêem, emigraram, combateram na senda de Deus, e os que deram refúgio e auxiliaram, todos esses são verdadeiramente os crentes.(...) Aqueles que acreditaram depois, emigraram e combateram convosco, esses são dos vossos.*» (*Alcorão* VIII: 74-75)

Mas, para um árabe, separar-se do seu clã, da sua cidade e da sua família e viver em Medina, por uma crença religiosa mesmo que essa fé seja de granito, é terrivelmente duro. Quase todos os *muhadjiruns* sofrem de nostalgia, de saudade e de miséria. Todos são pobres, mesmo muito pobres. Além disso há o medo. Há a maldição lançada pelos judeus contra os árabes, segundo a qual as muçulmanas não podem ter filhos. Felizmente nasce uma criança. Durante a construção da mesquita, a mulher do muçulmano Abdallah-ben-Zubaïr dá à luz uma criança robusta e cheia de saúde. Logo, a raça humana não está condenada à esterilidade e à extinção. As profecias dos judeus eram falsas. Para vencer a miséria, Maomé ordena que cada emigrante se associe a um *ansar*, isto é, com um muçulmano de Medina, partilhando todos os bens, como irmãos. Esta acção chama-se *mu'akhat* ou geminação. Dois estranhos tornam-se assim irmãos pela fé, unidos como se fossem irmãos de sangue.

Cento e oitenta e seis *muhadjiruns* são "geminados" com outros tantos *ansars*. Hamzah está geminado com Zaïd-ben-Thabit – o que ofereceu a primeira refeição ao profeta, em Medina. Os irmãos pela fé partilham entre si o trabalho, a alimentação e as armas. Por exemplo, Hamzah trabalha um dia na plantação de tâmaras e Thabit, seu irmão, vai ao estaleiro de Maomé trabalhar na construção da mesquita e assistir às cerimónias religiosas. No dia seguinte é Thabit que vai para a plantação, para ganhar o sustento dos dois homens, e Hamzah encarrega-se do trabalho gratuito para Alá e para o islão.

Alguns emigrantes que têm jeito para o comércio, enriquecem. É o caso de Abd-an-Rahman-ibn-Auf. Mas a maioria padece de fome. Maomé não quis a geminação com nenhum *ansar*, para não provocar discórdias. Geminou-se com o seu filho adoptivo Ali. Maomé vive do que Ali ganha a trabalhar numa obra onde transporta água para a fabricação de tijolos. O seu salário é uma tâmara, por cada celha de água. Transporta por dia dezasseis celhas, que vai buscar muito longe. Recebe pois dezasseis tâmaras por dia, que partilha com o profeta. É com dezasseis tâmaras que ambos vivem, nesse tempo da fundação do islão.

Mas todos os muçulmanos acreditam firmemente na vitória final. A nenhuma religião se aplica tão bem a frase de St.º Agostinho, frase essa que provavelmente é de origem árabe: «Acredito porque é absurdo».

Assim como o cristianismo está baseado no amor, o islão está baseado na fé cega, absoluta e inabalável; no *tawakku* ou confiança absoluta em Deus.

No islão tudo depende da força com que o homem acredita em Deus.

XLIX

VOLTAR A FACE PARA MECA

Entretanto Maomé tenta ganhar a simpatia e a colaboração dos judeus que constituem metade de população de Medina. As respostas destes aos convites de Maomé não mudam e cada vez são mais hostis. Repetem incessantemente que Maomé não é um Profeta, uma vez que é árabe. Só os judeus podem ser Profetas.

Deus apenas fala ao povo eleito – o povo judeu. Os outros povos da terra não podem conhecer os desejos de Deus a não ser por intermédio dos judeus. A colaboração do islão com os judeus é portanto impossível. Maomé que sempre afirmou que Deus se encontra em cada ponto cardial, na direcção do qual o crente vira o rosto, toma uma decisão. Daqui para a frente, sempre que os muçulmanos rezarem, não o farão virados para Jerusalém, mas sim para Meca.

«Os homens insensatos dirão: "Quem os fez abandonar a quibla que tinham?" Respondei: "O Oriente e o Ocidente pertencem a Deus..."

«... Não instituímos a quibla para que vos orientáveis senão para distinguir quem segue o Enviado e quem lhe volta as costas. Grande foi a perplexidade, mas não para aqueles a quem Deus guia, pois Ele não vos faria perder a vossa anterior fé...

«... Volta o teu rosto em direcção à Mesquita Sagrada de Meca. Onde quer que estejais, voltai para ali o vosso rosto.» (*Alcorão* II: 142, 143, 144)

Maomé não tem qualquer tipo de ilusão acerca dos judeus, que apenas desejam uma coisa: que os muçulmanos se tornem judeus. *«Realmente, se fôsseis a quem se deu o Livro com alguns versículos, não seguiriam a tua quibla. Tu não seguirás a sua quibla. Entre eles, uns não seguem a quibla dos outros. Realmente, se seguisses os seus desejos depois da ciência que te chegou, estarias então entre os injustos.»* (*Alcorão* II: 145)

A escolha de Meca como *quibla* ou direcção de oração, é a emancipação da nova religião, relativamente aos povos a quem as leis divinas já

A VIDA DE MAOMÉ

tinham sido reveladas. O *Alcorão* é um livro árabe, e dirigido aos árabes. Meca, a nova *quibla*, é um santuário árabe construído por Abraão, o pai tribal dos árabes.

A emancipação dos muçulmanos, sobretudo em relação aos judeus, está completa. A partir desta data, os árabes encontram-se em pé de igualdade com os povos monoteístas mais antigos.

Millat Ibrahim – a lei de Abraão – que está na base da fé muçulmana, é anterior ao judaísmo e ao cristianismo. Pode englobá-los. O islão assenta assim as bases do seu universalismo. Mudança capital que encanta os muçulmanos: *rezar virados para Meca de onde foram expulsos, mas onde têm as raízes e a árvore geneológica, é uma consolação. Pois nem um muhadjirun, nem um emigrado muçulmano, esquece Meca.*

Além disso, a mudança da *quibla* coloca em primeiro plano a velha religião árabe – a dos antepassados – uma vez que Alá é o Senhor do santuário sagrado da *Caaba*.

Louvar Alá, Abraão e Ismael é, para um árabe, como cantar um *fakr* – canto de louvor aos antepassados, que é o que há de mais mavioso.

Maomé compra três camelos no mercado de Qudaïd. Está como habitualmente acompanhado por Abu-Becre. Estes três camelos, juntamente com os outros dois que já possuem e com os quais fizeram a Hégira – a fuga de Meca para Medina –, são arreados e mandados para Meca. Os condutores da pequena caravana de cinco animais, são Ali e Zaïd, os dois filhos adoptivos do profeta, que têm por missão transportar para Medina a família deste.

Porque cada membro da família, se está longe, é como um ramo de árvore partido, como um braço arrancado do corpo.

No momento em que se conclui a construção da mesquita, chega a Medina a caravana que traz de Meca para a nova morada – na verdade simples barracas – Fátima e Umm Kulthum, filhas de Maomé e de Cadija, Saudah e Aïxa, esposas de Maomé e Umm Aïman esposa de Zaïd.

Ruqaya, terceira filha do profeta, está já em Medina com o marido, Uthman. Quanto a Zaïnab, quarta filha do profeta, não pode deixar Meca, por estar casada com Abul-As, que não é muçulmano. É a única ausente de toda a família do profeta.

Há ainda muitas famílias separadas porque marido e mulher não têm a mesma religião!

A caravana de cinco camelos, trouxe de Meca apenas mulheres. Foi recebida com grande entusiasmo pelo profeta e por todos os muçulmanos. Seguindo este exemplo, todos os emigrados se esforçaram por trazer as

VOLTAR A FACE PARA MECA

suas famílias para Medina. Cada dia aumenta mais a nova comunidade, *ummah*. Os cidadãos de Medina estão encantados, e concedem privilégios especiais não só aos emigrados como às suas famílias e animais. Por exemplo, a camela do profeta benificia de um regime privilegiado: pode pastar ou beber onde quiser, pois é a camela do profeta.

L

A CONSTITUIÇÃO DA CIDADE-ESTADO DE MEDINA

Maomé redige uma constituição para a cidade autónoma e independente de Medina. Cada tribo pagã, judia ou muçulmana conduzir-se-á segundo as suas leis e as suas tradições – autónoma e livre – ao lado das outras tribos da cidade-estado. Esta constituição, comum a todos os que habitam Medina, fica dividida em cinquenta e dois artigos. Os primeiros vinte e cinco dizem respeito aos muçulmanos e os vinte e sete restantes aos judeus. A constituição é proclamada no ano 1 da Hégira, isto é em 623. Está estabelecido que se trata de um *Kitab*, ou "acto escrito". Redigido sobre folhas, *sahiffah*, como os livros sagrados e como as leis reveladas por Deus aos homens, a constituição de Medina é a obra humana do profeta. Não foi ditada pelo anjo Gabriel como o *Alcorão*.

No contexto desta constituição, cada comunidade mantém, para as questões internas, a sua lei e a sua fé. Só têm em comum as formas militares, quando se trata de defender a cidade. São também comuns as questões de interesse geral. O árbitro – para aplicação desta constituição – é Maomé.

Constituição liberal, inspirada pelo mesmo espírito de tolerância da conduta de Maomé para com os judeus, como pelo texto do *Alcorão* (III:64):

«Diz: "Ó Adeptos do Livro! Vinde pronunciar uma palavra comum a nós e a vós! Quer dizer que não adoramos senão a Deus e não lhe associamos nada, que não utilizamos nenhuns outros senhores fora de Deus". Se se afastam, dizei: "Testemunhai que nós somos muçulmanos."»

A CONSTITUIÇÃO DA CIDADE-ESTADO DE MEDINA

Maomé, embora exorte todos os homens ao islão, mostrando-lhes que o caminho mais justo é a submissão a Deus, como o fez Abraão, não exclui do paraíso nem judeus nem cristãos, nem mesmo os que encontraram Deus por outras vias que não as oficiais.

«Na verdade, os que crêem, os que praticam o judaísmo, os cristãos e os sabeus – os que crêem em Deus e no Último Dia e praticam o bem – terão a recompensa junto do seu Senhor. Para eles não há temor.» (*Alcorão* II: 62)

Noutro capítulo, o *Alcorão* anuncia que aquele que respeita a lei de Moisés ou a de Jesus, vai para o Paraíso.

Para um fundador de religião, aceitar no Paraíso homens de outras religiões, constitui uma tolerância sem par. A tolerância de Maomé não foi repetida por ninguém ao longo da História.

Nesta constituição, Maomé une numa única comunidade os árabes refugiados, os árabes de Medina e os que abraçaram o islão. Formam a *ummah*. Esta comunidade age como um só corpo. Os dois primeiros artigos da constituição são os seguintes:

«1. Em nome de Deus, o compassivo, o misericordioso, eis o que prescreveu o profeta Maomé aos crentes e aos submissos de entre os coraixitas e os iatribitas, aos que o seguiram e se juntaram a eles combatendo a seu lado.»

«2. Esses formam uma só *ummah* – comunidade – separados dos restantes seres humanos.»

De seguida são citadas todas as tribos que vivem no recinto da cidade de Medina, com todos os direitos e deveres anteriores, que são mantidos e garantidos pela nova constituição.

«Os crentes não deixarão qualquer dos seus sob o fardo das pesadas obrigações, sem pagar por ele – de forma beneficente – quer um resgate quer um "preço de sangue"».

Daí que, segundo este artigo, o indivíduo, ainda que tendo abandonado o clã, não está sozinho: faz parte da *ummah*.

O artigo 13 determina:

«Os crentes devem estar contra aquele que, entre eles, cometer uma violência ou injustiça, um crime ou ainda uma transgressão dos direitos ou qualquer perturbação entre os crentes. *Todas as mãos se levantarão contra esse, ainda que seja filho de um deles.*»

O artigo 15 da constituição de Medina acaba com as diferenças de classe: «A garantia de Deus sendo uma, a protecção concedida pelo mais humilde dos crentes deverá ser válida para todos, pois os crentes são *maulas* – quer dizer irmãos uns dos outros.»

Artigo 16:

«Os judeus que se juntarem a nós, terão direito à nossa ajuda e cuidados, sem que lhes seja causado qualquer dano, ou que alguém seja ajudado contra eles.»

A morte é punida segundo a lei de Talião. Ninguém tem o direito de proteger um assassino.

Artigo 23: «Seja qual for a causa que nos divida, ela deverá aproximar-nos de Deus e do Seu Enviado».

Os judeus terão obrigação de suportar as mesmas despesas que os crentes, durante todo o tempo em que uns e outros sejam co-combatentes (Artigo 24).

«Aos judeus a sua religião e aos muçulmanos a deles, quer se trate dos seus *maulas* (protegidos), ou deles mesmos.» (Artigo 25)

«Aos judeus as suas despesas e aos muçulmanos as deles. Que haja entreajuda entre eles contra quem atacar o que defende este escrito. Que haja entre judeus e muçulmanos indulgência e boa harmonia. Observância, não violência.» (Artigo 27)

«Ninguém deve prejudicar o seu aliado, e aos oprimidos será dada toda a ajuda.» (Artigo 37)

« Os *jarr* – isto é pessoas sob protecção – serão considerados em pé de igualdade com os protectores. Nem opressores nem oprimidos.» (Artigo 40)

Um dos artigos mais importantes para a evolução do islão é o artigo 43 da constituição de Medina.

«Nem os coraixitas, ou seja os cidadãos de Meca, nem quem os ajude, deverá receber protecção.»

«Entre judeus e muçulmanos haverá entreajuda contra qualquer um que ataque Iatrib.» (Artigo 44)

«Se os judeus forem chamados a assinar uma paz, fá-lo-ão e a ela aderirão. Do mesmo modo, se chamarem os muçulmanos a fazê-lo, terão idênticas obrigações para com os crentes, excepto no caso em que se tenha combatido pela religião.» (Artigo 45a)

« O território da cidade de Medina ou Iatrib é declarado *haram* – sagrado.» (Artigo 39)

Todos ficam satisfeitos com esta constituição, pois judeus e muçulmanos são postos em pé de igualdade e de amizade.

Os árabes são quase todos muçulmanos. Contudo, uma parte, conduzida por Abdallah-ben-Ubaiyj, é neutra. São os indecisos. O *Alcorão* chama-lhes *munafiquns*, hipócritas. Não são antimuçulmanos, mas também não são verdadeiros muçulmanos. Estão sentados entre duas cadeiras.

A CONSTITUIÇÃO DA CIDADE-ESTADO DE MEDINA

Navegam em dois barcos ao mesmo tempo. *Munafiquns* – traduz-se geralmente por hipócrita – significa literalmente "servil" e "sonso".

O *Alcorão* (IV: 137) fala deles desta forma: «*... os que creram, voltaram depois à infidelidade, em seguida voltaram a crer e imediatamente deixaram de crer, no momento em que cresciam na sua infidelidade; a esses, Deus não lhes perdoará nem os dirigirá pela boa senda.*»

Para Maomé como para Dante, que chamou ao *Alcorão* a arquitectura do inferno, esses indecisos e hipócritas são enviados depois da morte para os andares mais baixos do inferno e são punidos mais severamente do que todos os pecadores. A neutralidade é o maior pecado do homem.

Para além dos adversários frontais, dos da rectaguarda e dos de cima, Maomé tem também de lutar contra os inimigos indecisos, os *munafiquns*, que são uma espécie perigosa. Os répteis quando têm figura humana são sempre neutros. A sua coluna não é vertical, mas ondulante. Só o homem possui coluna vertical. Nunca é neutro, enquanto for homem.

LI

MECA DECLARA GUERRA A MAOMÉ

Os coraixitas expulsaram Maomé de Meca. Tentaram matá-lo, mas não conseguiram. Presentemente Maomé está longe deles. Em vez de se acalmar, a fúria dos coraixitas contra Maomé aumenta cada vez mais.

Abu-Sufian e Ubaiy-ibn-Khalaf, dois dos primeiros cidadãos de Meca, enviam aos *ansars* – muçulmanos de Medina – um ultimatum: ou entregam Maomé ou preparam-se para a guerra.

«Não há nenhuma tribo entre as tribos árabes com quem "uma queimadura", isto é, uma guerra, nos fosse mais penosa do que convosco. Mas vós ajudastes um de nós, que era o mais nobre e o mais importante. Destes-lhe asilo e defendem-no, o que é verdadeiramente uma desonra para nós. Não interfiram entre nós e ele. Se ele é um homem de bem só a nós compete tirar partido disso: se ele é mau, temos mais direito do que ninguém a tê-lo connosco.»

Os *ansars* levam pouco a sério este ultimatum, através do qual lhes é pedida a entrega do profeta. Encarregam o poeta Ka'b-ibn-Malik de responder aos coraixitas com uma sátira mordaz, com versos que fazem tanto mal aos que os escutam como flechas envenenadas. A fé no poder mágico das palavras do poeta, que pode matar com um verso – como com uma espada – é bastante forte mesmo entre os muçulmanos.

Os coraixitas não recuam perante o fracasso. Dirigem-se então aos indecisos de Medina. Eis a carta que recebeu Abdallah-ibn-Ubaiy: «Deram asilo ao nosso camarada em fuga. Juramos que se não o combaterem ou entregarem, marcharemos sobre vós, mataremos os vossos soldados e violaremos as vossas mulheres.»

MECA DECLARA GUERRA A MAOMÉ

Sobre isto, os indecisos não tomaram qualquer decisão. Se a tivessem tomado, não seriam mais indecisos, *munafiquns*, neutros. Os árabes dizem que os indecisos desde que saem do ventre materno até à morte, nunca se decidem nem por SIM nem por NÃO e vivem sempre a perguntar-se se precisam de se decidir e por quem, mas quando estão a ponto de se decidirem não se decidem a decidir. Ficam neutros.

Logo, os coraixitas não obtém qualquer resultado nas suas tentativas, nas suas ameaças, no seu ultimatum, nem junto dos *ansars* nem dos idólatras, e muito menos junto dos indecisos. Os coraixitas dirigem-se então aos judeus de Medina. Estes responderam prudentemente, sem recusar, aos seus interlocutores uma eventual ajuda.

Meca que controla todas as rotas das caravanas no deserto, decide o bloqueio da cidade de Medina. O boicote é a arma preferida dos negociantes. Meca é a capital do negócio. Os víveres começam a escassear em Medina. Através do testemunho de Abu-Na'ilah, ficamos a conhecer a gravidade da situação criada por estas tomadas de posição:

«A chegada deste homem (Maomé) à nossa cidade, foi uma grande infelicidade para nós. A Arábia tornou-se-nos hostil, e todos se voltaram contra nós. Foram-nos cortados os caminhos. As nossas famílias morrem de fome. Não temos de comer. Passamos os maiores tormentos para nos alimentarmos.»

Maomé instalado numa barraca perto da mesquita, com a família, está indignado com o bloqueio dos coraixitas, que se revoltam contra a cidade e a matam de fome, unicamente porque o odeiam tanto como ao islão.

Maomé vive com simplicidade em Medina. Aliás, nesta época, todos vivem com simplicidade. Exactamente como os profetas da Bíblia.

A casa do profeta era feita com folhas de tamareira, e para que os curiosos não pudessem ver, estava recoberta com peles.

Em Medina a cama é desconhecida. Um comerciante de Meca oferecera uma cama a Maomé, embora tenha quase a certeza de que ele nunca a utilizará. Ele dorme como todos, no chão. As camas são feitas com peles de carneiro. A travesseira é de couro, cheia com folhas de palmeira. Come-se no chão, sobre toalhas feitas com folhas de tamareira. O único luxo de Maomé é ter uma toalha para enxugar as mãos, facto que não escapou a nenhum cronista.

A mobília era composta por um jarro, um pote de água, um almofariz. E é tudo. Aïxa conta que, mesmo na época em que Maomé estava no auge da fama, não tinham ainda peneira: «Não tínhamos crivos; soprávamos a farinha saída do almofariz para tirar o farelo».

A VIDA DE MAOMÉ

A forma de viver de Maomé, é descrita por Aïxa deste modo: «Durante todo o mês, não acendíamos o lume para preparar alimentos. A nossa comida eram tâmaras e água, a menos que nos enviassem carne. Em casa do profeta não se comia pão dois dias seguidos».

Em geral, Maomé alimenta-se de tâmaras, de pão de cevada, de leite e de mel. Varre o seu quarto, acende o lume, trata da sua roupa; é, por isso, criado de si próprio.

Maomé fabrica sozinho as suas sandálias e o seu manto. Adora a higiene. Afirma que «a higiene é meio culto». Lava os dentes com um escova feita de raízes.

Foi nesta simplicidade que foi fundado o islão.

O ultimatum dos coraixitas, o bloqueio das rotas e a ameaça de guerra obrigam o profeta a ocupar-se da História. É responsável, como lhe ordenou o anjo Gabriel, por todos os que abraçaram o islão. Neste momento a sua existência terrena está ameaçada. Não são só os crentes que estão ameaçados, mas também toda a cidade que lhes dá guarida. Medina inteira está ameaçada.

Em consequência Maomé é obrigado a agir no *domínio terreno*. Neste domínio age-se através da diplomacia e da espada. Não há outros métodos em toda a História. Identicamente, na costura apenas há a agulha e a tesoura; quem quiser costurar deve utilizar estes utensílios.

Os muçulmanos são pois obrigados a desembainhar a espada. É uma questão vital. À espada «o ferreiro deu a elegância da pluma, a leveza do junco, a dureza do granito e a alma do guerreiro. A espada é uma voz que pode ser o canto da nascente ou o silvo da serpente».

Diz o poeta árabe: «Oh, minha espada! A tua lâmina é tão suave à carícia como o braço de uma donzela. O teu punho tem o toque de um fruto. O botão do punho é um pedaço de Lua».

Doravante, o islão crescerá à sombra das espadas.

LII

ADIADA A PRIMEIRA BATALHA

Maomé faz saber aos coraixitas que o território controlado pelos muçulmanos, está a partir de agora interdito às caravanas de Meca, uma vez que esta decidiu o bloqueio a Medina.

Maomé envia patrulhas para impedir a passagem das caravanas coraixitas, pelo território muçulmano, isto é no raio de acção de Medina. Não há dúvida que o profeta se torna chefe militar; mas como diz a Bíblia: «...os que buscam ao Senhor entendem tudo.» (Provérbios 28:5) O profeta deve também entender de problemas militares.

A patrulha constituída por quarenta homens foi enviada para a faixa situada entre Medina e o Mar Vermelho, território da tribo Juhaïna, onde passam as caravanas que vão para a Síria. A patrulha está sob o comando de Hamza, o cavaleiro gigante e sem medo, o brutamontes, o campeão de combates singulares. Os quarenta muçulmanos são voluntários, todos são *muhadjiruns* de Meca refugiados em Medina. A patrulha muçulmana está equipada com camelas: dois homens por cada camela. Nem um único cavalo. Para ter cavalos – únicos animais eficientes neste tipo de acção – é preciso ser rico. Os muçulmanos são de uma pobreza extrema.

No Hedjaz, ou seja, no território que fica na orla do Mar Vermelho, com cerca de mil quilómetros de extensão e muito montanhoso, existem os melhores cavalos do mundo.

Mas são muito raros. Em toda a Arábia o cavalo é uma raridade. O cavalo não resiste à vida no deserto. Só o homem e o camelo aí podem sobreviver. Por outro lado quando há uma incursão rápida, em que são utilizados cavalos, leva-se um número suplementar de camelos, para que estes transportem água a comida para os cavalos. Os cavalos não suportam

A VIDA DE MAOMÉ

nem a fome nem a sede: os camelos podem viver, se houver um pouco de erva, ou alguns molhos de *sejer*, arbustos e de cardos lenhosos. É esta a sua alimentação. Quando encontra um pouco de erva verdadeira, o camelo já não necessita de água. Se na caravana há também cavalos – animais nobres e frágeis – os camelos devem transportar para aqueles a alimentação e a água. Frequentemente os homens são obrigados a ceder a sua própria água e leite, porque o cavalo é mais frágil do que o homem.

Mas depois de algumas semanas de caminho, quando o grupo de ataque está em formação, o cavalo não tem igual. Nada o pode substituir numa incursão. Por isso os árabes tem pelo cavalo verdadeira admiração. Como todas as coisas que eles amam e desejam, os cavalos são-lhes negados pelo destino. É um luxo excessivo para o deserto.

Conta a tradição popular que o Senhor, depois de ter criado o mundo e tudo o que há na terra, apresentou a Adão todos os animais do universo e perguntou-lhe qual o animal de que ele mais gostava: Adão escolheu o cavalo. O Senhor ficou encantado pela escolha do primeiro homem, pois também Ele preferia o cavalo. Para conduzir Maomé ao céu por ocasião do *mi'radj* – ou viagem celeste – Deus pôs à disposição do Profeta um cavalo especial – *el bouraq* – mas apesar de tudo um cavalo. Não se pode ir ao céu senão a cavalo. O poeta árabe canta assim os cavalos:

«Que mulher tem a cabeleira tão sedosa como a crina dos nossos cavalos, seios tão duros como a maçã do arção das nossas selas, olhares tão exaltantes e mais cintilantes do que o brilho fulgurante dos nossos sabres?»

«Que mulheres terão impaciências mais ardentes do que as dos nossos cavalos, vibrações tão profundas, frenesins mais irresistíveis, embriaguez mais mortífera, abandono mais embalador?»

Os homens e os cavalos ficam unidos na paixão do combate: «Somos a aurora e a noite, somos a tempestade e a calma, somos a brandura e a carnificina, a tristeza e a felicidade... Somos insensíveis à fome, à sede e à suculência dos frutos que cintilam nos oásis.»

A verdadeira incursão, ou *ghazzou*, tal como é cantada pelos poetas árabes no *ghazawat*, género literário que apenas canta este tema, só pode ser feito com cavalos.

Os muçulmanos comandados pelo cavaleiro sem medo Hamzah são demasiado pobres para ter cavalos, neste primeiro combate. Mas uma patrulha que pretende impedir a passagem das caravanas coraixitas entre Medina e o Mar Vermelho – faixa larga de mais de cento e trinta quilómetros de deserto montanhoso – será completamente ineficaz se não tiver cavalos.

ADIADA A PRIMEIRA BATALHA

Se Hamza e os quarenta muçulmanos que comanda não têm cavalos, são em compensação ajudados pelos anjos. Apesar disso estão tristes por não possuirem corceis com crinas sedosas como os cabelos soltos das mulheres.

Hamzah e os seus camaradas gostariam de ser como os combatentes árabes que um viajante italiano encontrará mais tarde, cerca de 1500, no mesmo local onde a patrulha combate agora: «Acontece (ao cavaleiro) andar uma noite e um dia inteiros, com as suas éguas, sem parar um instante, e ao fim da viagem, dar-lhes de beber, para as refrescar, leite de camela... Dão a impressão de voar. Estava com eles e vi-os, à excepção de alguns chefes, montar sem sela com as roupas esvoaçantes. Têm por arma uma lança com dois côvados de comprimento e quando vão em missão mantêm-se unidos como um bando de pardais. Estes árabes têm a tez morena e são de baixa estatura.»

Hamzah e os quarenta muçulmanos, que travam o primeiro combate pela defesa do islão, estão tristes, pois não têm cavalos.

O amor pelos cavalos é muito forte entre os árabes. Diz a tradição popular: «É dever de todos os muçulmanos, que tenham essa possibilidade, criar cavalos no caminho de Deus. Os cavalos não devem ser castrados – pois precisam de se reproduzir – nem privados das suas crinas e caudas, defesas naturais contra o frio e contra as moscas. O homem que tiver a séria intenção, ainda que não realizada, de criar cavalos, recebe no outro mundo a mesma recompensa que os mártires da fé... Homem que cuide bem do seu cavalo verá colocado na sua balança, no dia do juízo final, não só o peso das boas acções, mas também os excrementos e a urina da sua montada».

Este *hadith* ou "história contada", não figura, como é óbvio, nos escritos oficiais do islão; mas dá uma ideia concreta do infinito amor dos árabes pelo cavalo.

Hamzah, com homens e camelos, guarda o território entre Medina e o Mar Vermelho, para barrar a passagem às caravanas coraixitas.

Logo aparece uma delas. É conduzida pelo maior inimigo de Maomé e do islão, Abu-Jahl, o pai da loucura, que várias vezes tentou assassinar Maomé, quer pessoalmente quer através de assassinos a soldo. Pôs a prémio a cabeça de Maomé, oferecendo 100 camelos a quem o trouxesse vivo ou morto. Foi ele que no santuário da *Caaba*, encerrou Maomé no estômago de um camelo morto, e que o atou em seguida com os intestinos do animal.

Agora é Abu-Jahl que dirige a caravana coraixita. Hamzah e os quarenta muçulmanos têm perante eles os seus inimigos. Os muçulmanos

A VIDA DE MAOMÉ

podem ter a sua vingança. Estão prontos a atacar. Nesse momento surge Madj-ibn-Amr, chefe da tribo local. Suplica a Hamzah que não ataque Abu-Jahl e a caravana de Meca. Meca paga à sua tribo Juhaina, cujo território é atravessado por essas caravanas, uma quantia chamada imposto de fraternidade, ou *khawa*. Em troca deste imposto, a tribo oferece o seu *muwadi*, a sua protecção a todas as caravanas. Ou seja, compromete-se a não pilhar e a impedir que os outros o façam no seu território. É uma questão de honra, de palavra. Logo, uma questão sagrada.

Madj-ibn-Amr fizera o mesmo acordo com Medina, da qual também recebe o *khawa*, o imposto de fraternidade. É responsável pela protecção de umas e outras caravanas. Por conseguinte impede-as de combater no seu território. Ele é o garante – tanto para uma como para outra – que não serão atacadas. Os muçulmanos e os antimuçulmanos estão frente a frente. Mas o código de honra e da palavra dada – que representa no deserto uma lei inabalável – impede-os de se baterem. Os muçulmanos regressam a Medina e os coraixitas entram em Meca.

Assim fica adiada a primeira batalha entre muçulmanos e não muçulmanos. Por uma questão de honra. Pois como diz o poeta: «O árabe não têm no seu infinito deserto outro bem que não seja a honra; a nossa honra é a única herança que guardamos dos nossos pais».

LIII

A SEGUNDA BATALHA É TAMBÉM ANULADA

Meca não acata a interdição de passar com as suas caravanas pelo território controlado pelos muçulmanos.

As caravanas de Meca para a Síria tinham que forçosamente passar entre Medina e a costa. Mesmo passando o mais próximo possível do Mar Vermelho, passavam a menos de cento e trinta quilómetros de Medina; a esta distância da base inimiga, ficavam duas vezes mais longe das suas próprias bases. Os assaltantes podiam assaltar a caravana e regressar tranquilamente a casa antes que aparecesse um grupo de socorro.

A finalidade destas expedições, como a maior parte dos combates dos árabes no deserto, era colocar o adversário em estado de inferioridade; por exemplo armando emboscadas. Nestas primeiras expedições não houve qualquer ocasião propícia.

Ainda não chegara a vez de se travar o combate entre os muçulmanos e os pagãos de Meca.

Em nova expedição, os muçulmanos já não são comandados por Hamzah, o grande cavaleiro, mas pelo irmão Ubaidah-ben-al-Arith-ben--al-Muttalib, tio do profeta. O grupo é composto por sessenta homens, todos voluntários e *muhadjiruns*, isto é, refugiados de Meca em Medina, e também não têm cavalos. Patrulham dias a fio o território entre Medina e o Mar Vermelho. Após algumas semanas, interceptam uma caravana coraixita, perto da localidade de Thaniyat-al-Murrah. A caravana de Meca é conduzida por Ikrimah, filho de Abu-Jahl, feroz inimigo do islão.

Ao verem os muçulmanos, os membros da caravana coraixita fugiram para se salvarem, ainda que fossem numerosos e capazes de aguentar o combate que não teve lugar. Enquanto o grupo de muçulmanos inicia o

A VIDA DE MAOMÉ

caminho de regresso a Medina, junta-se-lhes dois homens da caravana de Ikrimah. Chamam-se Miqdad-ibn-Amr e Utbah-ibn-Ghazwan. Ambos são muçulmanos. Foram dos primeiros fiéis a serem perseguidos, e emigraram para a Abissínia. Algum tempo antes da Hégira, voltaram a Meca, mas o Profeta tinha partido. Fizeram várias tentativas para se juntarem a ele em Medina, mas em vão. Por fim juntaram-se à caravana de Ikrimah com a intenção de a deixarem quando atravessassem a cidade do profeta; só que Ikrimah evitou passar por Medina e fugiu ao ver o grupo de muçulmanos. Os dois fiéis aproveitaram então para desertar e seguir a patrulha muçulmana, único meio possível de chegar ao profeta.

A sua aventura em nada os surpreendeu. Foi o caminho que o Senhor traçou para eles, para poderem chegar ao Céu. Esse caminho passava pela Abissínia e pela caravana inimiga. Pois os caminhos que levam a Deus estão cheios de surpreendentes desvios.

Os dois fugitivos são recebidos com entusiasmo pelos seus irmãos de fé. Logo a seguir ao regresso a Medina da segunda expedição, já outra se encontra a caminho. É composta por vinte muçulmanos e dirigida por Sa'd-ibn-abi-Wakkas, nome bem conhecido. É sobrinho de Amina, mãe do profeta e é o primeiro muçulmano a derramar sangue inimigo pelo triunfo do islão, ao ferir com um osso de camelo um dos coraixitas que tinham atacado muçulmanos, quando estes oravam num desfiladeiro perto de Meca.

Wakkas intercepta uma caravana de Meca perto da localidade de Kharrar, ao lado de Rabigh. Mas pela terceira vez, a "faísca", o combate entre muçulmanos e infiéis não se verificará.

O principal motivo é o "imposto de fraternidade" que as tribos locais recebem, desde há longa data, tanto de Meca como de Medina. São *nuwada* – aliadas – das duas cidades. Uma grande parte da sua subsistência vem das caravanas que atravessam o território. Têm todo o interresse em que o território seja um caminho seguro para os peregrinos, comerciantes e as *latimah*, grandes caravanas de transporte. Para além do tributo *khawa*, os árabes do deserto ganham a vida a vender alimentos, bebidas e forragem aos caravaneiros. Enfim, a protecção é para eles um ponto de honra. O árabe em casa oferece efectivamente a sua protecção. Mesmo os estrangeiros que forem avistados têm direito a protecção, em caso de perigo. Logo os beduínos não podem deixar os muçulmanos atacarem as caravanas de Meca. Mas também não podem permitir o inverso.

Maomé decide fazer alianças militares com os nómadas. Quer assegurar aos beduínos um rendimento melhor do que o miserável "imposto de fraternidade" que recebem de Meca, ou do que o que ganham com o

A SEGUNDA BATALHA É TAMBÉM ANULADA

seu parco negócio de forragem e víveres, ou ainda como guias de peregrinos e comerciantes. Maomé promete aos beduínos o Paraíso.

O nome beduíno, habitante do deserto, provém de *bady* que significa estepe. São os árabes mais puros. Quando se lhes oferece o Paraíso, estão dispostos a abandonar tudo para seguir quem lhes faz semelhante oferta. Um beduíno é um homem que – literalmente – não vive na terra: sob os seus pés não há terra, mas areia escaldante em movimento. A sua mentalidade não é terrena, pois nunca estão em contacto com a terra. A areia do deserto não é terra mas um infinito em movimento. O beduíno é um homem que vive para algo que não são os bens terrenos, que não possui em caso algum – nem tem ocasião de os possuir. Por causa disso deixa-se entusiasmar por tudo o que sejam ideias, crenças, qualquer coisa que não seja material.

O beduíno, nascido e criado no deserto, ama de todo o coração a nudez infinita – pois só assim, no vazio, se sente verdadeiramente livre. Perde as ligações materiais com o universo, o conforto, o surpérfluo e outras complicações, em prol da realização da sua liberdade individual, que apenas é ameaçada pela morte e pela escravatura. Não vê qualquer virtude na pobreza; experimenta os prazeres menores, vícios e luxos: o café, a água fresca e as mulheres. Estes são os únicos que pode reinvindicar. Na vida do deserto o beduíno possui o ar, o vento, a luz, os espaços infinitos e um imenso vazio. Nunca junto a ele se vê vestígios de esforço humano ou a fecundidade da natureza: unicamente o céu por cima e a terra imaculada por baixo. Inconscientemente ele aproxima-se de Deus.

Assim, no momento em que os beduínos encontram um profeta, seguem-no e agarram-se à sua crença, pois os árabes podem agarrar-se a uma ideia como se ela fosse uma corda.

Maomé vai ao encontro desses homens para lhes oferecer o Paraíso. Em troca pede-lhes que se tornem muçulmanos, isto é «que se submetam à vontade divina». Se não conseguir aliciá-los oferecendo-lhes o Paraíso, o islão será destruído. Meca matará Medina à fome através do bloqueio, tal como se lhe fizesse um cerco. Ora não se pode quebrar o bloqueio a não ser com a ajuda dos beduínos. O Paraíso pintado pelo *Alcorão* faz lembrar um cartaz cujas cores devem seduzir os beduínos e convencê-los a abandonar tudo; mais concretamente a renunciarem à sua amizade por Meca para, em contrapartida, receberem lá no alto, onde habitarão, as terras banhadas pelos rios; estadia de suprema felicidade. No Paraíso *«os puros beberão de uma taça em cuja mistura haverá néctar e cânfora, de uma fonte em que beberão os servidores de Deus, que a tornará abundante.»* (*Alcorão* LXXXVI: 5, 6).

No Paraíso todas as mulheres se tornarão virgens e belas. Os velhos recuperarão a juventude. Os cabelos brancos desaparecerão. Os amantes nunca mais se separarão. O sol não queimará mais os corpos, retalhando as carnes como uma faca.

«Deus pô-los a salvo do dano daquele dia e deu-lhes juventude e alegria.

«A sua recompensa, por haverem sido constantes, é um Paraíso e vestes de seda; no Paraíso estarão reclinados em sofás; dali não verão o Sol nem notarão o seu ardor.

«Perto deles estarão as árvores frondosas, cujos frutos se inclinarão até ao solo.

«Entre eles circularão taças de prata e copos de cristal, feitos de prata de grande valor.

«Nele se servirá um néctar em cuja mistura haverá gengibre,

«de uma fonte do Paraíso que se chamará Salsabil;

«entre eles circularão mancebos imortais: quando os vires imaginarás que são pérolas soltas.

«Quando olhares, em seguida verás os jardins e a grande realeza.

«Vestirão trajes verdes de cetim e brocado, serão adornados de braceletes de prata e o seu Senhor lhes servirá uma bebida pura.

«Dir-se-lhes-á: "Isto é para vós, em recompensa. O vosso esforço foi recompensado".» (*Alcorão* LXXVI: 11-22)

No Paraíso prometido por Maomé aos beduínos, que ignoram todos os prazeres terrenos, não falta nada. *«Estarão num jardim sublime, em que não ouvirão futilidade alguma; nele haverá uma fonte corrente, onde haverá leitos elevados, e taças colocadas à mão, e almofadas arranjadas e tapetes estendidos.»* (*Alcorão* LXXXVIII: 10-16)

Para além da água, um dos maiores prazeres dos beduínos são as mulheres. No Paraíso haverá segundo os seus desejos, *hur-al-ain*, isto é «mulheres com olhos negros e brilhantes».

O *Alcorão* dá alguns detalhes sobre as mulheres perfeitas, chamadas *huris*:

«...virgens de seios de alabastro e de olhos negros incrivelmente belas, eternamente virgens... A brancura da sua tez lembra o brilho das pérolas... Os seus favores serão o preço da virtude...».

A tradição popular completa este quadro de recompensa, segundo os desejos de cada um: «O Senhor deu-me cinquenta *huris*; ele sabia como eu gostava de mulheres».

O santo bispo e hinista Ephrem, o Sírio, que figura no calendário cristão, prometeu aliás, também ele – antes de Maomé – aos monges que

A SEGUNDA BATALHA É TAMBÉM ANULADA

vivessem em abstinência na terra, os favores das mulheres no Paraíso: «E quando um homem viveu em castidade, elas (as mulheres no Paraíso) acolhê-lo-ão no seu seio imaculado, pois – o monge – nunca tombou na cama e no seio do amor terreno...»

No paraíso cristão do santo Ephrem, as mulheres e os homens tornar-se-ão jovens e as rugas dos seus rostos desaparecerão.

Os esplendores do Paraíso, onde há água e sombra, são tentações irresistíveis para os nómadas que desde há milénios vivem secos e queimados pelo Sol. Escutarão atentamente Maomé: o Paraíso interessará aos beduínos. Em breve estarão prontos para pedir um bilhete de entrada e uma autorização de residência.

LIV

O ISLÃO E OS BEDUÍNOS

Por três vezes os muçulmanos tentaram impedir as caravanas de Meca de atravessarem o seu território, e das três vezes fracassaram. Então Maomé decide mudar de táctica. Equipa sessenta voluntários *muhadjiruns* e toma o comando das operações. A finalidade da expedição é fazer alianças militares com as tribos beduínas.

Maomé deixa Medina comandando o seu pequeno exército de cinco dúzias de homens. Tanto nesta expedição como nas anteriores não há um único cavalo. Uma camela para dois homens.

O destacamento conduzido pelo profeta dirige-se para o território dos Ghifar. É a primeira tribo árabe que abraçou o islão. Dez anos antes, Abu-Daharr – o ladrão de estrada, que se arrependera e começara em busca de Deus acreditando numa religião individual e monoteísta – tendo-se tornado muçulmano, foi enviado por Maomé para a sua tribo para a converter. Em pouco tempo Abu-Dahrr tinha convertido todo o clã. Há dez anos que os Ghifar são muçulmanos. Acampam entre Medina e Iambu. Após a sua conversão renunciaram ao banditismo e ao crime.

Na ausência de Maomé é Sa'd-ibn-Ubadah que fica em Medina como responsável. É de Meca e parente do profeta. No caminho para o território da tribo Ghifar, Maomé pára em Abwa. Procura o túmulo da mãe. Ela morreu neste lugar e aí está sepultada há cerca de cinquenta anos. Maomé debruça-se sobre o túmulo e chora em silêncio. Todos rodeiam o profeta. Os fiéis esperam que Maomé fale. Pensam que vai dizer-lhes qualquer coisa. Mas, quando levanta a cabeça, não fala; mostra sim um rosto transtornado e os olhos marejados de lágrimas. Ninguém ousa perguntar nada ao profeta. Apenas Omar, o homem de quem o Diabo tem medo, se dirige

O ISLÃO E OS BEDUÍNOS

ao profeta e arrisca: «Porque choras?» – «É o túmulo da minha mãe – responde. Pedi a Alá que me permitisse visitá-lo. Alá permitiu. Então pedi-lhe que perdoasse os pecados dela. Alá não ouviu o meu pedido. Eis o motivo porque choro».

Conta a lenda que, por fim, Alá condoeu-se do profeta, que sofria horrivelmente por pensar que os pais, que tinham morrido jovens, estavam no inferno como idólatras. Alá teria restituído à vida, por momentos, Amina e Abdallah, pais de Maomé, que abraçaram o islão morrendo em seguida. Mas desta vez partiram para o local destinado a todos os crentes, o Paraíso. Esta lenda parece ser verdadeira para os muçulmanos, pois eles acreditam sempre na possibilidade de um regresso temporário dos mortos para junto dos vivos. Um escritor árabe recomenda aos fiéis para irem o maior número de vezes possível ao cemitério, para saudarem os mortos que eles conhecem. Pois Deus empresta por momentos a sua alma aos mortos para que eles possam retribuir a saudação dos vivos.

Não muito longe de Abwa, a três dias de caminho para Sul, está acampada a tribo Banu-Damrah. É um ramo da tribo Ghifar, e nenhum dos seus membros é muçulmano. Maomé fica uma semana em Waddan e discute com os nómadas a sua entrada no islão, assim como uma aliança militar. Após difíceis conversações chega-se a um pacto de aliança.

«Em nome de Deus, o Clemente e Misericordioso, eis o texto de Maomé, enviado de Deus, dirigido aos Banu-Damrah-ibn-Abd Manat-ibn--Kinanah:

"Terão segurança de pessoas e bens e ajuda contra quem os atacar. Será seu dever apoiar o Profeta – que Deus o proteja – e isso durante tanto tempo quanto o mar for capaz de molhar uma concha – em especial no caso em que eles (os muçulmanos) combaterem pela causa de Deus.

"Além disso, logo que o Profeta os chamar em seu auxílio, deverão responder à chamada, e por esse facto terão a garantia de Deus e do seu Enviado. E a eles será dada ajuda, em favor dos que entre eles tenham cumprido a sua promessa e tenham receado pela violação do pacto".»

Da parte dos Banu-Damrah, este pacto de aliança com os muçulmanos é assinado pelo chefe damrahita Marchch-ibn-Amr.

Waddan, capital da tribo, encontra-se a três dias de caminho de Medina e a nove dias de Meca. A vizinhança de Meca é uma das causas que levaram os nómadas a assinar um pacto de aliança. Mas esta cidade é demasiado poderosa para que os beduínos tenham coragem de assinar um pacto com os inimigos dos coraixitas. É certo que, na altura, ocorrera um conflito entre a tribo Banu-Damrah e Meca por causa de uma morte e do "preço de sangue", todavia esse facto não constitui motivo suficiente

A VIDA DE MAOMÉ

para levar os beduínos a declararem-se aliados dos inimigos de Meca. Se a tribo Damrah, aceitou este enorme risco, foi acima de tudo para ganhar o Paraíso. A oferta de Maomé é demasiado tentadora para não ser aceite. Quando nos oferecem o Paraíso com a perspectiva de aí estarmos eternamente – nenhum risco é demasiado grande. Os Banu-Damrah cortaram então relações com Meca e com os coraixitas, com os senhores do deserto e escolheram o Paraíso. São os primeiros beduínos a assinar um pacto de aliança com o islão.

Do território deles, Maomé dirige-se para oeste, para visitar os muçulmanos da tribo Ghifar.

Os homens desta tribo são árabes puros, tal como os descreverá o coronel Lawrence, que irá viver entre eles: homens que não conhecem nem o bem nem o mal, o branco ou o negro, a verdade ou a mentira. Do crime e do banditismo, os ghifaritas, tornados muçulmanos, passam à santidade. Apenas conhecem os extremos. Abu-Dharr, que abandonou a sua tribo e inventou um Deus e uma religião individual, por causa dos remorsos da sua consciência, é disso um exemplo.

Tal como Ma'iz, um ghifarita que abraçou o islão ao mesmo tempo que a sua tribo convertida por Abu-Dharr, e que após a sua conversão cometeu o pecado de adultério, pecado mortal não só aos olhos do islão como dos outros credos. Ninguém, além da mulher sua cúmplice, conhecia o pecado de Ma'iz. Ninguém podia denunciá-lo e muito menos a pecadora. Mas a consciência de Ma'iz não lhe permitiu suportar este pecado. A punição para este tipo de falta é a mesma que entre os hebreus: a morte por lapidação. Ma'iz apresenta-se ao profeta para receber o castigo merecido pelo homem que cometeu adultério. São assim os homens da tribo Ghifar, como Ma'iz, como Abu-Dahrr: homens que ou são assassinos ou santos. Durante uma expedição e por falta de camelos, Maomé teve de retirar da coluna de ghifaritas um certo número de voluntários. Estes não suportaram tal dor; começaram a chorar e a soluçar como carpideiras. Foi impossível consolá-los. Desde esse dia a tribo Ghifar tem como sobrenome *Banu'l barka* "a tribo das carpideiras".

Os Ghifars receberam Maomé – que lhes fazia a primeira visita oficial – com entusiasmo delirante. Todos são muçulmanos. Todos são fiéis. Mais tarde, quando Maomé deixar Medina, ficará como seu substituto Abu-Dahrr; os ghifaritas são pessoas dignas de toda a confiança.

Por ocasião desta visita, os Banu-Ghifar assinam com Maomé este pacto de aliança militar: «Os Banu-Ghifar serão considerados entre o número de muçulmanos, tendo os mesmos direitos e os mesmos deveres. Além disso, o Profeta conseguirá em seu favor a garantia de Deus e do

O ISLÃO E OS BEDUÍNOS

seu Enviado, e isso sobre pessoas e bens. Mais ainda, se o Profeta os chamar em seu auxílio, deverão responder ao chamamento, e será seu dever ajudá-lo, salvo aqueles que já estejam a combater por *Dim*, a religião. Isto, por tanto tempo quanto o mar seja capaz de molhar uma concha. Fica entendido que este documento nunca deverá sancionar um crime.»

Presentemente Maomé usufrui de uma aliança militar com duas tribos beduínas. Vai para oeste de Medina, à montanha *radwa*, na região de Iambu, onde assina um tratado de aliança com a tribo Juhaïnah. O tratado é assinado pelo chefe Buwat. Os juhaïnah serão mais tarde muçulmanos de primeira água. Construirão em Medina a sua própria mesquita, que será a segunda; a primeira depois daquela que foi construída pelo profeta.

Maomé continua a sua viagem e conclui uma aliança militar com uma quarta tribo, a dos Muludjitas. O chefe desta tribo de beduínos é um velho conhecido de Maomé.

Quando em 622 Maomé fugiu de Meca acompanhado por Abu-Becre, Suraqah, chefe muludjita, tentou apanhá-lo para receber em troca os cem camelos prometidos pelos coraixitas a quem lhes entregasse Maomé morto ou vivo. Por três vezes o cavalo de Suraqah se recusou a aproximar do profeta. O cavaleiro desmontou e converteu-se. Impressionado por este milagre, Suraqah jurou fidelidade eterna a Maomé.

Para além do chefe Suraqah, a tribo muludjita é idólatra. Contudo, Maomé foi recebido com entusiasmo. Também aí assina um pacto de aliança militar. Suraqah será mais tarde um dos grandes chefes militares do islão. De momento apenas promete a Maomé a ajuda militar do seu clã de cavaleiros. O profeta está encantado com estas alianças. Todas as tribos que assinaram com ele alianças militares se encontram na rota das caravanas de Meca para a Síria. Assim ele poderá barrar a passagem às caravanas de Meca.

De regresso a Medina, Maomé sabe que a cidade do islão foi atacada. Pela primeira vez um grupo de idólatras armados penetrou na cidade do profeta pilhando-a e incendiando-a.

O destacamento era comandado pelo fihrita Kurz-ibn-Jabir e equipado pelos coraixitas.

"A queimadura", a guerra entre os muçulmanos e os idólatras de Meca, está eminente. Estamos no ano dois da Hégira – fuga de Maomé de Meca. Neste ano de 624, os acontecimentos que determinarão a difusão do islão vão precipitar-se. Maomé apela a Deus e prepara-se para a guerra. Mas os muçulmanos são muito pobres. Os pobres não podem fazer a guerra. A guerra é um luxo.

LV

A ESCOLHA ENTRE DEUS
E A "TRÉGUA DE DEUS"

Novembro de 623. A situação económica de Medina, por conseguinte do islão, é extremamente grave. Meca conseguiu isolar a cidade do profeta, submetendo-a a um severo bloqueio. Como represália, Maomé proibiu as caravanas coraixitas e seus aliados de atravessarem o território controlado pelos muçulmanos. Apesar disso eles continuam a cruzar o território proíbido. As sete campanhas militares ou *almaghazi*, empreendidas pelos muçulmanos, não deram qualquer resultado. Nas três primeiras, os efectivos variavam entre vinte e oitenta homens. As últimas com cento e cinquenta ou duzentos. Todas elas votadas ao fracasso.

Em Novembro Maomé decide mudar de táctica. As caravanas que seguiam de Meca para a Síria, compostas por 2500 camelos e mais de 300 homens, eram *difíceis* de atacar. Maomé propõe-se atingir os seus objectivos através de uma outra rota das caravanas coraixitas. Organiza um grupo de oito homens, dirigidos por Abdallah-ibn-Djach, que ignoram onde e contra quem devem combater.

Maomé dá a Abdallah-ibn-Djach uma ordem escrita e envia-o para os lados de Nadjiyah, a "terra alta", em direcção a um poço, a um *rukayak*. Após dois dias de caminho para oeste, em direcção ao poço da "terra alta", Abdallah, tal como lhe foi ordenado, abre o sobrescrito onde estão as instrucções do profeta.

Abdallah executa-as à letra. Duas semanas mais tarde, encontra-se numa direcção oposta. A ordem escrita enviou-o para o caminho entre Meca e Ta'if. O grupo de Abdallah atinge os objectivos no fim *do* mês de radjab. Pára, de acordo com as instrucções recebidas, nas vizinhança de Nakhlah. Este é um lugar célebre, é onde passeia o Diabo. Foi aí que Abraão atirou pedras a Satanás e é lá também que se encontra a célebre estátua do ídolo Manat. Foi também nesse local que, após ter sido atacado

A ESCOLHA ENTRE DEUS E A "TRÉGUA DE DEUS"

e expulso de Taïf, o profeta parou e rezou, com uma tal devoção que até os *djinns* choraram com pena. Neste local e nessa noite, rezou a oração mais fervorosa da sua vida. Era um homem expulso do seu clã, e em Taïf, à qual pedira asilo, tinham-lhe atirado pedras. Era a oração de um *sa'luk*, de um homem sem pátria, sem família e sem quaisquer direitos em todo o deserto árabe. Foi para essa região que foram enviados os oito homens. Chegam apenas seis a Nakhlah. Dois deles, Sa'd ben-Waqqas e o seu companheiro de camelo Utban-ben-Ghazwan, tinham-se atrasado e perdido.

Os seis muçulmanos têm ordem para parar em Nakhlah, para aí interceptarem uma caravana coraixita que devia vir de Taïf e dirigir-se para Meca.

O mês de *radjab* é mês de "Trégua de Deus" e da Pequena Peregrinação. Durante este mês cessa todo o tipo de hostilidades. O grupo de combate muçulmano encontra a caravana coraixita, que vem de Taïf e transporta uvas, vinho e peles. A caravana vem acompanhada por quatro homens. O encontro com os muçulmanos aterroriza os coraixitas. Mas o medo desaparece logo de seguida pois um dos muçulmanos, Ukkacha, tem a cebeça rapada e os coraixitas tomam-no por um peregrino. Além do mais não se querem demorar em Nakhlah. Têm pressa de chegar a Meca. Falta apenas um dia para o fim do mês e da Trégua de Deus. Os cara-vaneiros não querem ser surpreendidos no caminho depois de acabar a trégua. Abdallah e o grupo de muçulmanos encontram-se perante um dilema. Se atacarem a caravana coraixita violam a Trégua de Deus; se esperarem pelo fim da Trégua, ou seja mais um dia, a caravana atingirá o território sagrado de Meca, o *haram*. Atacar em território *haram* é tão grave como atacar durante o mês da Trégua. Tanto um como outro são pecados capitais, para os árabes. Por outro lado, se os muçulmanos respei-tarem a trégua e o *haram* negligenciam o serviço de Deus, pois a finalidade da sua luta é salvar o islão do extermínio pela fome, decretado pelos pagãos. Abdallah tem de escolher entre Deus e a Trégua. Decide quebrar a Trégua e ser fiel a Deus. Ataca de imediato a caravana. Um dos pagãos é morto, dois feitos prisioneiros e um quarto consegue fugir. Os muçul-manos apoderam-se de camelos e mercadorias.

O coraixita morto chama-se Amr-ben-al-Hadra'mi e o muçulmano que o matou foi Waqid-ben-Abdallah. Este foi o primeiro muçulmano a cometer um assassínio pela vitória do islão.

O quarto coraixita, que escapou ao ataque, chega a Meca e dá o alerta. Rebenta o escândalo. O povo de Meca não consegue apanhar os muçul-manos. Estes entram em Medina com o espólio e os prisioneiros. Já se sabe em Medina. Não há ninguém em Meca que não esteja escandalizado, assim como em Medina. Violar a Trégua de Deus, é de uma extrema gravidade! Os inimigos de Maomé e mais especialmente os judeus de Medina, fazem sátiras, *hijas* e epigramas, que ridicularizam Maomé, que o ofendem e acusam; os pagãos dizem: «Pensa-se que Maomé continua a obedecer a Deus, mas foi o primeiro a profanar o mês sagrado. Matou o nosso camarada durante o *radjab*».

Para sobreviver no deserto, a sociedade pré-islâmica necessitava de alguns tabus. O primeiro era a Trégua de Deus. Sem esta Trégua, o transporte e o comércio teriam sido impossíveis. Ora no deserto, não há outra hipótese de ganhar o pão de cada dia, senão com o comércio e o transporte. Aos olhos da sociedade árabe, Maomé acaba de cometer um sacrilégio mortal. Pela primeira vez na sua vida, o Profeta, que é um homem previdente, fica surpreendido pela reacção hostil e bastante desfavorável que suscitou esta profanação da Trégua de Deus.

A cada cidade árabe corresponde um mês de Trégua, que coincide com a feira local. Tendo em conta as localidades dos arredores, Meca possui quatro meses de Trégua: o décimo primeiro, o décimo segundo, o primeiro e o sétimo meses do ano. Foi durante o *radjah*, que a trégua foi violada pelos muçulmanos.

Ninguém jamais tinha ousado violar a Trégua de Deus. Agora, os mais encarniçados inimigos depõem as armas e unem-se em Meca. Esta instituição árabe funciona como um relógio. É um mecanismo de precisão. Os funcionários encarregados do calendário chamam-se em Meca os *qalanbas*. Abrem e fecham os meses de Trégua. A sua função é de extrema importância, pois deles depende a guerra ou a paz, em todos os caminhos que levam a Meca.

Quando um *qalanbas* penetrava no santuário da *Caaba*, pronunciava a seguinte frase: «Eu sou aquele que está acima de qualquer crítica, e cuja decisão nunca é rejeitada».

Os árabes têm um calendário lunar e um solar. O cálculo dos meses de Trégua é delicado. Durante dois anos consecutivos, os meses sagrados são o décimo primeiro e o décimo segundo, o primeiro e o sétimo (*Delcaada, Delhajj, Moharram e Radjab*). Mas todos os três anos o *qalanbas* interrompe a Trégua de Deus depois de dois meses e introduz no calendário um décimo terceiro mês do ano, chamado "Lua Vazia", ou Safar.

O décimo terceiro mês – "o vazio" – é um mês profano. Então começam guerras e pilhagens. Os negociantes e os peregrinos que seguem em caravanas podem ser atacados, pilhados, capturados e mortos. No fim deste mês vazio começa o terceiro mês de Trégua.

A ESCOLHA ENTRE DEUS E A "TRÉGUA DE DEUS"

A violação da Trégua coloca Maomé em situação embaraçosa. Quando os seis muçulmanos chegam a Medina com os prisioneiros e o espólio, Maomé arresta os bens. Não lhes quer tocar. Chega a Meca uma comissão coraixita, resgata os prisioneiros, pagando 1600 *dirhams* por homem. No entanto um dos prisioneiros resgatados tinha-se tornado muçulmano e recusa partir. Apesar desta conversão impressionar bastante, a situação continua a ser muito crítica para o islão. Maomé utiliza a palavra *kabir*, quer dizer "grave", quando se refere à profanação. Dias mais tarde, o anjo Gabriel revela ao profeta os seguintes versículos do *Alcorão* (II: 217-218):

«Perguntam-te pelo mês sagrado, pela guerra nele. Responde: "Um combate nele é pecado grave, mas afastar-se da senda de Deus, ser infiel para com Ele e a Mesquita Sagrada, expulsar dela os seus devotos, é mais grave para com Deus". A impiedade é mais grave do que a luta: não cessarão de vos combater até que vos façam abjurar a vossa religião, se puderem. Aquele de vós que abjure a sua religião e morra é infiel, e para esses serão inúteis as suas boas acções nesta vida e na outra; esses serão entregues ao fogo. Viverão nele eternamente.

«Os que crêem, os que emigram e combatem na senda de Deus, esses podem esperar a misericórdia de Deus, pois Deus é indulgente, misericordioso.»

Assim Maomé não nega a santidade dos meses de Trégua. Pelo contrário, ela é perfeita. Está profundamente enraízada na moralidade dos árabes. E é óptimo que assim seja. Mas Maomé afirma que quando se trata de Deus, melhor, quando se trata de escolher entre Deus e a Trégua de Deus, o homem deve escolher Deus e violar a Trégua.

Em suma, o assassinato cometido por Waqid e seus companheiros, durante o mês sagrado, é um grande pecado, sem dúvida! Deus é justo: castiga os que erram. Mas os muçulmanos não devem esquecer que, quando se trata de um fiel que se apresenta perante Deus para ser julgado, por cada pecado cometido, mil boas acções vêm advogar em favor do culpado. Além de que a indulgência de Alá relativamente aos muçulmanos é bastante grande, uma vez que «estes emigraram com o Profeta e preferiram Deus a todos os bens terrenos».

LVI

A LENDÁRIA BATALHA DE BADRE

Passaram seis semanas desde que Abdallah-ben-Jahch voltou de Nakhlah. O problema dos tabus, relativos à Trégua de Deus, e outros tabus está definitivamente regulamentado no islão: quando se trata de Deus, não há tabus. Deus está acima de todas as tréguas e de todos os tabus.

Os espiões do islão – os *ayoun*, isto é "os olhos do chefe" – avistam uma caravana que vem de Gaza, na Síria, e se dirige para Meca com um carregamento de grande valor. Esta caravana é composta por dois mil camelos. As mercadorias transportadas valem mais de 50.000 *dinars*. Todas as famílias de Meca investiram dinheiro nesta caravana. Todos os coraixitas estão naturalmente interessados nela. A caravana é liderada por Abu-Sufian.

Enquanto a caravana avança para Meca, carregada dos tesouros que uma *latimah*, caravana de mercadorias, pode transportar, a filha de Abd--al-Muttalib percorre as ruas de Meca anunciando aos seus concidadãos que muito em breve se dará uma catástrofe. A filha de Abd-al-Muttalib é vidente. Ela prevê que a catástrofe terá lugar dentro de três dias. Para os comerciantes, a catástrofe não poderá ser outra que a perda do seu dinheiro. Logo, da caravana. Abbas, Abu-Jahl, Abu-Lahab e os outros coraixitas estão com medo. Escutam petreficados as predicções de Bint--Abd-al-Muttalib.

Os cidadãos esperam com o coração apertado. O mensageiro que deverá anunciar a chegada da caravana é conhecido por *nattaf*, que significa "o que faz depilar as mulheres", pois quando chega o mensageiro as mulheres correm para casa e começam a embelezar-se para receberem os maridos, e apaixonados, que regressam com dinheiro e presentes. Depilam-se. Tomam banho. Querem ficar sedutoras. Mas desta vez "o que faz depilar as mulheres" tarda em chegar. Além da terrível predicção, não há notícias da caravana coraixita. Contudo, em Meca, existe um

A LENDÁRIA BATALHA DE BADRE

serviço oficial de informações, composto por aqueles que anunciam nas ruas as notícias de interesse geral. Estes informadores públicos chamam-se *munadi* ou *mu'azzin*.

De repente surgem na rua os *mu'azzin* que dão notícias da tão esperada caravana. Trata-se com efeito de uma catástrofe como estava predicto. O *mu'azzin* está equipado como as suas funções exigem quando se trata de um drama. Monta um camelo de orelhas cortadas, a sangrar. A sela do animal está de pernas para o ar. A túnica vestida do avesso e rasgada. Tem o rosto transtornado e os cabelos em pé e grita: «Coraixitas! A caravana! A caravana!... As mercadorias transportadas por Abu-Suffian!... Maomé dirige-se para a caravana para a roubar. Juntem-se todos! Desgraça. Desgraça!»

Em simultâneo apresentam-se outros anunciadores, vindos de todos os lados. Pois se houver alguma notícia a difundir com urgência, como por exemplo, um ataque eminente, qualquer um tem a obrigação de se despir para chamar a atenção e vir nu para a rua, anunciando a catástrofe. Estes anunciadores despidos chamam-se *nadhir*. O ataque eminente dos muçulmanos à caravana coraixita, é anunciado pelos mensageiros nús.

Em poucas horas é reunido um exército de 950 homens, 700 camelos e 100 cavalos.

A sede de vingança, o ódio e a violência contra os muçulmanos são desencadeados e alimentados pelas mulheres coraichitas comandadas por Hint, mulher de Abu-Suffian. Estas mulheres acompanharão o exército no campo de batalha e irão participar na guerra, excitando, encorajando e entusiasmando os homens.

Ao mesmo tempo que reúnem o corpo expedicionário os negociantes renunciam aos seus lucros. Juntando donativos pessoais, reúnem a fabulosa quantia de um quarto de milhão de *dirhams*. O dinheiro é usado para equipar o exército.

Meca perdeu o seu *hilm*, o seu célebre sangue-frio, a sua fleuma e ponderação. Os coraixitas são devorados pelo ódio contra Maomé, como por um incêndio. Meca apenas tem um ideal: exterminar o islão, Maomé e os muçulmanos. Totalmente, de uma vez por todas. E para realizar este objectivo dão até ao seu último centavo.

*

* *

Em Medina, no maior secretismo, Maomé preparou o ataque à caravana pagã. Mobilizou 313 homens, todos voluntários. Entre eles há 70 *ansars* da tribo Aus e 70 da tribo Khazraji. Os outros são *muhadjiruns*, emigrados. É a primeira vez que os *ansars* participam num *maghazi*, numa campanha militar do islão. Até esse dia, nunca tinham sido convidados a combater. Todas as expedições militares tinham sido feitas por emigrados. Os *ansars* insistiram em participar e o profeta aceitou. Estes 313 homens, do exército do islão, possuem 70 camelos. Cada animal levará dois homens. Maomé e o islão são pobres. Meca possui 700 camelos para 950 homens, além de 100 cavalos. O islão apenas tem dois cavalos. É a primeira vez que o exército muçulmano se permite o grande luxo de ter cavalos. Mas são apenas dois. Até essa data os fiéis de Maomé tinham feito todas as campanhas sem cavalos.

No dia 17 do Ramadão – mês de Março de 624 – Maomé e as suas tropas esperam a caravana de Meca perto de Wadi-Badre, a cerca de vinte quilómetros a sudoeste de Medina, para a poderem atacar.

Mas ainda não é desta vez que se dá o encontro entre muçulmanos e os de Meca. Não houve um segredo absoluto. Em Medina, a cidade do profeta, alguém falou. Os inimigos de Maomé, especialmente os judeus e os indecisos de Ubaiy, avisaram Abu-Suffian do local e data do ataque. Este desviou a rota da caravana e, em vez dela, chega – a toda a velocidade – para enfrentar o exército muçulmano, um corpo expedicionário de 950 homens, perfeitamente equipados e fanatizados contra o islão.

A traição de Medina pode ser fatal para Maomé. O profeta não pode recuar. Em Wadi apercebe-se que o exército coraixita é comandado pelo feroz Abu-Jahl. Maomé implora ao céu e pergunta a Deus qual a atitude a tomar. A desproporção de forças é demasiado grande. Mas sabe que se os muçulmanos forem vencidos, o islão desaparecerá da face da terra. Ninguém mais saberá que um dia existiu um profeta e uma religião de entrega total à vontade divina, religião essa que se chamava islão.

Enquanto Maomé reza e pede o conselho divino, trazem-lhe dois prisioneiros. São os batedores do exército de Meca. Não conseguem dizer com exactidão o número de soldados coraixitas, mas sabem quantos animais são mortos por dia para alimentar o exército. Maomé faz os seus cálculos; deve haver cerca de um milhar de soldados inimigos.

Maomé confia as funções de seu porta-estandarte a Mus'ab-ibn-Umair. O estandarte é branco e flutua pela primeira vez no campo de batalha. Maomé manda pelo seu filho adoptivo Ali, um segundo estandarte com o desenho de uma águia. O terceiro estandarte é confiado a um *ansar*.

Ao mesmo tempo o profeta dá ordem para serem ocupados todos os pontos onde haja água. Anuncia que o ataque vai começar e ninguém deve fugir. A fuga não servirá nada nem ninguém. Se os muçulmanos

A LENDÁRIA BATALHA DE BADRE

fugirem serão perseguidos pelos coraixitas. Chegados a Medina, os fugitivos seriam apanhados pelos judeus, pelos hipócritas, ou seja os indecisos e entregues ao inimigo. Ainda que em inferioridade numérica, os muçulmanos são obrigados a atacar e a aguentar o combate com todas as suas forças. Maomé decide que o ataque será feito em fileiras cerradas, e na maior disciplina. Será de evitar os combates individuais. Maomé, inventa aqui, em Wadi-Badre, para uso dos árabes, uma táctica já há muito inventada por Filipe, pai de Alexandre da Mecedónia: a *falange*. Até aí os árabes combatiam sempre individualmente: homem a homem. Daqui para a frente lutariam em grupos compactos. Os muçulmanos irão atacar colados uns aos outros, como se formassem um só corpo. Graças a esta disciplina, Maomé criou uma nova unidade de combate: o grupo. Diz aos fieis: «*Quem volte então as costas – a menos que seja para retornar ao combate ou para se unir a outro grupo de combatentes – incorrerá na cólera de Deus, e o seu refúgio será o Inferno.*» (*Alcorão* VIII: 16)

Maomé diz que aqui cada muçulmano luta pela vitória de Deus e quem morrer pelo Senhor nesta batalha irá direitinho para o Paraíso; mais ainda, no Paraíso, o heroi ocupa um lugar privilegiado.

«Ninguém, de entre os eleitos do Paraíso, quererá jamais voltar a este mundo à excepção do mártir. Só um mártir desejaria voltar para ser morto de novo; e isso dez vezes de seguida, pois sabe quais os favores celestes que lhe estão reservados.»

Estão terminados os preparativos muçulmanos para o ataque. É noite. O inimigo acaba de aparecer. Uma colina de areia separa os muçulmanos dos pagãos. Maomé ordena aos seus soldados que se deitem e durmam, pois devem estar bem dispostos, no dia seguinte, o dia do combate decisivo.

O profeta retira-se para um abrigo feito de ramos, numa elevação. Reza: «Oh meu Deus, se perdermos esta pequena batalha, tu não serás mais honrado».

Depois da oração, Maomé inspecciona as tropas que dormem. A chuva começa a cair, fria e forte. Para os homens do deserto, é um acontecimento. Os soldados muçulmanos, que dormem estendidos na areia, estão encharcados. Mas nem um acorda. Estão a dormir profundamente, não sentem a chuva fria nem imaginam que o profeta vela angustiado pelo seu descanso. O *Alcorão* (VIII: 11) fala assim, dessa noite:

«*Recordai-vos de quando vos deu o sono como segurança proveniente d'Ele e fez descer água dò céu a fim de vos purificar, afastar de vós a tentação de Satanás, tranquilizar os vossos corações e cravar os vossos pés.*»

No dia seguinte dá-se o combate. Um contra três. Sem considerar a desproporção do equipamento, do número de cavalos e de camelos. É absurdo travar uma batalha destas quando as forças são tão desiguais. Maomé vai travá-la apesar de tudo. É o mais irrefutável argumento de que dispõe para demonstrar a sua inabalável convicção de que Deus não o abandonará. Que Deus o ajudará. Que Deus não pode deixar que os pagãos esmaguem aqueles que o adoram e honram...

Porque Maomé está convencido que luta por Deus. Não por si. A sua fé não recua nem perante os números, nem perante a lógica, *crê* em Deus e na vitória.

*

* *

Habitualmente, o comandante dos exércitos árabes dirigia as operações de um ponto situado na rectaguarda. Maomé dirige-os do alto de uma colina. Dispõe as tropas de uma forma geométrica. Dá a cada um ordens precisas, quanto à movimentação a fazer. Os trezentos e treze homens vêem as suas acções serem organizadas como peças de uma engrenagem. Atacarão em grupos.

Desde os primeiros embates que é gritante a diferença entre os dois lados. Os pagãos combatem de uma forma ostentatória, pelo orgulho e pela glória, praticam o combate individual, a luta corpo-a-corpo. De uma forma desordenada, cada um procura evidenciar-se.

No campo muçulmano há homens disciplinados, severos, graves, que sabem que se perderem esta batalha, perdem a vida. Mais ainda, sabem que lutam por Deus e que aquele que morrer em combate vai directamente para o Paraíso.

Do ponto de vista árabe, esta batalha tem apenas um fundamento jurídico: a morte de Amr-ben-Hadrami, em Nakhlah. Maomé envia uma mensagem a Abu-Jahl, o comandante das tropas de Meca, propondo-lhe a paz. A única causa da guerra era o sangue de Amr-ben-Hadrami e Utbah-ben-Rabi'ah estava disposto a pagar o dinheiro, mas Abu-Jahl, habilmente, envergonha-o e ele retira a oferta forçando assim os coraixitas a avançar. Desta forma, Abu-Jahl, esperaria desembaraçar-se de Maomé de uma vez por todas.

Ao alvorecer os dois exércitos encontram-se. O combate começa com invectivas. Através de estrofes que farão tanto dano como flechas envenenadas.

Depois deste primeiro confronto, saem do exército coraixita três *barraz* – três cavaleiros especializados no combate individual. Um é Utbah, o

A LENDÁRIA BATALHA DE BADRE

pai de Hint, mulher de Abu-Suffian; outro é Chaïba, tio de Hint; o terceiro é Al-Walid, o irmão de Hint. Três *ansars* saem das fileiras muçulmanas para enfrentar os inimigos; no entanto, os cavaleiros de Meca recusam os seus adversários muçulmanos, perguntando-lhes:

– Quem sois vós?

– Os *ansars* – responderam os muçulmanos.

– Não conhecemos – replicam os de Meca.

Meca exige três nobres de entre os muçulmanos. Maomé chama então Hamzah, seu tio, Ali, seu filho e Ubaïda-ben-Harith. O combate começa de imediato. Hamzah e Ali matam os seus adversários sem qualquer dificuldade. Ubaidah-ben-Harith e o "seu" coraixita, ambos velhos, ferem-se um ao outro. Por fim, Ubaidah mata o seu adversário. Terminou o combate individual. Os muçulmanos vencem. Os coraixitas, tendo em conta a sua superioridade numérica e a qualidade das suas armas e montadas, atiram as flechas ao ar e apanham-na antes de caírem, em sinal de bravura, autoconfiança e vitória. Nas primeiras arremetidas dos coraixitas, os muçulmanos recuam. Maomé deixa o seu posto de comando, mistura-se com os combatentes e chega à frente de batalha. Grita aos fiéis que todos os que morrerem em combate vão directamente para o Paraíso. As palavras do profeta têm um efeito fulminante. Umair atira fora as tâmaras, que ia comer, e vai para a luta gritando: «Entre mim e o Paraíso não há mais obstáculos». Morre.

A batalha está no auge. Ardente e com diversas frentes. Nesse instante, dois ladrões, escondidos na colina, preparados para se lançarem sobre o campo de batalha para roubarem cadáveres, vêem uma nuvem que desce do céu e toca a terra. «Quando estávamos na colina – conta um deles – aproximou-se de nós uma nuvem e ouvimos o relinchar de cavalos. Ouvi um voz que gritava: Avante!»

Da nuvem descem anjos armados. Uns a cavalo outros a pé. Um dos ladrões morre de emoção, ao ver descer do céu este exército de anjos, com capacetes de plumas coloridas. Os cavalos dos anjos trazem também pompons e plumas de todas as cores. Os anjos de infantaria e de cavalaria, logo após a descida, colocam-se em posição de combate ao lado dos muçulmanos, contra os coraixitas.

A acreditar nos testemunhos, o exército celeste é composto por cerca de 5000 anjos. Contudo não se conhece ao certo o número dos anjos; muitos deles mantiveram-se invisíveis, para poderem decapitar os pagãos sem serem vistos.

Nesta fase do combate, Maomé ordena a Ali que apanhe um bocado de areia. O profeta tira a areia das mãos de Ali e lança-a sobre os pagãos,

A VIDA DE MAOMÉ

gritando: «Que a vergonha cubra o vosso rosto». Todos os combatentes inimigos são atingidos com areia nos olhos e ficam cegos.

Os muçulmanos intensificam o ataque. Az-Zubair traz um turbante amarelo; Abu-Dadjama, um turbante verde; Hamzah, um penacho de plumas de avestruz. Os muçulmanos combatem com paixão. Sabem que não estão sozinhos. Os anjos lutam ao seu lado.

«O nosso capacete protege-nos a cabeça, como uma lage protege uma fonte. Os nossos escudos afastam golpes de lança, como uma árvore afasta o vento. As nossas cotas de malha ondulam no nosso peito como lagos na tempestade.»

Comandando os anjos que ajudam os muçulmanos em Badre, está Gabriel, o maior anjo do céu. Junto dele está Miguel, que é o segundo na hierarquia dos anjos.

Durante o combate, Maomé sabe que seu tio, o agiota Abbas está nas fileiras inimigas. Sem dúvida que Abbas preferia não ter participado na batalha; em primeiro lugar porque as batalhas não lhe interessam, só os negócios; depois não queria combater contra seu sobrinho, Maomé; e, por último, porque a sua mulher é muçulmana e lhe suplicou que não combatesse o islão. Por todos estes motivos, Abbas, durante a batalha de Badre, fica escondido na última fila de pagãos. Maomé ordena aos seus soldados que o procurem e capturem. É preciso apanhá-lo vivo. Um muçulmano chamado Abu-Yazir descobre Abbas, mas Yazir é magro e pequeno, enquanto Abbas é um colosso, com a mesma estatura do pai, Abd-al-Muttalib. No entanto Yazir tenta o impossível: capturar Abbas, levantá-lo em braços e levá-lo junto ao profeta. Acontece o milagre, embora Yazir tenha metade da estatura do prisioneiro que transporta. E há uma explicação para isso: vieram dois anjos ajudar Yazir a transportar o prisioneiro, duas vezes maior do que ele.

Outros muçulmanos procuram o chefe Abu-Jahl, inimigo de Deus e do islão.

Abu-Jahl está rodeado de guarda-costas, no entanto os muçulmanos atravessam a parede de peitos pagãos, que protegem o pai da loucura. Esmagada a guarda, um dos mais valentes muçulmanos, Mu'adh-inbn-Amr, precipita-se sobre Abu-Jahl e fere-o no pé com um golpe de sabre. Ikrimah, filho de Abu-Jahl, vem em socorro do pai e com o sabre corta o braço de Mu'adh-ibn-Amr. Este ao olhar para o braço direito que apenas está preso por uma pele, arranca-o pois doravante ele de nada lhe servirá, e continua a combater com o braço esquerdo. No entanto um outro muçulmano mata Abu-Jahl.

A LENDÁRIA BATALHA DE BADRE

Depois da morte do chefe, o exército pagão retira-se em desordem. A vitória muçulmana está assegurada. É a debandada dos soldados de Meca. No campo de batalha de Badre os pagãos deixam setenta mortos e outros tantos prisioneiros. Entre os mortos está Abu-Jahl e um dos seus filhos, o sogro e o cunhado de Abu-Sufian. Em Bacre também foi morto Mu'ait, o coraixita que tinha tentado assassinar Maomé no santuário de Meca, nos anos de perseguição do islão, envolvendo-o e amarrando-o numa manta.

O islão perdeu 14 homens nesta lendária batalha. Mas a vitória está do seu lado. Maomé agradece a Deus, e diz aos muçulmanos, cheios de alegria por causa desta vitória inesperada e milagrosa:

«Crentes! Não os matastes: Deus matou-os. Não atiras quando atiras: Deus é quem atira, a fim de experimentar os crentes, pela sua parte, com uma bela prova. Deus tudo ouve, é omnisciente.(...) Deus está com os crentes.» (Alcorão VIII: 17-19)

A batalha de Badre é conhecida por todo o mundo árabe, que desde há séculos não se cansa de ouvir os relatos milagrosos dos feitos de armas. Os lendários acontecimentos de Badre são contados em *Ayym el Arab*, as *Jornadas Árabes*. A lenda do combate de Badre, levantou o moral dos exércitos muçulmanos de um extremo ao outro da terra, durante séculos. Badre foi a primeira batalha do islão.

O primeiro facto a assinalar é que nesta batalha – feito inconcebível para o mundo árabe – pais lutaram contra filhos, e irmãos contra irmãos. Numa sociedade em que os membros de um clã estão ligados entre si pelo sangue, onde a sua ligação à árvore genealógica é igual à dos ramos à árvore, seria impossível um tal combate antes de Maomé.

Um soldado pára junto de um cadáver, e ergue-o para o lançar num poço. É o cadáver de um pagão. Talvez tivesse sido este soldado que o matou. Antes de lançar a vítima ao poço, o soldado muçulmano, Utbah--ben-Rabi'ah contempla-o. O cadáver de um soldado em combate é belo. Exangues, algumas horas depois de serem trespassados os soldados mortos nos campos de batalha têm o corpo cor da neve. Todos são imaculados e brancos. «O seu rosto parece neve banhada pela Lua». Não é sem pena que o muçulmano Utbah decide lançar o corpo do inimigo ao poço de Badre. «Contemplei-o: no seu manto de guerra, parecia uma árvore abatida sobre a qual o lenhador lançara as roupas. O cadáver estava frio: as mãos abertas tinham o brilho de duas flores vermelhas.»

Utbah está triste. Maomé aproxima-se dele e pergunta-lhe o que é que ele tem: «É o meu pai», responde Utbah. O profeta tenta consolá-lo ao que o jovem muçulmano responde: «Não tenho qualquer dúvida a

A VIDA DE MAOMÉ

respeito do meu pai e da forma como ele morreu. Mas eu sabia quanto dentro dele havia de razão, de sabedoria e de mérito, e esperava que isso o conduzisse ao islão. Vendo o que aconteceu e pensando que ele morreu na descrença, depois de toda a esperança que eu depositava nele, sinto uma profunda mágoa».

Maomé reza sozinho pelos mortos. Debruçado no poço de Badre onde se lançaram os cadáveres dos inimigos. O profeta fala-lhes em voz alta, lembrando a resistência que eles lhe tinham feito, quando eram vivos, e a hostilidade manifestada contra todas as profecias e predicções.

Os muçulmanos não ousam interrompê-lo. Omar, como é hábito, aproxima-se cheio de coragem e interroga-o: «O que é que te aconteceu para falares assim aos mortos? Os mortos não ouvem! É inútil falar-lhes.» «Vocês não ouvem melhor do que os mortos, aquilo que vos digo» – responde Maomé. E continua o sermão aos adversários mortos lançados no poço de Badre.

Antes do combate Maomé tinha proíbido qualquer tipo de mutilação: «Deus é belo e ama a beleza», e repete, como o fará toda a vida: «Deus recomenda a finura – *isha* – em todas as coisas».

Maomé ordena também que sejam belos os túmulos dos mortos. Um fiel, vendo a insistência do profeta sobre a beleza dos túmulos, pergunta se acaso um túmulo feio incomoda um morto. Maomé responde que não, mas que fere a vista dos vivos. Depois de enterrar os mortos, Maomé tem de resolver o problema dos vivos. É bem mais difícil e grave tratar dos prisioneiros.

*

* *

Há setenta prisioneiros. Ora as leis árabes são categóricas. Os prisioneiros pertencem aos combatentes que os capturaram. Estes podem dispor deles a seu belo prazer. Podem vendê-los como escravos. Podem restituí-los contra resgate. Podem matá-los ou reduzi-los a escravos.

Alguns muçulmanos propõem que os prisioneiros sejam mortos. Para ser evitado o pedido futuro de uma *diya* – de um preço de sangue – sugere-se que cada prisioneiro seja morto por um parente próximo. Dentro da mesma família, não há preço de sangue.

Omar, o homem de quem o Diabo tem medo, e que gosta da clareza, sem equívoco, propõe que se corte de imediato a cabeça aos prisioneiros, para evitar discussões e complicações. A decapitação dos prisioneiros pelos combatentes que os capturaram é um acto lícito.

A LENDÁRIA BATALHA DE BADRE

Abu-Ubaida propõe que os prisioneiros sejam queimados vivos num fosso, como fez o senhor dos aneis Dhu Nuwas, aos vinte mil cristãos de Nedjran que se recusaram a ser judeus.

Abu-Becre o mais sensato dos muçulmanos propõe que os prisioneiros sejam entregues às suas famílias contra o pagamento do resgate.

Maomé retira-se e reza, pede conselho ao anjo Gabriel. Volta junto dos fieis e anuncia que adopta a solução de Abu-Becre. Cada prisioneiro será entregue aos coraixitas de Meca contra o resgate de 4000 *dirhams*. É uma quantia enorme. Mas Meca é uma cidade rica. Os prisioneiros que não possam ser resgatados em dinheiro, serão libertados por um certo número de lanças. Os prisioneiros mais letrados, não terão de pagar a sua liberdade em dinheiro ou lanças, mas em lições; serão libertados logo que tenham ensinado a ler dez crianças muçulmanas. Maomé ordena entretanto que os prisioneiros sejam bem tratados. Os cativos estão vestidos. A alimentação e roupas são fornecidas gratuitamente pelo islão. Para se cumprir este princípio, Maomé ordena aos seus soldados que cada um adopte um prisioneiro e partilhe com ele a comida. Isso daria o maior dos prazeres a Alá. Sabendo que Deus tem prazer em ver os prisio-´ neiros bem tratados, alguns soldados vão ao extremo de se privarem da sua própria comida, para a oferecer aos cativos.

Por ocasião desta primeira batalha, estabelece-se uma lei visando os prisioneiros de guerra, que não devem ser mortos, mas pelo contrário devem ser bem tratados, alimentados e vestidos gratuitamente.

*
* *

Em Meca é tanta a cólera quando se sabe do desaire de Badre que a cidade começa de imediato os preparativos de uma guerra de vingança.

Abu-Sufian, o primeiro cidadão de Meca, perdeu em Badre um filho, o sogro e um cunhado. Um segundo filho de Abu-Suffian e Hint está prisioneiro. O matamouros jura não se barbear, nem se aproximar da mulher, enquanto Maomé não for punido. Hint, mulher de Abu-Suffian, faz um juramento público, que comerá o fígado daquele que lhe matou o filho, o pai e o irmão. Jura cortar aos assassinos o nariz, as orelhas e a língua e com eles fazer um colar, que porá ao pescoço para, assim enfeitada, dan-çar no dia de destruição do islão.

Este juramento, estes movimentos de raiva, mostram a cólera a a dor de Meca. O ódio dos coraixitas contra Maomé, atinge o paroxismo depois da batalha de Badre. No entanto os emissários muçulmanos anunciam

A VIDA DE MAOMÉ

que os prisioneiros coraixitas podem ser recuperados através de um resgate. Meca decide não resgatar nem um único prisioneiro, para não enriquecer os muçulmanos. Mas são tantas as súplicas das famílias, que fica decidido resgatar os prisioneiros. Além do quarto de milhão de *dihrams*, recolhido anteriormente, todos os negociantes de Meca juntam os lucros ganhos na última caravana para equipar o exército que irá exterminar o islão.

Entre os cativos de Badre encontra-se um sobrinho de Cadija, chamado Abul-as, que desposou Zainab, filha de Maomé.

A filha do profeta envia o resgate reclamado pelo marido. Como não tem 4000 *dirhams* em numerário, Zainab completa a quantia com joias.

Ao receber o resgate, Maomé encontra entre as joias o colar de Cadija. Ele oferecera-o à filha depois da morte da sua primeira mulher, e agora Zainab envia-o para resgatar o marido. Maomé com as lágrimas nos olhos, consulta os seus companheiros de armas e pede-lhes para libertar gratuitamente o seu genro. Os fiéis concedem este favor ao profeta. Abul--as recupera a liberdade sem resgate, mas compromete-se, quando chegar a Meca, a enviar Zainab para Medina. Maomé considera inadmissível que a sua filha continue casada com um pagão.

Outra libertação difícil de resolver é a de Abbas, tio de Maomé. Combateu – ainda que involuntariamente – nas hostes inimigas, contra o islão. Abbas foi capturado com a ajuda de dois anjos, pois Yazin, o muçulmano encarregado de o transportar era demasiado frágil para o fazer. Abbas foi trazido amarrado junto do profeta. O coração do profeta ficou dilacerado, pois ele ama a sua família e em especial Abbas. Mas nada pode fazer. A captura de Abbas é um acto de justiça, que foi feita com o auxílio celeste. A única coisa que Maomé pode fazer pelo tio é alargar um pouco a corda que o amarra. Não se trata de o soltar, mas simplesmente alargar um pouco acorda.

Abbas pede a sua liberdade na condição de muçulmano clandestino. Maomé responde: «Alá sabe como é o teu islão. Se é como dizes, Alá dar-te-à contas. Nós apenas julgamos as tuas atitudes exteriores. Tu combateste o islão e Deus de armas na mão. Foste capturado. Então resgata-te».

Mesmo preso Abbas não esquece que é um usurário. Negoceia o preço da sua liberdade. E diz a Maomé que anos antes lhe tinha emprestado 20 onças de ouro e que este nunca lhas devolveu. Abbas propõe a Maomé a libertação contra essas 20 onças de ouro.

Maomé não aceita e diz: «Essas 20 onças de ouro foi uma coisa que Alá me deu da tua parte». Logo Abbas compreende que não foi ele mas

A LENDÁRIA BATALHA DE BADRE

Alá quem emprestou o ouro, e ele apenas foi o instrumento do presente de Deus para o profeta. Então procura um outro meio de se esquivar, afirmando que não possui qualquer fortuna. Tudo o que tinha perdeu em especulação.

Maomé diz a Abbas que ele antes de partir para a batalha de Badre contra o islão, entregou dinheiro e todos os seus valores à mulher, dizendo-lhe onde os havia de esconder. Maomé diz então a Abbas qual o sítio onde ele e a mulher esconderam os seus valores. Desarmado, Abbas reconhece que foi vencido. Ninguém além dele e da mulher sabe o valor exacto da fortuna e onde foi escondida. Se Maomé o sabe isso significa que Deus o pôs ao corrente de tudo. Abbas aceita pagar a sua liberdade.

Durante o combate, Abbas tinha perdido a camisa. Está de tronco nú. Então um jovem muçulmano – filho de Ubaiy, pretendente ao trono de Meca – com pena do cativo oferece-lhe uma camisa. Maomé fica comovido com o gesto de Ubaiy. Dez anos mais tarde, quando morre o pai de Ubaiy – embora tivesse sido inimigo do profeta – este oferecerá a sua própria camisa para que o morto seja sepultado em sinal de reconhecimento pelo que Ubaiy fez por Abbas em Badre.

Ainda que a batalha de Badre seja pequena, teve um papel fundamental no desenvolvimento do islão. Neste combate, Maomé apenas dispunha de dois cavalos, trezentos e treze homens e um camelo por cada dois homens; apesar disso a batalha de Badre é mais conhecida do que aquelas em que o islão utilizou dez mil cavalos.

Se Maomé tivesse perdido, o islão teria talvez sido vencido para sempre. Afirma Maomé. Mas – vencedor – o islão torna-se mais importante do que a própria Meca. O prestígio e a vitória de Badre abrem ao islão as portas da história.

LVII

LUTO NA FAMÍLIA DO PROFETA

Ruqaya, uma das filhas do profeta, é a mais bela mulher de Meca. Desposou um filho de Abu-Lahb, mas foi repudiada quando o profeta teve as primeiras revelações. Abu-Lahb achava que era pouco dignificante para o filho ter como esposa a filha de um homem que falava com os anjos. Ruqaya desposou então Uthman, jovem rico, elegante e indolente. Os esposos partiram para a Abissínia, com o primeiro grupo de muçulmanos perseguidos. Na Abissínia tornou-se lendária a beleza de Ruqaya. Por causa dela houve duelos e desacatos entre jovens abissínios; mas rebentou uma guerra e os jovens aristocratas abissínios partiram para o combate esquecendo as querelas que tinham por objecto a filha do profeta.

Ruqaya é de todas as irmãs a mais chegada ao pai. Foi ela que acorreu ao santuário da *Caaba* e salvou Maomé quando ele sufocava, fechado no estômago de um camelo. Vinda do exílio, deixou Medina ao mesmo tempo que as primeiras famílias muçulmanas que acompanhavam Maomé quando da Hégira. Mas Ruqaya estava doente. Quando se deu a batalha de Badre, Maomé ordenou a Uthman que ficasse em Medina a cuidar da mulher. Para justificar esta ausência, Maomé nomeou Uthman comandante em Medina. Depois da vitória, este recebeu um espólio igual ao dos outros combatentes, porque tinha ficado em Medina em serviço, segundo as ordens do profeta. Apesar de todos os cuidados Ruqaya morre. A vitória de Badre é ensombrada, pois esta morte atinge profundamente o profeta. Ele ama apaixonadamente a sua família, o seu clã e o seu povo.

Mas a dor causada pela morte da filha, não será a única pois um neto do profeta também virá a morrer à nascença.

É o seu primeiro neto.

LUTO NA FAMÍLIA DO PROFETA

Eis os factos. Entre os prisioneiros há um chamado Abu'l-As, sobrinho de Cadija e que casou com Zainab, segunda filha de Maomé. O casamento ocorreu antes da morte de Cadija. É um casamento feliz. Quando começaram as perseguições a Maomé, Zainab hesita bastante entre o islão e o marido que é pagão. Finalmente escolhe o marido. É a única filha de Maomé que ficou em Meca, em vez de partir com os muçulmanos, aquando da Hégira. O marido distinguiu-se na batalha de Badre, antes de ter sido feito prisioneiro. Quando entre as joias enviadas para pagar o resgate, Maomé descobriu o colar de Cadija, libertou o genro sem nada exigir. Mas pediu-lhe que enviasse Zainab para Medina.

Abu'l-As cumpriu a sua promessa. De regresso a Meca, depois da sua libertação, manda a mulher para Medina.

Zainab, que está grávida, é posta sob protecção de Kinnah, irmão de Abu'l-As. A caravana em que se encontrava a filha do profeta deixou Meca durante a noite. Apesar disso, os coraixitas aperceberam-se dessa partida. O seu ódio contra Maomé está no auge. Os pagãos formam um grupo conduzido por Habbar e atacam a caravana de Zainab.

Kinnah e os seus homens lutam contra os agressores, Zainab é salva, mas durante o combate cai do camelo e dá à luz prematuramente uma criança, que morre. Era o primeiro descendente muçulmano do profeta. Ao saber que o neto morreu à nascença, Maomé ordena que Habbar, que ele considera o assassino, seja queimado vivo. Foi a pena mais severa que ele aplicou. No entanto, Maomé não é um homem cruel e durante os preparativos para o suplício, arrepende-se, e diz ao seus homens que não queimem Habbar. «Só o Senhor do Fogo – que é Deus – pode castigar pelo fogo. Limitai-vos a matá-lo. Não o queimeis.»

Durante a sua infância, Maomé tinha ficado bastante impressionado com os relatos de Abd-al-Muttalib, seu avô, sobre os 20.000 árabes de Nedjran que foram queimados vivos por se terem recusado a ser judeus. Por isso, não pode suportar a ideia de que um homem possa ser queimado.

Assim, não só Habbar não foi queimado, como se salvou; mais tarde virá junto de Maomé implorar o seu perdão e Maomé irá perdoar como sempre perdoou os seus inimigos, fossem quais fossem os seus crimes.

Zainab chega a Medina doente e sem o filho. Nunca mais se recompôs depois deste parto prematuro, vindo a morrer. Mas enquanto viveu, Zainab nunca se conformou de estar separada do marido. Foi a primeira mulher muçulmana separada por motivos religiosos. Abu'l-As, por seu lado, também não se conforma com este afastamento.

Por ocasião de uma viagem, em que é feito prisioneiro pelos muçulmanos, evade-se e vai clandestinamente a Medina. Vai a casa da sua ex-

A VIDA DE MAOMÉ

-mulher. Esta recebe-o cheia de comoção. No dia seguinte, na mesquita, Zainab anuncia que vai dar protecção, ao que foi seu marido.

Os códigos árabes determinam que todos têm obrigação de dar protecção a um fugitivo. As mulheres têm direitos especiais nesta matéria. O fugitivo que apenas toque as cordas de uma tenda que abriga uma mulher, deve ser respeitado. Está sob a sua protecção: «Um fugitivo está garantido desde que a mulher ponha sobre ele o manto. Torna-se *djar*, o seu protegido».

Maomé levanta-se e diz: «O mais humilde dos muçulmanos tem também o direito de dar a sua protecção, que será válida para toda a comunidade». Contudo, o profeta vai a casa da filha Zainab e diz-lhe: «Deves dar o melhor acolhimento possível ao teu protegido, mas nunca te entregues a ele. A coabitação com um pagão é proibida às mulheres muçulmanas». A fim de evitar problemas, Maomé pede aos homens que guardam a casa de Zainab, que devolvam todos os bens confiscados ao seu genro e o deixem fugir. Abu'l-As parte, com a cumplicidade dos seus carcereiros, depois de lhe terem sido devolvidos todos os bens.

De regresso a Meca, Abu'l-As liquida tudo o que possui e volta a Medina onde abraça o islão. Diz a Maomé: «Se eu tivesse abraçado o islão quando estava preso, pensariam que a conversão tinha sido por motivos materiais. Agora eis-me aqui de consciência limpa. Reconheço que o islão é a verdadeira religião».

Por seu lado, o Profeta restitui-lhe a mulher sem voltarem a casar. Pouco tempo depois de se ter tornado muçulmano e de ter retomado a vida conjugal, Abu'l-As fica viúvo. Zainab morre. Assim Maomé perde a sua segunda filha, pouco depois da batalha de Badre. Estas duas mortes na família do profeta vão ensombrar a vitória obtida pelo profeta.

As tribos judias de Medina, apesar das interdições estipuladas pela constituição, fazem uma aliança com os coraixitas de Meca para exterminarem o islão e Maomé. Os poetas judeus, que são os mais famosos de Medina, vão para Meca com a missão de incitar a população contra Maomé. Entre eles encontra-se Ka'b-ibn-al-Ashraf, que se celeberizou pelas suas sátiras contra o islão e seu profeta.

Nesta época, Meca tem uma única preocupação: a guerra contra o islão. Que não haja mais muçulmanos. Que não se ouça mais a citação *La Ilah Illa'llah*: "Não há outra divindade além de Alá!"

Para manter o ódio contra Maomé e endurecer os corações, é proibido em Meca chorar os mortos caídos em Badre. Os coraixitas lançam a divisa: «Os mortos não devem ser chorados mas vingados». Para uma mãe é uma dura prova conter as lágrimas quando lhe morre um filho; no

LUTO NA FAMÍLIA DO PROFETA

entanto, as eventuais punições são extremamente severas. Em Meca as mães não ousam chorar os filhos mortos em Badre. Conta a tradição que uma noite, uma pessoa cujo filho tinha morrido em combate – mas que não chora, pois isso é proibido – ouve uma vizinha que se lamenta e chora. Vai a casa dela e pergunta-lhe se já foi levantada a proibição de chorar, pois também ela tem o coração cheio de pranto e não consegue suportar mais. A velha que chorava, não tem coragem para confessar a verdade e diz que não chora pelo filho morto em Badre, mas por um camelo que se perdeu. Em Meca não é proibido chorar por um camelo, neste ano de 624, em que a cidade se prepara para o combate de extermínio do islão.

LVIII

A MORTE DE UM INIMIGO

Depois da morte de Abu-Jahl, o mais feroz inimigo do islão é Abu--Lahab. Com ele e contra Maomé, estão Abu-Sufian e Saiwan-ibn-Umaiyah. É o triunvirato do ódio.

Abu-Lahab, tio de Maomé, não participou na lendária batalha contra os anjos, contra Alá e contra os muçulmanos. O inimigo número um do islão estava doente. Pagou, de acordo com a tradição, a um mercenário que o substituiu no combate. Este chama-se Aciben-Hicham, e recebeu a quantia de 4000 *dirhams*.

A derrota dos pagãos em Badre pôs fora de si o terrível inimigo do islão. Depois, mais uma vez, decidiu assassinar o sobrinho Maomé. Procura com urgência um assassino contratado que parta para Medina e mate o profeta.

Não é difícil de conceber o plano do crime. A vida de Maomé em Medina é semelhante à dos outros habitantes da cidade. Circula sem escolta. Quem entrar em casa do profeta pode vê-lo consertar as sandálias, cosendo a roupa ou realizando outros trabalhos manuais.

Maomé tem apenas um criado. Mas a este criado estão destinadas só três tarefas: servir de guia às delegações estrangeiras que visitam o profeta, ir à frente do cortejo, quando há uma procissão, para indicar o caminho e por último guardar as sandálias do profeta quando este está na mesquita.

Maomé não tem medo que lhe roubem as sandálias. Mas acontece que à saída da mesquita gera-se sempre uma grande confusão e por vezes acontece que alguém mais desastrado ao fazer um falso movimento dá origem a que as sandálias se misturem e os donos percam imenso tempo para as encontrar. Porque detesta a desordem e para poupar tempo, Maomé

A MORTE DE UM INIMIGO

tem quem lhe guarde as sandálias. É um dos raros serviços que Maomé pede a outra pessoa. Como o profeta não tem nem guarda-costas nem sentinelas em casa, o assassino enviado pelo triunvirato de Meca, poderá entrar em casa do profeta em qualquer altura e matá-lo. O assassino Umair-ibn-Wahb, cujo filho foi feito prisioneiro em Badre, anuncia que vai a Medina resgatar o filho. Quando chegar a casa de Maomé irá assassiná-lo. Só quem está ao corrente deste plano é Umair e bem entendido o triunvirato do ódio: Abu-Lahab, Abu-Sufian e Safwan-Inb-Umaiyah. Este último avança algum dinheiro a Umair para a viagem e toma a seu cargo os filhos dele, durante a sua ausência. Umair é pois o assassino ideal. Ei-lo em casa de Maomé. O profeta pergunta-lhe o que deseja. Umair responde que vem resgatar o filho.

«O resgate do teu filho é apenas o pretexto para entrares aqui» – diz Maomé. Repete então a Umair, palavra por palavra a conversa deste com Safwan, como se lá tivesse estado.

O assassino atira com a faca com que devia assassinar o Profeta e cai de joelhos dizendo: «Eu escarnecia sempre das tuas pretensões à inspiração divina, mas se nós estávamos sós, Safwan e eu, como é que tu sabes o que dissemos? Só Deus te pode ter dito. Tu és o mensageiro do Senhor. Vou abraçar a tua religião».

Maomé perdoa a Umair ter vindo para o matar. Aceita a sua conversão e envia-o para as fileiras coraixitas de Meca, para que ele vá pregar o islão. Umair entusiasmado com esta missão diz: «Eu que tudo tinha feito, até agora, para impedir a propagação do islão, tudo farei daqui para a frente para o divulgar».

De regresso a Meca, Umair não volta a encontrar Abu-Lahab, pois este feroz inimigo do islão tinha morrido.

Um dia no marbad – local onde param as caravanas – Abu-Lahab ouviu um beduíno contar como é que na batalha de Badre cinco mil anjos tinham descido numa núvem como um tapete voador para combater ao lado dos muçulmanos.

A multidão escutava atónita e boquiaberta o relato da batalha de Badre. Abu-Lahab, furioso, interrompeu a narrativa. Insultou-o. O narrador e os ouvintes ripostaram. Abu-Lahab tentou explicar que esta história dos anjos não passava de uma lenda, não havia nela nada de verdadeiro. Mas a multidão não tinha vontade de escutar o desmentido de Abu-Lahab. Queria antes ouvir o maravilhoso relato em que os anjos desceram do céu e combateram vestidos com lindos uniformes e capacetes cheios de panachos e plumas. Abu-Lahab foi empurrado e como continuava a insistir foi ferido.

A multidão feriu-o gravemente. Abu-Lahab transportado para casa, deitou-se e nunca mais se levantou. Morreu sete dias mais tarde «de um acesso de febre bubónica». A família receando o contágio, enterrou o cadáver o mais longe possível de Meca. Mas, desde aí até aos nossos dias, as pedras não cessaram de cair – lançadas por todos os fiéis que passam nas imediações – sobre o túmulo de Abu-Lahab irredutível inimigo do islão. Também a mulher de Abu-Lahab será enterrada perto do marido, no deserto, nos confins de Meca, para que ela receba também, sobre a sua sepultura, a chuva de pedras e as injúrias dos passantes.

Diz o *Alcorão* (CXI: 1-4) ao falar do inimigo:

«As mãos de Abu-Lahab cairão inertes e todo o seu poder ruirá, nem a sua fortuna, nem todos os seus ganhos o salvarão e de nada se aproveitará. Ele será castigado pela sua conduta. E a sua mulher, por não o ter chamado ao bom caminho, sofrerá também um castigo.»

O lugar de Abu-Lahab, à cabeça da coligação antimuçulmana, foi assumido por Abu-Sufian, ou mais exactamente por Hint, sua apaixonada esposa, pois será ela que durante anos conduzirá a guerra contra o islão.

LIX

A EXPEDIÇÃO DA FARINHA DE CEVADA

Dez semanas após a batalha de Badre, Meca envia contra Medina um destacamento punitivo, comandado por Abu-Sufian. Este grande negociante e feroz inimigo do islão, irmão de leite de Maomé, é também poeta. As suas *hija* ou sátiras contra o profeta são virulentas. De momento, Abu-Sufian parte com quatrocentos homens para atacar Medina. Deixa Meca em plena Trégua de Deus. As intenções de Abu-Sufian são claras: «o seu primeiro objectivo era restaurar a confiança entre os de Meca e demonstrar ao mundo que os coraixitas continuam presentes».

O destacamento comandado por Abu-Sufian deixa secretamente Meca. Viajam por atalhos para evitarem um confronto surpresa.

A um dia de caminho de Medina, Abu-Sufian deixa as tropas nos desfiladeiros do monte Nib e entra na cidade comandando um pequeno grupo de homens armados.

Os coraixitas tinham feito uma aliança secreta com as tribos judias da cidade do profeta. Abu-Sufian vai a casa do chefe do clã *nadir*, que é o dono das plantações de tâmaras do oásis, de nome Sallam-ibn-Micham, e que o recebe no castelo – o *atam* – com todas as honras. O chefe dos plantadores de Medina oferece a Abu-Sufian um festim real. Contudo anuncia ao seu hóspede que os judeus de Medina, embora decididos a combater ao lado de Meca para exterminar o islão, não estão preparados para fazer a guerra. É demasiado cedo para começarem as hostilidades.

Em todo o caso a tribo *nadir* não pode participar na luta contra Maomé – como pediu Abu-Sufian – nem nessa noite nem nas seguintes. Os riscos são demasiado grandes. De modo que o ataque contra Medina com 400 homens e a cumplicidade dos judeus dentro da cidade, está votado ao fracasso.

A VIDA DE MAOMÉ

Abu-Sufian, furioso, deixa a residência do chefe dos judeus. Incendeia e pilha as quintas árabes do bairro judeu de Uraiq, ao norte de Medina. Mata dois árabes, depois foge com o espólio.

Ninguém dá o alerta. Ainda que tenham recusado a sua ajuda a Abu-Sufian, os judeus não querem dar mostras de hostilidade nem incitar a população contra ele, depois dos incêndios e dos roubos cometidos no seu bairro. Os muçulmanos sabem do facto mas um pouco tardiamente. Partem de imediato em busca de Abu-Sufian. Os incendiários ao sentirem-se perseguidos e para andarem mais depressa, lançam sacos com farinha de cevada ou *sawiq*, que tinham roubado nas quintas antes de as incendiarem. Por causa desses sacos abandonados e do abandono dos judeus na luta contra Maomé, esta expedição é chamada de "a expedição da farinha de cevada", ou o "caso *sawiq*".

Para castigar este ataque nocturno contra Medina e o assassinato de dois árabes do bairro Uraiq, Maomé ordena o ataque e pilhagem de uma caravana de Meca.

A ocasião não tarda a aparecer. Abu-Sufian acompanhado de Sadwan-ibn-Umaiyah – o que tinha contratado o assassino Umair – regressa de Khaibar com uma caravana carregada de prata. Khaibar, cidade judia situada a norte de Medina, é célebre pela sua prata, ornamentos e taças. Não só vende como aluga. Os coraixitas de Meca alugam frequentemente, para festas e casamentos, loiças, joias e adereços em Khaibar. Há uns anos atrás Meca tinha perdido alguns objectos alugados e teve de pagar à cidade de Khaibar uma indemnização de 10 000 *dinars* em ouro.

Os muçulmanos são 100 e o seu chefe é Zaid-ibn-Haritha. Interceptam a caravana coraixita junto da fonte al-Qaradah, no deserto de Nadj. Abu-Sufian e Safwan conseguem fugir. Todas as mercadorias que transportavam caem nas mãos dos muçulmanos. O espólio, na sua maioria prata é avaliado em 100 000 *dirhams*. É a primeira caravana de Meca que cai efectivamente nas mãos dos muçulmanos. É a vingança do ataque nocturno a Medina, por ocasião da "expedição da farinha de cevada".

Esta notícia torna ainda mais urgente os preparativos de guerra entre Meca e Maomé.

LX

A PARTIDA DOS OURIVES DE MEDINA

Enquanto Meca prepara uma grande campanha contra Maomé, em Medina os antimuçulmanos lutam com a arma que possuem: a poesia. É preciso não esquecer que nessa época, na Arábia, a sátira e o panfleto político eram armas mortais. Para um homem como Maomé, cujo sucesso dependia em grande parte da estima dos seus compatriotas, uma sátira violenta poderia ser mais prejudicial do que uma batalha perdida. Ka'b--ibn-al-Ashraf, que permaneceu meses em Meca, incitando os coraixitas a pegarem em armas contra Maomé e contra o islão, regressa subitamente a Medina. Continua a escrever, a declamar e a fazer declamar as sátiras – as terríveis *hijas* árabes – que escreve contra Maomé e a nova religião através de cantores e recitadores em todos os lugares públicos. Uma amiga de Ka'b, a poetisa Asma-bint-Marwan, conquista o público de Medina denegrindo a figura de Maomé, as suas profecias, Alá, o anjo Gabriel e o islão. O terceiro propagandista antimuçulmano chama-se Abu--Afak, que embora idoso está em todos os locais onde se ofenda o islão.

Maomé sofre terrivelmente. Os fiéis observam a dor do profeta, mas este possui a virtude capital dos árabes: a paciência. Diz o *Alcorão* (CIII: 2-3): «*Oh! O homem está em vias de se perder, mas não aqueles que têm fé e praticam o bem...*»

Contudo os discípulos não suportam com a mesma paciência ver ultrajar e ridicularizar diária e publicamente o profeta, o seu Deus e a sua fé. Uma noite, um muçulmano cego penetra na casa de Asma-bint-Marwan, a panfletária, e apunhala-a. O cego espetou uma faca no coração de poetisa, o que parece impossível de realizar por um cego, mas este era parente próximo de Asma conhece-lhe bem o corpo, não tem necessidade dos olhos, pois viveu na intimidade da mulher das estrofes mortíferas.

A VIDA DE MAOMÉ

No dia seguinte, o assassino vai à mesquita. Maomé foi informado da morte, mas ignora quem é o assassino. Pergunta ao cego: «Foste tu que mataste Asma?»

– «Sim», responde o assassino, acrescentando: – «E pesa alguma coisa sobre mim? Nem duas cabras lutariam por ela.»

Maomé está furioso. Detesta o crime. Para punir este crime é necessário haver uma queixa da tribo da vítima. Ora o assassino é um parente, logo a tribo não pode reclamar qualquer punição. É um assunto interno do clã, e fora dele ninguém tem o direito de se meter, nem mesmo o profeta. A constituição de Medina estipula que a tribo conserve a sua legislação e liberdades anteriores. De acordo com estas leis, um assassino não é considerado como tal, se a vítima e ele pertencerem ao mesmo clã: o facto não passa pois de um assunto de família.

A segunda morte é a de Ka'b. É assassinado pelo seu irmão de leite. Nesse caso também não se pode reclamar a *diya*, ou preço de sangue. Esta morte é também um assunto de família. E cada família constitui um estado independente, autónomo, interdito aos de fora

Repete-se o mesmo com o terceiro delator antimuçulmano Abu-Ajak, por um membro do seu clã.

A campanha contra Maomé continua, mesmo depois da morte dos três detractores do islão. O fulcro da propaganda antimuçulmana está localizado no seio das tribos judias de Medina. Maomé vai junto delas e aconselha-as a fazer a paz, a viver em harmonia e a respeitarem os acordos feitos. Os judeus de Medina assinaram uma aliança secreta com Meca, contra o islão, o que é um acto contrário à constituição da cidade. «É absolutamente proibido às tribos de Medina, ajudarem os coraixitas.»

Em primeiro lugar, é uma questão de lógica e de bom senso não ajudar os inimigos da pátria; além disso é um acto proibido aos cidadãos de Medina, como estipula o artigo 45 da constituição: «Nem aos coraixitas, nem a quem os ajudar se deve dar protecção».

Os Banu Qainuqa estão informado que Meca enviará em breve um exército de alguns milhares de homens contra Maomé e isso provocará o extermínio do islão. É uma questão de semanas. Seguros desta queda inevitável, os judeus respondem a Maomé com arrogância e num tom provocatório. Não querem mesmo tratar Maomé pelo nome. Dirigem-se a ele usando a fórmula Abu-Qasim – que é um sobrenome, uma *kunya* – e que significa "o pai de Qasim", porque Maomé tivera um filho de tenra idade chamado Qasim.

«Oh Abu-Qasim» – diz o chefe da tribo Qainuqa – «tu apenas tens como adversário o teu próprio povo. Não tenhas ilusões a respeito da

A PARTIDA DOS OURIVES DE MEDINA

vitória que obtiveste sobre um povo que não sabe pegar em armas. Por acaso, derrotaste-o em Badre, mas, por Deus! se nós os judeus te combatermos, tu verás o que são homens de coragem, valentes e exímios nas artes da guerra.»

Maomé insiste para obter pelo menos uma promessa dos judeus de Medina: que estes não o ataquem pelas costas, no momento em que o exército de Meca os atacar. Os judeus, que esperam a chegada do exército coraixita e que tinham prometido ajudar os pagãos, não querem ouvir falar de qualquer acordo.

Os muçulmanos suportam ofensas, arrogância, provocações, só para não estarem entre dois inimigos num conflito que é inevitável. Os poetas judeus de Medina cantam já a morte de Maomé e o desaparecimento do islão. A situação nas comunidades é explosiva. Enquanto Maomé espera ainda poder fazer um acordo com os judeus dá-se um incidente. Uma jovem árabe entra no bairro judeu da tribo Qainuqa.

Um grupo de jovens acerca-se dela e dirige-lhe palavras bastante indecorosas, e para a poderem apreciar à vontade – tentam arrancar-lhe o véu; a jovem defende-se e os rapazes insistem. Enquanto isto, um ourives sai da sua loja e prende o vestido da jovem ao muro, com um prego. Quando ela tenta fugir dos assaltantes, o vestido fica preso no prego no muro da loja e a jovem fica nua. Um muçulmano que passava no local, defende a rapariga e bate no ourives. Os rapazes que tinham assaltado a jovem árabe, lançam-se sobre o muçulmano e matam-no. De acordo com a tradição, os muçulmanos exigem o preço do sangue pelo seu companheiro morto. A tribo Qainuqa recusa-se a pagar os danos causados por esta morte. Começaram as hostilidades entre ourives e muçulmanos. Os cerca de setecentos ourives, não só se recusam a pagar o preço do sangue, como se entrincheiram nos seus fortes – nos *atam* – e esperam a chegada do exército coraixita. Os muçulmanos cercam a fortificação. Tanto de um lado como de outro, não há mortos nem feridos. Os Banu Qainuqa lamentam que a guerra contra Maomé tenha eclodido alguns dias mais cedo; mas decidem resistir e esperar a chegada de Abu-Sufian, com todo o exército de Meca, para travar a batalha.

Só que o exército atacante está atrasado. Duas semanas mais tarde, os Banu Qainuqa sabem que os coraixitas ainda nem saíram de Meca. Então rendem-se. Maomé confisca-lhes as armas. Depois convida-os a abraçar o islão ou a partir. Maomé não quer derramamento de sangue. Não quer espoliação. Além das armas, não confisca mais nada aos vencidos. Os Banu Qainuqa declaram ao profeta que partem. Maomé diz-lhes que tem direito a levar todos os seus bem à excepção da terra.

«Aquele que entre vós possua qualquer coisa que não seja transportável, que a venda... Saibam, que a terra, essa não vos pertence. A terra pertence a Deus.»

A tribo Qainuqa leva tudo à excepção da terra de Medina. Tudo, até as portas e os telhados das casas. Estão no seu direito, e os vencedores em nada se opõem.

Os Banu Qainuqa dirigem-se para Wadi'l-Qura, de onde uma parte toma o caminho de Meca para reforçar o exército coraixita e voltar com ele a Medina. Os outros prosseguem para Adhri'at.

Com a partida dos Banu Qainuqa está eliminado um dos inimigos do interior para os muçulmanos. Um só, pois eles são tão numerosos no interior como no exterior. O mais importante continua a ser Meca. O exército coraixita não tardará a chegar. O ataque está eminente. Mas eis que Meca antes mesmo de começar o combate, acaba de perder um dos seus aliados: o clã dos ourives de Medina. Por falta de sincronização. Com estes 700 aliados emboscados na rectaguarda da frente de batalha, Meca teria alcançado uma vitória fácil contra o islão. Agora é demasiado tarde. Chegado a Medina, o exército de Meca não encontrará os seus aliados, os ourives. Pois os ourives disseram adeus à cidade.

LXI

UHUD: AS DERROTAS TAMBÉM
SÃO OBRA DE DEUS

Em 11 de Março de 625, Meca manda um poderoso exército contra Maomé. Os efectivos deste exército ascendem a 3000 homens, dos quais 700 usam armadura. Não são armaduras metálicas como as dos guerreiros do Norte – pois assim equipados os soldados do deserto morreriam assados, como numa grelha. Os 700 coraixitas usam cotas de malha, muito eficazes contra as armas da época.

Meca dispõe de 200 cavaleiros. Comandando o exército está Abu--Sufian, secundado por Safwan-ben-Umaiyah, o homem que, um ano antes, enviou Umair para matar o profeta. O segundo capitão, comandante da cavalaria pagã, é Khalid-ben-al-Walid. Será mais tarde o grande conquistador do islão e será chamado "Khalid a espada de Deus". Por agora, conduz a cavalaria de Meca contra o islão. Ao seu lado está Ikrimah, filho de Abu-Jahl, que herdou o ódio dos seus pais contra Maomé. O estandarte de Meca é transportado pela tribo Abd-al-Dar.

Maomé tem informações precisas sobre os efectivos do inimigo e sobre o momento da sua saída de Meca. A notícia da invasão chega ao profeta num dia em que ele estava na mesquita de Quba. É o primeiro edifício religioso que foi construído. Chama-se a mesquita das duas *quiblas* – das duas direcções de oração – uma virada para Jerusalém e outra para Meca. Todas as semanas Maomé vai aí falar ao fieis. Desde há muito que se tomaram todas as medidas necessárias para um possível recontro com o inimigo.

Na quinta-feira, 21 de Março de 625, a linha avançada das tropas comandadas por Abu-Sufian penetra no oásis e acampa ao norte de

A VIDA DE MAOMÉ

Medina, em Uhud, cortornando a cidade. Os coraixitas deixam os seus cavalos e camelos pastar nos campos de cereais e nos jardins do oásis, em sinal de provocação.

O grosso da coluna pagã chega seguindo o leito do rio Wadi-Aqiq, e acampa também a norte da cidade, em Uhud. Maomé convoca os chefes de clã de Medina e discute com eles; toda a tarde de quinta-feira, 21 de Março, toda a noite do mesmo dia e sexta feira durante a manhã. A guarda muçulmana toma posição perante o inimigo. A discussão sobre a conduta a seguir é difícil, sobretudo por causa de Abdallah-ben-Ubaiy, chefe dos indecisos (os *munafiquns*, os hipócratas, os sonsos, que se escondem quando há perigo e esperam o desenrolar dos acontecimentos para se pronunciarem a favor do vencedor). Mas Maomé quer saber com precisão se haverá alguém que o vá atraiçoar na sua própria cidade. Certamente, se a sorte for desfavorável, Maomé será atacado pelos *munafiquns* e por todas as tribos judias de Medina; sem contar com um grupo comandado por Abu-Amir. No início das operações, os indecisos e os judeus não tomarão partido; só Abu-Amir declara abertamente a sua hostilidade.

Maomé passa ao segundo ponto. Qual a táctica a adoptar durante o combate. Abdallah Ubaiy propõe que o exército de Medina se entrincheire nos locais fortificados, algumas dúzias de *atam* – que são fortalezas – para poderem resistir ao ataque. E explica: «Nós nunca saímos da nossa cidade e nunca ninguém procurou entrar sem ser apanhado.»

Abu-Becre e os companheiros do profeta, os mais velhos, são da mesma opinião: devem entrincheirar-se nas fortalezas e assim resistir ao ataque vindo do exterior. O combate deve ser travado dentro da cidade. Pois, ao contrário de Meca, Medina tem fortificações e é natural que sejam utilizadas uma vez que foi para isso que foram construídas.

Maomé desconfia. É lógico que os que defendem este plano têm razão. Mas não deixa de ser suspeito que Abdallah-ben-Ubaiy, que nunca teve uma atitude clara, se tenha pronunciado agora com paixão por um plano de entrincheiramento nas fortificações. Quando ele aconselha uma linha de actuação, pode-se estar certo que ela esconde uma armadilha. Maomé duvida que Ubaiy e os inimigos do islão não proponham este plano apenas para preparar o ataque traiçoeiro que irão secretamente pôr em prática.

Por outro lado, há um plano que tem a preferência dos jovens muçulmanos. Estes exigem que o combate seja travado em campo aberto, fora da cidade, segundo a táctica habitual dos árabes. A seu ver, não se baterem com o inimigo em campo raso, é uma atitude humilhante, sobretudo depois da destruição das colheitas a norte da cidade. Os jovens têm uma única preocupação: não serem tratados pelo inimigo como cobardes...

UHUD: AS DERROTAS TAMBÉM SÃO OBRA DE DEUS

Querem bravura. «Puxam da espada e deliram como camelos machos», diz o cronista ao falar deles.

Maomé reflecte longamente. E para espanto de todos, adopta o plano dos jovens. O profeta não dá explicações a ninguém. Não é seu hábito explicar porque age desta ou daquela maneira. Maomé escuta durante horas a exposição de todas as opiniões; e logo que toma uma decisão não volta atrás. A partir do momento em que opta por uma solução, exige uma submissão total e recusa qualquer explicação. Logo que toma a decisão de travar o combate no exterior, Maomé levanta-se e pede a Abu--Becre que o ajude a vestir a cota de malha. Cinge uma espada à cintura na qual está gravado: «A cobardia não salva ninguém do seu destino.»

Abdallah-ben-Ubaiy e os partidários do combate no interior das fortificações insistem uma última vez junto de Maomé, para que a batalha não se dê em terreno descoberto, fora da cidade – pois a derrota será inevitável.

«Não» – responde Maomé – «não é conveniente que um profeta, quando tira a espada, a meta de novo na bainha, nem que vire as costas quando já avançou, até que Deus decida entre ele e o inimigo.»

De seguida Maomé inspecciona o exército muçulmano. É composto por 1000 homens. Meca possui 3000. Será preciso pois lutar de um contra três. Os muçulmanos só têm 300 cotas de malha. Meca tem 700 soldados com armadura. Além disto, Meca tem 200 cavalos e os muçulmanos apenas dois, pois são demasiado pobres para poderem ter mais. Durante a inspecção às tropas, Maomé é avisado de que uma parte dos judeus decidiu, por bravata, passar-se para o lado do inimigo logo após o começo das hostilidades. Este abandono de uma grande parte do exército de Medina produzirá um efeito terrível sobre os muçulmanos. Automaticamente seguir-se-à a derrota do islão. Maomé verifica a informação, que se revela ser exacta. Mas finge ignorá-la. Até nova ordem, não muda de atitude para com as tribos que decidiram traí-lo durante a batalha. Mas para destruir o seu plano, o profeta decide que nem um só judeu irá participar no combate. E explica-o desta forma: «É uma guerra religiosa. De acordo com a constituição e os tratados de aliança, os nossos amigos judeus não são obrigados a pegar em armas para nos ajudar, quando combatemos pela religião: seria, com efeito, ilógico que os judeus combatessem pela religião dos outros. Além disso – diz Maomé – é sábado e as leis judias proíbem a guerra no dia do *sabbat*.»

Os judeus retiram-se e Ubaiy faz o mesmo. Presentemente, os muçulmanos não têm mais do que 700 homens aptos para o combate, com dois cavalos. Têm pela frente 3000 homens e 200 cavalos.

Maomé aconselha aos seus homens a mesma táctica usada em Badre:

A VIDA DE MAOMÉ

disciplina e ataque em grupo. Nunca ataque individual. Coloca os archeiros muçulmanos de forma a poder dividir em duas a cavalaria inimiga, o que impedirá o ataque de frente. A cavalaria de Khalid deverá ser forçada à imobilidade pelos archeiros. Se esta manobra resultar – e deve resultar, se as ordens forem cumpridas à letra – os muçulmanos alcançarão em breve a vitória. Maomé explica aos seus soldados que apenas a disciplina poderá conduzir à derrota um exército quatro vezes mais numeroso e bem equipado. Diz aos archeiros que o resultado da luta depende da disciplina com que mantiverem as suas posições. O profeta ordena: «Não deixem os vossos postos, mesmo que vejam corvos a comer os vossos cadáveres.»

Agora, os exércitos inimigos estão frente a frente. Uma ala do exército atacante é comandada por Khalid e outra por Ikrimah, filho de Abu-Jahl. Entre os dois exércitos beligerantes encontra-se um terreno salgado. Para se encontrarem, os combatentes devem atravessar o leito seco do rio, o *wadi*. Do lado de Meca são as mulheres quem faz mais algazarra. São conduzidas por Hint, a mulher de Abu-Sufian. Na sua passagem por Abwa, onde está enterrada Amina, mãe do profeta, Hint e as mulheres coraixitas que a acompanham, profanaram a sepultura. É um acto de ódio excepcional, que os árabes apenas praticam em casos extremamente graves.

No exército coraixita, há numerosos escravos que acompanham os combatentes. Hint prometeu a libertação a quem matar Hamzah ou um dos chefes muçulmanos. São muitos os que vieram para recuperar deste modo a sua liberdade. Mas uma grande parte dos soldados são negros da tribo Ahabich, que não vieram lutar pela sua liberdade mas por um salário, na qualidade de mercenários. No campo de batalha de Uhud, ao norte de Medina, estão presentes todas as mulheres da elite de Meca, pois é um velho costume árabe as mulheres acompanharem os homens na guerra. Esta presença estimula e anima os combatentes. É indispensável para manter o moral do exército árabe. Nada pode substituí-las. «As nossas mulheres vêem-nos sempre combater», diz o poeta. «Elas são as tochas que incendeiam o nosso sangue.»

Nos momentos difíceis da batalha, as mulheres soltam os cabelos, rasgam as vestes e, em tronco nú, com os seios descobertos, lançam-se para a frente pedindo aos soldados que as sigam e prometendo-lhes o seu amor quando vencerem. Ninguém resiste a este apelo. Graças às mulheres, muitos combates perdidos se transformaram em vitórias.

No momento – é o começo da batalha – os muçulmanos estão em vantagem. Os coraixitas recuaram, desde os primeiros ataques. Os sinais

UHUD: AS DERROTAS TAMBÉM SÃO OBRA DE DEUS

anunciadores da vitória aparecem, aliás do lado dos muçulmanos. De madrugada, quando a coluna dos crentes se pôs em marcha precedida dos dois únicos cavalos que possuem, um dos cavalos, com um movimento de cauda fez sair da bainha a espada do cavaleiro.

Não pode haver melhor sinal para começar uma batalha. Este é o sinal de uma vitória certa. Como para não desmentir este facto, os coraixitas continuam a recuar.

No momento em que se dava a debandada do exército inimigo, os archeiros muçulmanos, a quem Maomé tinha ordenado que não se mexessem mesmo que «vissem corvos a devorar os seus cadáveres», deixam as suas posições e começam a roubar o campo inimigo. Pensam que já não precisam de disciplina nem de manter as suas posições. Imaginam que, a partir do momento em que o inimigo foge, a batalha está ganha. Mas as mulheres de Meca interpõem-se e através de invectivas, encorajamentos, promessas, gritos e lágrimas, conseguem travar a retirada. «Eu vi-as» – diz uma testemunha – «levantar as pernas e mostrar aos soldados as pulseiras.»

Graça às mulheres, o exército coraixita recompõem-se. O combate torna-se ardente. Nove membros do clã Abd-al-Dar são sucessivamente mortos ao defenderem o estandarte de Meca. Após a morte do nono, a bandeira de Meca cai. Uma mulher, chamada Amrah, levanta-a e leva-a. Ela vai à frente dos soldados. O poeta muçulmano Thabit Hassaq escreverá mais tarde, a propósito deste acontecimento:

«Se uma mulher harithita não tivesse lá estado,
«Vós teríeis sido vendidos no mercado como escravos.»

É Mus'ab-ben-Umair que transporta o estandarte muçulmano. É morto. Segundo a tradição, um anjo agarrou então no estandarte e entregou-o a Ali. É o único anjo que participa na batalha de Uhud e que ajuda os muçulmanos. Pois os muçulmanos, por serem culpados da insubordinação, não podem ser auxiliados pelas forças celestes. No momento em que os archeiros do Profeta cometeram o pecado da indisciplina, Khalid e os seus cavaleiros pagãos avançam e ocupam as posições do islão. De repente a situação inverte-se. Os coraixitas ganham vantagem. Um escravo negro, chamado Wahchi, corre desesperadamente no campo de batalha, à procura de Hamzah; ao encontrá-lo segue-o passo a passo e mata-o pelas costas. Ganha assim a liberdade. Hint não só liberta o assassino de Hamzah como também – em pleno campo de batalha – tira todas as pulseiras dos pulsos e dos tornozelos, despoja-se dos brincos e colares, e oferece-os a Wahchi.

Outros escravos procuram afanosamente o profeta para o matarem. Procuram Abu-Becre, Omar, Ali. Mas nenhum deles tem tanta sorte como

A VIDA DE MAOMÉ

Wahchi. No decurso da batalha Maomé é ferido. Tem dois ferimentos no rosto e um dente partido. Cai num poço camuflado. Embora ferido, mata, com um golpe de espada, o coraixita que o atacava. No momento em que Maomé cai ferido, Suraqah – o nómada que o quis capturar quando da fuga para Medina, e que, de seguida se converteu e luta pelos muçulmanos – fica tão perturbado por ver o profeta ferido, que grita o mais forte que pode: «Maomé morreu!» A notícia espalha-se no campo muçulmano. Os soldados do islão ficam aterrados. Em pânico. Logo de seguida, Suraqah nega ter lançado esse grito. Até ao fim dos seus dias, negará, jurando que nunca anunciou a morte do profeta. A explicação, deste facto, é simples. Não foi ele que clamou que Maomé tinha morrido, foi o Diabo que se serviu da voz de Suraqah para desmoralizar o exército muçulmano.

O desmentido a respeito da suposta morte do profeta chega demasiado tarde. Os combatentes fieis, em plena derrota, fogem do campo de batalha. Maomé com alguns companheiros, entre os quais Abu-Becre e Omar, retiram-se para um rochedo de basalto negro, no limite do campo de Uhud, onde se deu o combate.

Fátima e Umm Khultum, as duas filhas do Profeta que assistiram à batalha, vêm junto do pai e tratam-lhe dos ferimentos.

Fátima é mulher de Ali. Umm Khultum é a mulher de Othmann, com quem casou depois da morte de Ruqaya.

A batalha de Uhud acabou. Os muçulmanos foram vencidos. Uma boa parte dos combatentes do islão estão mortos ou feridos e os restantes fugiram. Abu-Sufian aparece com dignidade no campo onde se travou a batalha. Os coraixitas têm vinte e cinco mortos. Os muçulmanos, setenta. Abu-Sufian pergunta bem alto de forma a ser ouvido em Medina, se Maomé está morto ou vivo. A ordem é para não responder. Omar, o homem que até o Diabo receia, não se pode conter; responde a Abu-Sufian, com uma voz ainda mais forte, que o Profeta Maomé está vivo.

Abu-Sufian anuncia que a guerra terminou. Os muçulmanos mataram setenta pagãos em Badre. Os coraixitas mataram, aqui, em Uhud, setenta muçulmanos. As contas estão saldadas. Não há mais nenhum motivo para continuar a guerra. Contudo Abu-Sufian dá conhecimento aos muçulmanos que voltará a encontrar-se com eles, no ano seguinte na feira de Badre, no caso de eles ainda quererem combater. Depois, o exército coraixita retira-se. Antes de deixar o campo de batalha, Hint, mulher de Abu--Sufian, procura o cadáver de Hamzah. Abre-lhe o estômago, tira-lhe o fígado e come-o, tal como havia prometido. Corta-lhe ainda as orelhas, o nariz e a língua e todos os apêndices e faz com eles um colar. Enfeitada com estas estranhas joias, canta e dansa. Esta exaltação pelo sangue,

UHUD: AS DERROTAS TAMBÉM SÃO OBRA DE DEUS

ódio e crueldade espalha-se entre as mulheres de Meca. Uma delas, Sulafah-bint-Sa'd, procura o cadáver do muçulmano que matou o seu filho na batalha de Badre, decapita-o e leva a cabeça, jurando que fará com aquele crânio uma taça, e não beberá por outra até ao fim dos seus dias.

Maomé está magoado com tudo isto. Manda buscar o corpo mutilado de Hamzah. O cavaleiro do islão, o *barraz* Hamzah, não era apenas um bravo e fiel companheiro do profeta, era também seu tio. Era um dos bravos homens sobre os quais pesou a responsabilidade da fundação do islão.

Perante o cadáver mutilado do seu companheiro, Maomé anuncia que, para vingar esta ofensa, mutilará na próxima batalha, trinta combatentes inimigos. Mas mal acaba de pronunciar estas palavras, arrepende-se e diz: «*Se castigais, castigai da mesma forma por que fostes castigados, mas se tendes resignação, isso será melhor para vós.*» (*Alcorão* XVI: 126)

Maomé ordena que se enterrem os mortos. Cada um onde morreu. Os mortos muçulmanos de Uhud são *chuhada*, ou mártires que tombaram na guerra santa. Maomé recita setenta vezes – pelos setenta mártires muçulmanos – a *talbiya*, a oração dos mortos.

O profeta proíbe que os cadáveres sejam lavados, tal como mandava a tradição árabe, antes da inumação. Diz aos fiéis que os mártires mortos em combate são lavados pelos anjos. É, pois, inútil que os seus companheiros façam a higiene mortuária. Hamzah, "o leão de Alá", e os setenta *chuhada* foram directamente para o Paraíso.

O assassino de Hamzah, o escravo negro Wahchi, deserta do exército de Abu-Sufian, apresenta-se a Maomé e pede-lhe o perdão. Maomé não castiga o assassino. Ninguém ultrapassou a capacidade de perdoar do profeta. Apesar disso, pede ao assassino para nunca mais aparecer na frente dele, durante toda a sua vida.

O assassino de Hamzah irá cometer outros assassínios, mas desta vez pela causa do islão. Entre outros matará o profeta Musailima. Morrerá alcoólico e com uma idade bastante avançada, em Emése.

Depois dos funerais, Maomé faz o balanço da situação. E põe a si próprio uma primeira questão: por que é que os coraixitas se retiraram e não continuaram a combater, depois de terem ganho a primeira batalha e terem derrotado os muçulmanos?

A explicação vem por si: Abu Sufian e o exército de Meca retiraram-se depois da vitória de Uhud porque eles tinham organizado a guerra de tal modo que Maomé devia ter sido morto pela rectaguarda, em Medina, pelos *munafiquns* e tribos judias. Abu-Sufian e os coraixitas não pensaram que Maomé saíria da cidade para os atacar, ele que dominava Medina

A VIDA DE MAOMÉ

e onde poderia resistir como numa fortaleza. A saída do exército muçulmano para terreno descoberto, e a interdição feita aos judeus e aos indecisos de participar no combate, fez ruir todos os planos de Meca. Criou-se uma nova situação. Apesar da vitória obtida, Abu-Sufian prefere retirar-se por agora. Mas espera voltar mais tarde para um combate definitivo onde os judeus e indecisos de Medina não irão faltar.

Maomé chama os muçulmanos e fala-lhes. Diz-lhe que não fiquem tristes. Recita-lhes o terceiro capítulo do *Alcorão*, que diz que Deus castigou os muçulmanos com esta derrota de Uhud, porque eles não escutaram as palavras do profeta e porque os archeiros abandonaram os seus postos para roubar: «*Deus foi-vos fiel na sua promessa quando aniquiláveis os inimigos com a sua permissão, até que fraquejastes e discutistes acerca da ordem recebida e desobedecestes... enquanto o Enviado vos incitava ao combate, Deus vos recompensou com novas penas a fim de que não vos entristecêsseis pela vitória que vos escapava nem pela derrota que vos tinha alcançado. Deus está informado do que fazeis.*» (*Alcorão* III: 152-153)

Maomé diz aos muçulmanos vencidos que as derrotas – tal como as vitórias – são também obra de Deus. Além disso, a derrota é o meio de que Deus se serve para pôr à prova a força da fé dos fieis.

Logo após a derrota, os judeus de Medina empreendem uma campanha de calúnias contra o islão. Gritam bem alto em todos os cruzamentos que «Maomé não é um profeta. Que Maomé foi vencido nesta batalha. E que nunca desde que o mundo é mundo se viu um profeta ser vencido. O que é vencido não é um profeta, mas um impostor.»

Maomé responde: «*Quantos profetas combateram tendo a seu lado numerosos discípulos e não desfaleceram pelo que lhes acontecia no caminho do Senhor, nem se debilitaram, nem se humilharam! Deus ama os perseverantes.*» (*Alcorão* III: 146)

Os muçulmanos não interpretam a derrota de Uhud como uma vitória de Meca, mas como uma prova a que Deus submeteu os crentes. Deus também pôs à prova Job e todos os homens cheios de fé.

A interpretação proposta por Maomé encoraja de novo os muçulmanos. Juntam-se e entram na cidade ordenadamente. Os inimigos, vêem de repente as tropas do islão, de uniforme e armas, a desfilar como depois de uma vitória. Os combatentes explicam que acabam de sofrer uma simples prova imposta por Alá, e que a vitória dos coraixitas não tem qualquer significado.

No dia seguinte, o exército muçulmano, perfeitamente disciplinado, deixa Medina. Os soldados em fila dirigem-se para oeste, para o grande

UHUD: AS DERROTAS TAMBÉM SÃO OBRA DE DEUS

deserto, onde acampam. É uma demonstração de disciplina, que certamente vai impressionar o inimigo. Além disso, um dia no campo, ao ar livre, faz bem tanto depois de uma derrota, como depois de uma doença. O ar forte do deserto faz subir o moral. Comparada com o infinito do céu e o infinito de areia, a derrota de Uhud assume proporções insignificantes.

Maomé e os muçulmanos voltam a Medina cheios de optimismo. Passaram três dias na areia infinita e imaculada do deserto, perto de Hamra-al-Asad, a treze quilómetros de Medina.

Do seu acampamento observaram os movimentos do exército inimigo. Abu-Sufian, realmente retira-se e dirige-se para Meca.

Ao voltar para Medina, Maomé é avisado do ataque eminente que os Banu-Nadir preparam. Tenta evitar o conflito. Os Banu-Nadir recusam qualquer tipo de discussão com os muçulmanos. Barricam-se no seu bairro. Maomé ordena o cerco. Os Banu-Nadir são convidados a deixarem a cidade. Ninguém deve viver numa cidade se pensa entregá-la aos inimigos. Maomé garante aos banidos a integridade de pessoas e bens. Os plantadores, tal como anteriormente os ourives, levam tudo o que lhes pertence, inclusivé as portas, as janelas e os telhados das casas, e partem de Medina, precedidos por músicos e em trajes de festa. As mulheres usam as joias das grandes ocasiões. Todos prometem regressar com o exército coraixita para matar Maomé e destruir o islão. É um triste acontecimento para os muçulmanos. Mas Maomé encontra algum consolo. Uma mulher da tribo diwar, chamada Hint-bint-Amr, cujo único filho morreu na batalha de Uhud, vem ao encontro do profeta e e fala-lhe com alegria. Maomé pergunta-lhe se ela não está triste com a morte do filho?

«Eu não estou triste com a morte do meu filho» – responde Hint. «Porque tu estás vivo, profeta, todos os outros desgostos são insignificantes.»

LXII

ASSUNTOS DE FAMÍLIA

Omar – o duro, o homem íntegro e irrepreensível da equipa que colaborou com Maomé na fundação do islão – tem uma filha, chamada Hafsah, casada com um dos primeiros combatentes muçulmanos, Khunais-ibn--Hudhaifah. O profeta considera muito Khunais, por causa da sua fé e fidelidade, mas também por ser genro de Omar.

Khunais morreu em Uhud. É um mártir da guerra santa – um *chuhada*.

A filha de Omar tem um carácter completamente oposto ao do pai. Hafsah, mulher bela, mas com um temperamento emotivo e lírico, poetisa, uma das raras mulheres letradas desse tempo, não se conforma com a perda do marido. Tem vinte anos.

Omar tenta resolver o assunto à sua maneira, directa e insensível. Vai a casa de Uthman, que foi casado com Ruqaya, filha do profeta, que por sua morte deixou Uthman inconsolável. Omar diz-lhe: «A tua mulher morreu, tu estás inconsolável, Ruqaya era muito bela e é natural que estejas a sofrer. Mas pensa que a minha filha Hafsah está na mesma situação que tu. O seu marido morreu em Uhud, e é bela como Ruqaya, enquanto tu és tão belo como o seu marido, Khunais. Casem-se. Vão consolar-se mutuamente. Esquecerão rapidamente o desgosto da viuvês.»

Uthman recusa. Não pode esquecer Ruqaya de um dia para o outro, nem substituí-la, como se faz a um objecto perdido; só Omar poderia ver as coisas desta forma dura e desprovida de sensibilidade.

A recusa de Uthman em desposar Hafsah é interpretada por Omar como uma ofensa. Fica furioso e pronto a puxar da espada. É um homem impiedoso. Que explode mal lhe tocam. Comunica a Maomé que tenciona matar Uthman e explica o motivo. Maomé, que conhece bem os homens,

ASSUNTOS DE FAMÍLIA

compreende de imediato que Omar tem o seu orgulho ferido. Diz a Omar que ele tem toda a razão para estar magoado, pois é uma ofensa recusarem--lhe a filha. Para o consolar, será ele, o profeta, que irá casar com Hafsah. É uma grande honra, a maior honra de todas. Omar está encantado. Não esperava esta solução. Dá Hafsah por esposa a Maomé. Tal como Aixa, a filha de Abu-Becre, Hafsah, a filha de Omar, será a esposa preferida de Maomé.

Deste modo, Maomé alia-se a dois dos seus primeiros tenentes e colaboradores: Abu-Becre e Omar. Maomé chama Uthman e propõe-lhe que case com a sua segunda filha Kulthum. Uthman fica, ele também encantado. Ainda que Ruqaya tenha morrido, ao desposar a irmã dela continua a ser genro do profeta.

O quarto colaborador de Maomé, Ali, já está casado com uma outra filha deste, Fátima. Assim os quatro principais colaboradores do profeta tornaram-se seus parentes. Entre Maomé e os seus companheiros os laços são duplos. Ainda que tendo formado a *ummah* – a comunidade baseada na fé – os árabes não esqueceram que o sangue é o mais poderoso laço social. Logo, quando uma sociedade está unida pela fé e pelo sangue, é mais forte do que o granito e mais dura do que o diamante.

Hafsah, a nova esposa, dá uma nova dimensão à família do profeta, uma vez que ela é poetisa, leitora e calígrafa. Foi sempre a melhor amiga de Aixa.

Pouco depois do casamento, Maomé vive uma outra aventura. O pudor do Profeta é idêntico à sua frugalidade. Nesta sociedade primitiva, bíblica, os homens conservam no fundo de si próprios uma pureza de adolescentes. Desde que habita em Medina, Maomé, que viveu em Meca onde não existe nem uma flor, nem um pé de erva, descobre o mundo vegetal e mais especialmente as tamareiras. Olha para elas e estuda-as como verdadeiras maravilhas da natureza. Mas Maomé observa que os agricultores do oásis de Medina praticam polinização das tamareiras. Fica ofendido no seu pudor. A fecundação das tamareiras com a intervenção do homem, parece ao profeta um atentado ao pudor, uma violência contra a natureza. Proíbe pois a polinização, tal como nos nossos dias certas religiões proíbem a inseminação artificial. No ano seguinte, a colheita de tâmaras está comprometida. Maomé levanta a proibição, mas contrariado. Nunca mais assistirá à polinização das tamareiras. Este processo ofende a sua moral e o seu pudor.

Vive outra aventura, mas num plano diferente, pouco depois da derrota de Uhud. Ao entrar em casa do seu filho adoptivo Zaid, encontra Zainab, a mulher deste. Ela está sem véu e com pouca roupa. Aliás, como qualquer

A VIDA DE MAOMÉ

mulher que está em casa, num país de clima tórrido. Quase nua. Maomé cora e retira-se envergonhado. Zainab de trinta e oito anos, é uma bela mulher. Maomé não só ficou envergonhado como também ficou perturbado pelo corpo da nora. Sente-se culpado por ter ficado perturbado pela mulher do seu filho adoptivo. Nesta aventura, reage como um adolescente: dá ao assunto a mesma dimensão que dera, recentemente, à polinização das tamareiras; faz dele uma questão moral. Maomé chama Zaid e confessa-se a ele. Zaid que é um realista, sem sombra de subtileza, não compreende que o profeta se inquiete por uma coisa tão insignificante. É uma tempestade num copo de água. O drama é que Maomé pode afogar-se num copo de água. Zaid confessa ao profeta que tenciona justamente separar-se da sua mulher. Se o profeta o quiser libertar casando-se com ela, Zaid ficará muito contente. Maomé fica encantado. Poderá, assim, reparar o erro de ter sido perturbado por uma mulher estranha. Mas o problema é bem mais complicado: Zaid é filho adoptivo do profeta, logo o casamento deste com Zainab será contrário às leis árabes. Nesta situação, que à primeira vista não tem solução, aparece o anjo Gabriel, que anuncia ao Profeta que lhe dá permissão para casar com a antiga mulher do seu filho adoptivo. Gabriel teve pena do profeta. E foi assim que se solucionou um outro problema familiar. Zaid está feliz por se ter libertado de uma mulher com quem já não se entendia; Zainab está contente por se ter tornado esposa do profeta; Maomé está feliz por ter legalizado e reparado uma tentação visual; e os inimigos de Maomé estão satisfeitos por terem um novo motivo de calúnia, apresentando o fundador do islão como um barba-azul que rouba as mulheres aos filhos.

Pois, aos olhos dos seus inimigos, as qualidades de Maomé tornam-se defeitos. As qualidades e os méritos estão reservados somente aos amigos e aliados... Os inimigos apenas têm defeitos.

LXIII

MASSACRE E CRUCIFICAÇÃO DE MUÇULMANOS EM MECA

Meca oferece um prémio por qualquer muçulmano morto. Sulafah não é a única mulher coraixita que quer utilizar um crânio de muçulmano como taça. O ódio contra o islão e contra Maomé é alimentado dia e noite pelas tribos dos plantadores e dos ourives, tribos que, após a partida de Medina, se estabeleceram maioritariamente, em Meca, onde têm por única actividade acirrar os coraixitas contra Maomé. Estas tribos assinam uma aliança militar com Meca contra o islão e, embora de religião judaica, selam o pacto prestando juramento "contra o muro da *Caaba*".

Quando ouvem dizer que será dada um grande quantia por cada muçulmano capturado, os beduínos organizam a caça ao homem. Os prisioneiros são entregues em Meca onde são apedrejados ou torturados até à morte.

Ora um grupo de missionários muçulmanos dirige-se para os territórios ao sul de Medina e aí estacionam. Depois da batalha de Uhud, alguns chefes de tribo do sul pediram a Maomé que lhes enviasse homens aptos a instruirem-nos no islão. Maomé aceitou. São algumas dúzias de homens e quem os comanda é Amir-ben-Thabit.

Os criminosos ao serviço de Meca esperavam os missionários muçulmanos no caminho, para os capturarem e assim obterem dos coraixitas, dos Nadir e dos Qainuqa os prémios prometidos. Os muçulmanos defendem-se. Todos os missionários morrem no combate à excepção de três que são apanhados. Os agressores fazem parte da tribo Hudhail. Conduzem os prisioneiros para Meca para os vender aos pagãos. Um dos três prisioneiros, sabendo que os coraixitas apenas os compram para os matar com

A VIDA DE MAOMÉ

torturas atrozes, evade-se. A população da tribo Hudhail apanha-o e apedreja-o. Ele morre. Este linchamento ocorre perto da localidade de Ar-Raji, não longe do local onde os outros missionários foram massacrados. O muçulmano morto mártir, massacrado pelos pagãos, está enterrado em Az-Zarhan. Os outros dois são conduzidos a Meca. Todos querem comprá-los. Certas pessoas estão dispostas a pagar qualquer preço, pelos dois sobreviventes do massacre. Como nos leilões! Mas apenas há dois prisioneiros para uma multidão que quer matar milhares. Então para satisfazer a sede de sangue da multidão, é decidido que aqueles que tiverem o privilégio de comprar os prisioneiros deverão matá-los em público para que os pobres possam também usufruir do espectáculo. Não seria justo que apenas os compradores tivessem esse prazer.

A morte, pela tortura, dos dois muçulmanos é um espectáculo de qualidade. Um dos cativos é o chefe da missão massacrada, Amir-ben--Thabit. Foi comprado por um feroz inimigo do islão, Safwan-ibn-Umaiyah, homem que tentou várias vezes matar Maomé. Safwan, é neste momento, depois de Abu-Sufian, a personagem mais importante de Meca. Pode dar-se ao estravagante luxo de comprar uma destas duas peças raras, vivas: um muçulmano para matar. É algo que todos gostariam de comprar. Mas só as pessoas ricas, como Umaiyah, o podem fazer.

Safwan entrega o muçulmano adquirido a um tal Nastas, com a incumbência de este o matar em público. Antes, o crânio do muçulmano condenado à morte é posto em leilão, e obtém-se um preço muito elevado. Mas algo de insólito se passa. No momento em que o comprador do crânio se prepara para decapitar o cadáver, para retirar toda a carne da cabeça e fazer com ela uma taça por onde beberá vinho, um enxame de vespas cobre o cadáver como uma armadura. É impossível ao comprador aproximar-se e retirar a cabeça. Espera pelo fim do dia, para que as vespas se vão embora e então poder tomar posse desta cabeça de morto que acaba de comprar. Mas, quando a noite chega, um forte vento abate-se sobre Meca, seguindo-se um tornado; e o cadáver do muçulmano é levado pela tempestade e pelas águas. O crânio do mártir não servirá de taça para os pagãos.

O segundo prisioneiro é crucificado no limite de Meca, numa localidade chamada Tan'im. Toda a população da cidade vem em cortejo para assistir ao suplício. Pregado na cruz, o muçulmano cativo é injuriado e torturado com golpes de lança até à morte. É o primeiro muçulmano crucificado pela sua fé. Isto passa-se no ano 625. Em vez de desencorajar os homens a abraçar o islão, este facto faz aumentar o número de conversões. O muçulmano linchado por Nastas, e o que foi crucificado em

MASSACRE E CRUCIFICAÇÃO DE MUÇULMANOS EM MECA

Tan'im, morreram felizes, gritando a sua alegria de morrer por Deus e de ganhar o Paraíso. O mundo – desde essa ocasião – sabe que os mártires vão para o Paraíso. O Céu foi sempre uma tentação para os homens. Nesse momento muitos são os que se aproximam do islão porque o islão lhes promete o Paraíso. Os dois mártires de Meca são invejados pela multidão em vez de serem chorados. Não estarão eles no sétimo Céu, ao lado do Criador do Universo?

Contudo, a caça aos muçulmanos continua. No mês de Julho de 625, um grupo de 40 missionários que ia converter as tribos Amir-ben-Sa'-sa'ah, a seu pedido, foi interceptado no caminho e massacrado perto de um poço (*bir*), chamado Bir Ma'unah.

O deserto, onde as caravanas encontram as ossadas brancas de homens e camelos mortos de sede, têm também uma outra categoria de esqueletos: aqueles que são mortos não pela sede ou pela fome, mas porque acreditam num único Deus, evitam o mal e praticam o bem. Pois esta é, na origem, a definição do islão. Esta é, aliás, a definição original de todas as grandes religiões terrestres.

LXIV

O NOVO ENCONTRO DE BADRE
E O CERCO DE MEDINA

Antes de deixar o campo de batalha de Uhud, em Março de 625, Abu-Sufian gritou a Omar: «Se ainda desejarem um derrota, venham à feira de Badre, no próximo ano!»

Omar respondeu: «Lá estaremos!»

Em Abril de 626, data da feira anual, Maomé chega a Badre à cabeça de um exército de 1500 homens e 50 cavalos. A feira de Badre dura oito dias. Logo após a chegada do exército muçulmano comandado por Maomé, Abu-Sufian, que já lá está participa que não pode alimentar os seus camelos, por causa da seca. Sem esperar pelo fim da feira, parte com os seus. O combate entre muçulmanos e os de Meca não se realiza. A retirada de Abu-Sufian e dos 2000 homens armados, perante os muçulmanos, diminui o prestígio de Meca aos olhos dos beduínos. Nesse ano, os muçulmanos fizeram excelentes negócios na feira de Badre. Voltam ricos para Medina. Mas não podem tirar partido deste novo prestígio, que acabam de adquirir junto dos nómadas árabes, nem dos lucros que obtiveram.

Desta vez, Medina será completamente cercada. Todas as tribos das redondezas, particularmente os Ghatafan e os Fazarah, que acampam ao norte de Medina, entram na coligação de Khaibar com Meca. Uma parte dos judeus de Medina encontra-se nesse momento em Khaibar, cidade situada 200 quilómetros para norte de Medina; os outros estão em Meca, 400 quilómetros para sul. Khaibar é uma cidade exclusivamente judia. «Os judeus de Khaibar vão junto dos ghatafanitas e oferecem-lhes todas as tâmaras de Khaibar durante um ano, se eles os ajudarem contra o profeta. Estes aceitaram de bom grado.»

O NOVO ENCONTRO DE BADRE E O CERCO DE MEDINA

Os fazaritas, que habitam igualmente ao norte de Medina, vizinhos dos Gathafan, aceitam também a aliança proposta e financiada por Khaibar.

A este de Medina está a tribo Banu Sulaim que, também por dinheiro, faz aliança com Khaibar e Meca contra o islão. No sul estavam os de Meca, os Kinanah e os Thaqif. Todos inimigos do islão.

Assim Medina está cercada por todos os lados. As suas caravanas não podem sair do oásis, nem circular em nenhuma direcção. Todas as direcções lhes estão vedadas. O cerco da aliança de Meca-Khaibar aperta--se cada vez mais à volta de Medina. Ora Meca e Khaibar são cidades extremamente ricas, podem comprar todos os nómadas do infinito deserto da Arábia.

Em simultâneo com este bloqueio, um outro golpe é desferido bem mais longe. Ukaidir, chefe das tribos árabes do Norte, que domina a cidade de Dumat-al-Jandal, ponto de passagem de todas as caravanas que se dirigem para a Síria e para a Mesopotâmia, retira aos muçulmanos o direito de passagem pelo seu território.

É um golpe mortal, que não só Medina mas também qualquer outra cidade do deserto não poderia suportar. Nada cresce no deserto. No oásis de Medina, há algumas culturas de tamareiras e de cereais, que no entanto não são suficientes para alimentar a população. Os árabes retiram o seu sustento do comércio. Só que o comércio é feito com os países do Norte. Interditar aos muçulmanos o caminho do Norte para a Síria e Mesopotâmia, equivalia a condená-los à morte.

É com profunda tristeza que Maomé toma conhecimento destes acontecimentos. A situação é muito grave. Mas o profeta é muçulmano. Para ele, os factos não tem grande importância. O milagre pode acontecer em qualquer instante. O principal é ter a *tawakku*, a inquebrantável fé em Deus.

Este fatalismo – ou submissão total à vontade divina –, que a cultura ocidental considera como uma capitulação do homem é um estímulo para o muçulmano. Pois não há maior optimismo do que saber que Deus pode tornar possível uma coisa que a evidência dos factos prova ser impossível. Quando existe uma fé assim, o desespero, a dúvida e o pessimismo são inimagináveis.

LXV

EXPEDIÇÃO À COSTA DO MAR VERMELHO

O cerco de Medina está concluído e é completo. A aliança Meca-
-Khaibar adopta, depois das operações de isolamento, a estratégia seguinte: afastar Maomé de Medina e, na sua ausência, ocupar a cidade,
com as ajuda dos aliados do interior, isto é os *quraizah* – os curtidores de
peles e os indecisos *munafiquns* – chefiados por Abdallah-ibn-Ubaiy.

O ataque a Medina, do exterior, deve ser feito pelas tribos mais
próximas: Ghatafan, Fazarah e Sulaim, com a ajuda das tribos de Meca
e Khaibar. O extermínio das forças muçulmanas está completamente
organizado.

Entre as tribos que estão aliadas com Meca e Khaibar contra o islão,
está a tribo Banu Mustaliq. Esta tribo tem uma vida nómada ao longo do
Mar Vermelho ao nível de Meca e Medina. Maomé é avisado que esta
tribo se está a armar, com vista à participação num ataque contra o islão.
Sem hesitar, Maomé realiza uma expedição surpresa contra a Banu
Mustaliq.

Para derrubar os planos dos seus inimigos, Maomé convida Abdallah
Ubaiy para comandar a expedição. O mesmo Abdallah Ubaiy, que na
ausência do profeta, devia sublevar a cidade. A partida de Maomé en-
cantou os antimuçulmanos. Mas não esperavam ficar sem o seu chefe.
Abdallah Ubaiy é obrigado a aceitar o comando oferecido por Maomé.
Por isso, o levantamento de Medina é adiado, enquanto o chefe dos
opositores estiver ausente.

Ubaiy parte de Medina com Maomé contra a tribo Mustaliq. O destacamento muçulmano é mínimo: 30 homens, ou seja 10 *muhadjiruns* e 20
ansars. A partida de Medina ocorre em Dezembro de 627. O encontro
com o inimigo dá-se na costa do Mar Vermelho, não longe da localidade

EXPEDIÇÃO À COSTA DO MAR VERMELHO

de Qudaid e da fonte Al-Moraisi, a oito dias de caminho para oeste de Medina. As forças dos Banu Mustaliq englobam 200 homens. Os trinta muçulmanos batem-se com ardor. O combate termina com a vitória muçulmana. Os Banu Mustaliq deixam 10 mortos no campo de batalha e os muçulmanos apenas um. Toda a tribo foi feita prisioneira: homens e rebanhos. Mais tarde, Maomé irá pronunciar a célebre frase «*La riqq' alla' Arabi*» – «Nada de escravatura para os árabes». Mas esta decisão ainda não foi tomada. Os muçulmanos capturaram centenas de pessoas. A tribo Mustaliq, que foi "contratada" como mercenária ao serviço de Meca e de Khaibar para destruir o islão, está totalmente reduzida à escravatura.

Segundo a tradição árabe, os escravos são divididos entre os combatentes. Entre eles está a filha do chefe da tribo. Audaciosa, por causa da sua beleza, apresenta-se a Maomé e diz-lhe: «Oh enviado de Deus, eu sou filha de Harith, o chefe do meu povo. Vê a desgraça que me aconteceu e como estou condenada a ser escrava. Ajuda-me a regastar a minha liberdade».

Maomé que poderia tê-la resgatado se quisesse satisfazer o seu desejo, ou recebê-la como escrava para fazer dela sua concubina, toma no entanto uma decisão inesperada: pede Juwairiyah em casamento.

À primeira vista, este gesto parece inexplicável. Mas é de actos como este, corajosos e expontâneos, que está recheada a vida do profeta.

Abdallah Ubaiy e os companheiros de guerra olham Maomé com total desaprovação – sem contudo se atreverem a confessar o que pensam; no entanto, o profeta, imperturbável, ordena que seja celebrado o casamento. Só no dia a seguir ao casamento é que os muçulmanos começam a compreender o que se passou. Maomé chama todos os combatentes e diz-lhes que é indigno e injusto um profeta ter como sogro um escravo. Todos estão de acordo. O pai de Juwairiyah é libertado de imediato pelo seu novo proprietário, pois os escravos foram divididos através de um sorteio. O muçulmano que recebeu Harith, sogro do profeta, está feliz de o libertar manifestando assim a sua amizade e fidelidade a Maomé.

Todavia o problema complica-se. A lei segundo a qual não é digno que um parente do profeta seja escravo foi respeitada. Mas, de momento todos os membros do clã Banu Mustaliq se tornarão, por intermédio deste casamento, parentes do profeta. Estão assim todos livres do primeiro ao último, tendo em consideração o seu parentesco com o enviado de Deus.

Em sinal de reconhecimento, a primeira coisa que fazem os escravos, agora libertados, é abraçarem o islão, e juraram fidelidade a Maomé assim como oferecer-lhe todo o seu incondicional apoio militar. Nesse momento todos os companheiros do profeta compreendem qual o motivo porque Maomé decidiu inesperadamente casar com uma escrava, que de qualquer modo já lhe pertencia sem que para isso fosse necessário celebrar um casamento.

A partir desta data, os Banu Mustaliq tornam-senos mais fieis aliados do islão. Tudo se passou com rapidez, sem qualquer esforço e de surpresa como se fosse um jogo de inteligente diplomacia.

Pouco depois da assinatura da aliança com os Banu Mustaliq, Maomé ordena o regresso a Medina, pois segundo informação recebida o ataque à cidade estava eminente.

Por ocasião da expedição à costa do Mar Vermelho, Abdallah Ubay chefe dos *indecisos* de Medina, teve ocasião de apreciar a delicadeza e a eficácia militar, política e diplomática com que Maomé agia. Apesar disso, Ubay, em vez de se aproximar do profeta, odeia-o ainda mais. Projecta dar-lhe o golpe fatal antes de chegar a Medina. O profeta descobre este novo perigo. Mas espera, tranquilo. Sabe que a vida de um profeta corre riscos a todo o momento.

LXVI

O COLAR DE TSAFARI

Terminou a expedição ao Mar Vermelho. Uma nova tribo de beduínos aliou-se e converteu-se ao islão. De ora em diante os Banu Mustaliq estão ao lado do profeta.

Abdallah Ubaiy está desesperado com o sucesso de Maomé. O pretendente à coroa de Medina, subitamente irrita-se e passa à acção. A expedição que ele comanda é composta por 30 soldados. Ubaiy começa por pôr os *ansars* contra os *muhadjiruns*; depois uns e outros juntos contra Maomé, tendo como pretexto a divisão do saque. O escândalo transforma-se em rebelião e é com dificuldade que o Profeta consegue conciliar os homens.

Para acalmar a tropa revoltada e para a submeter pela fadiga, Maomé suprime as paragens e apressa a caravana tanto quanto possível. Ao fim de muitas horas de marcha, concede um curto descanso. Entre Muraisi, onde a batalha se tinha realizado, e Medina a distância é de oito dias de marcha. Durante a viagem, Maomé descobre as intrigas, fomentadas por Abdallah Ubay, para colocar os muçulmanos uns contra os outros e, depois, todos contra ele mesmo. Mas Maomé é um natural de Meca, um homem cuja principal qualidade é o *hilm* – o autocontrolo e o sangue--frio. Parece ignorar toda a marosca e continua a tratar Ubaiy como antes. Entretanto, todos os combatentes confirmam o que Ubaiy afirmara: «Quando chegarmos a Medina, o mais forte expulsará o mais fraco.» Entre outras ameaças.

Ao compreenderem que tinham sido manobrados por Ubaiy, os guerreiros acalmaram-se e ficaram mais unidos ao Profeta. O filho de Abdallah Ubaiy, ao tomar conhecimento da verdade sobre as manobras do pai contra Maomé, vem ter com este e declara que não pode lutar pela

A VIDA DE MAOMÉ

salvação do pai que tinha atentado contra a vida do profeta e que por isso merecia a morte, sem qualquer circunstância atenuante. O jovem, lavado em lágrimas, pede contudo um favor a Maomé: que lhe seja permitido executar o pai com as próprias mãos.

Declara: «Assim que tenhas decidido sobre a morte de meu pai, ordena-me e eu te trarei a sua cabeça. Todos sabem em Medina que ninguém é mais devotado do que eu a seu pai; mas se encarregares qualquer outra pessoa de o executar, receio que depois, ao ver o carrasco do meu pai, o meu coração me incite a matá-lo. Desse modo matarei um crente por um incrédulo e irei para o Inferno».

Maomé fica profundamente impressionado com as palavras do jovem muçulmano. O filho de Ubaiy não é o único que pelo islão mataria o próprio irmão sem hesitar. Um outro jovem, Hamzah-ibn-Amr, tombou em Ushud, onde combatia contra o pai, que comandava um destacamento coraixita e que foi provavelmente morto pelo pai. Um outro jovem muçulmano, Abu-Naila, matou o polemista antimuçulmano Ka'b. Interrogado pelo irmão, que ficou surpreendido com esta morte, pois Ka'b era irmão de leite de Naila, respondeu: «Se tu, meu irmão de sangue, fosses inimigo do islão e de Deus, eu matar-te-ia sem hesitar.» Impressionado com tanta fé, o irmão de Naila converteu-se ao islão.

Agora, o jovem Ubaiy propõe-se matar o pai. Maomé diz-lhe: «Ninguém vai matar o teu pai, seremos condescendentes com ele e sentir-nos--emos honrados com a a sua companhia, enquanto ele estiver entre nós».

É bem conhecida a clemência de Maomé para com os seus inimigos. Ninguém ao longo da história, perdoou mais, tão depressa e totalmente aos seus inimigos mortais como Maomé. O profeta do islão sempre ignorou a vingança.

Mas o velho *munafiqun* Abdallah Ubaiy não se dá conta da clemência do profeta. Gorada que foi a tentativa de pôr os soldados contra o profeta, prepara, ainda antes de chegar a Medina, um outro golpe que julga ser mortal.

Aixa, filha de Abu-Becre e esposa de Maomé, participa na expedição ao Mar Vermelho, como é hábito. Viaja numa liteira fechada, de onde sai durante as breves paragens.

Numa destas paragens, Aixa apercebe-se de que se esqueceu na areia do seu colar de pérolas de Tsafari, ou pérolas de Zofar. Desce rapidamente da liteira e vai à procura do colar e encontra-o. Porém, quando regressa, a liteira já lá não está. A caravana partira. Aixa está sozinha no deserto. Os homens que carregaram a liteira para cima do camelo, não se aperceberam que ela estava mais leve. Aixa pesava pouco – nem sequer tinha

O COLAR DE TSAFARI

quinze anos. Começa a chorar e corre atrás da caravana. Mas dá-se conta que tudo é inútil. Senta-se a chorar e espera a ajuda de Alá. Não foi ela a primeira mulher a nascer de pais muçulmanos?! Ao fim de algum tempo aparece um jovem montado num camelo. Era um retardatário da caravana muçulmana. Reconhece Aixa, monta-a na garupa e leva-a para Medina. Mas chegam com um dia de atrazo.

Este acontecimento provocado pelo colar de pérolas de Tsafari, é precioso para os imigos de Maomé. Abdallah Ubaiy notou a ausência de Aixa, esposa preferida do profeta, e alertou as tribos judias de Medina. Algumas horas depois os panfletários da cidade espalharam centenas de estrofes satíricas.Todos troçam do desaparecimento de Aixa e dos desaires conjugais de Maomé. Quando Aixa entra em Medina, no mesmo camelo que o jovem Safiyan, a multidão rebenta de riso. Eis Maomé comprometido. Ubaiy, que organizou tudo isto, exulta de alegria. Desta vez, Maomé encontra-se num beco sem saída. Mas o profeta tem a genialidade de encontrar solução para os problemas mais difíceis, sem que para isso seja necessário derramar uma gota de sangue. Desta vez, isso parecia impossível, mas Maomé tem duas alternativas: ou castigar Aixa pelo crime de adultério, cujo preço é a morte, ou então continuar a viver com ela – mas, nesse caso, ele não poderá mais apresentar-se em público. Será objecto de escárnio de todos os árabes. Pois é inconcebível que um homem normal coabite com uma mulher que cometeu publicamente o adultério.

A primeira decisão de Maomé é de não receber Aixa em sua casa. Ordena-lhe que regresse para casa do pai, Abu-Becre e que espere. Maomé sabe, que se punir Aixa por crime de adultério, irá separar-se também de Abu-Becre o seu mais fiel companheiro.

Durante vários dias, nos quais Aixa chora continuamente, Maomé, reflecte calmamente. As gentes de Medina riem cada vez mais do seu infortúnio. É um homem comprometido. O profeta chama todos os seus colaboradores e pede-lhes opinião e conselho.

A maioria não toma posição. Aliás nesse tempo, não há na Arábia senão uma solução para o que se acaba de passar. O repúdio de Aixa – a mulher que passou um dia no deserto, sozinha com um homem jovem – e o seu apedrejamento por crime de adultério. Mas ninguém dá opinião. Não é preciso. Só Ali, filho adoptivo de Maomé, irá exprimir o sentimento geral através destas palavras: «Alá nunca limitou a escolha das mulheres. Elas são muitas.»

Depois de ter ouvido todos os conselhos, Maomé toma uma decisão repentina que – como habitualmente – ninguém esperava. Anuncia que o anjo Gabriel acaba de lhe fazer uma revelação. O anjo confirmou-lhe que Aixa não era culpada. Todos os que se tinham pronunciado contra ela eram caluniadores, que mereciam o fogo do inferno.

Aixa, a chorar, volta para o domícilio conjugal. O pai, Abu-Becre está feliz. Maomé está feliz, assim como todos os muçulmanos. Todos estão agradecidos ao anjo Gabriel, por lhes ter mostrado a verdade.

A *fitnah*, a discórdia, não se instalou nestes momentos tão graves para o islão, para Medina e para o profeta, pois, em Meca, um exército de 10.000 homens em pé de guerra está pronto para marchar sobre a a cidade do islão. Os únicos que estão desolados de ver que o assunto do colar não separou o profeta dos seus mais fieis colaboradores, particularmente de Abu-Becre, nem destruiu a sua família, são os inimigos do islão. O colar de pérolas de Tsafari não lhes serviu de nada. Mas, depois da morte do profeta, este colar perdido por Aixa irá provocar a maior rotura que ouve no islão: Ali e Aixa odiar-se-ão de morte e dividirão o islão em dois.

LXVII

KHANDAQ: A LINHA DE GIZ DOS ÁRABES

O ataque a Medina deve ocorrer quando Maomé e o exército estiverem longe da cidade. Espera-se pois a partida de Maomé num *maghazi*, numa expedição. De todos os lados surgem provocações e tudo fazem para que Maomé saia de Medina. Este não ignora o plano dos seus inimigos. Mas, uma vez que o caminho das caravanas está completamente bloqueado a norte, o Profeta tem de correr o risco. Saindo de Medina com quase todo o exército, dirige-se para Dumat-al-Jandal, cidade que se encontra a duas semanas de viagem para o norte. Trata-se de desbloquear a rota das caravanas medinenses para a Síria e Mesopotâmia. É um risco enorme para o islão. Mas, sem a possibilidade de circular na direcção do norte, a vida em Medina é impossível.

Ukaidir, rei de Dumat-al-Jandal, assina uma aliança militar com a coligação Khaibar-Meca. Ele proíbe a passagem das caravanas muçulmanas.

Maomé deixa Medina comandando uma caravana de mil homens. Atravessando o território dos ghatafanitas – aliados militares da cidade de Khaibar – Maomé convida o seu chefe Uyainah-ibn-Hisn, personagem pitoresca, a encontrar com ele um *modus vivendi*. Uyainah aceita a discussão. Reconhece ter feito aliança com Khaibar, em troca da colheita de tâmaras. Mas está disposto a romper o acordo se a oferta for superior. Durante a conversa, Uyainah diz a Maomé que não tem tempo para discutir, tem de partir para a guerra. A aliança com Khaibar obriga-o a estar presente, nos dias seguintes, no grande ataque contra Medina. As tropas de Meca estão já a caminho de Medina. Está assim divulgado o grande plano de ataque contra o islão. Maomé verifica a informação e sabe que não só Meca e Khaibar, mas também as tribos aliadas de Meca, se dirigem para Medina.

A VIDA DE MAOMÉ

Pela primeira vez na vida, Maomé arrepia caminho. Renuncia subitamente ao ataque contra Dumat-al-Jandal.

Ao voltar apressadamente a Medina, Maomé surpreende Abdallah Ubaiy, os *munafiquns* e os judeus com este regresso. Sabem que o profeta quando veste armadura, não a tira senão quando Deus decide o destino da batalha. Está escrito no *Alcorão*. Apesar disso, Maomé regressou antes de ter chegado ao campo de batalha. Fracassaram os planos de Ubaiy e dos judeus. Maomé não estará ausente no momento em que Medina for atacada.

Depois do regresso de Maomé chegam sete homens da tribo Khuzah; anunciam ao profeta que o exército de Medina está a caminho. São necessários onze dias para percorrer a distância entre Meca e Medina. Os mensageiros khuzah fizeram-no em quatro para avisar o profeta do perigo. Pois o perigo é grande. Um exército de 10.000 homens acaba de deixar Meca. Homens armados até aos dentes e com trezentos cavalos. Estão decididos a não regressarem sem exterminar o islão.

Maomé prepara-se para o combate. O exército de 10.000 antimuçulmanos chega ao oásis de Medina no último dia do mês de Março de 627. A guerra que se vai seguir chama-se a guerra de Khandaq, palavra que significa, em árabe, fosso ou trincheira. Os coraixitas avançam pelo mesmo caminho que já haviam percorrido quando da batalha de Uhud, ou seja, seguem o Wadi'l'Aqiq, e acampam na encosta da colina de Uhud, região que lhes foi favorável no combate anterior.

A primeira operação ordenada por Maomé, quando soube da chegada das tropas coraixitas (que os muçulmanos chamam de *ahzab*, ou bandos), foi a rápida apanha das colheitas do oásis. Os produtos ainda não estavam maduros, mas mesmo assim foram metidos em celeiros para não caírem nas mãos dos inimigos, e guardados nos limites da cidade.

A segunda operação ordenada por Maomé foi a construção, a norte de Medina, de uma trincheira ou *khandaq*. Todos trabalham na vala! O profeta dá o exemplo. Tem a enxada na mão dia e noite; os muçulmanos cavam e cantam.

A ideia de construir esta trincheira é atribuída a um Persa, chamado Salman-al-Farisi.

Quando a trincheira está pronta, os muçulmanos tomam posição entre ela e a cidade. Os inimigos, 10 000 guerreiros vindos de Meca e de Khaibar, estão encostados ao monte Uhud, do outro lado da trincheira! O *khandaq* faz milagres. "Os árabes do século VII não desconheciam de forma alguma as fortificações, e ver-se-á, por exemplo, Maomé chocar com as muralhas de Ta'if. Mas a vala improvisada e inesperada de Medina

KHANDAQ: A LINHA DE GIZ DOS ÁRABES

perturbou bastante os invasores, e Abu Sufian precisou de toda a sua autoridade para começar o ataque. Um grupo de cavaleiros, tendo-se apercebido de um ponto particularmente estreito da vala, atravessou-a e aproximou-se dos Medinenses, mas Ali matou o seu chefe e os homens fugiram em desordem.

Um outro biógrafo de Maomé escreve: «Certo da sua vitória, o exército dos Dez Mil aproximava-se lentamente. Bem depressa viram ao longe os castelos de Medina, pressentem a vitória e tremem de desejo, com a ideia do espólio que iriam obter. Subitamente aperceberam-se de que qualquer coisa de extraordinário e desconcertante se passava ao longe. Era a a grande trincheira, que viram quando se aproximaram. Abu-Sufian era um bom comerciante, mas faltava-lhe inteligência e não sabia nada de guerras. O inesperado obstáculo fez-lhe perder a cabeça. Nunca tinha visto nada parecido. Ficou petrificado diante da trincheira e, desconcertado, olhava para o outro lado. Era bem visível que a astúcia do adversário o impressionava bastante. Atrás dele o exército dos Dez Mil olhava igualmente o fosso e estava tão surpreendido como o seu chefe. Como transpor este fosso? Contavam com um combate renhido, com uma nobre defesa, feita por nobres cavaleiros, e deparavam com um fosso!

«Os filhos do deserto não compreendiam nada. Olhavam uns para os outros abanavam a cabeça não sabendo o que dizer. O fosso nunca estivera previsto na arte militar dos árabes. Não sabiam o que haviam de fazer para o transpor. O exército estava hipnotizado pelo fosso como uma galinha por um traço de giz no chão. Era preciso que a emoção que constrangia o exército passasse. Mais tarde se pensaria nas medidas a tomar. A situação grotesca na qual se encontravam os beduínos caracterizava bem a sua simplicidade. O inesperado fosso tinha verdadeiramente interrompido a marcha dos Dez Mil.

«Se bem que os chefes não tivessem tomado qualquer decisão as tendas foram montadas; e como não havia nada de melhor para fazer iniciaram o cerco da cidade. Pois, na verdade, que podiam fazer os Dez Mil contra um fosso? A guerra para eles era o combate em campo raso. Não conheciam outro.

«O exército do profeta vigiava atrás do fosso. Com a alegria de um sucesso inesperado... Esperavam os acontecimentos. Os de Meca injuriavam o exército muçulmano com todas as suas forças e de todas as maneiras: "Mas que guerreiros sois vós – gritavam eles – que se escondem atrás de um fosso? É essa uma forma digna de os árabes fazerem a guerra? É assim que os nossos pais e os nossos avós combateram? Vós sois cães medrosos e não árabes. Venham mostrar aqui o que sabem fazer."

A VIDA DE MAOMÉ

«Os bravos guerreiros do profeta não se deixavam perturbar. Bem instalados e protegidos pelo grande fosso, troçavam dos gritos dos pagãos.»

Os dias passam. O exército de Meca, descontente, desmoraliza-se. Ainda que as noites estejam frias, Maomé está sempre à beira da trincheira, vigiando com os seus soldados. Todas as noites o exército coraixita tenta – sem conseguir – transpor a trincheira. Durante esse período em que os exércitos estão frente a frente, podendo ouvir-se mutuamente, lançam as "flechas árabes", que são as *hija*, as estrofes viperinas da sátira.

Não são só os coraixitas que sofrem com esta guerra de trincheira. Os muçulmanos também. O seu temperamento também não lhes permite permanecer imóveis dentro de uma trincheira. Todos se sentem humilhados. Não é digno de um homem, estar de guarda a um fosso. Os muçulmanos não poupam mesmo Maomé. E dizem do profeta: «Ele prometeu-nos os tesouros de Kesra e de Cesar, e nós nem sequer podemos ir fazer as nossas necessidades!»

Nas inúmeras polémicas entre estes dois exércitos que se insultam, separados um do outro pelo *khandaq*, abordam-se todo o tipo de assuntos. Meca utiliza as tribos beduínas, que são compostas de simples mercenários. Um, por exemplo, Uyaina-ben-Hisn, chefe dos gathafanitas, que informou o profeta do dia do ataque e que o fez retroceder, gaba-se de ter sido pago por Meca e Khaibar, e está orgulhoso do salário que recebe. O salário de Hisn, é a colheita anual de todas as tâmaras da cidade de Khaibar. Por estas tâmaras, ele combate Maomé.

O exército muçulmano do outro lado da trincheira, oferece a Uyainah--ben-Hisn – o homem que luta por aquele que mais oferecer – um terço da colheita das tâmaras de Medina, na condição de ele abandonar de imediato Abu-Sufian e pegar em armas contra ele. Começa a negociação. Durante dias e dias. Hisn não recusa, mas exige mais. Os muçulmanos oferecem ainda mais. Por fim chegam a um acordo. Uyainah-ben-Hisn decidiu passar-se para o lado muçulmano, com toda a sua tribo – mediante a colheita das tâmaras de Medina. Abdallah Ubay, opõe-se ao acordo, dizendo que em sua opinião Medina não pode nem deve pagar este preço que é demasiado elevado. O acordo fica anulado e Hisn continua no campo inimigo.

Mas a guerra não terminou. Neste combate, Abu Sufian conta também com a colaboração dos antimuçulmanos e dos judeus de Medina, que devem atacar Maomé pela rectaguarda. Para obter a abertura desta "segunda frente", por detrás dos muçulmanos, uma delegação de Abu-Sufian penetra de noite em Medina e entra em contacto com a tribo dos curtidores, os *Quraizah*, para sincronizar o ataque do interior com o dos invasores.

KHANDAQ: A LINHA DE GIZ DOS ÁRABES

Se as conversações entre os Dez Mil, que acampam frente a Medina, e a tribo Quraizah, que está atrás dos muçulmanos, resultarem, a genial ideia do *khandaq* para nada terá servido, pois os muçulmanos não podem lutar em duas frentes.

Pressentindo a eminência do ataque da rectaguarda, os muçulmanos passam alguns dias e noites de pânico. O *Alcorão* (XXXIII: 10-11) recorda assim esta época de angústia: «*Quando marchavam sobre vós, por cima e por baixo de vós, quando os olhares desvairavam e os vossos corações alcançavam as gargantas, começastes a pensar mal de Deus. Aqui foram provados os crentes, pois tremiam com forte temor.*»

Assim, os crentes ficaram em pânico, em desespero. Pois sabem que o ataque pela retaguarda, que receiam, aniquilaria totalmente e para sempre os muçulmanos.

O pacto entre Meca e a tribo *Quraizah* foi assinado e isso não é segredo para ninguém. O ataque dos *Quraizah* era eminente. Os curtidores prepararam-se claramente para combater os muçulmanos. Todos sabem que «um ataque dos *Quraizah* pelo sul, nas costas dos muçulmanos, poderia pôr fim à carreira de Maomé». O *khandaq*, em que os muçulmanos tanto tinham confiado no início das hostilidades não pode por si só ser-lhes útil. Os muçulmanos necessitam de uma ajuda mais eficaz. Imploram a Deus que venha em seu auxílio. O anjo Gabriel aconselha Maomé: além da vigilância que ele deve fazer junto do *khandaq*, deve abrir uma segunda frente, uma frente secreta. O anjo confirma que a situação é grave.

Frente a Medina, Meca tem 10.000 combatentes mais os *Quraizah*, que atacarão pela retaguarda, apesar dos tratados de aliança feitos entre estes e Maomé. Este ataque é infame. Grave. Mortal. Mas Maomé fez uma aliança com Deus. E esta é mais poderosa do que a aliança com todas as tribos árabes. É com ela que o profeta deve contar. É graças a ela que ele será vitorioso, embora preso entre dois inimigos. Deus pode fazer milagres. O homem não os pode fazer.

O milagre produz-se. Quando a gravidade da situação atinge o paroxismo, quando o ataque da tribo *Quraizah* é uma questão de horas, um indivíduo chamado Nu'aim-ibn-Mas'ud apresenta-se a Maomé. Este é o homem encarregado de ajustar os últimos detalhes relativos ao plano estabelecido entre o exército de Abu-Sufian e os *Quraizah*. Ele deve pôr em prática contra Maomé os ataques pela frente e por detrás do *khandaq*. O homem acrescenta que, embora esteja encarregado do comando das operações, é desde há muito um simpatizante do islão. Nu'aim diz a Maomé que veio junto dele porque deseja a vitória do islão. Unicamente por isso. Maomé vê neste facto a intervenção directa do Senhor. Ganha

A VIDA DE MAOMÉ

coragem. Deus vem em seu auxílio quando nada nem ninguém junto dele o pode ajudar. Maomé aconselha a Nu'aim que continue a missão que lhe confiaram os inimigos do islão; mas antes de transmitir as informações de um campo para outro, que venha primeiro comunicá-las a Maomé. O profeta tem intenção de modificar os propósitos dos dois parceiros, de tal forma que nunca mais possam estar de acordo.

Nu'aim aceita. À tribo *quraizah*, sob pretexto de lhe transmitir a mensagem de Abu-Sufian, Nu'aim diz: «Sou vosso amigo há muito tempo. Aconselho-os a reflectir antes de agir. É sabido que os coraixitas e os seus aliados – que não são habitantes de Medina – irão para casa mais cedo ou mais tarde, deixando-vos sozinhos. Não é ainda certo se conseguirão matar Maomé. A meu ver, vós deveríeis obter garantias seguras, antes de romperem a paz com os muçulmanos e atacá-los pela rectaguarda. Peçam aos de Meca, por exemplo, reféns, para terem a certeza que eles continuarão a guerra até ao fim e não vos abandonarão por uma razão ou por outra.»

As palavras de Nu'aim têm um fundamento lógico. Os judeus tomam isso em consideração e reflectem bastante. A proposta de Nu'aim deve ser estudada. Enquanto isso Nu'aim vai encontrar-se com Abu-Sufian e diz-lhe: «É bem conhecida a minha amizade por vós. Acabo de saber que os judeus *quraizah* se juntaram novamente a Maomé, e que para testemunhar a sua sinceridade, prometeram entregar-lhe um certo número de personalidades vossas, que ele poderia vir a matar. Tenham pois cuidado se os judeus vos pedirem reféns. Além disso aconselho-vos a propor--lhes atacar ao sábado, o que vos provaria a sua lealdade na luta contra Maomé. A melhor data seria a que fosse a menos esperada pelos muçulmanos, e assim o sucesso seria bem mais seguro e fácil.»

Abu-Sufian reflectiu nas palavras de Nu'aim.

Durante esse período os muçulmanos espalham o boato, nas fileiras dos Dez Mil, de que os judeus vão pedir aos coraixitas algumas personalidades de Meca como reféns, e que as entregarão logo de seguida a Maomé para que este as mate!

Questionado pelos muçulmanos sobre a exactidão deste boato Maomé responde: *La'allana-amarnahum bidhalik* – «Talvez nos tenha sido ordenado para agirmos assim».

Estas palavras de Maomé são relatadas a Abu-Sufian. Não explicam nada. São palavras sibelinas. Podem ser interpretadas de todas as maneiras. Mas a dúvida e a desconfiança instala-se nos dois campos. A delegação coraixita, que deve entrar em Medina na noite seguinte, para discutir a aberturta da segunda frente atrás dos muçulmanos, amedronta-se.

KHANDAQ: A LINHA DE GIZ DOS ÁRABES

Nem um de Meca quer ir ao bairro Banu Quraizah. Têm medo de serem feitos prisioneiros pelos judeus e depois entregues a Maomé. Por fim, conseguem reunir uma delegação que terá a coragem de se aventurar a ir ao bairro de Banu Quraizah.

Os judeus que estão, também eles, muito desconfiados em relação a Abu-Sufian, pedem reféns aos coraixitas, para se certificarem de que não serão abandonados, quando o combate começar. Quando sabem que os judeus querem reféns, os coraixitas ficam também desconfiados. Este pedido de reféns vem confirmar-lhes as afirmações de Nu'aim. Deixando o problema sem resposta, os coraixitas pedem aos judeus para atacarem Maomé pela rectaguarda, no sábado seguinte. Os judeus não vêem neste sacrílego convite outra intenção que não seja feri-los nos seus sentimentos religiosos, para os entregarem de seguida a Maomé. Só os inimigos podem pedir aos judeus que combatam a um sábado. Pois, toda a gente sabe que um judeu que combata a um sábado é transformado em porco ou macaco.

Graças e estes mal entendidos, a união entre os inimigos da frente e os de trás não se realiza. Estas intrigas têm qualquer coisa de pueril. O milagre, é que estas intrigas tão pueris dão resultado. Os aliados não chegam a acordo. E a desconfiança entre os *Quraizah* e os coraixitas aumenta de dia para dia.

Há duas semanas que Abu-Sufian e os Dez Mil acampam frente à trincheira. As tropas estão enervadas. O facto de Maomé ter feito as colheitas antes de tempo provocou dificuldades de aprovisionamento. Abu-Sufian contava com a colheita do Oásis de Medina, e ela foi feita antes do tempo. Os animais dos de Meca e particularmente os cavalos não têm mais comida. Começa-se a falar cada vez mais em levantar o cerco, e regressar a Meca.

Algumas tribos, instigadas por Maomé, já abandonaram Abu-Sufian. Outras têm pressa de voltar porque em breve vai começar a Trégua de Deus. Outras estão pura e simplesmente irritadas com esta situação, que nem é um estado de guerra, nem de paz. É uma situação ridícula.

Enquanto a desmoralização e as privações se espalham no campo dos Dez Mil, como gangrena, levanta-se uma terrível tempestade de areia, que arranca todas as tendas, apaga as fogueiras e desencadeia o pânico nos corações supersticiosos dos beduínos. Eles todos estão convencidos que esta tempestade é obra de Maomé. Não querem esperar mais.

Abu-Sufian é obrigado a dar ordem de partida. E fá-lo com tanta pressa, monta tão depressa a sua camela, que já está em cima da sela quando se retira a peia da quarta pata.

A VIDA DE MAOMÉ

A guerra do *khandaq* acabou. Os de Meca tiveram oito baixas e os muçulmanos seis.

Abdallah Ubaiy, chefe do partido dos *munafiquns* (os indecisos) comprometeu-se na altura desta guerra. Definitivamente. Tomou abertamente o partido de Meca. Os *munafiquns* que, desde que sairam do ventre materno, tinham sido incapazes de tomar uma decisão, desta vez fizeram-no. E tomaram uma decisão errada. Optaram pelo partido perdedor. Maomé ocupar-se-á dos indecisos mais tarde. Agora tem de julgar a traição da tribo *quraizah*. Mas Maomé não se quer ocupar disso. De acordo com a constituição, ele é juiz de pleno direito. Mas renuncia às suas perrogativas e deixa esta tarefa para um homem do clã aliado aos *quraizah*. O juíz que irá julgar a traição deles é designado por eles mesmos e chama-se Sa'd-ben-Mu'adh. Todas as tribos de Medina são obrigadas – pela constituição da cidade – a entreajudar-se quando Medina é atacada do exterior. Não só os *quraizah* recusaram associar-se à defesa da sua cidade contra o exército inimigo dos Dez Mil, como pactuaram com o inimigo, pegando em armas contra os seus concidadãos e contra a sua cidade. Os homens do clã são condenados à morte. Não há apelo e a sentença é executada.

LXVIII

A ESCOLHA ENTRE MECA E KHAIBAR

A guerra da trincheira, a guerra do *khandaq*, acabou. Os inimigos do interior de Medina estão eleminados. Apesar disso, o islão encontra-se, como antes, entalado entre as pontas de uma tenaz, entre Meca, 400 quilómetros a sul, e Khaibar, a 200 quilómetros a norte. As caravanas muçulmanas não podem mais circular. O bloqueio económico é quase completo. Mais cedo ou mais tarde, a guerra – da qual, quer pagãos quer muçulmanos, sairão completamente aniquilados – é inevitável. Ora os inimigos do islão estão mais unidos do que nunca. «Havia um pacto entre os habitantes de Meca e os de Khaibar: no caso do profeta ir contra um destes dois povos, o outro deveria invadir Medina.» O islão encontra-se entre os dois.

Por causa do bloqueio económico, que proíbe a passagem das suas caravanas, o islão é obrigado a atacar Meca ou Khaibar. Só há uma solução: a das armas. Pelo menos neste momento. Khaibar é uma cidade extremamente rica. Os seus habitantes não podem ser nem corrompidos nem comprados, como as tribos beduínas. Não se podem converter ao islão pois são todos judeus. Para os judeus, Maomé não é um profeta. É um árabe. Para ser profeta é preciso ser em primeiro lugar judeu. Deus apenas se dirige ao povo eleito.

Seria também muito difícil corromper Meca, onde estão os inimigos mortais do islão e de Maomé. Abu-Sufian, Ikrimah, filho de Abu-Jahl, Safwan-ben-Umaiyah, Hint, mulher de Abu-Sufian, e toda a classe coraixita que persegue o profeta há vinte anos.

Uma das características dos árabes é poderem aderir sem dificuldade a uma solução absurda, que não tem qualquer hipótese lógica de se realizar. O árabe, ignorando a lógica quando ela não o pode ajudar, agarra-

A VIDA DE MAOMÉ

-se a uma crença irrealizável e bate-se por ela com todas as suas forças, e toda a sua fé, mesmo quando o fracasso parece certo. E, frequentemente, facto incrível, o absurdo realiza-se. A lógica parece impotente perante uma titânica e ilimitada fé. Posto perante a alternativa de atacar ou Meca ou Khaibar – pois uma das cidades terá de ser atacada, se Medina quiser acabar com o bloqueio – Maomé escolhe uma terceira solução que deixa espantados todos os que o rodeiam: anuncia que vai fazer a peregrinação – o *umrah* – a Meca em companhia de todos os crentes.

Meca é a cidade inimiga. A cidade de onde Maomé foi expulso. Onde foi condenado à morte e ao exílio. Meca é a cidade que enviou contra Maomé milhares de guerreiros encarregados de o exterminar. E nesse momento, o profeta anuncia que vai a Meca para rezar! Em peregrinação! Os companheiros do profeta tentam compreendê-lo. Por acaso, sonhará ele conquistar Meca? O profeta responde com candura que vai lá para rezar, não para combater. Convida todos os crentes do islão para o seguirem. Chamam a atenção de Maomé para o facto de que se os coraixitas lhe puderem deitar a mão, o matarão, e os muçulmanos que o acompanham serão vendidos como escravos ou mortos. Nada o faz renunciar à sua ideia. Ele quer ir rezar a Meca.

Responde aos crentes preocupados com a sua vida: «Os coraixitas podem pedir-me o que quer que seja em nome da caridade, que eu hoje mesmo lho concederei».

Logo Maomé está disposto a dar a sua vida aos coraixitas se eles lha pedirem "em nome da caridade"!

Por conseguinte não há qualquer obstáculo entre Maomé e Meca.

Começam os preparativos para a partida. Estamos em 628.

LXIX

VIAGEM ÀS PORTAS DE MECA

No mês de Fevereiro de 628, Maomé deixa Medina e dirige-se para Meca para cumprir a devota peregrinação à *Caaba*. Este género de peregrinação sempre existiu. Consiste em algumas práticas, já consideradas pelos antepassados, que o islão respeita sem nada ter alterado. Em primeiro lugar, o crente que vá em peregrinação põe-se em estado de *haram*, quer dizer que jejua, pratica abstinência sexual, rapa a cabeça e veste-se com um fato chamado *iram*, constituído por uma só peça de tecido sem qualquer ornamento. É neste estado que se põem os crentes de todas as religiões do mundo, desde a mais primitiva à mais evoluída, quando querem aproximar-se da divindade e afastar-se do mundo terreno.

As diferenças não são importantes. Os actos piedosos não diferem senão em alguns detalhes. Os árabes, antes como depois de Maomé, fazem as *circum ambulationes*, chamadas *tawaf*, à volta da pedra da *Caaba*. Fazem genuflexões, que são chamadas *rikats*. Antes do islão, as peregrinações eram precedidas de grandes sacrifícios de animais e terminavam com uma importante feira.

Maomé convida todos os crentes a acompanharem-no. Os primeiros a recusar são os beduínos nómadas. Sabem que Maomé está em guerra com os cidadãos de Meca, e não querem participar no encontro entre os beligerantes. Além disso, e por superstição sua, os beduínos não querem participar numa guerra contra a cidade santa de Meca – mesmo os que são muçulmanos. O islão dos beduínos não é assim tão profundo que os liberte de certos tabus pré-islâmicos.

Há no entanto um tipo de muçulmanos que estão felicíssimos por saberem que o profeta os convidou para o acompanharem a Meca. São os *muhadjiruns*, emigrados de Meca. Para qualquer árabe, Meca é a cidade onde Adão construiu o primeiro santuário, depois reconstruído por Abraão. Além de que, para um árabe *muhadjirun*, Meca é a pátria. É a cidade da qual se separou. Os exilados deliram. A coluna muçulmana que parte de Medina é constituída por dois mil homens, na sua maioria *muhadjiruns* exilados. Há seis anos que deixaram Meca com o seu profeta.O caminho

A VIDA DE MAOMÉ

do regresso é o caminho da felicidade. Pois, se para qualquer homem viver no exílio é difícil, para um árabe morrer longe dos seus constitui a sua maior dor.

As cerimónias e a peregrinação à *Caaba* são permitidas a todas as religiões. De modo que Meca não pode proibir aos muçulmanos uma peregrinação que não é proibida a ninguém. Apesar de tudo, os coraixitas não podem tolerar que o seu maior inimigo, Maomé, entre na cidade.

Maomé e os seus crentes estão desarmados. Abu-Sufian está ausente de Meca. Os outros coraixitas não sabem que decisão tomar. A principal fonte de receita da cidade é a religião. Durante o mês da Trégua de Deus, não importa quem possa entrar em Meca. Impedir a entrada de Maomé é inconcebível mas ao mesmo tempo também é inconcebível deixá-lo entrar.

Irá usar-se de violência contra ele? Isso seria, durante a Trégua de Deus, arruinar as feiras das quais Meca tira lucros. Estabelecer uma discriminação entre uma religião e as outras significaria que Meca iria renunciar a ser Meca, isto é o asilo e a tolerância. Mas se se permitir aos dois mil muçulmanos e ao seu profeta entrarem na cidade, esta gente poderá apossar-se dela. A primeira decisão a tomar é interromper a marcha de Maomé. Um destacamento de quarenta cavaleiros coraixitas é enviado para perseguir a coluna muçulmana. Todos os cavaleiros de Meca são feitos prisioneiros, mas Maomé ordena que eles sejam libertados, com as suas armas, sem pedir por eles qualquer resgate. Depois deste acto de clemência, nunca visto no deserto, Maomé e os muçulmanos prosseguem o seu caminho em direcção a Meca.

Questionado pela sua atitude para com os cavaleiros assaltantes, Maomé relembra que ele e os dois mil muçulmanos que o seguem são peregrinos. Os peregrinos não fazem prisioneiros.

Pouco tempo depois deste incidente a coluna muçulmana é interceptada por um destacamento de 200 coraixitas comandados por Ikrimah, filho de Abu-Jahl, o acérrimo inimigo de Maomé. No momento em que Ikrimah se junta à coluna muçulmana, o profeta e os seus dois mil crentes perfeitamente alinhados, rezam virados para Meca. É a hora da oração. Ikrimah não tem coragem de os atacar. Volta para trás, mas continua decidido a proibir a entrada de Maomé na cidade.

Por esse motivo, Maomé envia um embaixador a Meca, para explicar que vem unicamente em peregrinação. O embaixador muçulmano chama-se Khirach-Ibn-Umaiyah, pertence à tribo Khuzah e possui numerosas relações entre os coraixitas. Ikrimah, que vigia os acessos a Meca, intercepta o embaixador muçulmano e, para o impedir de avançar corta as pernas a todos os camelos. Kirach e os seus companheiros são abando-

VIAGEM ÀS PORTAS DE MECA

nados no deserto. Foi um milagre terem-se salvo. Regressam a pé e ocupam os seus lugares nas fileiras muçulmanas. Maomé não protesta. Tal como prometeu, está disposto a suportar tudo. Chegado à fronteira do território sagrado – pois, não só a cidade, mas todo o território que envolve Meca, é considerado sagrado – Maomé pára. Ordena que os animais destinados ao sacrifício sejam consagrados de acordo com o costume árabe. O islão demonstra assim que nada mudou nas práticas exteriores do culto. Maomé compreendeu que, para as massas, o importante não é a religião em si, mas as suas manifestações exteriores. Em consequência disso, ele respeita o cerimonial exterior do culto público. A fé e o culto são sempre inversamente proporcionais; quando o culto público atinge o máximo da sua realização, a fé é mínima. Quando a fé é mais fervorosa, o culto é inexistente. Maomé sabe que os coraixitas não têm um grão de fé. Apenas ligam à forma exterior do culto. Maomé demonstra-lhes que respeita o estabelecido.

A consagração de animais fazia-se marcando – até ao sangue – o *wasm*, ou sinal tribal. Depois punham uma corda à volta do pescoço dos animais. Isso significava que eles se destinavam ao sacrifício. Depois da consagração dos animais, a coluna muçulmana continua a sua marcha para Meca. Ikrimah e a cavalaria coraixita barram-lhes o caminho de novo.

Os muçulmanos estão sob tensão. Irá o profeta ordenar-lhes que passem à força pela barreira da cavalaria coraixita, ou irá ele ordenar a retirada? Maomé não toma nenhuma destas decisões. Ordena à coluna que avance para Meca, por um atalho que nem para cabras serviria! Desse modo, evitam a barreira coraixita. O atalho atravessa um território montanhoso, rochoso e com ravinas, na região de Dhu'l-Hulaïfa. A coluna muçulmana, ao evitar assim a barreira e a estrada, avança entre os rochedos. Não houve derramamento de sangue. Mas os viajantes caminham quase rastejando.

Maomé está decidido a reconciliar-se com Meca. Para o conseguir, a primeira coisa a fazer é evitar que o sangue corra. É necessário fechar os olhos a todas as provocações.

Maomé tem uma fé inabalável em Deus. Sabe que atingirá o seu objectivo. Não tem qualquer dúvida sobre esse assunto. Mas é difícil conduzir as massas pelos caminhos estreitos e inacessíveis da fé absoluta. As massas querem sempre sinais exteriores de vitória, explicações claras e elementares.

Chegado à fronteira do território sagrado, Maomé pára. Não pode explicar à multidão o motivo dessa paragem, que contrasta com o desejo de chegar o mais depressa possível a Meca. Mas se tiver que haver violência, mais vale ainda retroceder.

Meca está à vista. Encontra-se a dez quilómetros. Os exilados olham-na avidamente. Sentem-se capazes de fazer a correr os últimos dez quilómetros.

No entanto Maomé ordena uma paragem. E, para que esta decisão seja aceite sem protestos por aqueles que morrem de impaciência por entrar na cidade, implora a ajuda do anjo Gabriel.

De repente a camela do profeta vacila. Ajoelha-se, volta a levantar-se, mas em vez de avançar, recua alguns passos e ajoelha-se de novo. Os crentes pensam que a montada do profeta está fatigada, e que é por isso que se ajoelha a cada passo e se recusa a avançar, agora que Meca está ali mesmo à vista. Mas Maomé anuncia que a sua camela parou por ordem do anjo.

Deus proibiu a camela de pisar o território sagrado. Maomé explica aos crentes que o mesmo se tinha passado com o elefante de Abraha, rei da Abissínia, que queria conquistar Meca. Chegado ao território sagrado, o elefante ajoelhou-se e recusou-se a avançar. Exactamente como a camela do profeta. É a vontade de Deus, e os muçulmanos devem respeitá-la. Deus não quer que Maomé e a sua caravana penetrem em território sagrado. Pelo menos por agora.

O profeta desmonta, e convida todos os muçulmanos a fazerem o mesmo. Submissos, mas com os olhos rasos de água, os muçulmanos obedecem. Páram, no momento em que estão próximo do fim. É duro! Sobretudo para os emigrados que há seis anos deixaram Meca, e que desde esse dia apenas sonham com este instante, o regresso à sua cidade...

Assim que os crentes se apressam a organizar a paragem, descobrem que não há nenhuma água naquele local. Estão lá dois mil homens e duas centenas de camelos. Não podem acampar num local em que não há água. É um bom pretexto para avançar. Os que querem entrar a todo o custo em Meca acabam de encontrar uma boa razão para o fazer.

Mas Maomé sabe que qualquer passo em frente é um passo no território sagrado. Se aí for derramada uma só gota de sangue, esse acto equivale a uma violação do santuário. A um sacrilégio. A isso vem juntar-se o facto de se estar no mês sagrado. Maomé levanta as mãos ao céu e pede água a Alá. É a única coisa que o pode ajudar a não cometer o sacrilégio de penetrar em terra sagrada. A oração é certamente absurda. Mas a *tawakku* – confiança absoluta em Deus – faz derreter a lógica como manteiga ao sol. O impossível realiza-se. A realidade pega fogo, em contacto com a chama da fé indestrutível, e transforma-se segundo o

VIAGEM ÀS PORTAS DE MECA

desejo do fogo, isto é da fé. Um dos crentes revela a Maomé que mesmo sob os seus pés está um poço cheio de água. Basta cavar. É tudo. Deu-se o milagre. Algumas horas mais tarde todos têm água, mais do que a necessária. E não se é mais obrigado a avançar.

*

*   *

Quando o acampamento está organizado, neste lugar na fronteira de Meca, Maomé chama Omar. Assim como Abu-Becre, Omar é o companheiro mais íntimo do profeta. É também seu sogro. Maomé explica-lhe o motivo pelo qual ordenou aquela paragem. Depois convida Omar para se dirigir a Meca, para explicar aos coraixitas que os muçulmanos e o profeta vieram simplesmente em peregrinação e que lhes pedem para não se oporem a isso.

Omar nem quer ouvir. Está furioso. Uma vez que Maomé pode entrar na cidade, porquê então pedir autorização aos Coraixitas? Omar desconhece as subtilezas. Ele é demasiado honesto, demasiado correcto, demasiado puro. Omar conhece apenas o *tazakka*, palavra que em árabe significa a rectidão e a perfeição moral. Para um homem com a verticalidade e a consciência de Omar, apenas existe a justiça e a injustiça, o bem e o mal, a verdade e a mentira. Omar sabe que o caminho do islão é o bom, pois ele foi ditado por Deus. Por consequência, entrar em Meca é um bem. Por que é que os muçulmanos não poderiam entrar na cidade, uma vez que seria um bem ir lá?

Omar recusa a missão que o profeta lhe quer confiar. Não quer ir ter com os coraixitas pedir-lhes autorização para fazer uma boa acção. Não se pede permissão para fazer o bem.

Então Maomé chama Uthman. É o genro do profeta, o que tinha casado com Ruqaya. Tinha emigrado com ela para a Abissínia, depois regressado a Meca e seguido o profeta no exílio. Por morte de Ruqaya, casou com Umm Khultum, outra filha de Maomé.

Uthman, com um carácter totalmente oposto ao de Omar, é um homem jovem, elegante, superficial, que nunca toma uma atitude categórica. Não seria um homem do mundo se tomasse atitudes categóricas. Uthman aceita com prazer ir como embaixador. Parte de imediato com a finalidade de negociar com os coraixitas.

Algum tempo depois, circula um rumor no campo muçulmano de que o genro do profeta teria sido preso pelos coraixitas, posto a ferros e torturado. Passado algum tempo ainda, durante o qual nada se sabe de Uthman, murmura-se que ele foi morto. Esta ideia provoca grande indig-

A VIDA DE MAOMÉ

nação no campo muçulmano. Até Maomé está surpreendido. Nunca imaginou que os coraixitas, "os pequenos tubarões", cometessem um assassinato assim. A notícia não está confirmada. Mas no caso de ser verdadeira, Maomé decide que tomará outras medidas. Totalmente diferentes.

*

* *

Antes, Maomé reúne todos os crentes debaixo de uma árvore – o local onde estão acampados – na localidade de Hudaibiya, na fronteira sagrada de Meca. A árvore verde sob a qual se reunem os muçulmanos é uma samura. Maomé sabe exactamente qual o objectivo com que empreendeu esta viagem: quer a reconciliação com Meca. Mesmo contra a vontade desta. A vontade de Meca não tem qualquer importância quando se trata da vontade de Deus. Em segundo lugar, a realização da peregrinação deveria demonstrar que «o islão não era uma religião estranha, mas essencialmente árabe, e em particular que tinha o seu centro e o seu lar em Meca».

A prisão e o possível assassinato de Uthman obrigariam Maomé a adoptar outras linhas de conducta para realizar o seu plano. É por causa disso que reune os crentes debaixo da árvore de Hudaibiya. Pede-lhes que jurem solenemente que seguirão as ordens do profeta, mesmo que elas sejam contrárias aos seus desejos e à sua razão. Este juramento sob a árvore, chama-se *bay'at ar ridwan*, ou juramento de obediência. É seguido de um segundo juramento, chamado *baya u alla'l mawt*, juramento de combater até à morte.

O profeta mantém-se de pé debaixo da árvore (neste local eleva-se hoje uma mesquita). Os crentes apresentam-se um após outro, e prestam os dois juramentos perante o profeta. Maomé aperta a mão a cada um deles. O primeiro dos dois mil crentes a prestar juramento é um muçulmano chamado Sinam, que diz: «Juro ser fiel a tudo o que ordenares ou decidires. Pouco importa que seja bem ou mal».

O *Alcorão* (XLVIII: 18) fala assim deste juramento sob a árvore de Hudaibiya: «*Deus ficou satisfeito com os crentes, quando te juraram fidelidade debaixo da árvore.*»

A multidão de crentes muçulmanos presta com alegria e com indiscritível entusiamo o juramento de combater até à morte. Todos estão convencidos de que a este juramento se seguirá de imediato o ataque e a conquista de Meca.

O juramento solene e individual de *Hudaibiya* – morrer ou vencer, e seguir o profeta, seja qual for a ordem que ele dê – causa um efeito ter-

VIAGEM ÀS PORTAS DE MECA

rível em Meca. Os coraixitas ficam em pânico. Se projectavam matar Uthman, pelo menos ainda não o fizeram. Os coraixitas estão petrificados com a ideia de que Maomé poderia atacá-los e saquear a cidade. Que poderia mesmo, eventualmente, incendiar e vender os habitantes como escravos. Este receio faz com que eles libertem Uthman, que mudem de táctica relativamente a Maomé. Os coraixitas dão a conhecer no campo muçulmano que estão dispostos a iniciar imediatamente as conversações.

Os coraixitas não se limitam a dirigir palavras concialiadoras e a libertar Uthman. Ordenam a Ikrimah que nunca mais se aproxime do campo muçulmano. Maomé consegue assim – através de uma hábil manobra e sem derramar uma só gota de sangue – virar em seu favor uma situação crítica. Em vez dos soldados comandados por Ikrimah, Meca envia ao campo de Maomé, embaixadores para dialogarem com ele. Mas sobretudo para fazerem espionagem, e saberem quais as intenções de Maomé. Os coraixitas estão derrotados. Nunca mais deixarão de ser derrotados pela conducta de Maomé. E, isso até à morte.

*

* *

O primeiro homem enviado pelos Coraixitas ao campo muçulmano, para sondar as intenções de Maomé, é Khulais-ben-Alkama, um beduíno. Fica atónito com o que vê. Maomé declara-lhe que vem efectivamente para a peregrinação, e que para além da *umrah* não tem qualquer outra intenção. Para provar a veracidade desta afirmação, Maomé ordena que mostrem ao visitante os animais marcados para o sacrifício. Os animais esperam desde há muito, amarrados juntos e esfomeados.

«Nós esperámos tanto tempo a autorização para entrar em Meca que os animais esfomeados comeram o seu próprio pêlo.» O beduíno constata que os pobres camelos comeram reciprocamente os pêlos, tal era a fome que tinham.

Fica comovido com o fervor religioso dos muçulmanos. Volta a Meca e explica todos estes factos aos coraixitas, afirmando que de forma alguma se deve impedir o acesso de homens tão piedosos à cidade santa. Os coraixitas estão cépticos. Acusam o embaixador beduíno de credulidade. Enviam outros representantes ao campo muçulmano. Mas esses emissários voltam todos espantados com o que viram. Em primeiro lugar, Maomé está rodeado de crentes que não fazem mais nada do que adivinhar os desejos do profeta, para os realizar. Se o profeta quer um copo de água, não tem tempo para o ir buscar, porque dez pessoas se precipitam para o servir. Os que não conseguem servi-lo porque são ultrapassados por outros, sentem-se infelizes. A veneração dos crentes por Maomé é tal que cada um deles seria capaz de dar a sua vida por ele. Bastaria um sinal do profeta para que todos os muçulmanos acorressem em multidão dando a sua vida. Todos juraram executar cegamente as suas ordens. O enviado coraixita conta como cinco vezes por dia – com uma disciplina desconhecida no deserto –, os muçulmanos alinhados ficam prostrados em direcção a Meca, e rezam. A sua fé é imensa e total.

Os coraixitas verificam estas informações. Voltam a verificá-las. Têm de reconhecer que as palavras dos embaixadores são verdadeiras; o que apenas vem aumentar ainda mais a sua inquietação relativamente a Maomé e ao perigo que ele representa para Meca. Além do mais, ninguém sabe quais são as suas verdadeiras intenções; e isso é o mais angustiante de tudo.

Enquanto os dirigentes de Meca procuram uma solução, Maomé tira de embaraços os seus compatriotas e inimigos ao propor-lhes um pacto, que é de tal modo vantajoso para eles que o não podem recusar. Meca envia uma delegação, para discuti-lo com Maomé. Este promete deixar a fronteira de Meca e voltar a Medina logo após a assinatura.

Os coraixitas que são inimigos ferozes do profeta, desta vez estão-lhe reconhecidos, uma vez que ele os salva ao afastar-se e ao oferecer-lhes uma solução que nem eles ousavam propor-lhe.

Como é que Maomé chegou ao ponto de propor aos seus inimigos um pacto tão pouco vantajoso para ele? A explicação é simples: todas as grandes realizações humanas tem um aspecto aparente de insucesso. Mas, no caso presente, o insucesso é apenas uma aparência transitória.

Depois das conversações preliminares, Meca envia um representante com plenos poderes, para assinar um acordo com Maomé. Este embaixador chama-se Suhail-ben-Amr. Em árabe, *suhala* significa "fácil". Vendo o homem chegar, Maomé faz um trocadilho: «Eis que a paz se torna fácil: *suhala*».

Ali, filho adoptivo do profeta, conta como se processou a assinatura do pacto. «O profeta chamou-me, e ordenou que escrevesse: "Em nome de Alá, o Misericordioso".»

Suhail, o representante de Meca, interrompendo Ali, que escreve o que lhe dita Maomé, protesta que não está de acordo com o termo: «Eu não conheço isso (isto é Alá)... Escreve antes : "Em teu nome, Senhor".»

VIAGEM ÀS PORTAS DE MECA

Maomé não levanta qualquer objecção. Ordena a Ali que escreva o que lhe dita o representante de Meca. «E eu escrevi» – diz Ali.

Maomé dita: «Este é o acordo assinado entre Maomé, o enviado de Deus, e Suhail-ben-Amr».

O embaixador de Meca interrompe Ali de novo. Não está de acordo: «Maomé, se tu afirmas que és o enviado de Deus, não posso mais combater-te. Escreve o teu nome e o do teu pai, à maneira árabe».

Maomé não se opõe, e diz a Ali: «Escreve».

Ali recusa. Maomé pega então na pena e escreve ele mesmo. «E ele não tinha um letra bonita» – nota Ali.

Eis o texto do pacto: «Em teu nome, Senhor. Este é o tratado que Maomé-ben-Abdallah fez com Suhail-ben-Amr. Acordam não fazer guerra durante dez anos. Durante esse tempo as pessoas devem estar em segurança e ninguém deve bater noutrem. Aquele que de entre os coraixitas vá para junto de Maomé sem autorização do seu protector ou guarda, Maomé não só o não deverá receber como o devolverá à procedência. O mal deve ser evitado entre nós. Não deverá haver entre nós nem pilhagem nem espoliação. Aquele que quiser fazer um pacto ou uma aliança com Maomé deve fazê-lo, e o que quiser fazer um pacto ou aliança com os coraixitas deve fazê-lo... Vós deveis retirar-vos este ano e não entrardes em Meca contra nós. No próximo ano, retirar-nos-emos antes e entrareis com os vossos companheiros e aí podereis ficar durante três dias. Tereis as armas de cavaleiros, as espadas nas bainhas. Não entrareis trazendo outra coisa.»

Maomé assina como Maomé-ben-Abdallah. Assim, ele retirar-se-á e não entrará em Meca este ano. Mas entrará no ano seguinte, por três dias, período durante o qual os habitantes de Meca deixarão a cidade. O que é doloroso, para Maomé, é a obrigação de mandar para Meca todos os muçulmanos que vierem a refugiar-se em Medina. Enquanto que Meca não é obrigada a restituir os fugitivos de Medina. Mas para Maomé, o principal é o pacto de não-agressão, válido por dez anos. Durante esse período, ele pode fazer alianças com quem desejar e combater quem ele quiser. Meca não se poderá intrometer.

*

*   *

O acordo assinado por Maomé com o representante de Meca causa viva indignação no campo muçulmano. Por causa do juramento prestado alguns dias antes, os crentes estão impedidos de se revoltarem contra o profeta. Mas todos lhe são hostis. Todos os crentes estão cansados e

A VIDA DE MAOMÉ

humilhados. Chegaram mesmo às portas de Meca e, sem serem vencidos, assumem de livre vontade a vergonhosa obrigação de voltar para trás! É uma ofensa que o orgulho árabe suporta mal. É aqui que podemos ver quão grande é a precaução de Maomé que, antes de submeter os crentes a esta humilhação, lhes pediu que jurassem individual e solenemente que fariam a vontade do profeta, mesmo que não estivessem de acordo. E que a executariam cegamente. Foi apenas graças a esse juramento que foi possível manter a paz. Omar, cuja existência é tão recta como o fio de uma espada, exprime a sua cólera em voz alta frente ao profeta. Maomé acalma os que podem ser acalmados e deixa vituperar os que não se conseguem dominar. Rapa a cabeça e faz os sacrifícios tradicionais.

Alguns crentes, seguem-no, mas a contragosto. Outros recusam, pois os sacrifícios devem realizar-se em Meca, não nos arredores. Maomé faz a sua peregrinação, imóvel, em Hudaibiya, como se estivesse em Meca. Aparentemente, está salva a disciplina. Mas apesar do juramento, ela está prestes a transformar-se em rebelião aberta e geral contra Maomé, quando o filho de Suhail, representante de Meca e signatário do pacto, vem pedir asilo no campo muçulmano. Há muito que o pai, que é um grande inimigo do islão, o têm cativo. Neste momento Abu-Djandal evadiu-se, e vem pedir protecção aos seus irmãos de fé. De acordo, com o tratado acabado de assinar, Maomé não tem o direito de o acolher. Mais ainda é obrigado a entregá-lo aos coraixitas. Neste caso particular, ao pai. Os muçulmanos insistem que Abu-Djandal não seja entregue. Maomé recusa-se a ouvi-los. Chama Suhail e entrega-lhe o filho. Que está destinado à tortura. Talvez até à morte. Morre por ter cometido o crime de ser muçulmano. Mártir muçulmano, entregue mesmo pelo profeta do islão!

Os muçulmanos atingem o cúmulo da indignação. Maomé não cede. E mesmo no momento em que os espíritos fervem de revolta ele declara que o tratado de Hudaibiya, que acaba de assinar, é "uma estrondosa vitória". Maomé explica aos crentes, sem se importar com a sua revolta, que a peregrinação não tem necessariamente de ir até Meca; pode considerar-se cumprida quando o peregrino encontra barrado o caminho da cidade santa. No caso presente, a coluna dos dois mil crentes encontrou o caminho barrado. Por conseguinte, cumpriram a peregrinação no local onde foram forçados a parar, e voltam, como tendo plenamente cumprido o seu dever.

Quanto à entrega de Abu-Djandal, seu irmão de fé, Maomé diz que os muçulmanos não devem estar escandalizados. É a aplicação de uma das cláusulas do tratado. Recusar protecção a um muçulmano não é nenhuma desgraça. «Se um dos nossos se refugiasse em Meca, não seria

VIAGEM ÀS PORTAS DE MECA

mais do que um renegado, e nós não precisamos de traidores. Assim, nada reclamaremos. Que faríamos nós com um traidor? É por isso que a cláusula da extradição e da entrega de fugitivos é unilateral. Se um de Meca vier ter connosco e o entregarmos aos pagãos, será perseguido por eles. E morre talvez como mártir, esperá-lo-ão as maiores honras junto do Senhor.»

É desta forma que Maomé explica este tratado que é – segundo o *Alcorão* – «uma estrondosa vitória».

Quanto ao pacto de não-agressão durante dez anos, ele ajudará o islão a liquidar todos os inimigos dos arredores de Medina, sem que Meca possa vir em seu auxílio.

Maomé não assinou como "Enviado de Deus", mas só como "Maomé--ben-Abdallah, facto que os muçulmanos criticam; mas o profeta não vê nenhum mal nisso. Nunca afirmou em lugar nenhum «que não era o enviado de Deus». Nunca se renegou. A realidade persiste. A omissão da qualidade de "Enviado de Deus" corresponde a um pedido pueril dos pagãos. E ele próprio teria sido pueril, se não satisfizesse uma exigência pueril. Ela não custava nada aos muçulmanos. Os crentes escutam atentamente o profeta, mas sem entusiasmo. O facto de não terem podido entrar em Meca, e de serem obrigados a retroceder, é uma humilhação demasiado grande. Os mais penalizados e humilhados são os muçulmanos mais puros. Sobretudo Omar. Grita a Maomé: «Não estamos nós no verdadeiro caminho e os pagãos no falso? Se assim é, por que é que a verdade tem de sofrer humilhações.»

Mas o resultado do tratado será fulminante. Visível aliás desde o regresso a Medina.

Os beduínos tinham um receio supersticioso em relação à força militar, económica e religiosa de Meca, e evitavam pegar em armas contra ela. Mas tendo Maomé assinado um pacto com Meca, os beduínos poderão segui-lo. Os primeiros a abraçar o islão, pertencem à tribo Khuzah. Outros se seguirão. Entre os beduínos e o islão não haverá mais o obstáculo de Meca, a cidade do santuário. Mesmo Omar irá reconhecer, pouco tempo depois da assinatura do tratado de Hudaibiya, que se enganou e que o profeta tivera razão. Este tratado é na realidade uma "estrondosa vitória" para o islão. O futuro irá confirmar esse facto a todo o momento. Meca havia reconhecido o islão. No ano seguinte – em 629 – os muçulmanos chegarão à *Caaba* na qualidade de "povo" verdadeiro; como uma *ummah*. São oficialmente reconhecidos.

LXX

OS COMBATENTES SOLITÁRIOS DO ISLÃO

Nessa expectativa, a mortificada caravana muçulmana volta de Hudaibiya para Medina. Os crentes não entraram em Meca. Assinaram um tratado humilhante com os pagãos. É um compromisso ofensivo. Os beduínos desprezam os compromissos. «Nós apenas conhecemos um caminho, que é direito como a lâmina das nossas espadas», diz o poeta. O incidente de Abu-Djandal entregue aos pagãos para ser preso e torturado só porque é muçulmano, causou uma péssima impressão. Maomé não defendeu Abu-Djandal. O Profeta entregou o crente aos seus inimigos.

Dar protecção aos perseguidos é uma das primeiras leis que se impõe ao homem que vive no deserto. Neste caso não se trata apenas de uma flagrante violação desta lei; é antes um facto imperdoável, pois foi o próprio Moamé que recusou dar protecção a um homem perseguido por causa da sua fé. Tarafa, o maior poeta da Arábia pré-islâmica, escreve: «No dia da minha morte, os meus amigos ver-me-ão sorridente, pois eu conheci as três únicas alegrias que dão encanto à vida: socorri seres humanos que estavam em perigo, perto de mim, bebi vinho e tornei mais pequenos os dias de chuva acariciando belas mulheres».

Uma destas três alegrias que dão encanto à vida, a protecção dos perseguidos, foi desprezada pelo profeta. Contudo, à medida que, tristemente, avançam para norte, os muçulmanos vão assistir a uma cena mais terrível ainda. Um outro muçulmano evadido de Meca apanha a coluna dos crentes e implora protecção ao profeta contra os pagãos. O fugitivo chama-se Abu-Busair. Maomé escuta-o sem dizer uma palavra. Depois interroga-se. Poderia ser uma armadilha feita pelos coraixitas que em seguida o iriam acusar de ter violado o tratado de Hubaidiya. Mas não, não é uma armadilha! Abu-Busair é realmente um muçulmano perseguido

OS COMBATENTES SOLITÁRIOS DO ISLÃO

por causa da sua fé. Logo a seguir ao fugitivo chegam dois coraixitas. Pedem que Abu-Busair lhes seja entregue. De acordo com a convenção assinada recentemente, e segundo a qual Maomé se comprometeu a entregar aqueles que procuram refúgio junto dele, Maomé não hesita um segundo. Entrega aos soldados pagãos o muçulmano que implorou a sua protecção. Abu-Busair é amarrado e maltratado, frente aos seus irmãos de fé. Depois é amarrado ao dorso de um camelo, estendido como um crucificado, e levado para Meca. Desta vez, Omar e os outros tomam uma atitude violenta contra Maomé.

Maomé é intransigente. Quer respeitar o pacto assinado com Meca. Para ficar em boas relações com a cidade santa, está disposto a pagar qualquer preço.

Mas Abu-Busaïr é um verdadeiro combatente. O facto de ter sido entregue aos pagãos, pelo o enviado de Deus, não o desmoraliza. Ele reforça a sua fé. No caminho para Meca, consegue libertar-se das cordas que o crucificavam ao dorso do camelo. Desce e mata um dos guardas. O outro guarda foge para se salvar.

Abu-Busaïr, apresenta-se no campo muçulmano, pela segunda vez, e pede protecção. Desta vez ele não tem apenas que dar contas aos coraixitas pela sua fé mas também pela morte do guarda. Maomé ordena a prisão do fugitivo. Espera a chegada dos guardas coraixitas, aos quais entregará o fugitivo, pela segunda vez. Entretanto chega ao campo o segundo guarda de Busaïr, que tinha fugido para salvar a vida. Maomé dá-lhe o prisioneiro e diz-lhe que o conduza de novo a Meca, tal como os coraixitas lhe tinham ordenado. Mas o guarda não quer partir sozinho com Busaïr. Fica com a caravana muçulmana, esperando que os outros camaradas seus o venham ajudar a levar o prisioneiro.

Abu-Busaïr consegue ainda libertar-se das cordas com que os muçulmanos o tinham amarrado. Foge. No entanto anuncia que voltará para a *ummah* – onde é o seu lugar – quando Maomé estiver disposto a recebê-lo. Até esse dia chegar, irá lutar sozinho para a vitória do islão.

Depois Abu-Busaïr desaparece no deserto. Sozinho. Como canta o poeta Chanfara:

«Meus irmãos, não me sigam. Quero novos companheiros. A Lua desliza no céu. São horas. Adeus. Vou para um refúgio onde a amargura e o ódio não me irão torturar mais. Saberei guiar-me na noite e na solidão. Aí, os meus únicos amigos serão fortes panteras, os infatigáveis lobos e a hiena com os seus arrepiantes gritos».

Maomé, ao ser informado da evasão de Abu-Busaïr, exclama admirado: «Que audacioso! Se ao menos ele tivesse alguns companheiros!»

A VIDA DE MAOMÉ

Os companheiros não tardarão a aparecer. Daqui em diante, os muçulmanos perseguidos não irão mais refugiar-se em Medina – onde Maomé os entregaria os seus perseguidores, conforme as cláusulas do acordo. Os fugitivos refugiam-se em Dhu'l Marwah – onde acaba de ser criada à volta de Abu-Busaïr, uma comunidade de muçulmanos independentes, uma *ummah* paralela à de Medina. Estes muçulmanos solitários, interceptam e atacam as caravanas coraixitas. Eles não estão vinculados ao tratado de Hudaibiya, que proíbe que se atente contra os interesses de Meca. Tornam-se em pouco tempo tão numerosos, e os seus ataques contra as caravanas de Meca tão frequentes, que Meca pede a Maomé que acolha os fugitivos que vierem para junto dele; não será mais obrigado a entregá-los a Meca.

Desta forma, a restituição dos prisioneiros – a primeira e dolorosa obrigação resultante do pacto de Hudaibiya – está anulada alguns meses depois da assinatura do tratado. Os muçulmanos não têm mais remorsos na consciência. Os outros humilhantes parágrafos da convenção, irão cair também um após outro. Só ficarão os artigos favoráveis ao islão. Maomé disse-o, o *Alcorão* confirma-o: «O Paraíso pertence àqueles que têm paciência. E só os que têm paciência serão salvos».

Os muçulmanos aperceram-se que Maomé teve razão para assinar o tratado de Hudaibiya. Sentem-se culpados de injustiça e de falta de fé para com o profeta. A *ummah* sai desta prova, ainda mais reforçada. Mas esta foi uma dura prova. E que poderia ter fracassado.

LXXI

UM CASAMENTO *IN ABSENTIA*

Depois do regresso a Medina, Maomé tem apenas uma ideia: estabelecer amizade com Meca. O *Alcorão* (LX: 7) diz: «*É possível que Deus estabeleça a concórdia entre vós e os que são vossos inimigos*».

Nesse tempo, Meca era atormentada pela fome. A causa disso era a seca. Além disso, o chefe da importante tribo de Iamamah si Nadj, que era o celeiro de Meca, abraçou o islão. Chama-se Thumamah-ibn-Uthal. Suprimiu as entregas de cereais a Meca. Como era de esperar, a esfomeada população de Meca envia uma petição a Maomé, e roga-lhe que intervenha junto do seu amigo Thumamah, para que este retome as entregas de cereais, nesses dias de fome. Maomé satisfaz de imediato o pedido. Mais ainda, envia 500 moedas de ouro, para serem distribuídas aos pobres de Meca.

Abu-Sufian escreve: «Maomé quer seduzir a população de Meca e corromper a juventude».

Então Maomé envia, pessoalmente a Abu-Sufian, uma grande quantidade de tâmaras de Medina, e pede-lhe em troca peles curtidas. Nesta altura de carências, todos procuram tâmaras e ninguém compra peles. Abu-Sufian quer recusar. Mas não pode. Aceita as tâmaras e desembaraça-se das peles que ninguém lhe comprava. O que o obriga a não atacar mais Maomé, publicamente. Pois a opinião pública em Meca, começa a considerar Maomé como um aliado e um benfeitor ocasional, e não apenas como um inimigo mortal.

No entanto a inimizade dos coraixitas está longe de se extinguir. Maomé quer reduzir este ódio. Está disposto a fazer o que quer que seja com essa finalidade. Sabe que tudo o que faz é ao serviço de Deus. Os detalhes a que o Profeta tem de atender com vista à reconciliação com Meca, podem parecer por vezes ridículos. Mas um crente não tem medo do ridículo. Aquele que tem medo não é profeta, nem sequer ama Deus. Tal como diz o talmudista: «Deus exige um amor total.»

O Profeta pede-nos que «amemos o Senhor com todo o nosso coração, toda a nossa alma e todas as forças...» Exige um amor total, que não

A VIDA DE MAOMÉ

recusa nem a fortuna, nem o corpo, nem a honra... Pois há homens para quem o corpo é mais precioso do que a alma; outros, para quem o dinheiro vale mais do que o corpo. É por isso que se diz: «Amarás o Senhor teu Deus com todo o teu coração, toda a tua alma e todas as tuas forças».

«De todo o coração, isto é com o teu bom e mau instinto. Com toda a tua alma, mesmo que ele ta tire. Com todas as forças, quer dizer dando-lhe todos os bens.»

Para aquele que possuir esta fé – à qual ele sacrifica o corpo, a honra, os bens – não existem obstáculos. Nem o absurdo nem o ridículo. Há apenas a certeza da vitória. Maomé espera estabelecer amizade com Meca e converter ao islão a cidade sagrada. Não tem dúvida, nem por um instante, deste sucesso, e ocupa-se de todos os pormenores que possam favorecer o seu desígnio.

Nesta época, Maomé sabe que a filha de Abu-Sufian, Umm Habibah, ficou viúva. Umm foi casada com o célebre *hanif* Ubaidallah-ibn-Djâch. Emigrou com ele para a Abissínia, nos primeiros tempos das perseguições contra os muçulmanos de Meca. Em seguida, Ubaidallah deixou o islão e tornou-se católico na Abissínia. Agora morreu. Maomé pede a mão de Umm Habibah. Ao casar com Umm Habibah, torna-se genro de Abu-Sufian, que é o seu principal inimigo e comandante das tropas. Mais ainda, Umm Habibah faz parte da poderosa família Umaiyah. Ao realizar este casamento, Maomé torna-se parente dos Umaiyah, de Hint e de todos os seus inimigos mortais. É uma forma como outra qualquer de se aproximar dos seus inimigos e de os conquistar.

Como Umm Habibah está na Abissínia, e como certamente seu pai e a família se irão opor ao projecto de Maomé, o Profeta manda um embaixador, que se dirige à Abissínia para pedir Umm em casamento e trazê-la com urgência para Medina.

Mas, no caminho de regresso, ela poderia ser levada pela família, antes de se tornar esposa de Maomé. Para fazer face a todos estes riscos, Maomé, envia ao Négus uma carta na qual ele pede para o casar sem demora *in absentia* (por procuração) com a filha de Abu-Sufian, que reside no seu país.

O casamento é celebrado pelo Négus da Abissínia. Depois da cerimónia, Umm Habibah-bint-abu-Sufian vem para Medina. Ela será um elemento essencial para as conversações com Meca, isto é com os pais e família da jovem mulher.

A partir dessa data, cada vez que Abu-Sufian falar com Maomé, deverá lembrar-se que aquele é seu genro. Alguém da sua família. Um ramo da sua árvore familiar, a única árvore que cresce no infinito deserto de areia.

LXXII

KHAIBAR: A QUEDA DE UM CASTELO

Maio de 628. Maomé decide aproveitar o tratado de Hudaibiya, que obriga Meca a respeitar a neutralidade. Avança para norte, para abrir caminho às caravanas, e quebrar o bloqueio económico de Medina, bloqueio que tem como autores a cidade de Khaibar e os seus aliados.

Khaibar está situada a 150 quilómetros, em linha recta, ao norte de Medina, no oásis Wadi'l-Qura. Khaibar significa, em hebreu, "castelo". O oásis é excepcionalmente fértil. As fontes transformam-se em cursos de água e tornam possível a irrigação. A cidade de Khaibar possui oito castelos fortificados. Pode dispor, em caso de guerra, de 20.000 soldados. Este oásis está cercado por um deserto vulcânico, por uma terra de desolação. Era na sua origem uma cidade árabe. Por volta do ano 530 depois de Cristo, Khaibar era aliada de Dhu Nuwas, o senhor dos aneis; desde essa data não há um único árabe na cidade. Todos desapareceram. A população é constituída apenas por judeus. Os habitantes de Khaibar são muito ricos. A cidade é um centro de comércio. Empresta dinheiro e joias a toda a Arábia.

Como a região de Khaibar é húmida, todos os seus habitantes estão atingidos com malária. Os árabes sempre se admiraram ao ver que os judeus podiam viver naquele lugar. Ao que os judeus respondem que para não adoecer é preciso – antes de entrar na cidade – pôr-se de gatas e imitar o zurrar de um burro. Os beduínos, ingénuos por natureza, levaram esta brincadeira a sério. Ao entrarem na vila poêm-se de gatas e zurram como burros. Chamam a esta operação *ta'chir*, ou "desatrelar".

Os judeus aplicam, para seu uso pessoal, uma outra receita, que lhes permite resistir ao calor e à doença: beber vinho, comer alho, morar em bairros altos, evitar permanecer nos vales, e sair de Khaibar entre «o deitar e o levantar do Sete-Estrelo».

A VIDA DE MAOMÉ

Quando os habitantes de Khaibar souberam que Maomé assinou um pacto de não agressão com Meca, perceberam que o profeta tinha agido assim para atacar Khaibar... Pois o tratado entre Meca e Khaibar estipula que «se Maomé se dirigir para uma destas duas cidades, a outra deve atacar Medina».

Agora Maomé dirige-se com o seu exército para Khaibar, sem medo que Meca ocupe Medina, na sua ausência. Pelo caminho, Maomé alicia para a sua causa a tribo Ghatafan. Os ghatafanitas recusam. Aliados de Khaibar, foram pagos em tâmaras, recebendo a totalidade da colheita. Maomé continua a avançar. O seu exército compõe-se de 1500 combatentes. Além dos 20.000 soldados que pode opor a Maomé, Khaibar possui um armamento sofisticado para a época: catapultas. Os castelos de Khaibar são construídos em pedra, considerados inexpugnáveis. A disciplina do exército muçulmano e a sua vontade de vencer impressionam bastante os ghatafanitas. Ainda que recusando sempre quebrar a aliança com Khaibar e aliarem-se ao islão, decidem respeitar a neutralidade durante a duração do combate.

Chegados à cidade, os muçulmanos começam logo o cerco. Mas Maomé adoece. É atacado de malária. Luta contra a febre, mas a febre é mais forte. Cede o comando do exército muçulmano a Abu-Becre.

Por sua vez Abu-Becre cai doente e abandona o combate. O comando é retomado por Omar, que por sua vez também adoece, e confia-o a Ali. Este com os olhos dilatados e vermelhos de febre, aceita todos os combates singulares propostos pelos khaibarianos. Ali é um *barazzar*. Depois de um combate desta natureza, do qual saiu vencedor, Ali, mal se segurando nas pernas, lança o ataque final. É o décimo dia de batalha, cai a última das fortificações... Khaibar está conquistada.

No que respeita ao espólio, diz o cronista: «Durante a campanha de Khaibar, assim que o profeta ocupa as plantações de tâmaras e os campos e cerca os castelos, os habitantes pediram a paz, na condição de o ouro, o dinheiro, as armas, ficarem para Maomé, enquanto que os khaibarianos ficariam com tudo o que os seus animais de carga pudessem transportar na condição de eles não esconderem nada. Se o fizessem, perderiam a protecção e toda a garantia».

Aixa, mulher de Maomé, após a batalha de Khaibar declara que tinha comido – provavelmente pela primeira vez na sua vida – tâmaras até à saciedade. «Agora, estamos cheios de tâmaras.» O mesmo *hadith* afirma que os muçulmanos não tomaram como espólio ouro ou dinheiro, mas sobretudo tâmaras, carneiros e móveis.

Maomé envia aos pobres de Meca uma parte do espólio.

KHAIBAR: A QUEDA DE UM CASTELO

Em Khaibar, a maior parte dos habitantes fica agarrada às suas culturas. O regime de ocupação é duro. Contudo Maomé introduz algumas reformas – que parecem clementes, tendo em vista os costumes da época. Em primeiro lugar, o Profeta proíbe a *mut'ah*, casamento temporário que os soldados ocupantes tinham por hábito fazer com as mulheres vencidas. É estritamente proibido aos soldados entrarem nos quintais e plantações, porque um soldado – quando é ocupante – entra nos quintais não para roubar, mas, como se diz pudicamente, para requisitar.

Para melhorar as relações entre os muçulmanos e os vencidos, Maomé toma por esposa uma judia de Khaibar, chamada Safiyah. Se um soldado muçulmano é morto pelas costas, pedem-se contas à população, que deve pagar o preço de sangue. Os civis juram que não mataram. O caso é levado a Maomé. E cada vez que o profeta acredita na palavra dos khaibarianos paga do seu cofre pessoal o preço de sangue por um soldado morto.

Depois da queda das fortalezas de Khaibar, Maomé conquista todo o oásis de Wadi'l-Qura, mais as localidades de Fadak e de Taima. Enquanto os muçulmanos estão retidos pela campanha de Khaibar, Djafar, filho de Abu-Talib e irmão de leite de Maomé, regressa da Abissínia ao mesmo tempo que Amr-ben-Omaiya. São os últimos muçulmanos que voltam da Abissínia onde antes procuraram refúgio.

Depois da ocupação de Khaibar, Maomé restitui aos judeus as sinagogas, os livros e os objectos de culto. Não insiste em convertê-los.

Antes que Maomé deixe Khaibar, uma judia chamada Zainah-bint--al-Harith oferece-lhe um quarto dianteiro de cabrito, que é o seu prato favorito, mas que Zainah tinha envenenado. Maomé pega num pedaço mas cospe-o de seguida. Um companheiro do profeta, Bich-Ben-Bara, come e morre. Zainah, a envenenadora é presa. Declara-se inocente. E diz: «É verdade que dei a Maomé um prato envenenado. Se ele é profeta deve saber que o alimento está envenenado e não o come. Logo, não há envenenamento. Se ele o tivesse comido e morrido, é porque não era um profeta, mas um impostor. Logo, eu não era culpada. Quem mata um impostor não é culpado. Maomé comeu, mas cuspiu. Então é um profeta».

Antes de morrer, Maomé irá declarar que morre em consequência do veneno dado por Zainah em Khaibar. Assim ele terá direito ao título de "morto mártir", envenenado pelo inimigo durante uma campanha. Mas Maomé morrerá vários anos depois do envenenamento.

LXXIII

629: A PRIMEIRA
PEREGRINAÇÃO MUÇULMANA A MECA

Em 628, os coraixitas proibiram Maomé de realizar a *umrah*, a peregrinação à *Caaba*. Pelo tratado de Hudaibiya, Maomé adquiriu o direito de fazer esta pegrinação um ano mais tarde e durante três dias. Em 629, durante o mês da Trégua, Maomé encabeçando uma coluna de 2000 muçulmanos sem armas, faz a sua entrada em Meca. São os peregrinos. Todos os de Meca deixaram a cidade. Deixaram as casas vazias e retiraram-se para o monte Qainuqa, que domina o santuário. Os coraixitas olham, espantados, as tropas disciplinadas dos peregrinos muçulmanos, que desfilam nas ruas. O *muezzin* negro Bilal que, nos primeiros anos do islão, foi crucificado na areia, por Abu Jahl, está presentemente num terraço que domina a cidade a chama os crentes para a oração. Maomé e os crentes – que voltaram à sua cidade, depois de sete anos de exílio – fazem a volta à *Caaba*. Todos estão comovidos, com os olhos rasos de água.

Os de Meca, aglomerados na colina de Qainuqa, tremem ao ouvir Bilal, que os exorta à oração em nome de Alá. Esperam que os ídolos da *Caaba* provoquem uma catástrofe, que façam desabar o céu sobre a cabeça dos muçulmanos. Pela primeira vez o nome de Alá ressoa por toda a Meca.

Logo após a celebração do ritual, Maomé quer estreitar relações com os inimigos, transformá-los em amigos. Casa com Maimunah-ben-Harith, cunhada de Abbas. Maimunah representa um grande capital diplomático, na conquista pacífica de Meca. Ela tem oito irmãs, todas elas casadas com personalidades de primeiro plano em Meca. Quem é parente de Maimunah é parente de Meca. O cronista fala assim de Hint, mãe de Maimunah: «Não há nenhuma mulher árabe que tenha um comportamento tão nobre como Hint».

629: A PRIMEIRA PEREGRINAÇÃO MUÇULMANA A MECA

Ao casar com Maimunah, Maomé quer mais especificamente fazer-se aliado de Khalid-ibn-Walid, o mais competente militar árabe; aquele que, com a sua cavalaria, venceu o profeta em Uhud. Khalid é sobrinho de Maimunah, e ela criou-o como se fosse seu próprio filho. Depois deste casamento, torna-se, em certa medida, filho de Maomé.

O segundo motivo porque Maomé celebrou este casamento foi porque quis arranjar uma oportunidade para convidar todos os coraixitas para um banquete. Uma boda é um pretexto para um convite.

Três dias mais tarde, enquanto o profeta se ocupa dos preparativos do banquete, para o qual toda a Meca será convidada, uma delegação de cidadãos refugiados no monte Qainuqa vai junto do profeta e diz-lhe que deixe a cidade quanto antes, como estava acordado. Ele não pode ficar em Meca nem mais uma hora, depois dos três dias acordados no tratado de Hudaibiya. A delegagão coraixita que intima Maomé a partir é dirigida por Khuwaitab-ben-Abd-al-Ozza.

Deste modo Maomé falha o seu plano, que visava reunir os coraixitas à sua volta, por ocasião do banquete. Submete-se e parte. No momento em que o profeta assim como os crentes vão a caminho de Medina, são os coraixitas que correm atrás dele. O primeiro que apanha os muçulmanos e que pede para se converter ao islão é Khalid, o grande general, sobrinho de Maimunah; a quem Maomé chamará mais tarde "Khalid Saif' Allah" – a espada de Alá.

Enquanto Khalid corria atrás da coluna muçulmanna para se converter, encontrou uma outra importante personagem, Amr-ibn-al-As, que vem da Abissínia, e que também procurava apanhar o grupo de Maomé, pelo mesmo motivo que Khalid. Também ele se queria tornar muçulmano.

Khalid e Amr, são apenas os primeiros de Meca que querem juntar-se a Maomé. O seguinte, outra importante personagem de Meca que chega a Medina e procura Maomé, é o próprio Abu-Sufian em pessoa.

O problema que leva Abu-Sufian a Medina é o seguinte: de acordo com o tratado de Hudaibiya, Maomé e Meca têm plena liberdade de se aliarem ou fazerem guerra a quem quiserem, guardando a neutralidade entre eles nos conflitos em em que se envolverem. A tribo Khuzaite, aliada de Maomé, foi atacada pela tribo Bakrite, aliada de Meca. Parece que Meca forneceu aos bakrites armas e soldados. Sobre isso, há mesmo provas flagrantes, que iriam conduzir praticamente à rotura do pacto de Hudaibiya. Meca tem medo. Depois da conquista de Khaibar, os muçulmanos dominam a maior parte do norte da Arábia. Meca tem todo o interesse em evitar conflitos com Maomé. Abu-Sufian vem a Medina para apaziguar este conflito. Dirige-se a casa de Maomé, pois este agora é

A VIDA DE MAOMÉ

genro de Abu-Sufian, depois do casamento *in absentia*, celebrado pelo Négus. Umm Habibah recebe o pai com hostilidade. Quando Abu-Sufian entra no quarto da filha, esta empurra-o e enrola-o no tapete que estava estendido no chão. Abu-Sufian pede-lhe explicações por esta estranha recepção. A filha diz-lhe: «Este é o tapete sobre o qual dorme o profeta, seria um sacrilégio permitir a um pagão que pusesse os pés sobre ele». O pagão é o pai dela. Abu-Sufian pede à filha para interceder junto de Maomé, para evitar um conflito. Umm Habibah responde que o que ele tem a fazer é ir pessoalmente à mesquita discutir o assunto com o profeta.

Abu-Sufian vai então à mesquita. Maomé recebe-o. Abu Sufian explica que Meca não armou os Banu Bakrites, isso foi um mal entendido. Mas se Maomé acha que os coraixitas procederam mal, Meca está disposta a pagar todos os danos. Pois Meca quer evitar a todo o custo um conflito com o islão.

«Se não mudaram nada, nada têm a temer» – replica Maomé, dando a entender assim que se Meca não errou, não necessita de ter medo. Abu-Sufian chega a Meca cheio de inquietação. Os tempos mudaram. Meca, presentemente, depende de Maomé. Das suas decisões. Pois o islão tornou-se mais forte do que Meca.

LXXIV

MUT'AH: AS NOVE ESPADAS DE KHALID

Presentemente o islão é a força mais importante, no infinito deserto de areia da Arábia. Maomé envia cartas aos soberanos vizinhos convidando-os a converter-se ao islão. Escreve ao imperador da Pérsia, ao imperador de Bizâncio, ao Négus, ao soberano do Egipto e ainda a alguns outros. Entre aqueles a quem Maomé escreveu na sua qualidade de profeta de Alá e de vizinho, encontra-se o soberano do império gassanida. Chama-se Al'Harith-ibn-Abi-Chamir; é um vassalo de Bizâncio. O embaixador que leva a carta de Maomé chama-se Al-Harith-ibn-Umair. Quando entrou no território gassanida foi morto por um governador chamado Churahbil--ibn-Amr. O crime deu-se em 628. Maomé, envia como represália, um exército de 3000 homens. O rei gassanida al-Harith, tenta semear a discórdia entre a pequena corte de Medina ao convidar para sua casa o poeta muçulmano Ka'b-ibn-Umair. O poeta rasga o convite. Nesse momento, os gassanidas preparam-se para se opor aos muçulmanos pelas armas. Pedem ajuda a Bizâncio de quem são vassalos.

O imperador de Bizâncio, que quer combater o imperador da Pérsia, mobilizou um exército de 100.000 homens. Enquanto espera pela guerra com a Pérsia, Bizâncio envia contra os três mil muçulmanos o seu enorme exército de cem mil homens armados até aos dentes.

Os muçulmanos são comendados por Zaid-ibn-Harith, filho adoptivo de Maomé. Quando vêem aparecer este exército ficam sem respiração, mas são obrigados a aceitar o combate. Zaid, filho do profeta é morto. O exército muçulmano bate em retirada. É Ja'far, filho de Abu-Talib, regressado à pouco da Abissínia, que assume o comando. Trava-se uma nova batalha na região de Mut'ah. Ja'far também é morto. O comando do

A VIDA DE MAOMÉ

exército muçulmano passa para as mãos de um *ansar*, de nome Abdallah-
-ibn-Rawahah, que também é morto. O destacamento muçulmano sofre
um verdadeiro massacre, mas nas fileiras dos muçulmanos, está também
Khalid, o vencedor de Maomé em Uhud. Neste momento luta pela vitória
do islão. Assume o comando das tropas muçulmanas. Mata, com a sua
própria espada o comandante das tropas inimigas, Malik-ibn-Zafilah-al-
-Balawi, derrota o exército adversário, apropria-se do seu importante espólio e retira-se. Está terminada a batalha de Mut'ah. Quando sabe do
sucedido Maomé envia auxilio por mar.

Conta a tradição que, neste combate, o famoso Khalid, partiu nove
espadas antes de ganhar a batalha final.

A morte de Ja'far e de Zaid afecta profundamente Maomé. O primeiro
era seu irmão de leite e seu amigo de infância. O segundo era o escravo
que ele tinha libertado e adoptado, um dos primeiros quatro muçulmanos
do mundo.

Na sua viagem celeste – o *miradj* – Maomé encontrou uma formosa
mulher, com lábios como rosas vermelhas; quando ele lhe perguntou
quem era ela, responderam-lhe que era a noiva de Zaid no Paraíso. Agora
Zaid está com essa beldade no Paraíso de Alá.

Estas duas mortes e o desastre de Mut'ah, não fazem parar a marcha
do islão. Durante esse ano, todas as tribos do Hedjaz se converteram. É
um sucesso total. Quem é senhor do Hedjaz – essa longa faixa de terra
ao longo do Mar Vermelho – é senhor de toda a Arábia. E o islão, no momento, é o senhor de Hedjaz. Excepção feita, contudo, para Meca. Mas
a cidade sagrada não tardará a cair.

LXXV

A MARCHA SOBRE MECA

Maomé prepara a marcha sobre Meca. Os coraixitas vivem angustiados. O conflito entre a tribo Banu Khuzah, aliada do islão e Banu Bakre aliada de Meca, é motivo suficiente para revogar o tratado de Hudaibiya e desencadear o começo das hostilidades. Foi para sanar este conflito que Abu--Sufian fora a Medina e se encontrou com o profeta na mesquita, confirmando-lhe que Meca estava na disposição de pagar todos os danos que desejassem, para que não houvesse guerra. Maomé respondeu de uma forma pouco clara. De modo que, Abu-Sufian regressou apreensivo a Meca. No caminho, encontrou Budail, chefe da tribo Khuzah, que regressa também de Medina. Questionado sobre isso, o khuzaíta nega ter estado em Medina e ter visto Maomé. Abu-Sufian, como bom beduíno que é, vai examinar os excrementos das camelas da caravana de Budail, verificando que aqueles estão cheios de caroços de tâmaras de Medina; logo, o chefe Budail esteve naquela cidade.

O facto de ele manter secreta esta viagem significa que ele prepara com Maomé alguma coisa grave. E esse grave acontecimento só pode ser o ataque a Meca. Abu-Sufian reune os coraixitas e diz-lhes que tudo está perdido. Maomé atacará Meca, e Maomé é demasiado forte para ser vencido. Entretanto Maomé ordena que a cidade de Medina seja fechada. Ninguém tem autorização para entrar ou sair, nem ter contactos com o exterior. É evidente: prepara-se qualquer coisa de muito importante na cidade. Mesmo os melhores amigos de Maomé ignoram que a campanha está em preparação. Uns dizem que Maomé está prestes a desencadear uma guerra contra Bizâncio, para punir o massacre de Mut'ah. Outros dizem que o exército do profeta vai partir em guerra contra a tribo Banu

A VIDA DE MAOMÉ

Sulaim, que ofendeu profundamente Medina. Outros ainda pensam que se poderá tratar de um ataque contra Meca. Mas ninguém ousa verdadeiramente imaginar que se atacará a cidade santa.

Um habitante de Medina, Hatib-ibn-Ali-Balta'ah, escreve à sua família em Meca dizendo que Maomé irá com um exército tomar a cidade. A única finalidade desta carta é avisar a família para se proteger. Maomé intercepta a mensagem, pois a vigilância é perfeita. O profeta perdoa a quem divulgou o segredo, pois ficou provado que Hatib apenas fez isso para ser útil à família. As medidas de segurança tornam-se cada vez mais rigorosas. Mesmo Abu-Becre, o mais próximo e o mais antigo colaborador e amigo de Maomé, ignora os seus desígnios. Abu-Becre pede a Aixa, sua filha – esposa do profeta – que o esclareça sobre as intenções deste e qual o objectivo dos preparativos. Aixa não sabe mais do que o pai.

Responde: «Eu não sei; talvez os Banu-Sulaim sejam os visados, ou os Hawazins».

Todas as tribos aliadas do islão recebem ordens de Maomé para estarem preparadas para o ataque.

No décimo dia do mês do Ramadão do ano de 630, Maomé sai de Medina encabeçando um exército perfeitamente disciplinado e forte com dez mil homens. Pelo caminho juntam-se às tropas muçulmanas, as tribos beduínas Aslam, Ghafar, Muzaïna, Sulaim, Djuhaina, Tamun, Qaïs, Asad e outras mais.

A disciplina religiosa é tão severa como a militar. Todo o exército muçulmano em marcha sobre Meca respeita o jejum. Ao chegar a Qudaid, Maomé ordena a interrupção do jejum. Os crentes que viajam estão dispensados do jejum por lei. Al-Abbas, tio do profeta que é dotado de sensíveis "antenas", das quais se servem os especuladores e os usurários, sente que Meca está perdida. Não espera a chegada de Maomé, nem a desvalorização dos seus bens. Vende tudo e parte com a família ao encontro do exército do islão. Quando chega junto de Maomé, em Al Djuta, Abbas converte-se.

Chegado perto de Meca, Maomé ordena que se prepare o acampamento nocturno, numa colina que domina a cidade santa. Cada soldado acenderá uma fogueira, para que os coraixitas possam fazer uma ideia da importância do exército que os vai atacar.

Durante essa noite, Abu-Sufian deixa a cidade e refugia-se no campo muçulmano. Como Abbas, Abu Sufian pensa que a luta está perdida e que não há mais resistência possível. Abbas conduzindo a camela branca do profeta, que tem livre trânsito no campo muçulmano, conduz Abu--Sufian à tenda de Maomé, que aí ficará até de manhã. O encontro entre

A MARCHA SOBRE MECA

os dois inimigos reconciliados visa a discussão dos pormenores da ocupação de Meca.

De madrugada, o exército do islão começa a ocupação dos bairros dos arredores de Meca e dos desfiladeiros. O exército de Meca não recebeu qualquer ordem. Os chefes desapareceram. Depois de os muçulmanos terem cercado a cidade, ocupado os desfiladeiros e os arredores, Abu--Sufian aparece e convida os seus companheiros a submeterem-se a Maomé, sem haver derramamento de sangue. Qualquer tipo de resistência – diz ele – seria um erro.

«Matai esse monte de sebo» – grita Hint, mulher de Abu-Sufian. E incita a multidão a linchar o marido, que fez a paz com o inimigo e que, na sua qualidade de comandante militar de Meca, exorta os cidadãos a capitular e não a combater. Hint, quer ser ela própria a matá-lo, mas a multidão impede-a de o fazer. A multidão não quer continuar a ser acirrada contra Maomé. Sabe que está cercada por todos os lados e que a melhor coisa que tem a fazer é render-se habituar-se ao ocupante.

Entretanto, aparecem os arautos do exército muçulmano. Gritam à multidão que nada receie. Que mantenha a calma e que fique em casa. Maomé promete que não haverá qualquer tipo de violência nem contra pessoas nem bens.

«Quem se fechar em casa, ou entrar em casa de Abu-Sufian, estará salvo.»

Depois dos arautos aparece o exército muçulmano. Chega em quatro colunas, sendo a primeira comandada por Ali, que traz o estandarte do profeta. Az-Zubair, comanda a segunda coluna, da esquerda, que entra em Meca pela porta de Kuda. Khalid-al-Walid "a espada de Alá", comanda a coluna da direita, que entra na cidade pelos bairros inferiores. Khalid atravessa o território do seu próprio clã. É atacado por um grupo de coraixitas, conduzido por Ikrimah-ibn-Abu-Jahl. É a única resistência que o exército muçulmano irá encontrar ao entrar na cidade santa. Segue--se um curta escaramuça, da qual resultam quinze mortos: dois muçulmanos e treze pagãos. Khalid ultrapassa este insignificante obstáculo e continua a sua marcha. A quarta coluna é comandada por Sa'a-ben-Ubadah. As quatro colunas juntam-se frente ao santuário da *Caaba*.

Maomé aparece montado na camela branca e dá a volta à pedra sagrada. A mãe de Uthman-ben-Talna, o guarda do santuário, recusa-se a dar as chaves gritando contra a profanação. Maomé, contudo, entra no santuário acompanhado por Uthman-ben-Talna, Ali, Usama-ben-Zaid e Bilal.

À saída do santuário Maomé fala à multidão. Anuncia que todos os privilégios do *Djahiliya*, dos tempos pré-islâmicos ou tempos da ignorân-

A VIDA DE MAOMÉ

cia, são abolidos. Apenas é mantido aquele que respeita ao fornecimento de água – anteriormente confiado a Abd-al-Muttalib, avô do profeta, e que presentemente é exercido por Abbas. Este deve exercer também as funções de *sawiq* – isto é encarregado do abastecimento, ou do almoxarifado. É mantida a função de *Sadana*, ou guarda do santuário da *Caaba*! Continuará a exercer essa função – Othman-ben-Talna. Ainda hoje, ela é assumida pelos seus descendentes.

Depois Maomé ordena a destruição dos ídolos. Oficialmente existem 360. Os coraixitas tapam os olhos para não assistirem a um sacrilégio tão abominável. Estão convencidos de que os ídolos não se deixarão quebrar. Mas os ídolos são de pedra. Os deuses não resistem, os muçulmanos partem-nos, uns atrás dos outros. Maomé ordena que se apaguem todos os frescos e que se destruam todos os baixos relevos do santuário, «salvo este que se encontra debaixo das minhas mãos»; sob as mãos de Maomé está a imagem da Virgem Maria com Jesus ao colo. Diz-se que ele poupou esta imagem, tal como a de Abrãao. Outras fontes dizem nada ter sido poupado. Nem uma única imagem.

A tradição atribui a Maomé as seguintes palavras, após ter destruído os ídolos: «O território sagrado não foi profanado por ninguém antes de mim, e não o será por mais alguém depois de mim. Por mim só o foi por um instante».

Meca fora conquistada militarmente – *anwatan*. A população de uma cidade conquistada pelas armas fica automaticamente cativa. Escrava. Os escravos podem ser mortos ou vendidos. Mas Maomé liberta em massa todos os cidadãos de Meca. Por esse motivo eles passarão a chamar-se *attalaqa*, ou "escravos libertados".

Depois de proclamar a libertação e a amnistia geral – sem excepção – Maomé reza a sua oração e depois pergunta à multidão: «O que esperais de mim?»

Os coraixitas respondem: «Tu és o nobre filho de um nobre pai».

Maomé anuncia: «Hoje não vos será feita qualquer afronta. Ide-vos, sois livres».

A multidão dispersa. Maomé fica na *Caaba*. Já não tem casa em Meca. A casa de Cadija, uma casa com vários andares, fora herdada por Aqil, irmão de Ali, que a vendeu. Maomé gostava muito dessa casa. Os companheiros aconselharam-no a recuperá-la. Ele é o conquistador. Tem direito a ela. Maomé recusa, pois prometeu não tocar nem em bens nem em pessoas. Respeita a palavra dada. Teria ficado feliz por dormir na sua casa, depois de anos de exílio, mas apesar disso instala-se em Al-Khaif.

A MARCHA SOBRE MECA

Como Bilal, o *muezzin* negro, chama os crentes à oração, Attab-ben-
-Asid, protesta, porque Bilal subiu ao terraço do santuário. Maomé não
toma qualquer medida contra Attab. Este está espantado com a clemência
do profeta. Já se imaginava linchado, morto, e no entanto ninguém lhe
fez mal, ainda que tenha insultado Bilal, o Profeta e o islão.

Muito envergonhado, Attab apresenta-se em casa de Maomé, alguns
dias depois e pede para se converter. Maomé aceita; e mais, investe-o no
posto de governador da cidade, que ele aliás já exercia antes da chegada
dos muçulmanos.

Ikrimah – filho de Abu Jahl, o mais feroz inimigo de Maomé – fugiu.
A mulher de Ikrimah vem implorar o perdão para o marido. Maomé con-
cede-o. Uma vez que Ikrimah – o seu mais sanguinário inimigo – foi
perdoado, é natural que futuramente todos os inimigos o sejam também.

Quem a seguir obtém o perdão é Hint, mulher de Abu-Sufian. É um
momento penoso para Maomé. Hint mutilou o corpo de Hamzah e comeu-
-lhe o fígado. Dançou com um colar feito de narizes, orelhas e línguas de
muçulmanos mutilados, mas Maomé concede o perdão mesmo a Hint.
Todos os inimigos foram perdoados radical e definitivamente. Sem sombra de rancor. Entre eles está também Safwan-ibn-Umaïyah, o homem
que tantas vezes tentou matar o profeta, quer com as suas próprias mãos,
quer através de assassinos contratados. Safwan diz a Maomé que teve
conhecimento da amnistia, mas que nunca se converterá ao islão. Maomé
irá encontrar-se com ele daí a quatro meses. Alguns dias depois desta
discussão, Safwan irá emprestar ao exército do islão cem cotas de malha
e cinco mil *dirhams*. Depois da batalha de Hunaïn, Maomé recompensará
Safwan por estes empréstimos e dar-lhe-à todos os carneiros capturados.
Safwan converter-se-á. A generosidade do profeta vencê-lo-á. O tesouro
do santuário da *Caaba* ascende a setenta mil onças de ouro. Não se lhe
toca.

Nos dias que se seguem à conquista de Meca, dois mil coraixitas
abraçam o islão. Depois a população de Meca é convidada a prestar juramento. As pessoas desfilam e prestam juramento – o *bay'a* – perante
Omar. Os habitantes de Meca juram ser fiéis a Alá e ao seu profeta.
Renunciam aos seus ídolos. Prometem não cometer violação, adultério
ou roubo; praticarem o bem e evitarem o mal em todas as circunstâncias.

Entre os que prestam juramento, está Hint. Não falta nenhum dos
inimigos mortais do profeta. Todos lhe juram fidelidade.

É neste momento que se proíbe aos crentes o consumo de vinho, carne
de porco e de animais mortos. É também proibido dar dinheiro aos adivinhos. Para consolar as vítimas do campo inimigo e para estabelecer um

A VIDA DE MAOMÉ

laço de parentesco com os vencidos, Maomé casa com Mulaika, filha de Dawud-des-Laith, morto em combate pelos muçulmanos. Durante as cerimónias os *ansars* angustiados interrogam Maomé para saber se este não terá a intenção de os abandonar e ficar na sua terra natal, Meca?

Ele responde: «Que Alá me defenda. Viverei onde vós viverdes e morrerei onde morrerdes».

Assim Maomé continua fiel ao juramento que lhes prestou no desfiladeiro de Aqaba. Para dar provas da sua convicção, Maomé diz a oração dos viajantes e parte para Medina. A sua estadia em Meca durou quinze dias. No momento da partida quase toda a população era já muçulmana.

LXXVI

A PRIMEIRA VITÓRIA DA MECA MUÇULMANA

Maomé conquistou Meca quase sem encontrar resistência. Em menos de duas semanas quase toda a população se tornou muçulmana. E logo em seguida, Meca começa já a combater – sob o comando de Maomé – pelo islão. A primeira vitória conseguida pela Meca muçulmana será a de Hunain.

Ao sul de Meca – a cidade dos coraixitas – vive uma grande tribo, de nome Hawazit. O seu território estende-se das portas de Meca ao Iémen, no sul da Arábia. Os hawazitas são os inimigos heriditários dos coraixitas. Como acontece frequentemente entre vizinhos. Violaram por diversas vezes a Trégua de Deus e sustentaram contra os coraixitas uma série de guerras de *fijar*, ou guerras de profanação. Foi numa destas guerras contra os hawazitas que morreu o pai de Cadija. Maomé, então adolescente, também participou ao lado do seu tio Abu-Talib. Uma parte dos hawazitas leva uma vida nómada, entre o Mar Vermelho e o deserto, a oeste de Hedjaz. Quanto ao clã sedentário, os Thaqif, habitam a cidade de Taïf. Maomé teve uma ama de leite da tribo hawazita dos Banu Sa'd. Esta tribo, assim como as outras hawazitas – os Banu Bakcre, Hilal e Sulaim – são hostis ao islão e a Maomé. Ukaz, cidade onde se fazem célebres feiras e concursos de poesia, está situada em território hawazita. Em Taïf encontra-se também a estátua do célebre ídolo Al-Lat. Foi em Taïf – cidade situada num ponto alto – que Maomé fora pedir protecção, quando expulso do seu clã; fora aí que ele foi apedrejado, ferido e expulso da cidade em plena noite. Três dias depois da ocupação de Meca, Maomé envia um destacamento de muçulmanos para destruírem os ídolos das regiões vizinhas. Khalid, a espada de Alá, é enviado a Nakhlah, situada a meio caminho entre Meca e Taïf, para destruir a estátua de Al-Uzza. É

301

A VIDA DE MAOMÉ

um dos ídolos ao qual mais se aplicam os versículos satânicos do *Alcorão*. A destruição dos ídolos aliada ao ódio heriditário, é considerada pelos hawazitas como uma provocação por parte dos coraixitas. Eles decretam a mobilização e partem em guerra contra Meca. Para não serem tentados a abandonar o campo de batalha, os hawazitas levam consigo as mulheres, os filhos, os rebanhos, em suma tudo o que possuíam.

Ao apresentarem-se assim no campo de batalha, só podem acabar a guerra ou perdendo tudo o que têm, incluindo a vida, ou conseguindo a vitória. Nem sequer pensam numa possível retirada. É um combate de vida ou de morte.

Os coraixitas, previamente informados do avanço hawazita, cerram fileiras à volta de Maomé. Desapareceram todos os vestígios de rancor e inimizade. Maomé e Meca têm um inimigo comum. Alguns inimigos de Maomé – nomeadamente Safwan – oferecem dinheiro e armas ao exército muçulmano; pois só Maomé pode ajudar os coraixitas a vencer o inimigo que marcha sobre Meca.

Em 27 de Janeiro de 631, Maomé deixa Meca encabeçando um exército de 12.000 homens. Na noite de 30 de Janeiro, acampa na região montanhosa de Wadi-Hunaïn.

O exército inimigo, composto quase inteiramente por nómadas, possui 20.000 homens. Foi o maior exército nómada que pode ser formado nessa época. O comandante dos hawazitas chama-se Malik-ben-Auf. No dia seguinte, o exército muçulmano, em formação de combate, vai ao encontro do inimigo. Não é ainda dia. De repente – no momento em que passam um desfiladeiro – os muçulmanos são atacados por todos os lados, com toda a espécie de armas, pela multidão de nómadas. É a derrota. A cavalaria muçulmana bate em retirada, a galope, o que desmoraliza o resto do exército.

Os muçulmanos, ainda mal acordados àquelas horas da manhã são apanhados desprevenidos e não conseguem manter o sangue frio.

O *Alcorão* dá uma explicação diferente desta derrota. Diz que os muçulmanos estavam muito seguros do seu sucesso contra Meca, assim como do seu número e armamento. E Deus puniu-os por tudo isso: «*Deus socorreu-vos em múltiplos campos de batalha e no dia de Hunaïn, quando o vosso número vos maravilhava, mas não vos serviu de nada: a terra parecia-vos estreita, apesar de ser vasta para retrocederdes. Deus fez descer em seguida a sua presença sobre o seu Enviado e sobre os crentes e fez descer exércitos de anjos que não vieis e atormentou os que não acreditavam. Essa é a recompensa dos incrédulos*». (*Alcorão* IX: 25-26)

A PRIMEIRA VITÓRIA DA MECA MUÇULMANA

Eis como decorreram os acontecimentos: Maomé, vendo o exército muçulmano derrotado, recorre ao único meio de que dispõe, na sua qualidade de homem, profeta e comandante. Sobe a um rochedo e grita para os homens que fogem: «Eu sou o Profeta, o Verdadeiro. Eu sou o neto de Abd-al-Muttalib. A mim os *ansars*! A mim os companheiros da árvore de Hudaïbya!»

Ao chamamento do profeta, acorrem os combatentes gritando: «*Abbaïka*, aqui nos tens!»

Os muçulmanos levantam-se e retomam o combate. As palavras do profeta dera-lhes vigor. Alguns combatentes compreenderam que Deus ajuda os muçulmanos, pois tijolos negros cairam do céu sobre os soldados inimigos e esmagaram-nos. Outros vêem formigas a cairem do céu e a invadir o campo hawazita. E os mais puros de espírito vêem mesmo anjos – quinze mil anjos – que descem do céu e que derrotam o exército pagão.

A vitória é do islão. Os muçulmanos dirigem-se para Autas. Nessa localidade encontram amontoados os rebanhos, as mulheres e todos os bens do inimigo. Apropriam-se de tudo e tudo levam para Ja'ikranah, quinze quilómetros a norte de Meca. Maomé ordena que tragam urgentemente de Meca, roupas e víveres para os prisioneiros; depois dirige-se para Taïf para conquistar a "cidade das muralhas". Taïf está rodeada de muralhas. Os muçulmanos utilizam as catapultas. O ataque começa por um subúrbio a sul, chamado Lyah, onde é destruído o castelo de Malik--ben-Auf, comandante do exército hawazita. Além das catapultas foram utilizados uma espécie de "blindados" fabricados com peles de camelo. O persa Salmon, que imaginou o *kandaq* – a trincheira para a defesa de Meca – inventa para a conquista de Taïf um carro de assalto construído como uma tartaruga gigante.

Apesar de todas essas novas armas e do entusiasmo dos assaltantes, Taïf não cai. A população está barricada e resiste. Maomé promete a liberdade a todos os que se renderem; mas apenas 80 pessoas se rendem e convertem.

Falhada a sedução, Maomé usa a ameaça. Dá a conhecer aos taifianos barricados em Taïf, que se recusarem render-se, ele destruirá todo o sistema de irrigação, cortará todas as tamareiras e, destruirá todas as culturas. Apesar disso Taïf não se quer render. Maomé muda de táctica. Depois de 40 dias de cerco, anuncia que Taïf só pode ser vencida como «se captura uma raposa – na sua toca – com paciência».

Maomé regressa a Ja'ikramah. Os seis mil prisioneiros são distribuídos pelos combatentes, dos quais serão escravos. Mas uma mulher apresenta--se junto de Maomé e diz-lhe: «Eu sou Chima, tua irmã de leite».

É uma hawazita da tribo Sa'd. É prisioneira e deve ser reduzida à condição de escrava. Mostra uma cicatriz. É uma recordação de Maomé, que a feriu sem querer, quando um dia, crianças, brincavam juntos e estavam a ser alimentados pela mesma ama de leite Halima. Maomé, encantado com este encontro, propõe a Chima que fique, coberta de honrarias, no campo muçulmano. Chima recusa. Prefere a liberdade. Mas antes de voltar para o deserto onde vive o seu clã nómada, pede a Maomé que liberte o seu namorado. Foi um nómada que queimou um muçulmano vivo. Maomé oferece a Chima o namorado prisioneiro, e deixa-os partir.

A libertação de Chima e do seu bem-amado, sem qualquer resgate, unicamente porque ela era irmã de leite do profeta, causa uma profunda impressão aos beduínos. Uma delegação de hawazitas nómadas chega junto de Maomé e – com a soberba candura dos simples – pede-lhe para libertar todos os prisioneiros hawazitas, pela simples razão de que todos são seus "parentes de leite". Maomé responde que a única coisa que pode fazer por eles é restituir-lhes os prisioneiros que ele próprio possui. Abu-Becre que está ao lado do profeta, liberta também os que recebeu, quando da partilha dos escravos. Omar, Ali e todos os muçulmanos, imitam o gesto de Maomé. À noite todos os prisioneiros foram libertados. Convertem-se, e voltam para o deserto, cantando louvores a Alá e ao seu profeta.

O chefe militar hawazita, o corajoso Malik-ben-Auf, recebe, além da liberdade, todos os bens que lhe tinham sido confiscados, e ainda cem camelos como presente. Malik não esperava tal coisa, e como forma de reconhecimento, torna-se muçulmano e um dos mais acérrimos propagandistas do islão.

Uma personalidade taïfiana, Urwath-ibr-Mas'ud, que se converteu, e que em seguida voltou a Taïf para divulgar o islão, é morto. É linchado pelos concidadãos. Os taïfianos não querem ceder. Como Maomé converteu toda a região ao islão, considera que a cidade de Taïf não é perigosa. Tornou-se como uma ilha, uma região onde todos se tornam aliados de Maomé. O profeta dá ordem a Abu-Sufian – presentemente capitão do islão – para continuar o cerco de Taïf. Depois volta a Meca.

As tropas muçulmanas estão descontentes com o profeta. Os *ansars* protestam. Eles pensam que foram lesados na partilha do espólio, quando dos últimos combates.

Maomé, na camela branca, vê chegar os *ansars* que se queixam. Ele arranca um pêlo da camela e diz: «Homens, eu não guardarei nada do vosso espólio, nem mesmo este pêlo. Salvo o quinto que vos entregarei a seguir».

A PRIMEIRA VITÓRIA DA MECA MUÇULMANA

Os *ansars* demonstram a Maomé que ele dera aos coraixitas incomparavelmente mais do que a eles. É verdade. Maomé dera, sem ponderação, grandes presentes aos coraixitas, niglegenciando os *ansars*. Fê-lo para atrair os coraixitas ao islão. Os habitantes de Meca são *al-mu'llahah qulubu hum* ou «aqueles cujos corações devem ser conciliados».

Maomé reconhece que deu muito aos coraixitas, mas diz aos *ansars*: «Não vos considerais satisfeitos por essa gente se ir embora com camelos e carneiros, enquanto vós entrareis em Medina com o Enviado de Deus? Senhor, vela pelos *ansars*, pelos seus filhos e filhos destes, até ao dia do Juizo Final, no qual eles se encontrarão comigo no Céu!»

Os *ansars* choram de emoção. Lamentam ter falado de camelos e carneiros. De terem reclamado o espólio, quando eles têm o Profeta.

Alguns dias mais tarde, Maomé deixa Meca, levando os *ansars*, os irmãos e os companheiros de fé, com os quais fez o pacto de Aqaba e a *ummah*, comunidade baseada na crença e na fraternidade a Deus. Volta com os *ansars* para Medina. Em Meca, o profeta deixa um Califa – um substituto. O primeiro substituto do profeta em Meca é um jovem de menos de trinta anos, do clã Omayyade, o clã de Abu-Sufian.

Pouco tempo depois do regresso de Maomé a Medina chega uma delegação da cidade de Taïf, que aceita capitular e converter-se ao islão. Contudo os taïfianos pedem que lhes seja permitido – como no passado – a prostituição, a usura, o consumo de alcool e ainda algumas coisas mais. Serem privados de tudo isso parece-lhes muito duro. Maomé não se zanga. Não aceita todos os pedidos, mas dispensa os taïfianos da oração e dos impostos assim como do serviço militar. Os companheiros do profeta, pedem explicações sobre isso. Não compreendem como é que se pode ser só meio muçulmano. Maomé responde que, a partir do momento em que os taïfianos se tornem realmente muçulmanos, eles compreenderão a importância das coisas, das quais querem agora ser dispensados, e retomá-las-ão por eles próprios. Antes da morte de Maomé, os taïfianos virão a adoptar todas as práticas muçulmanas. Não quererão mais ser dispensados do jejum e da oração. Ainda mais, pedem para enviar soldados para combater pelo islão. Maomé teve razão em se mostrar tolerante.

LXXVII

O NONO ANO DO ISLÃO

Estamos em 631. Há nove anos que, durante a noite, Maomé fugira para não ser morto. Tinha deixado Ali, deitado na sua cama, para que os assassinos pensassem que era ele que dormia em casa, permitindo assim a Maomé, durante esse período, afastar-se com Abu-Becre. Passaram nove anos desde a estadia na gruta das serpentes, e desde a viagem para Medina onde os viajantes foram perseguidos pelos beduínos que queriam apanhar Maomé, pois este tinha a cabeça a prémio. Quem o entregasse vivo ou morto aos seus inimigos ganharia cem camelos, como recompensa, oferecidos pelos cidadãos de Meca.

Nove anos passaram desde a fuga de Meca, desde a Hégira. Hoje Meca está conquistada. Todos os que quiseram matar Maomé, e que o combateram, são hoje os seus mais fieis colaboradores, os seus servos. Ikrimah, filho de Abu-Jahl, é o comandante das tropas muçulmanas e Qadaqat dos hawazin morrerá como um heroi no campo de batalha. Mas agora afirma: «Combati com todas as forças a verdade de Deus. Porque não combater ainda com mais força pela Verdade?»

Abu-Sufian que comandou os exércitos coraixitas contra Maomé, em Uhud, em Khandaq, é agora governador do islão em Nedjran. Khalid, é comandante muçulmano. Meca está conquistada, e todos os coraixitas são muçulmanos. Mas não é só Meca. Toda a península arábica – esse paralelogramo de areia com três milhões de quilómetros quadrados – está também conquistado. Islamizado. Em dez anos os exércitos de Maomé conquistaram, em média, cerca de 822 quilómetros quadrados por dia. Quando se deram as três primeiras batalhas, os muçulmanos eram de tal maneira pobres que tinham apenas um camelo para cada duas pessoas e

O NONO ANO DO ISLÃO

um só cavalo. Na batalha de Badre, o exército combateu com dois cavalos e 313 homens. Mas em Hunain têm 1000 cavalos, e na batalha de Tabuk, em 630, já tinham 10.000. A ascensão do islão é vertiginosa.

O primeiro combate muçulmano foi travado por um grupo de quatro homens, em Nakhla, o segundo em Badre com trezentos e treze. Havia setecentos muçulmanos em Uhud, três mil em Khandaq, dez mil em Hunain e trinta mil em Tabuk.

No que respeita a perda de vidas humanas, isso é insignificante no islão. Catorze muçulmanos foram mortos em Badre, setenta em Uhud. No combate contra os Banu Mustaliq, registou-se um morto e na de Khandaq, seis. Na conquista de Meca, morreram dois homens. Nunca ao longo da história se conquistaram tantos territórios com tão poucas perdas de vidas humanas. A Arábia é muçulmana, isto significa que quem lá vive respeita "os cinco pilares do islão":

1) *Tachahhoud* ou a confissão da fé: «Não há outra divindade senão Deus e Maomé é o Seu Enviado».

2) *Salat*, ou oração diária – que ocorre cinco vezes por dia.

3) *Saoum*, ou jejum durante os trinta dias do mês do Ramadão.

4) *Zakat*, ou dízima legal.

5) *Hadjdj*, ou a peregrinação a Meca.

Neste nono ano da Hégira, Maomé – um pouco doente – está em Medina. É um ano chamado *am-al-wufud* ou "o ano dos Embaixadores". O profeta recebe os embaixadores e as delegações das tribos sob o controle dos muçulmanos.

Nove anos, e ainda que seja o chefe religioso, militar e político de um imenso território, Maomé não mudou em nada a sua maneira de viver. Recebe os embaixadores com a maior simplicidade. São suprimidas as prostrações. Bilal, o *muezzin* negro recebe e guia os embaixadores. Vivem na Casa de Hóspedes de Ramla-bint-al-Harith, em Nadjdjariyaa. Quando não há lugar, os embaixadores são albergados em tendas no pátio da mesquita.

Os judeus e os cristãos, não são obrigados a abraçar o islão, como os idólatras. No Estado muçulmano, gozavam de privilégios especiais.

A população de Nadjran, onde, muitos anos antes, Dhu Nuwas ordenara um massacre, é cristã.

Dois diplomas de Maomé estabelecem os direitos e os deveres dos cristãos no Estado muçulmano. Eis o texto:

«Em nome de Deus, Clemente e Misericordioso:

«Do Profeta Maomé ao bispo Abu'l Harith, aos bispos de Nadjran, aos seus padres, aos que os seguem, assim como aos seus monges: para

A VIDA DE MAOMÉ

eles voltará tudo o que estiver em suas mãos, quer seja pouco ou muito, igrejas, oratórios e mosteiros. Para eles irá também a protecção de Deus e do Seu Enviado. Nenhum bispo será mudado da sua sede episcopal, nenhum monge do seu mosteiro e nenhum padre da sua paróquia. Nenhum dos seus direitos ou poderes será alterado, nem qualquer costume a que estejam habituados. Sobre isto assegura-se para sempre a protecção de Deus e do Seu Enviado, desde que se comportem com sinceridade e ajam de acordo com os seus deveres. Não serão oprimidos nem devem ser opressores.»

Uma delegação de cristãos de Nedjran vem a Medina, neste nono ano da Hégira. É acolhida por Bilal, como de costume. «As suas roupas e camelos impressionam os de Medina.» A delegação cristã é composta pelo bispo Abu Harithah-ibn Alqamah, de Aqib, pelo vigário Abd-al--Masid e pelo chefe da caravana Al-Aiham. O bispo e os padres usam sotainas e paramentos sacerdotais. Pedem a Maomé para celebrarem o ofício divino. Maomé põe á sua disposição a mesquita de Medina, onde o bispo e os padres de Nadjran se voltam para oriente para celebrar a missa. Ninguem foi superior a Maomé em matéria de tolerância. Além do mais, ele sempre considerou os cristãos como os irmãos mais próximos do islão.

Diz o *Alcorão* (V: 82-83):

«Nos que dizem: "Nós somos cristãos" encontrarás os mais próximos, em amor, para os que crêem, e isso porque entre eles há sacerdotes e monges e não se enchem de orgulho. Quando ouvem o que se revelou ao Enviado Maomé, vês os seus olhos derramarem lágrimas, porque sabem a verdade. Dizem: "Senhor nosso, cremos".»

Entretanto, neste "ano dos embaixadores", Maomé organiza o Estado muçulmano. Abu-Becre está encarregado de conduzir o *hadjdj* – a grande peregrinação – composta por trezentos crentes. A caminho de Meca na localidade de Abu-Hulaifa, Abu-Becre é apanhado por Ali, filho adoptivo do profeta.

O profeta tem uma importante comunicação a fazer. Neste ano – 631 – é o último em que é permitido aos idólatras participar na peregrinação. Daí em diante, a peregrinação a Meca será reservada exclusivamente aos muçulmanos. No ano seguinte – 632 – a grande peregrinação será conduzida, pessoalmente, por Maomé e nenhum pagão aí terá entrada. Ninguém mais além dos muçulmanos.

LXXVIII

O SERMÃO DE DESPEDIDA DO PROFETA MAOMÉ

No ano de 632, ano 10 da Hégira, no fim do mês *Dhu'l Hidjdja* (Fevereiro), Maomé vai em peregrinação a Meca. Cumpre pessoalmente todos os ritos que – através do seu exemplo – são assim consagrados.

O muçulmano que vá em peregrinação fica em estado de *ihrain* – ou consagração. Veste-se com um traje sem qualquer costura chamado *ihram*, composto por duas peças: *izar*, uma peça de tecido que envolve o corpo, do ventre aos joelhos, e *rida*, uma outra peça que cobre o ombro esquerdo, as costas, o peito e que se ata à direita. A cabeça fica destapada. Só são autorizadas sandálias. Quanto às mulheres, cobrem-se de uma vestimenta da cabeça aos pés. Este estado de *ihram* proíbe as relações sexuais, os cuidados de higiene, a caça, o corte de plantas e o derramamento de sangue.

Em Meca, Maomé dá sete voltas à *Caaba*: é o *tawaf*. Faz o *sa'y*, caminhada em passo rápido entre as colinas Safa e Marwa, em memória de Agar que procurava água para Ismael. Segue-se a visita a Mina, onde, segundo o ritual, se lançam sete pedras sobre os três montes de pedra, *djara*. A peregrinação termina com o sacrifício de um carneiro – cuja carne é distribuida pelos pobres. É a *sadaqa*, a esmola.

Maomé leva consigo, nesta peregrinação, catorze mil muçulmanos.

Em Arafat, no monte da piedade, o Jabal-ar-Rahmad, ele dirige-se aos crentes reunidos à sua volta. Apenas há crentes, pois um ano antes, o profeta, através de Ali, proibira os pagãos de participar nesta peregrinação.

É sexta-feira, 9 do mês *Dhu'l hidjdja*.

Conta a tradição que o profeta se mostrava preocupado de a sua voz fraca apenas poder ser ouvida por uma parte da assistência. Por isso, junto dele, o *muezzin* modelo, Bilal, com a sua voz forte, repete todas as palavras e fá-las ouvir à multidão. Pessoas com voz forte são colocadas

A VIDA DE MAOMÉ

em pontos estratégicos para repetirem as palavras do profeta. Tal como um eco multiplicado centenas e centenas de vezes, as palavras de Maomé são difundidas e ecoam pelo infinito deserto da Arábia.

Este *khutba*, ou sermão, pronunciado por Maomé é chamado o "Sermão do Adeus". É «um sermão que resume, como uma carta constitucional, os direitos e os deveres do homem, verdadeiro testamento do profeta, pois morrerá três meses depois». Antes do profeta falar, Rabi'a-ben--Omayya grita: «O Enviado de Alá diz-vos: "Sabem que mês é este?"

– O mês sagrado - responde a multidão.

– Sabem que terra é esta?

– A terra sagrada - responde a multidão.

– Sabem que dia é hoje?

– O dia da grande peregrinação.»

O profeta diz então: «Alá tornou-vos sagrados assim como os vossos bens, até ao dia em que vierdes à sua presença, tal como são sagrados este mês, esta terra e este dia.»

Depois Maomé começa o Sermão do Adeus:

«Louvemos a Deus: nós O louvamos, nós pedimos-Lhe ajuda, nós imploramos o Seu perdão, e iremos para junto Dele; nós procuramos a protecção de Deus contra os vícios e as nossas más acções; quem é guiado por Deus, nunca se perde, e quem Ele perder, ninguém o guia. Declaro que não há outro Deus, além do próprio Deus; um único, sem ninguém associado; e que Maomé é o Seu Servidor e o Seu Enviado.

«Ordeno-vos, oh servidores de Deus, o temor a Deus e incito-os na Sua obediência. Procuro assim começar pelo que é melhor.

«Então, oh povo escutai, eu explico-vos, pois não sei se poderei voltar ainda aqui depois deste ano.

«Oh povo, o vosso sangue, bens e honras são na verdade invioláveis, até ao encontro com o Vosso Senhor, tão invioláveis como este dia e este mês, nesta região sagrada. Terei eu cumprido bem a minha missão? Oh Deus testemunha-o.»

«Por Alá» – responde a multidão – «por Alá eu testemunho.»

O profeta anuncia a seguir uma série de preceitos que devem ser cumpridos.

«Quem receber um depósito, deve restitui-lo a quem lho confiou.»

«E o juro (usura) do tempo da ignorância é abolido, mas tereis direito aos vossos dinheiros; não sejais nem opressores nem oprimidos. Deus decretou que não haverá mais juros. E o primeiro juro, qual começo, é o do meu tio Abbas-ibn-Abd-al-Muttalib.

O SERMÃO DE DESPEDIDA DO PROFETA MAOMÉ

«Os assassinatos do tempo da ignorância são perdoados.

«E o assassinato intencional será punido com a lei de Talião; e o assassinato quase intencional, quando se mata com um pão ou com uma pedra, custará cem camelos, como preço do sangue. Se alguém exigir mais será um homem do tempo da ignorância.

«Terei eu cumprido bem a minha missão? Oh Deus testemunha-o.

«Oh povo, Satanás, na verdade, já desesperou de ser adorado na vossa terra; mas ele ficará feliz se for obedecido noutras coisas tais como: os vossos actos que considerais sem valor. Protegei pois a vossa religião.

«Oh povo, na verdade, o intercalar de um mês profano no meio da Trégua de Deus é uma adição de descrença. São corrompidos com esta adição aqueles que se tornaram descrentes; tornaram profano este mês durante um ano, e sagrado durante outro ano, para cumprirem exteriormente o número de meses que Deus tornou sagrados; profanam o que Deus tornou sagrado e sacralizam o que Deus tornou profano. E, realmente, o tempo voltou à condição em que Deus o tinha criado no dia em que criou o céu e a terra (o ano com a intercalação e sem ela coincidem agora). Com efeito o número de meses junto de Deus era doze, no Livro de Deus, no dia em que Ele criou o céu e a terra. Destes doze meses, quatro são sagrados, sendo três consecutivos e um isolado: Dhu'l-Qa'adah, Dhu'l-Hidjdjah e Muharram, e Radjab dos Mudaritas que está entre Djumada e Cha'ban.

«Terei eu cumprido bem a minha missão? Oh Deus testemunha-o!

«Oh, povo, no que respeita às vossas mulheres, elas têm direitos sobre vós e vós sobre elas; no vosso interesse, compete-lhes não deixar que ninguém entre no vosso leito, a não ser vós mesmos, que não deixem entrar em vossas casas ninguém que não goste de vós, salvo com a vossa permissão; que não cometam promiscuidades. Se o fizerem, Deus permite-vos que as afasteis, de dormir em camas separadas, e de lhes bater, mas não de forma demasiado dura. Se retomarem o bom caminho e vos obedecerem, compete-vos alimentá-las e vesti-las de forma condigna. Dai às mulheres o melhor tratamento. Pois, realmente elas são como prisioneiras em vossas casas, nada podendo fazer sozinhas. Na verdade, elas estão na vossa posse por uma dádiva de Deus, e é-vos permitido abordá-las por uma palavra de Deus. Temei pois a Deus no que respeita às mulheres, e dai-lhes o melhor dos tratamentos.

«Terei eu cumprido bem a minha missão? Oh Deus testemunha-o!

«Oh povo, na verdade os crentes são irmãos. E os bens dos irmãos são invioláveis, a não ser com o seu consentimento.

«Não se tornem descrentes após a minha morte, combatendo-se uns

A VIDA DE MAOMÉ

aos outros, pois eu deixei para vós algo que vai impedir esse afastamento: o Livro de Deus e da Conducta do Seu Profeta.

«Terei eu cumprido bem a minha missão? Oh, Deus testemunha-o.

«Oh povo, realmente o Senhor é um só e o vosso antepassado também é só um: todos vós descendeis de Adão, e Adão foi criado com terra. Para Ele o mais digno de vós é aquele que mais O teme. Nenhum árabe é superior a outro não-árabe, a não ser na piedade.

«Terei eu cumprido bem a minha missão? Oh Deus testemunha-o!»

Ao que a multidão responde: «Sim!»

Ele acrescenta:

«Oh vós que estais presentes, fazei chegar esta mensagem aos ausentes.

«Oh, povo, na verdade, Deus fixou para cada herdeiro a sua parte na herança: não é permitido pois, fazer um testamento a um herdeiro, superior ao que lhe é devido. O testamento a favor de um estranho não deve ultrapassar o terço da totalidade da herança. A criança pertence ao leito, à mãe; e o homem que cometeu adultério será apredejado. Todo aquele que reinvindicar a paternidade de outro que não o seu pai, e quem anuncie ser de outro patrão que não do seu, sobre ele cairá a maldição de Deus, dos anjos e de todos os humanos. Não se aceitará deles, no dia do Juízo Final, nenhum pagamento nem seu equivalente (resgate). E a paz seja convosco.»

A *khutba* – o Sermão do Adeus do profeta – causa uma dilacerante emoção nos cento e quarenta mil crentes que repetiram em coro até ao fim cada palavra de Maomé.

As sucessivas interrogações do profeta, *balaghtu*, ou seja: «Terei eu cumprido bem a minha missão?» que marcam o fim de cada capítulo, e a resposta afirmativa da multidão que testemunha que Maomé cumpriu bem a sua missão de profeta na terra, dão a este discurso o carácter de uma grave e solene obra musical, que faz tremer o deserto árabe, como um coro de milhares de vozes faria tremer a cúpula de uma catedral. A obsessiva e terrível interrogação *"balaghtu"* ficará gravada na memória, nos corações e nos corpos dos crentes. Esta peregrinação será chamada *hadjdj-al-balagh*, em memória da obsessiva interrogação *balaghtu*?

«Terei eu cumprido?...»

Vulgarmente, todavia, o sermão chama-se *hadjdj-al-balagh*: "a peregrinação do Adeus".

O islão será de tal forma marcado pelo sermão de Maomé que ainda hoje o dia do aniversário desse sermão é considerado pelos muçulmanos como a sua maior festa – a grande Festa ou *îd-al-kabir*.

LXXIX

FIM DA VIDA TERRENA E FIM DA MISSÃO DO PROFETA

Maomé tem sessenta e três anos, a peregrinação do Adeus chegou ao fim. O anjo Gabriel aparece, e dita estes versos ao profeta doente:

«Hoje selei a vossa religião. Estão terminadas as minhas bençãos sobre vós. Agradou-me dar-vos o islão como *dim*, como lei.»

Maomé volta a Medina. Está sempre doente. A sua carreira começou no Jabal-an-Nuta "a Montanha da Luz", em 610. Nesse tempo, Gabriel ordenou-lhe:

«Lê! em nome do Senhor!»

Doze anos mais tarde, Maomé atravessou a gruta das serpentes, de Jabal Thaour, perto de Meca, onde ficou com Abu-Becre, ameaçado de prisão e morte. Conta o *Alcorão* (IX: 40):

«*Deus socorreu o vosso profeta quando os que não crêem o expulsaram, assim como a Abu-Becre. Quando ambos estavam na gruta eis o que dizia ao seu companheiro: "Não te entristeças! Deus está connosco".*»
Depois vem a terceira montanha, Jabal-al-Rahmah, o monte da Piedade em Arafat e o terceiro acontecimento. Isso passa-se no ano de 622, dez anos depois da Hégira. Foi aqui que Maomé pronunciou o seu sermão do Adeus.

Agora, três meses após o encontro com os crentes, eis que chega o *adjal*, o fim da vida.

Uma noite, Maomé levanta-se. Estamos no décimo mês do décimo primeiro ano da Hégira, em 632. Em plena noite Maomé vai saudar os mortos, sobretudo os que morreram na batalha de Uhud, e que estão enterrados no cemitério de Baqi. Ao voltar para casa, ouve uma mulher que chora queixando-se com dores de cabeça. Diz-lhe: «Mas eu é que

A VIDA DE MAOMÉ

tenho dores de cabeça, não tu!» Sente-se tão doente que pede aos que o rodeiam para lhe trazerem sete baldes de água de sete poços diferentes. Um homem do deserto sem fim, não sonha com mais nada do que com um remédio: água. É o seu sonho supremo. Pois o homem do deserto sofre de sede todos os dias. «Bebemos a nossa água a um preço elevado.» A água é um medicamento eficaz para quase todas as doenças. Depois de matar a sede com água de sete fontes diferentes da cidade de Medina, Maomé sente-se melhor.

Mora perto da mesquita. A sua casa é um rés-do-chão baixo rodeado por um pátio onde pastam cabras. Na manhã seguinte, Maomé tem a cabeça ligada. Vai à mesquita. Senta-se na cadeira da mesquita, no caminho e fala dos que tombaram em combate pela vitória do islão, sobretudo dos que morreram em Uhud, e que ele visitou durante a noite, no cemitério de Medina. Depois Maomé anuncia aos crentes que um dos «servidores de Deus, entre aqueles que estão na mesquita, irá em breve para junto do Criador». Todos percebem que Maomé anuncia a sua própria morte. Os crentes começam a chorar e o profeta faz-lhes sinal para pararem. Tem ainda coisas muito importantes a dizer. Diz-lhes que quer partir desta vida com a alma pura. Com a consciência tranquila. Pergunta se fez algum mal a alguém.

«Se eu chicoteei alguém, eis aqui as minhas costas. Que pegue no chicote e aplique a lei de Talião.

«Se ofendi a honra de alguém, eis aqui a minha. Que aplique a lei de Talião.

«O ódio não faz parte da minha natureza, nem do meu ofício.

«Eu amarei aquele de vós que sobre mim tenha algum direito e que o exerça ou que me liberte dele. Então irei para junto de Deus, com a alma serena.»

Um homem a quem Maomé devia três *dhirams* – três moedas de prata – levanta-se e reclama-as. Tomou à letra as palavras do profeta, qualidade dos que são puros. O profeta pede que seja logo paga a dívida, porque ela existe. Depois suplica aos crentes que não o deixem morrer sem lhe dizerem se ele lhes fez algum mal e sem lhe pedirem as dívidas no caso de ele as ter feito.

«Não receiem o escândalo. Pois ele é menos grave aqui em baixo do que lá em cima.»

Maomé não se pode separar dos seus crentes. Falha-lhes de uma série de coisas que considera importantes. Fala-lhes de Usama, filho de Zaid, a quem foi confiado o comando dos exércitos, quando de uma expedição à Síria. Toma a sua defesa e diz que Usama merece este posto pelas suas

FIM DA VIDA TERRENA E FIM DA MISSÃO DO PROFETA

qualidades pessoais e em homenagem ao seu pai, o escravo libertado Zaid, filho adoptivo do profeta, morto em Mut'ah. Maomé fala em seguida dos *ansars*.

«*Muhadjiruns*, emigrantes, recomendo-vos que se comportem bem com os *ansars*. Eles foram os crentes depositários da minha confiança, e na sua casa encontrei abrigo. Pratiquem o bem com os *ansars* e perdoem--lhes sempre que eles cometam erros. O mundo irá crescer, mas só ficarão *ansars* aqueles que o foram.» Maomé diz ainda, que os *ansars* foram para ele como as suas vestes.

«Os *ansars* cumpriram a sua missão e doravante apenas terão direitos e não deveres.»

Maomé ordena que o seu túmulo não seja um local de prosternação. Deixa a mesquita, enquanto a multidão chora e suplica que ele não a deixe.

No dia seguinte começa a agonia de Maomé. Durante alguns dias sofre horrivelmente. Pensa que foi o veneno dado pela judia de Khaibar que o está a matar. «Eu tenho sofrido de tempos a tempos por causa desse veneno; mas neste momento ele cortou a minha veia jugular.»

Durante a doença do profeta, os ofícios são celebrados por Abu-Becre. Um dia, Maomé, no seu leito de agonia, ouve a voz de Omar que recita o *Alcorão* na mesquita. Maomé está aborrecido com isso. Outro dia – sentindo-se melhor – vai à mesquita, apoiado pelas pessoas. Abu-Becre oficia; ele quer ceder o seu lugar a Maomé, mas este ordena-lhe que prossiga e retira-se, quase arrastado por quem o segura. Na segunda feira, décimo terceiro dia do mês de *rabi'*, ano 11 da Hégira, isto é a 8 de Junho de 632, Maomé morre. Estão presentes Ali, seu filho adoptivo, seu primo e seu genro, e um dos seus primeiros companheiros fiéis, Al--Fadl e Kutham, os filhos de Abbas, seus primos, que o transportaram nos braços nos últimos dias.

Está presente Usama-ben-Zaid-ben-Harithah, filho de Zaid. Também o libertado Chuqran, Aus ben-Khuli e todas as mulheres, a começar por Aixa.

Quando morre, Maomé nada possui. Nenhuma riqueza. Antes de entregar a alma ao Criador, lembra-se que Aixa tem com ela sete *dinars*. Chama-a e ordena-lhe que distribua esta quantia pelos pobres, o mais depressa possível.

«Tenho vergonha de me encontrar com Deus com sete *dinars* de ouro no bolso», diz. Os que o rodeiam vêem que ele está feliz por se ter lembrado deste valor e de se ter livrado dele antes de morrer. Maomé sempre disse: «Nós, os profetas, não deixamos herança».

A VIDA DE MAOMÉ

Quando se faz o inventário do que ele deixou, encontram-se um macho branco, armas, sobretudo espadas, e uns pequenos terrenos.

Na segunda-feira de manhã – antes da sua morte – como o estado de Maomé piorava, obrigaram-no a tomar medicamentos. Isso fez com que o profeta se zangasse profundamente. Quando recuperou a consciência obrigou aqueles que lhe tinham dado as drogas a tomarem-nas também.

Depois Maomé pediu que lhe lavassem os dentes. Foi a única coisa que ele pediu durante a sua existência na terra. Pois Maomé teve o culto da limpeza. Estava sempre a repetir: «A limpeza é meio culto».

Conta Aixa: «Eu era jovem, e nada compreendia, na minha ignorância. O profeta deu o último suspiro nos meus braços e eu não me apercebi de nada. Quando as outras mulheres, presentes, começaram a chorar, compreendi o que se tinha passado, e comecei a lamentar-me como as outras».

No momento em que Maomé morre, a marca da profecia que tinha entre os ombros, desaparece. Com a morte de um profeta acaba a sua missão. Terminada a sua missão a marca é retirada.

Maomé será enterrado no mesmo sítio em que morreu. Diz um velho costume árabe que um chefe será enterrado sob a tenda, onde deu a alma ao Criador.

Chamaram-se dois coveiros para cavar a sepultura do profeta. Pois em Meca a cova é direita, enquanto que em Medina se cava um nicho ao lado da cova e é lá que se põe o corpo. Decidem fazer a cova de acordo com o hábito do coveiro que chegar primeiro. Chamam um de Meca e um de Medina. É o de Medina que chega em primeiro lugar.

Chuqran veste o profeta com a túnica – «para que mais ninguém a vista e ele seja enterrado com ela». Depois lavam o corpo do profeta – mas não o despem por uma questão de respeito. O corpo de Maomé é envolvido num tapete vermelho e enterrado – sem caixão segundo o costume árabe. Viram-lhe a cabeça para a direita, para que fique a olhar para Meca; a face direita fica descoberta, para que a terra a possa tocar. Sobre a sepultura é plantado um arbusto. Dentro de poucos dias, esta planta será queimada pelo sol e desfazer-se-á em pó.

Dentro de alguns anos nada restará do corpo enterrado na terra. O deserto não guarda os corpos que lhe são confiados. Do homem apenas fica aquilo que ele criou com o espírito.

Maomé não deixa sucessores.

Uns momentos antes de morrer, quis ditar as suas instrucções. Pediu um escriba para lhe ditar as suas últimas vontades: Aixa mandou chamar Abu-Becre. Hafsa mandou chamar Omar. Outros mandaram chamar Ali. Quando Maomé viu que vinham vários, quando ele apenas tinha mandado

FIM DA VIDA TERRENA E FIM DA MISSÃO DO PROFETA

chamar um, mandou-os todos embora. Depois da sua morte, que se desenvencilhassem. Alá decidiria quem iria suceder ao profeta.

Quando a multidão toma conhecimento da morte do profeta, eclodem as manifestações de pesar. Então Omar vai à mesquita e proíbe os muçulmanos de dizerem que o profeta morreu.

Tira a espada e grita: «Aquele que acreditar que o Enviado de Deus morreu, cortar-lhe-ei o pescoço. Maomé não morreu: ele foi apenas para junto de Deus, tal como Moisés e regressará brevemente para a sua comunidade para a guiar até à ressurreição».

Então Abu-Becre entra na mesquita e diz: «Cala-te Omar».

Dirige-se à multidão e diz que Maomé era apenas um mensageiro de Deus. Semelhante a outros mensageiros, que vieram ensinar a verdade e que morreram: «Povo, aquele que venerava Maomé, saiba que ele morreu mesmo. Mas aquele que adora Deus, saiba que Deus está vivo e que nunca morre».

Omar lança-se ao chão, com desgosto, e grande é a sua dor.

E é o fim da vida de Maomé.

ÍNDICE

I – Morrer queimado vivo pelo seu Deus 7
II – Pacto com um deus desconhecido 14
III – O sacrifício de Abd-al-Muttalib 20
IV – O preço do sangue 25
V – Abdallah o escravo de Deus e pai do profeta 28
VI – A guerra entre andorinhas e elefantes 31
VII – O nascimento do profeta Maomé 36
VIII – Milagres do deserto 39
IX – O coração e o peso do profeta 46
X – A morte de Amina, mãe do profeta 49
XI – Terras sem ervas daninhas 53
XII – O ouro dos árabes 58
XIII – Para que a justiça não morra 64
XIV – O casamento do profeta 68
XV – Maomé em família 72
XVI – Maomé entre os seus concidadãos de Meca 75
XVII – O encontro de Maomé com Deus 78
XVIII – O medo do Diabo 82
XIX – A fundação do islão 85
XX – Os primeiros muçulmanos 88
XXI – Convite ao islão 91
XXII – O segundo convite ao islão 94
XXIII – Tentativas de assassínio 97
XXIV – Os negros, os escravos e os estrangeiros 99
XXV – O *Muezzin* negro 101
XXVI – O sangue no caminho de Deus 105
XXVII – O céu do assassino 108
XXVIII – O céu do campeão 112
XXIX – Hamzah, o cavaleiro do islão 114
XXX – Omar, o homem de quem o Diabo tem medo 116
XXXI – Tentativas de reconciliação 121
XXXII – A fuga para a Abissínia 126
XXXIII – A fuga de Abu-Becre 130
XXXIV – Maomé expulso de Meca 133
XXXV – Ordem para não chorar 137
XXXVI – A viagem ao céu 140
XXXVII – Maomé expulso à pedrada da cidade de Taïf 145
XXXVIII – Pode um profeta escolher entre a vida e a morte? 148
XXXIX – O juramento das mulheres 152
XL – O juramento de guerra 156
XLI – Para capturar os *ansars* 158
XLII – Terror contra os *muhadjiruns* 160

XLIII – Novo plano para assassinar o profeta 163
XLIV – A hégira 166
XLV – A gruta das serpentes 169
XLVI – Medina, a cidade do profeta Maomé 174
XLVII – Adeus à mesquita das duas *quiblas* 179
XLVIII – A mesquita de Medina 181
XLIX – Voltar a face para Meca 185
L – A constituição da cidade-estado de Medina 188
LI – Meca declara guerra a Maomé 192
LII – Adiada a primeira batalha 195
LIII – A segunda batalha é também anulada 199
LIV – O islão e os beduínos 204
LV – A escolha entre Deus e a "Trégua de Deus" 208
LVI – A lendária batalha de Badre 212
LVII – Luto na família do profeta 224
LVIII – A morte de um inimigo 228
LIX – A expedição da farinha de cevada 231
LX – A partida dos ourives de Medina 233
LXI – Uhud: As derrotas também são obra de Deus 237
LXII – Assuntos de família 246
LXIII – Massacre e crucificação de muçulmanos em Meca 249
LXIV – O novo encontro de Badre e o cerco de Medina 252
LXV – Expedição à costa do Mar Vermelho 254
LXVI – O colar de Tsafari 257
LXVII – Khandaq: a linha de giz dos árabes 261
LXVIII – A escolha entre Meca e Khaibar 269
LXIX – Viagem às portas de Meca 271
LXX – Os combatentes solitários do Islão 282
LXXI – Um casamento *in absentia* 285
LXXII – Khaibar: a queda de um castelo 287
LXXIII – A primeira peregrinação muçulmana a Meca 290
LXXIV – Mut'ah: as nove espadas de Khalid 293
LXXV – A marcha sobre Meca 295
LXXVI – A primeira vitória da Meca muçulmana 301
LXXVII – O nono ano do Islão 306
LXXVIII – O sermão de despedida do profeta Maomé 309
LXXIX – Fim da vida terrena e fim da missão do profeta 313

Impressão e acabamento
da
CASAGRAF - Artes Gráficas Unipessoal, Lda.
para
EDIÇÕES 70, LDA.
Outubro de 2002